抚顺经济发展探索

FUSHUN JINGJI FAZHAN TANSUO

王志友 ◉ 著

辽宁大学出版社
Liaoning University Press

图书在版编目（CIP）数据

抚顺经济发展探索/王志友著. 一沈阳：辽宁大
学出版社，2017.8
　　ISBN 978-7-5610-8739-8

　　Ⅰ.①抚…　Ⅱ.①王…　Ⅲ.①区域经济发展－研究－
抚顺　Ⅳ.①F127.313

中国版本图书馆 CIP 数据核字（2017）第 175221 号

抚顺经济发展探索
FUSHUN JINGJI FAZHAN TANSUO
___

出 版 者：辽宁大学出版社有限责任公司
　　　　　（地址：沈阳市皇姑区崇山中路 66 号　　邮政编码：110036）
印 刷 者：鞍山新民进电脑印刷有限公司
发 行 者：辽宁大学出版社有限责任公司
幅面尺寸：170mm×240mm
印　　张：25
字　　数：463 千字
出版时间：2017 年 8 月第 1 版
印刷时间：2017 年 9 月第 1 次印刷
责任编辑：郭胜鳌　李振宇
封面设计：韩　实
责任校对：齐　悦
___

书　　号：ISBN 978-7-5610-8739-8
定　　价：78.00 元

联系电话：024－86864613
邮购热线：024－86830665
网　　址：http：//press．lnu．edu．cn
电子邮件：lnupress@vip．163．com

前　　言

　　为了给抚顺老工业基地的转型振兴提供全面系统的经济研究参考，在抚顺市社会科学院支持下，我撰写的《抚顺经济发展探索》一书就要出版了。掩卷回顾，坚持立足全局，紧扣实际，把脉诊断，理枝循干，述而求作，是我作研究探索的一贯原则，也是撰写本书的重要遵循。

　　抚顺曾是中外闻名的工业名城，不仅为国家建设提供了大量的物资和装备，而且输送了大批人才和技术，为我国建设独立完整的工业体系和国民经济体系，推动工业化和城市化发展进程，增强综合国力，促进改革开放和现代化建设，做出了历史性重大贡献。随着改革开放的不断深入，抚顺作为以能源原材料及加工业为主的老工业基地，不仅面临煤炭资源枯竭和生态环境压力较大的问题，而且还受到了市场经济优胜劣汰的全面冲击，抚顺经济面临着严峻的考验和挑战。而国家老工业基地振兴战略的实施，为抚顺老工业基地的转型振兴带来了历史性发展机遇。

　　在抚顺老工业基地转型振兴探索过程中，抚顺的经济发展战略从早期的"油头化身轻纺尾"，到"由资源型城市向资源深加工型城市转变"，从"两城两带一区"，到"向消费主导型城市转型"，再到今天提出的"一极五业"等，一直随着抚顺经济结构的变化在不断地调整和完善。抚顺在实施这些经济发展战略的过程中，培育了诸多新的经济增长点，并同时巩固了已有的经济增长点，为推动抚顺老工业基地加快转型振兴奠定了雄厚的物质和技术基础。

对于抚顺市域经济发展来说，需要在明确经济发展总体思路的基础上，按照"突出特色、发挥优势、重点突破、注重实效、做大做强、开发创新"的原则，在发现市场需求和技术创新相结合中，在围绕老百姓的衣食住行用娱乐等消费需求和生活改善中，在推动产业化的创新中来寻找、培育和推动各经济增长点的发展。为此，抚顺在推动各经济增长点发展过程中要把握好三个结合。一是培育经济增长点要与资本运作相结合，实现"资源—资产—资本—产业化—现代化"的转换。通过资本运作，实现"引进来，走出去"，引进来的是资金、技术、人才和管理，走出去的是资源、产业，留下来的是就业、税收和利润。一个上市公司，带来的不仅是资本，还有人才、管理、品牌等诸多市场元素。二是培育经济增长点要与中间商相结合。招商引资要注重引进产业的中间商，这有利于打造产供销完整的产业链，把产业链打通，形成直接面对终端销售，直接对接市场，以获取市场的话语权。注重经售商的引进和培育，实现从重视引导生产到重视引导产业链的建设的转向，有利于形成总部经济。三是培育经济增长点要与好项目、大企业相结合。实体经济发展得好，金融和资本就会主动对接。

我们知道，经济发展的总量是靠诸多行业或业态的分量叠加而成的，众多就业岗位是靠诸多已有经济增长点的保持和新经济增长点的不断创造而获得的。本书正是出于充分拓展和挖掘抚顺市域内外的市场空间和消费潜力的考量，从"多产业支撑，市域经济全面发展"的向度，对抚顺三次产业中各行各业的发展情况进行了全面梳理和总结概述，系统分析了抚顺已有和新经济增长点的现状、发展优势和存在的问题，研究探索了加快新旧经济增长点发展的基本思路，提出了推动发展的政策建议。

本书在研究探索以新型城镇化建设作为推动各经济增长点发展的基本保障和支撑，以"两城两带"作为推动各经济增长点发展的重要平台和集聚载体的基础上，不仅对抚顺目前存在的基础良好并发展潜力仍然很大的诸如能源原材料产业、消费品加工产业、房地产业、现代商贸业等已有经济增长点如何加快发展问题进行了全面系统的研究探索，而且还对刚出现苗头并发展潜力巨大的诸如第二产业工业中的新能源产业、新材料产业、智能装备制造产业、生物育种产业、新医药产业、节能环保产业，以及现代服务业中的电子商务产业、现代物流业、总部经济等新经济增长点如何培育和推动发展的问题进行了研究探索。同时，还重点对诸如装备制造业、旅游产业、文化产业、现代金融业、现代农业、工业新兴产业、应急产业、信息化产业、电子商务产业、生产性服务业、生活性服务业、现代物流业、总部经济和基础设施产业等重要新旧经济增长点进行了专题研究探索，进而为政府推动抚顺市域经济全面、协调、可持续发展，提供了制定和推动各行各业加快发展政策的新视角。

如果抚顺这些行业或业态在政府政策的有效推动和企业自身的积极努力下，每年都有不同程度的进步和发展，那么抚顺的经济总量就会不断增大，就业机会就会日益充足，民生改善就会更有条件和基础，抚顺老工业基地的转型振兴就会不断加快。

研究探索且著书成文，确实不易。经过艰难的跋涉和辛勤的耕耘，使本书集中体现了笔者多年来在区域经济研究领域的写作之功。然而，当把这些成果拿出来与读者见面时，我仍在不断地告诫自己：应当继续敬业奉献，勤而行之，肩负起一个社会科学工作者述学立论、建言献策的神圣使命。

作　者

2017 年 4 月

目　　录

第三篇　培育新经济增长点

第四篇　城乡基础设施建设

第 一 篇

抚顺经济发展概述

第一章 抚顺老工业基地振兴
的模式和基本经验

提要： 本章深入研究了国家老工业基地振兴战略实施前后，有关抚顺老工业基地调整改造的指导思想和重大政策的异同；着力分析了抚顺老工业基地调整改造与走新型工业化道路的关系问题；认真总结了抚顺实施老工业基地振兴战略的基本经验；积极探讨了抚顺工业化、信息化、城镇化和农业现代化同步推进的路径模式；系统归纳了抚顺老工业基地调整改造过程中应用的理论理念和采用的经济发展战略策略。

抚顺曾是中外闻名的工业名城，不仅为国家建设提供了大量的物资和装备，而且输送了大批人才和技术，为我国建设独立完整的工业体系和国民经济体系，推动工业化和城市化进程，增强综合国力，为改革开放和现代化建设，做出了历史性重大贡献。但随着改革开放的不断深入，抚顺老工业基地的体制性、结构性矛盾日益显现，进一步发展面临着许多困难和问题。国家老工业基地振兴战略的实施，为抚顺老工业基地的振兴带来了历史性发展机遇。

第一节 抚顺振兴战略实施前后重大政策的异同

2015 年，抚顺市常住人口为 207.4 万人。国家"一五"时期的 156 个重点项目，有 8 个建在抚顺，新中国的第一桶页岩油，第一吨铝、镁、特钢、钛，第一台挖掘机，均出自抚顺。抚顺是著名的老工业基地，是中国的煤都，三大煤矿生产着中国最好的煤炭，销往海内外。但随着城市煤炭资源的枯竭和改革开放的不断深入，尤其是进入 20 世纪 90 年代中期，抚顺老工业基地的体制性、结构性矛盾日益显现，进一步发展面临着许多困难和问题。具体就是：市场化程序低，经济发展活力不足；所有制结构较为单一，国有经济比重偏高，体制落后，机制不灵活；城市产业结构调整和转型缓慢，传统产业技术装备老化，产品市场竞争能力下降，科技含量不高，高科技产业发展不足；国有企业历史包袱沉重，就业和再就业矛盾突出，社会保障和就业压力大；随着煤炭资源的枯竭，煤炭开采支柱产业及其相关产业链走向衰落，接续产业亟待发展。特别是面临煤炭资源枯竭，接续产业发展缓慢，给抚顺整体经济发展带来巨大压力。然而抚顺老工业基地还拥有丰富的自然资源、雄厚的工业基础，巨大的存量资产，良好的石油化工、装备制造、冶金建材等产业基础，有明显的科教优势，人才队伍精良，众多的技术人才和较为完备的基础条件，生态环境良好，地缘特色明显，发展环境较好，具有投入少、见效快、潜力大的特点，是极富后发优势和加快振兴的地区。因此，抚顺老工业基地调整改造和振兴势在必行，振兴抚顺老工业基地已经成为重要而紧迫的战略任务。

一、实施振兴战略前抚顺工业基地建设的指导思想和实施的重大政策

新中国成立后，我国经历了三次工业化过程，每一次工业化过程都对东北工业基地的加快发展有重大促进作用。抚顺作为一个建国后就是工业基础雄厚、工业体系健全的工业城市，也与之共同经历了这三次工业化过程。第一次工业化过程是 1949 年至 1978 年，国家实施了以单一公有制和计划经济为特征的优先发展重工业的赶超战略。这一时期，抚顺作为重要的工业基地，以出钢铁石油煤炭产品、出管理经验、出人才，来支援全国的工业建设。第二次工业化过程是 1978 年至 2002 年，以多种经济成分并存和改革开放为特征的外延型工业化发展道路。这一时期，抚顺作为重要的老工业基地，成为改革开放大业成本的承担者。第三次工业化过程是 2003 年至今，抚顺作为一个已经落后于时代发展的老工业基地，以国家的老工业基地振兴战略为契机，走新型工业化和"四化同步"全面振兴的发展道路，以重振往日雄风。

1. 实施振兴战略前，抚顺工业基地建设采取了优先发展重工业的工业化发展战略指导思想。20 世纪 50 年代，按照国家的宏观经济布局，抚顺选择了优先发展重工业的工业化发展战略。该经济发展战略，以赶超为目标，主要依靠国内积累建设资金，从建立和优先发展抚顺的石油化工、钢铁煤炭、装备建材等重工业入手，改善新中国成立前留下的工业生产布局极端不合理和区域经济发展极端不平衡的畸形状态；随着重工业的建立和优先发展，用重工业生产的生产资料逐步装备农业、轻工业和其他产业部门；随着重工业、轻工业、农业和其他产业部门的发展，逐步建立起来了独立完整的工业体系和国民经济体系，逐步改善人民生活。

经过恢复时期和"一五"时期的大力建设，国家"一五"时期的 156 个重点项目，有 8 个建在抚顺，1957 年抚顺就已成为特色鲜明的一个重要的重化工业基地。1960 年前后，抚顺工业基地建成，在"二五"时期内，抚顺与整个东北地区一样，不再是建设的重点地区。这是为了改善生产力布局，同时考虑备战的需要，国家投资重点开始向内地转移。中央的指导思想是东北地区在"二五"内，应该注重发展农业，工业方面除了适当补足缺门外，可以扩建若干建设快、收效快的工业项目，壮大自己的力量，以便更有力地支援全国和适当发展东北地区的西北部，但不宜再进行更多的项目建设，而应该大力帮助西北和华中等地区的建设。为此，中央把东北经济建设的指导思想归纳为"充分发挥潜力，大力支援关内，适当发展自己"。

随着"三线"建设战略的出台与实施，抚顺与整个东北地区的投资逐步减少。从总体上来讲，相对于"一五"时期，国家对抚顺的投资所占比重是逐步下降的。从"一五"计划后期到改革开放以前，抚顺工业的发展表现出以下几个特点：一是工业超高速发展；二是重化工业倾向性发展；三是以外延粗放型的经济发展为主；四是从备战出发，大力发展军工企业。在这一时期，东北有过两次国防工业和军事工业的大发展时期。一次是抗美援朝战争时期，这场战争极大地促进了抚顺相关产业的发展；另一次是"三线"建设时期，抚顺在支援"三线"的过程中，因为生产需求的大幅增加，有力地促进和健全发展了抚顺的工业和国民经济体系。

2. 实施振兴战略前，抚顺工业基地发展缓慢的主要原因是国家经济发展重点进行战略性转移和改革的滞后。（1）政策性原因。20世纪80年代，国家开始了国有企业改革的探索，相继出台了一系列放权让利的改革措施。应该说，这些措施还是有相当积极的意义。但由于当时改革配套措施难以协调。在社会承受力和国家财力都很有限的情况下，国企改革基本上还是在放权让利、调动企业积极性上做文章，基本没有触动所有制问题。直到1994年，国家完全取消指令性计划以后，抚顺工业企业改革才真正开始。这一时期，国家经济发展的重点从地区上来讲是向东南沿海转移。这一时期抚顺与整个东北地区一样，工业增长乏力，后劲不足，出现了在全国经济中位次逐渐后移的趋势。具体表现特征如下：一是指令性计划承担时间过长、任务过重。1984年10月4日，《国务院批转国家计委关于改进计划体制的若干暂行规定的通知》，决定从1985年开始，对国家统一分配调拨的煤炭、原油、油品、钢材、有色金属、水泥、发电量、基本化工原料、重要机电设备，以及军工产品等重要产品实行指令性计划，其他工业产品实行指导价格，逐步放开。而抚顺作为东北的一个重化工业基地，原材料工业所占比重很大。上述统配产品，除去个别种类外，基本上都是抚顺的支柱产业和主导产品，正是因为如此，在全国大部分地区工业品价格逐步放开的情况下，抚顺与整个东北地区一样，仍继续承担国家的低价格计划，以确保国民经济的平稳运行。虽然国家统配工业品种类逐步减少，但直到 1994 年，统配价格才完全取消。这就造成了我市大中型企业利润减少和技术改造能力极弱的现象，并在全国统一市场竞争中处于越来越不利的地位。（2）体制性原因。改革开放以后，国家在制定政策的同时，没有能够有效兼顾地方的利益，特别是像东北老工业基地这样的地区。20 世纪 80 年代，东北工业出现了结构性衰退和老化现象，但正当东北需要设备更新、产品开发，进行脱胎换骨的改造时，国家实行了投资制度改革。实行"拨改贷"，在企业冗员较多、债务繁重、企业办社会难堪重负时，国家实行这样的政策对像抚顺这样的老工业基地的发展无异于雪上加霜。（3）工业技术基础落后。抚顺的大中型国有企业，大多数是日本遗留下来和在 20 世纪五六十年代新建、改建和扩建的项目。长期以来只重视要企业多产出、上规模，忽视企业技术水平提高和设备的更新改造，企业内部也缺乏激励技术进步的机制和自我发展的能力。由于抚顺国有大中型企业比较集中，企业长期背着沉重的包袱，承担着国家较高的指令性计划的生产任务，而企业的技术改造欠账太多，产品老化、工艺老化、设备老化问题愈来愈突出，致使多数企业产品结构、技术、设备、工艺水平在 20 世纪 90 年代以后颓势凸现，经济发展后劲严重不足。由此，也就形成了老工业基地。所谓老工业基地，主要是指在建国前和 20 世纪五六十年代，部分是 20 世纪 70 年代形成的，国家进行了大量投资、生产规模大、历史上对全国经济发展起到较大作用的，做出较大贡献的工业基地。

二、实施振兴战略后抚顺老工业基地调整改造的指导思想和实施的重大政策

2003 年 10 月，中共中央、国务院下发《关于实施东北地区等老工业基地振兴战略的若干意见》（中发〔2003〕11 号）文件，宣布振兴东北地区等老工业基地战略正式启动，并明确了实施振兴战略的指导思想、方针任务和政策措施，由此也开启了抚顺老工业基地振兴的序幕。2003 年 12 月 2 日，国务院做出成立振兴东北地区等老工业基地领导小组的决定（国发〔2003〕28 号），并确定下设办公室，具体承担领导小组的日常工作。2004 年 4 月 2 日国务院下发国务院振兴东北办公室的"三定"方案，国务院振兴东北办正式成立。2009 年 9 月，国务院下发了《关于进一步实施东北地区等老工业基地振兴战略的若干意见》国发〔2009〕33 号文件，在肯定和总结实施东北地区等老工业基地振兴战略五年来取得的成绩和经验基础上，进一步充实了振兴战略的内涵，并制定了新的支持东北老工业基地加快振兴的政策措施。在此期间，抚顺紧紧抓住《国务院关于近期支持东北振兴若干重大政策举措的意见》（国发〔2014〕28 号）政策机遇，以石化产业为支柱，和央企与地方共建园区，继续强力推进"工业强市"发展战略。

2015 年 12 月 30 日，中共中央政治局召开会议，审议通过了《关于全面振兴东北地区等老工业基地的若干意见》，强调当前和今后一个时期是推进东北老工业基地全面振兴的关键时期，要牢固树立并切实贯彻创新、协调、绿色、开放、共享的发展理念，适应和把握我国经济进入新常态的趋势性特征，以提高经济发展质量和效益为中心，加大供给侧结构性改革力度，保持战略定力，增强发展自信，努力提升东北老工业基地的发展活力、内生动力和整体竞争力。为了贯彻落实中央政治局会议精神，中共中央、国务院于 2016 年 4 月 26 日印发了《关于全面振兴东北地区等老工业基地的若干意见》的文件。同时，又于 2016 年 11 月 1 日，国务院印发了《关于深入推进实施新一轮东北振兴战略加快推动东北地区经济企稳向好若干重要举措的意见》国发〔2016〕62 号，标志着东北老工业基地振兴正式进入实质的实施阶段。

1. 实施振兴战略后，抚顺老工业基地调整改造的指导思想。中共中央、国务院从宏观全局角度出发，对振兴东北老工业基地提出的指导思想和主要任务，体现了党的十六大提出的走新型工业化道路的要求，体现了党的十七大、十八大以来提出的"工业化、信息化、城镇化和农业现代化同步发展"的要求，指明了振兴老工业基地的方向任务和方针原则，在政策框架和主要内容上规划了振兴老工业基地的新路子，对振兴东北老工业基地有很强的针对性和重要的指导意义。

在遵循国家宏观全局提出的东北老工业基地调整改造的指导思想前提下，结合抚顺实际，提出了振兴抚顺老工业基地的指导思想：以邓小平理论、"三个代表"重要思想、科学发展观和习近平同志系列讲话精神为指导，认真贯彻落实党的十六届、十七届、十八届和辽宁省委历届全会发展振兴精神，以经济结构的战略性调整为主线，推动工业化、信息化、城镇化和农业现代化同步发展。抚顺市的振兴老工业基地的经济发展战略也进行了不断调整和完善。从早期的"油头化身轻纺尾"经济发展战略，到"由资源型城市向资源深加工型城市转变"的经济发展战略，然后又形成了以"两城两带一区"为引领和发展重点的经济发展战略，到 2016 年又进一步形成了"一极五业，多点支撑"的经济发展战略。在抚顺老工业基地振兴过程中，全市着力推进体制机制创新，培育了诸多新经济增长点，按照走新型工业化道路和"四化同步"的要求，坚持市场导向和工业立市，依靠科技进步，加快推进产业结构优化升级和城市转型，不断提高经济整体素质和企业竞争力；以深化改革、扩大开放为动力，进一步解放思想，转变观念，抢抓机遇，形成新的经济增长机制；坚持以人为本，统筹兼顾，树立全面、协调、可持续的发展观，以全面建成小康社会为目标，坚持统筹兼顾和远近结合，努力实现经济与社会全面、协调和可持续发展。经过"十五""十一五""十二五"的努力,以及正在实施的"十三五"规划,为抚顺老工业基地的全面振兴奠定了坚实的基础。

2. 实施振兴战略后,抚顺老工业基地调整改造实施的重大政策。(1)《关于实施东北地区等老工业基地振兴战略的若干意见》提出了许多适合抚顺老工业基地调整改造的重大政策。2003 年 10 月 5 日,中共中央、国务院下发《关于实施东北地区等老工业基地振兴战略的若干意见》(中发〔2003〕11 号)文件,提出了许多适合抚顺老工业基地调整改造的重大政策。一是加快体制创新和机制创新。二是全面推进工业结构优化升级。三是大力发展现代农业。四是积极发展第三产业。五是推进资源型城市的经济转型。抚顺是煤炭资源枯竭型城市,因而要大力发展石油化工、装备制造、煤化工、林木产品、林下产业等具有传统优势的资源精深加工和新的接续产业。六是加强了基础设施建设。七是进一步扩大对外对内开放。八是加快发展科技教育文化事业。(2)振兴东北老工业基地的主要优惠政策措施。以中共中央振兴东北老工业基地的 2003 年 11 号文件为起点,振兴东北老工业基地的主要优惠政策措施,具体体现在"项目投资、财税政策、金融政策、国有企业改革、社会保障试点、采煤沉陷区治理、基础设施建设"等多个方面。一是在财政税收政策方面对老工业基地给予了支持。对部分企业历史形成、确实难以归还的历史欠税,按照规定条件经国务院批准后给予豁免。二是深化投资体制改革,简化老工业基地调整改造项目审批程序。三是加大国债或专项资金对老工业基地调整改造的支持力度。四是通过对农业、社会保障、教育、科技、卫生、计划生育、文化、环保等领域的专项资金安排,有力地支持老工业基地调整改造和资源型城市转型。(3)落实国家扶持政策,制订完善配套措施。抚顺在落实国家对东北老工业基地振兴战略的总体部署和重大优惠政策支持的情况下,对各项政策也进行了具体落实。一是落实促进扩大对外开放政策(国办发〔2005〕36 号)、《辽宁省外商投资优势产业目录》(国家发改委、商务部〔2006〕47 号)。我市积极利用相关政策,增强产业对外资的吸引力,扩大对外开放的领域。二是落实企业所得税税收优惠政策(国家财税〔2004〕153 号)。主要是缩短企业固定资产折旧年限,缩短无形资产摊销年限。三是落实金融信贷政策。主要是国家支持金融机构加强与地方金融战略合作。四是落实相关财政政策。主要是购入固定资产的增值税允许抵扣销项税政策;国有企业下岗职工实行国家补助政策;集中处置不良贷款打捆减债政策;棚户区改造中央专项补助资金政策和信贷政策;利用国债资金支持工业结构优化升级,发展接续产业政策等。例如,2005 年前后抚顺棚户区集中改造重要时期,争取中央专项补助资金 3.4 亿元,国家开发银行贷款 10.9 亿元,完成拆迁面积 177 万平方米,利用国债在国家扶持的十几个领域中，有七个领域的项目得到了国家国债转贷的支持。五是落实社会保障政策。主要是国有企业下岗职工基本生活保障向失业保险并轨政策，2005年前后三年，全市共有 9.8 万人实现并轨，并轨资金总支出 8.2 亿元。六是落实采煤沉陷区治理和生态环境恢复治理政策。2003 年国家发改委批准了抚顺采煤沉陷区一期治理方案，补助采煤沉陷区资金 6.9 亿元，后期还有相应的补助政策。七是落实国企改革政策。主要是放开国有企业股权比例限制，鼓励境内外、跨行业、跨所有制改制重组；采取各种形式，放开搞活国有中小企业；企业改制职工安置。（4）《国务院关于进一步实施老工业基地振兴战略意见》提出了一系列重大政策意见。2009 年 9 月，在总结了前段时间调整改造的经验后，国家又下发了《国务院关于进一步实施老工业基地振兴战略意见》（国发〔2009〕33 号），并提出了一系列重大政策意见。一是优化经济结构，建立现代产业体系。二是加快企业技术进步，全面提升自主创新能力。三是加快发展现代农业，巩固农业和农村基础条件建设。四是加快构建综合交通运输体系，优化能源结构。五是积极推进资源型城市转型，促进可持续发展。六是切实保护好生态环境。七是着力解决民生问题，加快推进社会事业发展。八是继续深化国企和其他领域改革，扩大对外开放，增强经济社会发展活力。（5）《关于全面振兴东北地区等老工业基地的若干意见》等政策文件的印发，标志着东北老工业基地振兴正式进入了实施阶段。为了贯彻落实 2015 年 12 月 30 中共中央政治局"关于振兴东北等老工业基地"的会议精神，2016 年 4 月 26 日，中共中央、国务院下发了《关于全面振兴东北地区等老工业基地的若干意见》，意见从着力完善体制机制、推进结构调整、鼓励创新创业、保障和改善民生等方面做出了新的战略部署，要求加快形成同市场完全对接、充满内在活力的新体制和新机制；加快构建战略性新兴产业和传统制造业并驾齐驱、现代服务业和传统服务业相互促进、信息化和工业化深度融合的产业发展新格局；加快形成以创新为主要引领和支撑的经济体系和发展模式；让人民群众有更多获得感；到 2020 年，东北地区在重要领域和关键环节改革上取得重大成果，在此基础上再用 10 年左右时间，实现全面振兴。同时，2016 年 11 月 1 日，国务院印发了《关于深入推进实施新一轮东北振兴战略加快推动东北地区经济企稳向好若干重要举措的意见》（国发〔2016〕62 号）和 2016 年 11 月 12 日国家发改委印发的《东北振兴"十三五"规划》等文件，借此东风，抚顺也迈进了新一轮老工业基地全面振兴的热潮之中。

第二节　抚顺老工业基地振兴与走新型工业化道路

　　2010 年 4 月，经国务院同意，国家发改委正式批复了以沈阳为中心的包括沈阳、鞍山、抚顺、本溪、营口、阜新、辽阳、铁岭八个城市的辽宁中部城市群的沈阳经济区为国家新型工业化综合配套改革试验区，这是振兴东北老工业基地战略全面推进的又一项重大决策。按照国务院批复的框架，经过 5～10 年的努力，沈阳经济区要建设成为"国家新型产业基地重要增长区"，打造具有国际竞争力的先进装备制造业基地、高加工度原材料工业基地；建设资源型城市经济转型示范区，以资源型城市经济转型为重点，大力扶持发展接续替代产业，培植多元化产业发展模式；建设以新型工业化带动现代农业发展的先行区，形成城乡经济社会发展一体化格局。沈阳经济区作为国家实验区，还将探索一条资源枯竭型城市转型的可行之路，增强可持续发展的能力。

　　抚顺是重要的老工业基地，经过几十年的发展，初步建立了比较完备的工业体系，为我国的工业化和建立完整独立的国民经济体系做出了重要贡献。但几十年来，抚顺基本走的是传统的工业化道路，在深得工业化之利的同时，也面临诸多困难和挑战，急需寻求新的发展道路。抚顺要在短时期内基本完成工业化进程，就必须按照新型工业化的要求，借鉴发达地区的先进经验，抓住国家支持老工业基地调整改造和支持资源枯竭型城市发展接续产业的历史机遇，紧紧围绕以信息化带动工业化、以工业化促进信息化这个核心，以改革开放和科技进步为动力，搞好产业结构调整和优化升级，走出一条新型的工业化道路。

一、抚顺工业化的历史演变过程

　　中华人民共和国成立后，我国经历了三次工业化过程，每一次都对东北工业基地的加快发展有重大影响和促进作用。抚顺作为一个建国后就是工业基础雄厚，工业体系相对健全的工业城市，也与之共同经历了这三次工业化过程。第一次工业化过程是 1949 年至 1978 年，实施了"以单一公有制和计划经济"为特征的优先发展重化工业的赶超战略。这一时期，抚顺作为重要的工业基地，以生产煤油电钢铝等产品和出管理经验、出人才，来支援全国的工业建设。第二次工业化过程是 1978 年 2002 年，走的是以"多种经济成分并存、改革开放和半计划半市场"为特征的外延型工业化发展道路。这一时期，抚顺作为重要的老工业基地，成为改革开放大业成本的承担者。第三次工业化过程是 2003 年至今，抚顺作为一个已经落后于时代发展的老工业基地,以国家实施的老工业基地振兴战略为契机,走的是"以市场经济、改革开放"为特征的新型工业化和"四化同步"全面振兴的发展道路。

二、抚顺走新型工业化道路可以推动老工业基地调整改造

目前,抚顺工业化的基本进程总体上是处于工业化中期阶段,正在向工业化后期阶段过渡。这一过程,按照工业化演进的一般规律,随着消费结构的变化,必须经历由轻化工业为主向重化工业为主的转变,由原材料工业为中心向高加工度工业为中心转变,由传统产业为主向高新技术产业为主的转变过程。这就要求抚顺必须大力发展高新技术产业,加快用高新技术改造传统产业,积极推进初级产品精深加工,延长产业链,增加产品的科技含量和附加值,以提高经济增长质量和效益。

1. 走新型工业化道路是解决抚顺老工业基地振兴和工业化进程中深层次矛盾问题的必然选择。信息化发展是世界大趋势,这就迫使抚顺必须选择全新的工业化发展模式来推动老工业基地的调整改造;必须摒弃资源立市、粗放经营的旧观念和模式,树立和强化工业立市、工业强市、科教兴市、生态建市的理念,采用集约化的发展方式,走新型工业化的路子。

2. 走新型工业化道路,可以推动我市老工业基地加速调整改造。通过以项目建设为重点,以科技创新为动力,以名优品牌培育打造企业竞争实力,以工业园区建设为发展平台的方式,可以加速推动我市老工业基地调整改造。致力于营造富有竞争力的投资环境和富有生机活力的项目带动工作机制,以项目带动集聚生产要素,以项目带动促进投资增长,并依靠科技进步改善经济增长质量和效益,大力培育我市企业的名优品牌,以工业园区聚集项目助推城镇化发展,是振兴我市老工业基地的必然要求。

3. 走新型工业化道路,可以通过结构调整的方式推动我市老工业基地调整改造。抚顺应积极培育壮大优势产业集群,致力提升产业关联度,拉长产业链,加快主导产业的前伸后延,应实现产业结构和产品结构的调整优化。

4. 走新型工业化道路,正确处理好各种关系推动老工业基地的调整改造。通过正确处理好发展高新技术产业与发展传统产业、发展资金技术密集型产业与发展劳动密集型产业、发展实体经济与发展虚拟经济、市场调节与宏观调控、长远规划与近期发展之间的关系,以信息化带动工业化,以工业化促进信息化,走出一条科技含量高、经济效益好、资源消耗低、环境污染少、人力资源得到充分发挥的新型工业化路子的方式,推动我市老工业基地调整改造。

5. 走新型工业化道路,可以通过实施由资源型城市向资源深加工型城市转变的经济发展战略的方式，推动老工业基地的调整改造。工业是抚顺的产业基础和经济命脉。目前，抚顺市的工业经济在整个国民经济中占绝对优势，在财政税收总额中占大部分，没有工业经济的振兴，就无法实现抚顺经济的跨越式发展和老工业基地的振兴。

三、抚顺工业化发展的有利条件和存在的问题

1. 抚顺工业化发展的有利条件。抚顺的工业化道路是在伪满时期的工业化初步形成和新中国成立后计划经济体制下，优先发展重工业的改造提高过程中走过来的，并建成了以石油、化工、钢铁铝、电力、煤炭、建材、机械等产业为支柱的重工业基地。这种重型经济结构对推动我国工业化起了重要的积极作用。改革开放以来，抚顺虽然在经济发展过程中遇到了许多困难和挑战，但也积蓄和开创了不少工业化发展的有利条件。（1）国家确定实施东北老工业基地振兴战略，对我市这个老工业基地经济社会发展必将产生重要推动作用。（2）我市以"工业立市"经济发展战略的确立，为抚顺向新型工业化城市发展提供了工作重心更加集中的政策支持。（3）我市石油化工等主要国有大型企业都已登上国家垄断大企业的"大船"，其较为稳定的市场竞争力，可为我市经济长期稳发展奠定坚实基础。（4）鼓励和促进中小企业的各项政策和软硬环境更加完善，从而为我市城乡各种所有制中小企业营造更加公平的发展环境。（5）抚顺经济具备一定的自我扩张能力，同时也将逐步得到来自以沈阳为龙头的沈阳经济圈的正向辐射。

2. 抚顺老工业基地调整改造和工业化发展过程中存在的问题。抚顺因煤而兴，长期以来，经济和社会发展积累了大量的矛盾和问题。近年来，抚顺在国家和辽宁省的大力支持下，一些问题得到了缓解，但诸多深层次问题靠自身依然难以解决，这些问题仍需要国家和辽宁省进一步加大支持力度。（1）行业转移转型缓慢，新兴产业建立滞后，抚顺煤炭资源的逐步枯竭，向其他有发展前景产业转移的要求越来越紧迫。（2）产业结构不合理，经济效益低下；重工业偏重，轻工业偏轻；初级产品多，中间产品有限，最终产品极少的产品结构。（3）技术装备老化，改造发展资金严重短缺。（4）经济管理体制僵化，企业运行机制不灵活，企业市场竞争力不断受到挑战。（5）就业形势依然严峻。（6）养老保险金支付难。抚顺 2016 年养老金保险基金总收入为 66.7 亿元，总支出为 120.7 亿元，当期缺口为 54 亿元，历年累计养老金缺口超过 160 亿元。据测算，2018 年我市缺口将达到 321 亿元，2023 年缺口将达到 1180 亿元。由此可见，抚顺市养老金缺口问题日益严峻。（7）生态环境需要进一步治理，城市基础设施欠账大。（8）抚顺矿区生态恢复任务艰巨，抚顺经过百年的煤炭开

采，破坏土地面积已达 49.5 平方千米。（10）棚户区改造还贷包袱重，城市建设资金偿债风险大。抚顺棚户区改造资金需求量大，同时地方政府也背负着沉重的债务负担。

四、抚顺走新型工业化道路的总体思路

抚顺走新型工业化道路，既要遵循世界工业化的普遍规律，谋划新的发展思路，同时又要紧密结合抚顺的实际，坚持"工业立市和工业强市"的经济发展总体思路。从总体上讲，要坚持以信息化带动工业化、以工业化促进信息化的发展方向，既要大力发展高新技术，又要用高新技术改造传统产业；坚持经济发展与资源利用、环境保护相互协调，大力发展投资少、消耗低、污染少、效益高的产业；在坚持发展资金密集型企业的同时，积极发展劳动密集型企业，使人力资源的优势得到充分利用；抓住国家支持老工业基地调整改造和支持资源枯竭型城市发展接续产业的历史机遇，充分依靠改革开放和科技进步，做好以石油化工、煤电钢铁铝、装备制造、建材医药等为主导的工业及其精深加工业，从而推动抚顺老工业基地产业结构转换和工业化进程。

五、走新型工业化道路，推动老工业基地调整改造

1. 推进产业结构和企业组织结构的战略性调整。结构调整就是要充分运用最新高科技，打破农业社会—工业化—信息化循序渐进的常规，加快产业结构的优化升级，形成以高新技术产业为先导、基础产业和制造业为支撑、服务业全面发展的产业格局。这也是抚顺老工业基地调整改造必须牢牢把握的方向和紧紧抓住的主线。（1）坚持用高新技术和先进适用技术改造提升抚顺的传统产业。用高技术提升加工业，实行差异性战略，即突出重点，扶优扶强，抓紧制订抚顺提高与发展加工业的近期、中期和长远规划，编制拉长产业链的重大加工项目的专项计划，并制定促进加工业发展的政策措施。（2）优先发展信息产业。应大力发展网络与通信设备、电子控制设备、新型电子元器件和软件等信息产品的生产，积极推进生物工程与制药、新材料等高新技术产业的成长。（3）加快发展服务业，特别是现代服务业。重视发展服务业，大幅提高第三产业在国民经济中的比重，特别要加快发展电商、金融、保险、物流、旅游、咨询等现代服务业，加快发展教育、文化、卫生、保健和体育事业。同时，继续发展提升交通运输、仓储、批发和零售贸易等传统服务业。要适应社会需求变化，积极发展家政服务、社区保安保洁保绿等社区服务业。（4）加快推进企业组织结构调整，发展大公司、大集团。依托抚顺这类现有企业，特别是重点骨干企业，以产品为龙头、市场为导向，以资产为纽带、配套协作关系为基础，

优化资源配置，迅速扩大现有企业能力和规模，培育和发展一批拥有自主知识产权、主业突出、核心能力强的企业集团，使其尽快走上良性循环的轨道。

2. 坚持市场化取向改革，加大体制创新力度。（1）积极推进企业股份制改造，实现企业投资主体多元化。（2）加快投融资和财政体制改革。要通过投融资体制改革，为各类投资主体创造公正、公平的竞争环境，充分发挥政府投资的导向作用，鼓励和引导民间投资。（3）加快社会保障制度改革，完善社会保障体系。

3. 加快技术创新和技术进步，提高大企业核心竞争力。我市大企业应加快确立以提高核心竞争力为目标的发展策略，缩小与国内外先进企业核心竞争力的差距。树立核心竞争力的意识，增加投入，提高企业技术创新能力，使企业成为技术创新的主体，开拓国内外市场，健全营销网络，加强管理，提高战略管理能力，形成高效的制造能力体系，增强竞争优势。要全面加强业务流程的信息化，大力推广采用信息系统，保持生产制造系统的高性能、高效率和快速反应，提高企业的生产制造系统效率。

第三节　抚顺实施老工业基地振兴战略的基本经验

老工业基地的调整改造是一项长期而艰巨的任务。自 2003 年中共中央国务院下发《关于实施东北地区等老工业基地振兴战略的若干意见》（以下简称《意见》）至今，抚顺在经济、政治、文化等社会生活的各个方面都取得了巨大的进步和辉煌的成就。抚顺不仅经济持续快速发展，产业结构不断升级优化，而且社会环境和谐稳定，城乡居民生活得到了明显改善。抚顺因煤而兴，因石油而发展，拥有雄厚的工业基础，作为一个以煤炭石油工业为基础建立的老工业城市，抚顺要在实践中探索出一条具有本地特色的转型振兴之路，既要充分借助国家、辽宁省政策的支持，又要依靠自身努力，解放思想，抢抓机遇，以内生动力促转型；既要坚持从实际出发，充分发挥自身优势，又要立足于更高的视野、更大的领域，创新经济转型模式；既要突出经济转型主线，又要统筹兼顾社会、文化、生态转型，以经济转型带动城市全面转型，推动老工业基地的调整改造。多年来的老工业基地振兴历程，给抚顺人民积累了许多宝贵的经验，其中最基本的就是遵循客观经济规律，利用抚顺得天独厚的资源禀赋，选择一条能够形成要素组合优势的道路，从而开创抚顺老工业基地全面振兴的良好局面。抚顺在老工业基地全面振兴的进程中，初步形成了经济发展与民生改善相结合、体制创新与结构升级相结合、增量带动与存量优化相结合、产业置换与城市建设相结合、社会转型与文化重塑相结合的调整改造振兴模式。正是基于这一理念，抚顺在多年的实施老工业基地振兴战略实践中，总结探索出了符合自身实际的基本经验。

一、积极主动实施老工业基地调整改造振兴战略

在争取国家和辽宁省政策支持的基础上，抚顺坚持自力更生，积极主动地实施老工业基地调整改造振兴战略。抚顺除了有主导产业日趋衰竭，经济总量严重不足，财政和就业等社会矛盾突出，历史包袱沉重等的困难和问题外，还有自己的特殊困难。抚顺是一座因煤而兴的城市，煤炭开采历史超过百年，曾以"煤都"著称于世。由于长期煤炭开采和矿城一体的布局，抚顺不仅形成了全国最大的棚户区，还有因采煤形成的 49.5 平方千米的地质灾害区，占城区面积的 45.3%，由此带来了灾害治理、生态修复、异地搬迁、人员就业安置、生活保障等问题。在这样的背景和条件下，要解决抚顺的转型振兴问题，还需要国家和辽宁省的政策和财力的大力支持。

实施抚顺老工业基地振兴战略以来的实践证明，党中央、国务院和省委、省政府对抚顺这个资源型枯竭型城市经济转型的支持力度正不断加大，出台了一系列政策，采取了一系列举措，包括在重大产业项目方面的布局、重点项目的财政和金融方面的支持、土地和环评方面的支持，这些都给抚顺城市转型发展提供了新的机遇，为解决历史遗留问题、恢复生态体系、推进产业转型等也起到了不可替代的重要推动作用。同时，抚顺老工业基础基地的振兴，也更需要自身的努力。事实上，早在"七五"时期，抚顺就开始了经济转型的艰难探索。2003 年，中共中央实施振兴东北老工业基地战略以后，抚顺市进一步明确了"由资源型城市向资源深加工型城市转变"的经济转型思路，并加快了转型步伐。2007 年 12 月，国家出台支持资源型城市可持续发展意见后，抚顺积极研究对接方案，于 2009 年 3 月正式列入全国第二批资源枯竭型城市。此后，抚顺按照《实施意见》要求，紧紧抓住国家支持资源枯竭城市的政策机遇，坚持从实际出发，注意发挥老工业基地的优势，在调整改造当中发挥老工业基地原来基础雄厚的优势，发展定位准确，以项目为载体，通过项目年活动，促进了经济发展，增强了经济发展后劲，并初步探索出一条符合抚顺实际的老工业基地调整改造的新路子。随着国家推动东北老工业基地振兴的一系列政策举措的出台，抚顺老工业基地振兴的路子是越走越宽，并不断取得新成果。

二、依托工业配套基础发展多元主导产业

资源枯竭型城市实现经济转型，是老工业基地振兴的关键。其根本点在于充分发挥自身优势，积极培育发展多元主导产业，构建支持经济转型和可持续发展的基础平台。多年来，抚顺市坚持工业立市的发展思路，以信息化带动工业化，以工业化带动经济发展，走新型工业化道路，把培育发展多元主导产业作为加快经济转型的根本，发挥工业基础配套优势。一方面发展高新技术产业，另一方面以高新技术改造提升传统产业，立足更高起点，进一步加大老工业基地振兴战略的实施力度，才有了目前转型工作全面推进、加快发展的良好局面。同时，抚顺依托产业延伸发展条件，按照"转换＋延伸"和"大项目—产业链—产业集群—产业基地"的模式，以产业链延伸为突破口，以大项目、产业集群、产业基地建设为重点，以"三大产业基地"和"六大产业集群"建设为载体，加快推进以"低投入、低消耗"和"高科技、高回报、高端市场"为特征的优势资源开发进程，基本形成了能源工业、精细化工、装备制造、冶金及特种新材料等多元主导产业框架，为抚顺经济转型和老工业基地振兴提供了有力支撑。

三、依靠科技进步，加快传统产业转型升级

经济结构单一、传统产业比重过大，缺乏可持续发展能力，是制约资源枯竭型城市实现经济转型和振兴战略实施的一个主要瓶颈。资源枯竭型城市只有依靠科技进步改造传统产业，加快产业结构调整和产业升级，培育壮大优势支柱产业，才能走出转型振兴的新天地。多年来，抚顺市坚持走依靠科技进步带动经济转型发展的道路，充分发挥科技先导作用，大力推进科技创新体系建设；把用先进和实用技术改造传统产业作为产业优化升级的中心环节，加强与高等院校、科研单位合作，积极运用先进技术对石油化工、钢铁、有色、建材等传统产业进行整体嫁接改造，提高企业原始创新、集成创新和引进消化吸收再创新能力；通过产业升级和技术升级的方式，不断壮大石油化工、冶金、装备制造的等优势产业，为加快经济转型和老工业基地振兴打下坚实基础。

四、坚持工业化与城市化并重，保持发展的持久动力

在推进工业化中，拓展城市空间、改善城市环境、完善城市功能、丰富城市内涵、提升城市品位；在推进城市化中，扩大投资消费需求、优化产业布局结构、推动产业产品创新，形成了老工业基地推进调整改造振兴的鲜明特征，形成了工业化与城市化双轮驱动、融合发展的良性发展局面。

五、借助沈阳中心城市辐射，优化城市布局

实现经济转型既是资源枯竭型城市面临的一个长期而艰巨的任务，也是资源枯竭型城市立足于更高的视野、更大的领域，争取经济跨越式发展的重大机遇。多年来，抚顺市抓住省委、省政府实施沈抚同城化战略的历史性机遇，立足于区域经济协调发展的全局视野和转型发展的更高起点，合理布局城市生态区、居住区和产业集聚区，把调整改造老工业基地与优化城市布局结合起来，拓展城市空间，完善城市功能，在原有旧城改造提升的基础上，通过沈抚新城、石化新城、南环经济产业带、浑河景观带、东部生态区的"两城两带一区"城市新布局的建设开发，解决老工业基地调整改造、转型升级、发展高新技术和新兴产业的载体平台问题；把沈抚新城作为沈阳经济区实施一体化发展战略的先导区、沈抚同城化的重要载体和引擎、抚顺市转型振兴和提速发展的引领工程，不断加大建设力度，全力推进沈抚同城化进程；充分依托沈阳中心城市的辐射作用和两地融合所带来的发展优势，不断拓展可利用资源，改善和优化投资环境，加快与沈阳实现产业对接，推进企业跨区域兼并重组，积极发展配套产业，延伸产业链条；大力引进、吸收外部技术、资金、人才，建立发展新的产业优势，打造产业聚集和规模发展的"高地"，为抚顺立足更高起点，加快转型振兴发展提供了广阔空间。

六、以经济转型为根本，统筹社会文化生态建设

振兴抚顺老工业基地是一项涵盖经济、社会、文化、生态等各个方面的庞大系统工程。只有加快经济转型才能带动社会、文化、生态的全面发展；而社会、文化、生态的同步进行，又必然对经济转型起到积极的促进作用。因此，多年来，抚顺市在实施老工业基地振兴战略的实践中，按照"以经济转型为根本，带动社会、文化、生态全面发展"的总体思路，以就业、就医、就学、社会保障、住房、环境、城市贫困七大社会问题为重点，着力解决资源枯竭型城市引发的一系列社会问题，加快社会转型和全面发展。抚顺积极推进文化发展，通过挖掘城市文化底蕴，发挥文化优势，塑造城市精神，打造文化精品，推动城市文化建设与经济社会协调发展，以城市文化建设推进城市建设；坚持走经济发展与生态建设最佳融合的发展道路，以建设生态型城市为目标，积极推进以"让人民群众呼吸上新鲜的空气、喝上干净安全的水、用上清洁方便的能源、在良好的环境中工作生活"为主要内容的"四大民心工程"，以及生态防护绿地、生态风景林、城市森林公园建设，加快向生态型城市转化，这些都有力地促进了经济、社会、文化、生态的全面可持续发展。

第四节　抚顺通过"四化同步"推动老工业基地振兴

　　党的十七届五中全会通过的《中共中央关于制定国民经济和社会发展第十二个五年规划的建议》明确提出了"在工业化、城镇化深入发展中同步推进农业现代化"的重大任务。党的十八大报告进一步丰富完善了这一战略任务,提出要"促进工业化、信息化、城镇化、农业现代化同步发展",即要推动信息化与工业化深度融合、工业化与城镇化良性互动、城镇化与农业现代化相互协调,并将其定位为今后发展的重大政策导向。抚顺在老工业基地振兴的关键时期,应积极主动把握新时期改革发展的新特点,保障振兴成果,完成新发展阶段的新任务,这对于进一步推动抚顺老工业基地的振兴具有重要的现实意义和长远的历史意义。

一、工业化、信息化、城镇化和农业现代化的历史演进过程

　　从整体来看,抚顺与全国一样,在工业化、信息化、城镇化、农业现代化的推进当中,在不同阶段所选择的着力点也是不同的。在中华人民共和国成立初期,所面临的国际国内环境相当严峻,抚顺作为老工业基地,发展工业,特别是按照国家的计划要求重点发展重化工业也是必然的选择。此时工业化是单兵突进,城市的生产功能被放大而消费功能被抑制,在严格控制城镇化规模的同时,压低农产品价格,依靠农业部门为工业化提供人力、物力、财力支撑,实质上也就是以牺牲农业为代价而强制性地进行工业化,城镇化则一直游离于政策的边缘。改革开放以后,农村农业经历了一轮高速发展,但随着市场经济体系的建立和完善,农业的发展再次遇到瓶颈制约,"三农"问题也一度到了非常严重的境地。与此同时,工业化与城镇化的背离也更加显著。这种背离体现在两个方面,一方面是由于中国的工业化逐渐被纳入全球分工体系,工业产出中有相当大的部分是依靠于外需,工业化创造供给,而城镇化提供需求,由于过度依赖外需,使得城镇化与工业化的相关性弱化,即便城镇化滞后不能提供有效的需求,我们的工业产能也可以通过外需而得到释放。另一方面是由于现行的制度约束,大量已经在城镇就业生活的农村劳动力无法落地生根,这些农民工群体在生产上已经融入工业化进程中来,但在生活上却无法融入城镇化进程中。而在分税制和土地财政的刺激下,地方政府往往更加注重"土地的城镇化",而非"人的城镇化",大量地扩新区、建新城,形成了一些所谓的"空城""鬼城",资源配置严重错位,城镇化滞后、农业现代化基础薄弱的弊端充分显现,

内需之所以迟迟无法大规模启动，很大程度上就在于没有充足的城镇购买力作为支撑，没有有效的农村消费力作为后续。也就是说，"四化"不协调、不同步的问题，已经成为制约经济平稳较快可持续发展的突出矛盾。

二、抚顺"四化同步"发展的状况及其特征

一是根据国际经验判断，我市与全国一样，目前已进入工业化中后期阶段；二是信息化对工业发展、城镇建设和"三农"问题解决正处于加速融合推动的阶段；三是城镇化正处在加快发展时期；四是农业现代化已进入成长阶段。抚顺作为老工业基地，工业化、信息化、城镇化和农业现代化水平都要比全国平均水平要高一些。

三、推进抚顺现阶段"四化同步"所面临的问题和挑战

综合来看，现阶段抚顺的工业化进程已经基本上由市场主导，形成了相对较强的内生发展动力。城镇化进程很大程度上由政府主导，初步形成了市区"两城两带"为城镇化发展重点，以及着重发展农村县镇的相对合理的空间发展新规划布局。农业现代化进程则依赖于政府和市场机制的共同作用，通过工业反哺农业和城市化的方式来带动，但涉及的关联制约因素更多、困难更大，任务也更为艰巨。现阶段"四化同步"推进面临以下的问题和挑战。

1. 在思想认识上存在偏差。受传统观念和思维定式的影响，实践中对于"四化同步"往往存在着一些片面认识。在工业化和农业现代化的关系上，认为工业的效益远高于农业，简单认为，只要工业发展起来了，农业的很多问题也就迎刃而解了。在工业化和城镇化的关系上，相对于其招商引资推进工业化的热情而言，推进城镇化的积极性相对有限。类似这样的错误理念直接干扰着"四化同步"政策导向的执行和落实。

2. 城镇化质量和水平不高，发展内生动力不足，在资源配置上存在两难。土地城镇化快于人口城镇化，人口的"半城镇化"问题突出，土地资源日趋紧张。特别是在土地、人力资源等的配置方面存在两难，即在土地用途转换的过程中，既要充分保护农民的合法权益，又要在一定限度上保持工业化、城镇化的低成本优势。在人力资源方面，既要鼓励更多的农村劳动力向外转移，腾出发展空间，又要在农业农村保持相当数量的高素质劳动力。在推进城镇化和新农村建设上，如何因地制宜地明确政策导向，合理安排投入的比重，寻找到一个相对合理的平衡点以避免资源的浪费，在实际操作中也比较难以把握。

3. 工业重型化趋势明显，产业带动能力不强，在发展空间上难以保持协调。特别是对于老工业基地，一般地讲，工业化、信息化、城镇化水平相对较

高，但某种程度上是以牺牲农业为代价的。

4. 农业发展基础薄弱，农业现代化水平不高。农产品需求持续增加，质量要求进一步提高；农业劳动力的年龄和素质结构问题日益凸显；农业物质装备水平不高，农业科技创新和技术推广能力较低；农业生产经营专业化、标准化、规模化、集约化水平不高，农产品市场体系、农业社会化服务体系、农业支持保护体系还不健全。

四、实现"四化同步"的基本路径模式

"四化同步"推进是一项涉及面非常广的系统性工程，既要加强改革创新的顶层设计，建立合理有效的体制机制，又要在一些地方和领域率先实现局部性的突破。城镇化目前已成为制约"四化"进一步发展的"结"，也是打开"四化"进一步发展的钥匙。因此，用城镇化来带动工业化、信息化和农业现代化，促进"四化"协调发展，是符合中国国情，尤其是符合抚顺实际的发展思路。城镇化的方式包括：一是促进农村人口向城镇转移；二是科学规划城镇体系，为产业落地发展留出空间，促进产业围绕城镇集中布局；三是推动耕地流转和土地规模经营，实现农业经营活动的专业化和农产品商品化；四是用信息化提升工业化、城镇化和农业现代化水平和效率。

1. 推进"四化同步"发展的思路：推进"四化同步"发展的基本思路就是根据抚顺现阶段"四化"发展的状况和特点，同步推进我市工业化、信息化、城镇化和农业现代化，要适应新时期"四化"协调可持续发展的要求，以加快推进农业现代化为着力点，加快转变工业化和城镇化发展方式，发挥工业化、信息化对农业现代化的支撑作用，发挥城市化对农村发展的带动作用，加快现代农业发展步伐，加快推进新农村建设，实现工农、城乡协调发展。

2. 推进"四化同步"发展的目标任务：加快推进农业现代化，实现"四化同步"发展，必须把保障主要农产品有效供给和促进农民增加收入作为目标任务。从工业化、信息化和城镇化深入发展的要求来看，保障我市主要农产品有效供给，能够满足我市工业化发展的农产品原料需求和城镇化过程中日益增长的食品需求；能够促进农民收入增长，为工业产品、信息化和城镇服务业开拓广阔的市场空间。保障农产品供给和促进农民增收也是推进抚顺工业化、信息化和城镇化发展的任务之一。

3. 推进"四化同步"的发展道路：（1）走农业现代化道路，关键是要通过工业化、信息化加快转变农业发展方式，推进现代农业建设。（2）走新型工业化道路，要重视发展能够充分利用我市人力资源优势的劳动密集型工业和劳

动技术密集型工业，促进工业化与农业现代化融合。（3）走新型城镇化道路，提高城镇综合承载能力和人口经济集聚功能，促进农业劳动力向非农产业和农村人口向城镇转移，促进城镇化与农业现代化融合。

4.推进"四化同步"发展的技术路线：（1）推进农业现代化，要加强农产品良种培育、创新农业生产技术、研发适用农业机械、改革农作物耕作方式，完善现代农业产业体系。（2）推进工业化和信息化，要为农业转型和结构优化提供物质和技术支撑，大力发展种子产业和农产品加工业，提供先进加工设备，农业生产机械，建设仓储物流设施等。（3）推进城镇化，要科学规划抚顺城市的功能定位和产业布局，通过信息化发展，提高城市功能和运行效率，注重发展吸纳就业能力强的服务业，大力发展农业生产性服务业和农村生活性服务业。

5.推进"四化同步"发展的战略布局：（1）农业现代化建设要充分发挥我市的比较优势，在我市努力率先实现农业现代化。（2）推进工业化要发展结构优化、技术先进、清洁安全、附加值高、吸纳就业能力强的现代产业体系，大力发展农产品加工业和流通业，优化产业结构，促进农业生产布局和工业生产布局相结合。（3）推进城镇化要优化城市形态和布局，完善城市经济功能，提高城市基础设施和公共服务水平，增强城市带动能力。（4）在工业化、信息化、城镇化深入发展中同步推进农业现代化，要充分发挥工业化、信息化、城镇化对发展现代农业、促进农民增收、加强农村基础设施和公共服务的支持带动作用，着力加强现代农业建设和新农村建设。

五、促进"四化同步"发展的对策和措施

1.加大对农业和农村发展的投入力度，加快完善我市农业生产的利益补偿机制。（1）增加农业固定资产投资，提高农业固定资产投资比重。（2）增加财政支农资金投入，调整优化财政支农投入结构。（3）县域内银行业金融机构新吸收的存款要主要用于当地发放贷款，强化金融机构支持"三农"的义务和责任。（4）改革支农资金管理体制和方式，进一步扩大在县域内整合支农投资试点范围，健全"三农"投入长效机制。（5）加快完善我市农业生产的利益补偿机制。抚顺三县属于全省生态和水源的重点保护区域，要在国家和辽宁省对我市农业和农村的农业生态环境补偿等的基础上，在财力许可的范围内，健全对我市"三农"的额外农业补贴和涉农投入。（6）加大对我市农业重点乡镇的支持力度，提高农业生产重点乡镇的发展能力和城镇化水平。

2.加快转变农业发展方式，推进现代农业发展，努力提高我市农业的产业化、组织化程度。（1）加快农业科技创新，促进农业技术集成化、劳动过程机械化、生产经营信息化，提高农业物质技术装备水平。（2）推进农业经营体制机制创新，加快转变农业经营方式，促进农业生产经营专业化、标准化、规模化、集约化。（3）深入推进我市农业结构战略性调整，完善现代农业产业体系。（4）加大对我市农村劳动力转移的支持服务力度。劳动力转移是"四化同步"推进的关键，必须通过各种政策措施，加快农村人口向非农产业和城镇转移。（5）要努力提高农业经营的组织化程度，发展多种形式的适度规模经营。

3. 改善农村生产生活条件，加快新农村建设。（1）科学编制乡镇村庄建设规划，统筹农村生产生活基础设施、服务设施和公益事业建设。（2）强化农村公共服务。扩大公共财政覆盖农村的范围，全面提高农村公共服务水平。（3）完善农村集体经营性建设用地流转和宅基地管理机制。

4. 转变工业化发展方式，提升我市农业现代化发展水平。（1）培育发展新型主导产业。改造提升装备制造业，积极发展战略性新兴产业，加快发展现代服务业。（2）统筹城乡非农产业发展。鼓励城乡非正规就业组织发展，增加县域非农就业机会，扶持农民工创业带动就业，广泛开辟农村劳动力转移就业渠道。（3）调整优化产业布局。以产业链条为纽带，以产业园区为载体，发展一批专业特色鲜明、品牌形象突出、服务平台完备的现代产业集群。发挥县域资源优势和比较优势，促进劳动密集型产业、农产品加工业向县城和中心镇集聚，推动形成城乡分工合理的产业发展格局。

5. 建立健全城乡发展一体化制度，带动农业现代化加快发展。"四化同步"推进就必须逐步打破城乡二元分割，加快消除制约城乡协调发展的体制性障碍，增强农民在农村农业发展中的话语权，形成城乡间要素资源的平等交换关系。（1）优化我市城镇布局和形态。统筹我市城镇功能定位和产业布局，缓解对抚顺市区的压力，优先发展"两城两带"，增强小城镇公共服务和居住功能，提高建成区人口密度，调整优化建设用地结构，不断提升城镇化的质量和水平。（2）要加大农村公益事业投入，促进城乡义务教育、学前教育的均衡发展，加快落实放宽落户条件的政策，加快建立城乡统一的人力资源市场，扩大城镇住房保障覆盖范围，扩大农民工医疗、养老保险覆盖面，逐步建立覆盖城乡、普惠均等的一体化社会保障体系。（3）加强农村劳动力转移就业培训和就业信息服务，着力提高农村劳动力转移就业能力。（4）要以推进新型农村社区建设为突破口，加速城乡一体化发展。

第五节　抚顺老工业基地振兴的理论与实践

所谓老工业基地，主要是指在新中国成立前和 20 世纪五六十年代，部分是二十世纪七十年代形成的，国家进行了大量投资、生产规模大、历史上对全国经济发展起到较大促进作用，做出较大贡献的工业基地。我国在"一五"、"二五"期间，国家集中人财物投入到特定地区为建成我国工业化体系而形成的以重工业为主的地区，其中东三省的辽宁、吉林和黑龙江是典型的老工业基地。老工业基地由于国有企业比重十分大，担负着中国初期改革开放的绝大部分成本，出现了经济发展的速度不快，位次后移，工业化水平呈下降趋势，人民生活水平提高不快等状况。这些状况对老工业基地振兴显然有着十分重要的影响，而抚顺是更具有典型性。抚顺经过多年的老工业基地调整改造，已经取得了阶段性成果。因此，从理论和实践两方面进行系统归纳总结，对于抚顺老工业基地的进一步振兴和"四化同步"发展具有重要的指导意义。

抚顺作为一个以能源原材料加工为主的老工业基地和煤炭资源枯竭相叠加的特殊城市，抚顺的经济转型始于 20 世纪 80 年代。早在"七五"时期，鉴于煤炭资源日趋枯竭和国家的"限采保城"政策，抚顺就提出了"油头化身轻纺尾"的经济发展战略，并从此开始了 20 多年漫长而艰辛的转型之路。2003年，中共中央实施振兴东北老工业基地战略以后，抚顺市进一步提出了"由资源型城市向资源深加工型城市转变"的发展战略，加快了经济结构的战略性调整，开启了国内历史上最大规模的棚户区改造工程，城市转型进入攻坚阶段。但是由于历史包袱沉重、财力有限等多重原因，抚顺城市转型依然困难重重，步履维艰。2009 年 3 月，抚顺被确定为全国第二批资源枯竭型城市，并从2008 年财政年度开始享受国家、辽宁省财力转移支持。抚顺城市转型进入全面推进和加快发展的新阶段。

2008 年以来，抚顺紧紧抓住国家支持资源型城市可持续发展的政策机遇，认真贯彻落实《国务院关于促进资源型城市可持续发展的若干意见》的各项政策措施，紧密结合抚顺实际，全面推进城市转型。多年来，抚顺按照以经济转型为先导，带动城市功能转型和体制机制创新，加快推进新型工业化、新型城市化和区域经济一体化进程，积极调整城市经济发展布局，以沈抚同城化为核心，全面实施"两城两带一区"的经济发展战略；充分依托现有工业配套基础和产业延伸发展条件，以建设世界级精细化工产业基地、国家（抚顺）先进能源装备制造业基地、全国领先世界知名的碳纤维产业基地等三大基地和工程机械配件产业集群、输变电配件产业集群、起重设备产业集群、冶金及特殊金属材料产业集群、再生纸产业集群和新宾县林木加工产业集群等六大产业集群为重点，积极构建支持城市转型和可持续发展的多元支柱产业框架，加快城市主导产业转换；紧紧抓住国家确定沈阳经济区综合配套改革实验区的历史性机遇，加快体制创新和机制创新；着眼于从战略层面和决策源头，破解资源枯竭型城市转型和可持续发展的历史性难题，积极推进《抚顺市环境优化城市布局和产业发展五年行动计划》，大力开展矿山地质灾害综合治理，将节能减排、生态修复纳入城市发展战略；优先推进民生工程，多渠道推动富余劳动力就业与转移，加强对困难群体的救助，全面推进教育、卫生、社会保障等社会事业发展；培育建立资源型城市可持续发展长效机制，积极探索符合抚顺实际的资源枯竭型城市和老工业基地的转型振兴之路。

1. 抚顺老工业基地调整改造依据的思想理念和理论：（1）从宏观理论依据上讲，是以"邓小平理论、'三个代表'重要思想、科学发展观和习近平同志系列讲话精神"总揽抚顺老工业基地振兴战略实施的全过程，并使抚顺老工业基地调整改造和振兴之路沿着正确的方向发展。（2）以国家振兴东北老工业基地的战略思想理论，特别是以中共中央和国务院从宏观全局角度对振兴东北老工业基地提出的一系列指导思想和主要工作任务等的思想理念为指导，保证了抚顺老工业基地的振兴之路能够沿着正确的调整改造思路进行。（3）以抚顺被国家确定为煤炭资源枯竭型城市转型和矿山地质灾害、棚户区综合治理改造试点市的重大政策措施为依托，有效地解决了抚顺老工业基地调整改造过程中的历史遗留问题和接续产业的可持续发展问题。（4）以抚顺"由资源型城市向资源深加工型城市转变"的经济发展战略思想理念为指导，有效地推动了抚顺老工业基地的城市转型和比较优势的发挥。（5）以老工业基地调整改造和振兴要走新型工业化道路的战略思想理论为依据，为抚顺老工业基地振兴指明了转型升级的正确发展道路。（6）以沈阳经济区新型工业化综合配套改革上升为国家战略为契机，为促进抚顺老工业基地加快走新型工业化道路创造了历史发展机遇。（7）以老工业基地调整改造要走以加快经济发展方式转变和社会管理模式转型的思想理念为依据，对提高抚顺经济增长的质量、效益及社会和谐稳定发展具有重要指导意义。（8）以用增量带动结构优化，用科技进步和创新促进产业升级，用发展保障民生改善，推进经济转型、社会转型、体制转型，推动振兴战略实施的思想理念为指导，有效地推动了抚顺老工业基地的产业结构调整，推动了技术升级换代、民生改善和全面转型。（9）以老工业基地调整改造和振兴，要走工业化、信息化、城镇化、农业现代化有机统一和同步推进的思想理论为依据，提出了以"两城两带"为城市建设重点的城镇化发展战略，并以此为工业化、信息化和农业现代化提供发展平台和支撑。（10）到 2016 年又进一步形成了"一极五业，多点支撑"的经济发展战略思想。这些不断丰富完善的经济发展战略思想理念，为抚顺经济社会全面、协调、可持续发展起到了重要的指导和推动作用。

2. 抚顺老工业基地调整改造采取的重大举措：从抚顺老工业基地调整改造的实践上看，主要采取了以下改革发展的重大政策措施。（1）以建设"三大产业基地"和"六大产业集群"为重点，积极构建多元化支柱产业框架。一是发挥资源优势和依托现有工业配套基础，大力推进世界级石油化工新材料产业、高性能纤维产业、先进能源装备制造业三大产业基地建设。二是发挥科技先导作用和依托区位优势，大力推进工程机械配件、输变电配件、起重设备、冶金及特种金属材料、再生纸、林木加工六大产业集群建设。（2）通过国有经济战略性调整和发展民营经济，科技进步和大力发展服务业，以及发展县域经济，大力推进经济结构战略性调整，加快产业结构优化升级。（3）通过对矿山地质灾害、矿山废弃地和煤矿等重点污染性企业的环境综合整治，努力改善城乡生态环境。（4）坚持以人为本，通过实施就业优先战略，大规模进行棚户区改造，健全社会保障和救助体系，解决就业等社会问题。（5）科学规划城市布局，通过实施"两城两带、沈抚同城化、小城镇建设和一极五业，多点支撑"的发展战略，构建城乡多元产业发展新格局。（6）依托国家政策支持，通过严格中央财政转移支付资金的管理和使用，抓好政策的衔接和落实。

3. 抚顺老工业基地调整改造的实践成果：（1）国民经济发展实现跨越式发展。（2）以资源为主的产业结构得到调整，多元化支柱产业框架基本形成。（3）城市基础设施建设和环境治理取得新成效。（4）历史遗留突出问题得到缓解。（5）经济社会可持续发展能力进一步增强。（6）人民群众生活水平显著提高。

第二章　积极推动抚顺新旧经济增长点发展

提要：不断推动已有经济增长点和新经济增长点的发展，可以促进抚顺老工业基地加快转型振兴。本章是对全书内容进行概要介绍，并可以起到提纲挈领作用的一章。在论述了抚顺为推动新旧经济增长点发展奠定雄厚经济技术基础的同时，分析了阻碍新旧经济增长点发展的问题，探讨了抚顺推动新旧经济增长点发展的基本思路，分别概述了抚顺需要培育和发展新旧经济增长点的重点领域，提出了政府积极培育和推动新旧经济增长点发展的对策建议。

经济增长点是指有效益、有市场、有前景、可持续发展，能够直接形成经济增长并能够带动经济增长的生产力及其经济增长空间。经济增长点包括已有经济增长点和新经济增长点两大类。推动经济快速发展的动力一般主要有两个方面：一是已经存在的基础良好并且发展潜力仍然很大的经济增长点，如基础设施建设、旅游业、房地产业和汽车业等。二是刚出现苗头并且发展潜力巨大的新经济增长点。

抚顺全域经济发展需要明确发展思路，遵循"突出特色、发挥优势、重点突破、注重实效，做大做强和开发创新相结合"的原则，以新型城镇化建设作为各经济增长点的产业发展平台，不仅要加快推动基础设施、装备制造业、石化能源产业、旅游业、房地产业、文化产业、现代农业等相对比较成熟的已有经济增长点的发展，而且还要积极培育新材料、电子商务、生产性服务业、生活性服务业、现代物流、总部经济等新经济增长点，并通过"多点支撑，全域发展"的产业发展战略，推动抚顺老工业基地加快转型振兴。

第一节　抚顺为推动经济增长点发展奠定雄厚经济基础

通过多年努力，抚顺的经济技术实力为推动新旧经济增长点发展奠定了物质基础，以"两城两带"为重点的城镇化发展战略为推动新旧经济增长点发展提供了发展平台，以"一极五业"为发展重点的产业发展战略为推动新旧经济增长点提供了发展牵动力。

一、抚顺经济技术实力为推动各经济增长点发展奠定了基础

1. 抚顺较雄厚的经济技术实力为推动各经济增长点发展奠定了物质基础。2016年地区生产总值实现1050亿元，一般公共预算收入77.3亿元，城镇居民人均可支配收入28587元，农村居民人均可支配收入12530元。"十二五"时期固定资产投资累计实现4375.6亿元。雄厚的经济实力和消费能力为推动各经济增长点发展打下了良好基础。特别是第三产业的迅猛发展，实现了以34%的占比，创造了58%的地方收入和47%的就业人口总量。(1)项目建设为推动各经济增长点发展提供支撑。"十二五"时期，我市工业累计投入技术改造资金960亿元、新兴产业投入资金750亿元，传统优势产业地位进一步增强，新兴产业健康成长，重点产业园区、产业集群稳步发展，淘汰落后产能有序推进。(2)各园区和示范区相继落户抚顺，为推动各经济增长点发展提供了平台。除了先进装备制造业基地等外，大伙房水源保护区成为国家首批生态文明先行示范区；新抚老工业区率先列入东北振兴国家首批城市老工业区搬迁改造试点等。(3)城市转型启动实施，推动产业结构发生了积极变化。服务业增加值占地区生产总值比重提高1.5%，消费对经济增长贡献率提高5.9%。(4)结构调整步伐加快。工业结构优化升级，服务业异军突起，金融业快速发展，现代农业发展壮大，三次产业比重调整到8.1∶48.9∶43。

2. 新型城镇化建设为推动各经济增长点发展提供了重要载体。我市构建了科学合理的城镇化功能定位和规划布局，优化了城市功能和产业布局。我市根据新型城镇化总体规划，按照产城一体化和消费城市、人文城市、科技城市、绿色城市、信息城市的发展战略和建设特色城市的要求，统筹推进老城区、新兴地区、县城驻地、中心小镇和大村节点五个层次的城镇化建设，以提高网络化的城镇综合承载能力为目标，调整和编制城镇化建设发展规划，建设完善城镇化建设管理运行体制机制，优化区域发展布局，构建以"两城"先导区为引领、"五点一线"为主干、22个服务业集聚区为纽带、东部生态保护区为依托的城镇化发展基本框架，以城区、产业集聚区为基础设施建设的重点，形成配套完善、运转高效的城乡基础设施服务体系，并结合资源衰退型城市的政策支持，加快老城区"退二进三"和更新改造进程，建成系统完善、安全高效、城乡一体、区域统筹的现代城镇化体系，为推动各经济增长点发展提供充足的空间。

3. 城乡基础设施建设为推动各经济增长点发展提供了重要支撑。构建完善的城乡基础设施，是增强和优化城市功能，是培育新经济增长点的重要支

撑，具有纲举目张的功能和作用。（1）进一步优化完善了"枢纽型、功能性、网络化"的生态型基础设施框架体系，发展重心向"两城两带一区"进行了倾斜，重大产业项目向重点发展区域聚焦。（2）进行了城市道路交通总体布局，建设了四通八达的对外交通和快速便捷的城市综合公共交通体系。（3）保证了可靠的水源及能源供应，优化了能源结构，完善了水、电、气、暖等干线工程和供应体系。（4）抚顺信息基础设施建设为推动各经济增长点发展插上了翅膀，加强了现代化、大容量、综合性、国际化的通信网络建设，发展和完善了智能交通、智能电网、数字管网和智能环保，特别是为互联网的信息时代培育电子商务产业、现代物流业等新的经济增长点奠定了坚实的物质基础。（5）大力倡导了绿色循环低碳发展，实现了人工设施自然化、工程施工生态化、能源消费高级化、废物处理无害化，使污染源得到有效治理，环境污染和生态破坏得到了基本控制，实现了生态环境明显改善。

二、抚顺推动各经济增长点发展有了重要的发展平台

抚顺确立了以"两城两带"为发展重点的城镇化发展战略。"两城两带"不仅成为推动先进装备制造业、现代文化产业、生态休闲旅游业、金融服务业等已有重要经济增长点发展的重要平台，而且也成为电子商务产业、现代物流业、生产性服务业等新经济增长点的重要发展平台。

1. 沈抚新城已成为推动各经济增长点发展的重要发展平台。沈抚新城不仅具有推动各经济增长点发展的明显经济实力和招商引资的品牌效应，而且城市功能、产业园区建设和产业布局也在不断健全和完善。（1）产业集聚园区不断建立发展完善，完善和发展了"三大基地和一个中心"，加大了基础设施投资，强化了人才、土地、金融等的要素保障，加大了沈抚同城化进程。除获批"抚顺国家先进能源装备高新技术产业化基地"外，还获批了"国家新型工业化产业示范基地""辽宁国家印刷产业基地"的称号，并重点打造了"中国机器人产业之城"和"中国现代印刷包装产业之都"等，以大力推进沈抚新区建设为契机，做好接受政策辐射和配套产业发展准备。中石油集团公司将抚顺石化产业园区列为东北三省重点支持的5家产业园区之首。（2）项目建设稳步推进，煤矿安全、工程机械、石化及输变电装备等三大产业发展势头良好，一批重大项目签约落地建设，仅2016年全社会固定资产投资就达155.1亿元。（3）现代服务业的迅速发展为推动各经济增长点发展创造了良好条件，不仅旅游业、房地产业等稳步发展，金融集聚区开始起步，而且电子商务产业、现代物流业、生产性服务业等新经济增长点也迅速成长发育。

2. 石化新城已成为推动各经济增长点的重要平台。（1）石化新城经济实力为推动各经济增长点发展奠定了基础。（2）打造了合成新材料、有机化工、精细化工和橡塑蜡四大产业板块，形成了"高新区、海新工业园区和兰山精细化工产业园"三个化工园区，四大产业板块的集聚效应不断增强，累计引进项目突破100家，为主导产业集群化、规模化发展注入了新的动力，推动了工业新兴产业新经济增长点的快速发展，同时确立了"现代工业区、宜居商住区和旅游生态区"的发展方向，有效地推动了石化新城的化工及精细化工产业再上新台阶。（3）进一步完善园区规划和产业发展规划，为容纳新增项目预留足够的发展空间。（4）现代服务业发展步伐加快，加速了生产性服务业主辅分离工作，辽宁天湖、抚顺泰和煤炭运输分公司等十几家企业顺利实现主辅分离。（5）努力为推动各经济增长点发展创造良好的软硬环境，加大基础设施建设投入力度，拓展现有园区规模，提高项目承接能力，保持强有力的招商引资态势，大力提升科技创新与服务水平。

同时，南环产业带和东部绿色生态区也已成了推动各经济增长点发展的重要纽带和平台。

三、抚顺推动各经济增长点发展的产业格局已基本形成

产业是推动各经济增长点的重要领域，是引领未来经济发展的战略"引擎"和决定性因素。

1. 抚顺工业新兴产业经济增长点的发展已有一定基础。抚顺通过大力发展新兴产业有效地推动了工业领域新经济增长点的形成。（1）抚顺石油化工传统产业优势为新材料新兴产业发展奠定了基础。一是重点建设了四个产业集群，七个产业基地，打造了十个产业链条，用以奠定全国一流的石油化工新材料产业基地。二是依托石化产业延伸条件，建设高性能纤维材料新兴产业基地已经起步。（2）循环经济发展有效地推动了抚顺节能环保和新能源新兴产业的发展。一是循环经济为接续与替代产业项目发展开辟了新的资源能源。目前全市余热、可燃气体几乎全部得到综合利用。二是循环经济推动了相关产业链条的延长和产业优化升级。三是新能源和节能环保高新技术得到了有效推广，有效地节约了能源，降低了能耗，减少了环境污染，提高了经济效益和社会效益。

2. 现代服务业发展势头强劲。（1）抚顺出台了加快发展现代服务业的系列文件，明确了电子商务、现代物流业、生产性服务业等6大行业为培育新经济增长点的重点；确定了加快现代服务业集聚区建设，加快发展电子商务等10项重点工作任务。（2）推进了现代服务业集聚区的规划和建设。一是编制《抚顺服务业集聚区发展规划》，明确创建22个规模较大、特色鲜明、业态多

样、功能完善的服务业集聚区,使全市形成 8 个省级、8 个市级和 6 个县区级、层次清晰,分级管理的格局。二是以集聚区项目建设为引领,促进生产要素向集聚区配置。三是加强集聚区公共服务平台建设。四是全市已有多个服务业集聚区晋升为省级现代服务业集聚区。五是为服务业向上争取了发展资金,支持了服务业集聚区、电子商务、新型商品市场体系建设、现代物流、小微商贸等方向的几十个项目建设。(3)通过加快现代服务业发展,为培育经济增长点打下基础。一是加快了电子商务新经济增长点的培育。首先,是成立了抚顺市电子商务发展领导小组,制定出台了《抚顺市电子商务发展规划》,到 2020 年,要将我市打造成为全国一流的区域电子商务产业基地。其次,是在电子商务交易额快速增长的基础上,重点进行电子商务集聚区、电子商务网站、电商交易平台的布局。目前,我市共有各类网站 100 多家。再次,是推动电商企业争创省级电商示范企业。另外,是积极打造电子商务人才基地。二是加大了培育生产性服务业新经济增长点的力度。我市已完成工业企业分立母体 57 户,分立出生产性服务业企业 68 户。同时,市政府已明确对分立的生产性服务业,将在税收、土地、奖励等方面给予支持。三是壮大发展现代物流业新经济增长点。利用现代信息技术和现代物流组织方式提高现有物流企业发展水平;依托我市各类工业产业集群和服务业集聚区,培育发展第三方物流园区;积极推进城乡共同配送体系建设,积极创建省级物流园区和省级物流示范企业。四是促进了现代服务业多种业态的不断产生。大力培育新兴服务业态,推进了总部经济、楼宇经济、健康服务业的破题和发展。

第二节 抚顺推动经济增长点发展存在的问题和思路

一、抚顺推动各经济增长点发展中存在的问题

抚顺经济发展虽然也保持了较好的增长速度,但因已有经济增长点推动乏力,新经济增长点培育缓慢,而使市场有效需求不足,传统骨干企业生产运营困难,民营经济竞争力不强,小微企业发展缓慢,项目引进和储备不足,投资拉动作用不强,经济平稳增长压力较大。

1. 培育各经济增长点的产业基础较弱。(1)高新技术产业和战略性新兴产业比重不高。全市高新企业少,规模以上企业占比不足 4%,高新产品、精深产品、市场终端产品比重不到 20%。(2)轻工业实力较弱,传统产业支撑力下降。重工业在全市经济中依然处于主导地位,轻工业实力薄弱。同时,受

国内外市场需求萎缩影响，传统产业空间饱和、产能过剩的问题愈加明显，传统产业的下行压力还有进一步加大的趋势，集中表现在全市主导产品价格下滑、投资动力不足。抚顺传统产业的优势正在减弱，其支撑抚顺持续发展的力量将不断弱化。（3）消费基础较为薄弱。抚顺市财政收入和居民人均收入水平较低，且从收入来源看，居民收入仍以工资收入为主，增收渠道有限。抚顺低收入人群数量大，包袱沉重，不够完善的社会保障体系，也制约了消费潜力的释放。（4）扩张发展的土地问题遇到瓶颈。目前，抚顺共有耕地 188.7 万亩，但同时土地问题也是制约抚顺发展的重要瓶颈之一。我市存在着新增建设用地计划指标不足和占用基本农田问题。每年下达给我市新增用地指标 300 公顷左右。沈抚新城和石化新城项目启动后，土地指标远远满足不了经济快速发展的需要。总体来看，抚顺处于以采煤业、石化加工业为主的工业化中后期阶段，高档耐用消费品工业和现代服务业主导产业没有建立起来，信息化带动工业化、工业化促进信息化的物质基础没有建立起来。相对于第二产业，第三产业动力严重不足，发展相对滞后。在招商引资、产业确立方面，结构趋同，企业研发动力不足，技术进步缓慢，科技进步在经济增长中的作用较低，高技术含量的生产能力不足，产业层次整体水平较低，对推动各经济增长点发展都有不利影响。

2. 沈抚新城作为推动各经济增长点发展的重要平台存在的问题和困难。（1）人口增长缓慢制约了沈抚新城经济增长极的培育。人口是消费需求扩大的原动力。虽然伴随着沈抚同城化战略的深入实施，新城人口数量由多年前的 11 万人增加到 2016 年的 16 万人，新城人口空间结构也由旧城区为核心的团状布局转变为以"三区"为主的分散布局。但沈抚新城人口发展的基本动向和主力消费群体弱，对新城消费零售市场增长产生了直接的影响。（2）现代服务业比重偏低，影响沈抚新城各经济增长点的培育和发展。沈抚新城三次产业结构比重为 2.3∶68.3∶29.4，第三产业占 GDP 的比重仅为 29.4%，远远低于发达城市第三产业占 GDP 总额 50%～75% 的比重，以电子商务、物流业、金融业、文化产业等为代表的现代服务业所占 GDP 的比重则更低。目前，沈抚新城现代服务业门类较多，但产业主体呈现小而散，且整体实力和综合竞争力都比较弱。无论是从产业规模还是从经济总量的比重看，沈抚新城现代服务业发展都滞后，这对培育新经济增长点有很大影响。（3）资金土地因素制约，导致工业企业实际效率偏低。（4）沈抚同城化进展缓慢，沈抚两市同步发展的协调机制和管理体制还没有形成。

3. 石化新城作为推动各经济增长点发展的重要平台面临的问题和困难。（1）产业结构还需要优化，培育经济增长点的任务繁重。工业产业集群规模小，产业链条短，产出效益不高。现代服务业发展缓慢，占比较低。（2）人才缺乏。石化新城建设缺少各种专业技术人才，需要广泛招聘人才。（3）石化新城与沈阳经济区还缺乏有效融合的体制机制。（4）土地指标、财政增收乏力，政府偿债压力巨大等问题，也对培育新经济增长点有不利影响。

4. 培育工业新兴产业新经济增长点面临的困难和挑战。近年来，抚顺战略性新兴产业发展刚刚起步，随着国家及周边地区对新兴产业发展的重视和扶持力度加大，我市与先进地区的差距有越来越大的趋势，而我市新兴产业发展又面临着一些突出困难和问题。（1）新兴产业发展规划滞后，推进发展的组织体系和政策体系还未完全形成。缺乏科学的规划指导，对新兴产业的组织管理部门还比较分散，产业政策扶持力度有待进一步加大。（2）推动新兴产业的高层次创新型人才紧缺。从我市新兴产业的发展现状来看，高层次、复合型的技术带头人和技能型人才严重不足，人才培养、利用和引进不充分，使新兴产业缺乏智力支撑，缺乏技术创新的动力，这造成了自主创新能力不强，拥有自主知识产权的企业不多。（3）新兴产业规模偏小，企业创新能力弱。新兴产业规模偏小，产业集聚度低，对经济增长贡献份额不高。同时，企业创新能力弱，缺乏核心技术支撑，科技成果转化率低。企业缺乏技术创新机制，缺乏核心竞争力，企业对核心技术的科研经费投入少，缺乏科技成果转化机构，大部分企业主要从事组装加工，精深加工少，对技术引进消化吸收不强，向其他产业进行技术扩散能力较弱。（5）新兴产业多元化投融资体系尚未形成。由于新兴产业投资风险大，回收期长，银行存在惜贷现象。同时，民间资本对高新技术直接投资的热情不高，从而使新兴产业难以获得基本的资金支持，虽然其产品有广阔市场，但因资金短缺，不能迅速扩大生产规模，往往错失良机。

5. 培育现代服务业各经济增长点面临的问题与机遇。抚顺现代服务业发展产业素质不高、对外辐射能力不强、机制不活和创新乏力；服务业集聚度不高，"小、散、弱"特征明显；占比不高，近几年徘徊在33％～34％之间；区域竞争性不强，购买力外流影响我市消费稳定增长；现代服务业不发达，电子商务等刚刚起步；缺乏服务业领军型企业，影响力不大等，这些都影响了新经济增长点的培育和已有经济增长点的发展。（1）第三产业比重低。第三产业总量水平不高，占GDP比重较低。抚顺市第三产业增加值占全市GDP的比重为34.8％，在全省14个城市中处于后列。同时，虽然抚顺第三产业就业人口比重呈上升趋势，第二产业基本保持平稳，第三产业吸纳了从第一、第二产业转移出来的劳动力，但第三产业就业人口所占比重仍处于低收入地区的水平。（2）第三产业内部结构不尽合理。传统服务业仍占较大比重，现代服务业特别是其中的新兴业态比重过小。交通运输仓储和邮政，批发和零售，住宿和餐饮等三大传统产业增加值占服务业的增加值比重为54.5%，而代表现代服务业的11个门类增加值比重为45.5%，比重过低，电子商务、生产性服务业等新经济增长点发展相对滞后。（3）抚顺各区域第三产业发展不平衡，布局缺乏规划。现有的第三产业集聚区大多以自发形成的服务业集聚街区为主，地区发展不平衡，缺乏深度规划。总体上集聚区规模较小，辐射带动能力弱，建设和发展的空间不足，整体布局有待进一步完善。（4）政策扶持力量有限和人才严重缺乏。一是在土地使用、税收、信贷等方面的政策措施中，对发展现代服务业重视不够，开放性发展的体制机制尚未形成，融入全省、全国服务业体系的能力还不强。二是人才严重缺乏，服务业从业人员整体素质偏低，专业人才缺乏，尤其是电子商务、现代物流、国际商务、会展业、中介咨询、信息服务等知识密集型的高端人才十分匮乏。

6. 助推各经济增长点发展的信息化建设面临的问题。抚顺正处于快速城市化发展阶段，在城乡信息基础设施和信息服务业发展方面取得了很大成绩，为长远的可持续发展打下了基础。但城乡信息基础设施和信息服务业总体发展水平仍然相对较低，城乡信息基础设施供给仍有不足，信息服务业发展不快，制约了经济发展和人民生活质量的提高。我市城乡信息基础设施建设和信息服务业发展相对滞后，是抚顺培育电子商务、物流业等新经济增长点，以及用信息化改造升级传统商贸业、新兴产业和整个工农业面临的重要问题。主要表现在：缺乏抚顺市级城乡信息化建设的宏观发展规划；运用信息技术改造传统产业步伐不快；信息化资金投入不足；缺乏市级专项资金扶持；信息产业发展速度缓慢。

二、抚顺推动新旧经济增长点发展的基本思路

1. 抚顺推动经济增长点发展的指导思想。抚顺推动经济增长点发展要按照"突出特色、发挥优势、重点突破、注重实效、开发创新"的原则，按照在发现市场需求和技术创新相结合中、在围绕老百姓的衣食住行用娱乐等的消费需求和生活改善中、在推动产业化的创新中，来寻找、培育和推动经济增长点发展，以新型城镇化建设作为推动各经济增长点发展的基本保障，以两城两带一区作为推动各经济增长点发展的平台和集聚载体，以大生态、大石化、大材料、大能源、大旅游、电子商务、生产性服务业、生活性服务业、总部经济、物流业等为重要的经济增长点，引领抚顺经济转型、结构调整、产业升级的发展方向。

2. 抚顺推动经济增长点发展的基本原则。经济增长点的选择确定要与抚顺的产业基础和资源禀赋联系起来，既要因地制宜，符合当前抚顺经济社会形

势的现状和发展所处的阶段特点，同时又要符合产业结构升级和经济发展变化的新趋势。为了保持各经济增长点具有前瞻性、高增长性、高技术含量、高竞争力、可持续发展，在确定抚顺各经济增长点时需要遵循以下原则。（1）培育新经济增长点的选择原则。一是需求导向原则。新经济增长点要与市场需求结构的新变化相一致，潜在需求量要大，且能够持续相当长时间。二是技术进步原则。新经济增长点要吸收利用先进的技术成果，技术含量高，产品附加值大，有助于加快经济增长方式向内涵式、集约式转变。三是成长性原则。新经济增长点要有发展潜力和成长性，对经济增长贡献要大，能够成为拉动经济增长的主导力量。四是产业关联原则。新经济增长点要与产业结构优化要求相一致，推动作用和带动作用要大，能够促进相关产业发展。五是环境保护、资源节约原则。基于可持续发展理念的要求，新经济增长点必须符合环境保护的基本要求，提高能源利用效率，减少生产过程中污染及排放。（2）市场运作与政府推动相结合的原则。以企业为主体、以科技为支撑，充分发挥市场在资源配置中的基础性作用，同时充分发挥政府的宏观政策引导和支持作用，形成推动各经济增长点发展的合力。（3）坚持培育新经济增长点与升级传统经济增长点相结合的原则。按照成长性、创新性、带动性和发挥比较优势的要求，大力培育抚顺新的经济增长点，使之成为经济社会发展的生力军。积极培育新的经济增长点与推动传统经济增长点的融合，用电子商务等新经济增长点推动提升传统经济增长点，促进产业结构优化升级。（4）坚持国家产业政策导向与发挥抚顺特色优势相结合的原则。充分发挥各种发展潜力很大的特色产业集聚区的产业基础、资源及创新要素集聚等优势，进一步强化我市"两城两带一区"的发展各经济增长点的区域平台功能作用，着力推动各经济增长点加快发展。（5）坚持重点突破和整体提升相结合的原则。集中力量培育和发展几个重点新经济增长点，并取得一定的先发优势，以此带动相关配套产业发展。同时，结合抚顺具有一定新经济增长点的潜在优势，突出重点，合理布局，在最有基础、最有条件的电子商务、新能源新材料等新兴产业领域率先突破。

3. 抚顺推动各经济增长点发展的路径选择。抚顺依据国家的鼓励类政策导向，结合实际，强化"工业新兴产业和现代服务业双轮驱动"战略，选择所占比重偏小、发展相对滞后，但发展势头看好、增长潜力大、辐射带动力强的产业作为培育经济增长点的突破口。（1）瞄准发展中的短板和薄弱环节挖掘新经济增长点。目前，抚顺发展中的短板突出表现在以下三类：一是依托科技强市优势，培植高技术产业。抚顺结合产业现状，重点发展装备制造等高技术行业，加大对传统产业的技术化改造力度，力争使高技术产业成为引领抚顺跨越式发展的最具竞争力的经济增长点。二是现代服务业。现代服务业是指那些不生产商品和货物的产业，主要有电子商务、物流、生产性服务业、生活性服务业等行业。其发展本质上来自于社会进步、经济发展、社会分工的专业化等需求，具有智力要素密集度高、产出附加值高、资源消耗少、环境污染少等特点。现代服务业既包括新兴服务业，也包括对传统服务业的技术改造和升级。目前，抚顺服务业在 GDP 中的比重在 40％ 左右，而在发达地区这一比例高达80％。例如，抚顺的电子商务、现代物流、服务外包、休闲产业等服务业态还刚刚起步，在目前的经济形势下如果加大推动的力度，很容易形成新的经济增长点。三是依托新的需求倾向，培育消费性服务业。消费对抚顺经济增长的贡献率偏低，消费外流倾向明显，依据消费结构的变动来激发市场的潜在需求，培植新的消费增长点已成当务之急。（2）瞄准制高点，通过无中生有引进培育新经济增长点。选择制高点要充分利用现有和潜在的优势，促进产学研结合，促进科技与经济结合，促进创新驱动与产业发展结合，掌握一批关键核心技术，推动新能源、节能环保、新材料、新医药、生物育种和信息产业等新兴战略性产业产生和发展。要兼顾第一、第二、第三产业和经济社会协调发展，统筹规划产业布局、结构调整、发展规模和建设时序，在最有基础、最优条件的领域率先突破，选择一批具有广阔的市场前景，并且资源消耗低、带动系数大、就业机会多、综合效益好的产业作为制高点。

4. 抚顺推动经济增长点发展的战略。抚顺按照培育经济增长点的要求，促进空间布局优化，合理规划城市功能区布局，构建"两城两带一区，产业多点支撑"的经济发展新格局。（1）推动沈抚新城经济增长点发展平台的建设。沈抚新城作为沈抚同城化的切入点、综合配套改革的先行区，是构筑抚顺经济快速增长的新增长极。抚顺按照国际水准规划建设新城，加快产业结构升级和产业集群发展，打造沈阳经济区商贸物流中心，加快发展现代服务业，突出发展电子商务、总部经济等，培育一批规模化、品牌化、网络化经营服务企业，并加快形成与沈阳金廊商务区对接互补新格局，着力构筑东北总部基地，引进国内金融和国内外集团公司东北总部企业，与沈阳总部经济形成发展共同体。到 2020 年，沈抚新城要率先融入沈阳并实现同城化格局，完成开发面积 80 平方千米，"一带三区"全面建成；打造工程机械和高端装备制造两个千亿级产业集群；做大做强城市品牌，形成具有国际竞争力的城市功能体系，把沈抚新城建设成为国际知名、全国一流的现代高端城市；沈抚新城人口规模达到 30万人，公共财政预算收入达到 100 亿元，经济总量占全市的三分之一。（2）推动石化新城经济增长点发展平台建设。石化新城作为抚顺优化和提升产业结构的重点，是构筑全市经济快速发展的重要增长极。抚顺按照国际水准规划建设产业优势突出，生态环境优美，集商住、旅游、休闲、娱乐于一体的现代新城，打造石化产业和高性能纤维基地，重点建设高新技术产业开发区、兰山工业园区、海新工业园区，建设石化新城核心区。到 2020 年，一是石化新城实现"化工及精细化工产业园区"规模扩张到 23 平方千米，基本形成上下游一体化、资源配置生态化，以及以高科技为主导的生态工业园区。二是力推合成新材料、有机化工、精细化工和橡塑蜡等四大板块形成结构优化、布局合理的产业格局，并使石化新城产业园区成为全国范围内有影响力和知名度的产业集聚区。三是到 2020 年，产业园区规模放大到 50 平方千米，章党塑料产业园、哈达生物科技园形成规模；高新技术产业园、海新工业园、环保产业园、兰山精细化工园及南环产业带建设成为全市工业经济的重要增长点，新增规模以上工业企业 300 户；石化新城成为国家级精细化工产业化基地。（3）抚顺南部循环经济产业带为各经济增长点发展提供重要支撑和配套。抚顺结合城市矿山地质灾害治理与废弃土地的综合利用，沿南环公路和规划建设的南环铁路，进行合理规划、统筹安排，建设一系列带状分布、各具特色的产业园区，形成南部循环经济产业带；重点建设塔峪工业产业园区、演武造纸产业园区、胜利开发区页岩油深加工产业园区，形成装备制造、钢铁、油母页岩深加工、石油化工等产业集聚区，奠定南部循环经济产业的发展基础。其中，兰山产业区、胜利产业区、页岩油加工园区、塔峪产业区、拉古工业园区等为"两区一带"新兴产业核心区进行配套和互相促进，可以有效地提升并带动相关产业的快速发展，从而推动抚顺战略性新兴产业的发展。

第三节　抚顺培育新经济增长点的重点领域

新经济增长点是指，在经济成长和产业结构演变过程中，具有较大的市场潜力和潜在的市场需求，成长性好、技术和资金密集度高，能够促进产业结构优化和升级，具有高技术附加值的新产品或服务，并能够带动整个经济上一个新台阶的新兴产业或行业。例如，第二产业工业中的新能源、新材料等的新兴产业；现代服务业中的"电子商务、生产性服务业、生活性服务业、现代物流、总部经济"就是一种"服务类型"的推动经济快速发展的新经济增长点。为此，抚顺就要立足产业基础优势，以"两城一带"为重要平台打造新经济增长点，打造工业新兴产业基地、现代服务业示范先导区。基于以上考虑，抚顺在新经济增长点的培育上，应着重在以下几大领域进行推动、引进和挖掘。

一、重点发展智能装备制造产业新经济增长点

依托"两城一带"产业发展平台，在现有装备制造业基础上，逐步实现由生产普通装备向生产特种装备转变，由生产低档装备向生产高档智能装备升级，由生产重型装备向生产轻型精密智能装备转变。以沈阳溯元智能装备、辽宁格瑞机器人等重点企业为引领，培育和壮大特种机器人、自动化成套设备、重要基础零部件、芯片智能测控装置等产业，并加快机器人数字化车间、机器人智能制造体验中心和国家级机器人检测中心建设，打造机器人智能制造装备产业集群，使抚顺成为具有核心技术研发能力，技术结构合理，产品竞争力强，综合技术实力强的智能装备制造业基地。

1. 大力培育和开发新能源智能装备制造关键技术。抚顺以能源装备制造业基地为依托，努力提升液压履带挖掘机、起重机、建筑塔吊、高空作业车工程机械制造，高压、超高压电瓷电器输变电设备制造；努力提升高效节能换热器、高温高压反应器炼化设备制造，提升大功率煤矿电机、矿用安全自救防护等产品的科技含量、附加值和智能化水平；培育和开发磁电选矿、冶金机械、汽车钣金冲制零部件制造三个智能装备制造新兴产业的产品系列。

2. 努力培育和研制开发其他智能装备制造业。（1）大力培育机器人装备制造业，积极培育微机电系统芯片、地质灾害智能分析与预警装置、井控防喷预警系统、智能矿山和智能交通项目等产品系列。（2）大力培育开发和引进智能节能环保产业关键技术装备，重点引进和创新油母页岩炼油和发电设备，及风能和太阳能装备为代表的新能源装备技术。以太阳能下游产品为重点，开发利用太阳能绿色环保型设备产品。（3）努力培育和研制开发可替代进口的集成电路关键设备、电子元器件生产设备等新产品。（4）积极培育和开发石油化工和煤化工智能设备。（5）努力探索和培育以液压、气动、密封为特色的智能装备制造业零部件发展。

二、集中力量发展新材料产业新经济增长点

以抚顺特钢、辽宁国瑞新材料、恒德磁业等重点企业为引领，加快升级改造步伐，重点发展高品质特殊钢、新型合金材料、碳纤维及新型碳材料、稀土永磁材料、芳纶、聚碳酸酯、改性工程塑料、特种石墨粉、稀土新材料等高附加值、高技术含量的新材料。鼓励发展节能环保产业，以辽宁莱柯倍耳环保节能等企业为引领，重点培育和发展高效节能环保材料、设备、技术研发和节能环保服务为一体的综合性节能环保产业，积极引进产业滤布、高温拉丝、永磁电机、东北大学滤料研发中心等项目，力争在过滤材料、节能电机等领域取得

重大突破。

1. 重点发展化工新材料产业。（1）利用中石化的原材料发展化工新材料产业。以石化产品深加工和精细化工为主体，以基础原料、新型材料及特种化学品为特色，实现资源的深加工，为乙烯衍生物生产提供丰富的原料，发展高分子材料、表面活性剂原料、石蜡和基础油、基本有机化工原料等，并以这些基础原材料大力发展化工新材料产业。（2）利用产业集群平台发展化工新材料产业。抚顺高新区产业发展总体上形成 4 个产业集群、7 个生产基地和 10 个产业链。（3）通过化工新材料产业的发展，优化石油化工下游产业的产品结构，建设一批石油化工精深加工项目。

2. 积极探索和培育金属、节能、复合、环保等其他新材料产业的发展。（1）以抚顺冶金新材料基地为依托，积极培育和开发先进金属新材料产业。以金属新材料为重点，发展重大技术装备用的特种钢铁材料，飞机、火车等用的特种铝型材、钛及钛合金、镍及镍合金、镁及镁合金、铜合金、汽车工业用铸造铝合金。围绕国防、航空、航天、航海等产业需求，提供高性能高附加值的高温合金材料。（2）积极开发先进复合材料。抚顺以高科技纤维材料产业基地为依托，打造上下游一体化的高性能纤维产业链，工程塑料及塑料合金产业集群，重点发展以高分子材料和无机非金属材料为原料的复合材料，以及纤维材料等新兴产业产品。（3）要努力探索和培育纳米材料、先进陶瓷材料、膜材料等新兴材料产业。（4）要积极培育和开发节能新材料产业。努力开发和引进电极、电解质、隔膜等关键材料，为新能源和节能产业发展提供优质材料。（5）努力开发环保材料。重点培育和开发膜材料与膜组件、耐高温耐腐蚀袋式除尘材料、高效生物填料、专用催化剂、防渗材料等环保材料。

三、大力推动新能源产业新经济增长点发展

优化抚顺能源结构，积极发展清洁能源和可再生能源，加快新能源技术研发和应用，提高新能源消费比重，以沈阳森源艾思特福汽车、辽宁森源力奥新能源电动车等企业为引领，加快发展新能源汽车和相配套的制造业，大力支持发展垃圾处理余热发电、秸秆综合利用、热电联产等再制造与资源循环利用产业，优先发展水能、太阳能、生物质能等可再生新能源产业，构筑和完善稳定、经济、清洁、安全的能源供应体系，把抚顺建设成为在国内具有重要影响的新型能源产业基地。

1. 大力发展现代煤化工产业。煤化工成本只相当于石油化工成本的一半，利润空间比石油化工的利润空间要大一倍。抚顺具有发展煤化工产业得天独厚的优势。要努力发展甲醇、二甲醚等醇醚燃料，开发精细煤化工等产品。

2. 大力发展抚顺矿业集团的油母页岩炼油、发电、供热和能源循环利用。继续开发煤层气这种煤炭的伴生资源，煤层气是一种比常规的能源，是更清洁、更高效、更安全的新型能源，具有广泛的综合利用前景。抚顺还有开发煤层气的很大潜力，进行规模化开发利用有很大的市场前景。

3. 努力探索和培育太阳能新兴产业发展新途径，填补抚顺产业空白。制定优惠政策，支持太阳能光伏发电等新兴能源产业的发展，积极对太阳能热水器、真空集热管、太阳能电池组件、光伏发电系统、太阳能照明系统、太阳能交通灯、温屏节能玻璃、太阳能一体化建筑等光电产业进行招商引进和培育开发，并在抚顺规划中建设光伏发电示范基地，通过发展无污染的太阳能等新能源，实现新能源替代。（4）努力培育和开发生物质发电。在抚顺郊区，探索与开发垃圾发电、秸秆直燃发电、沼气发电和供热供气工程。同时，重点构建集引进、科研、孵化、生产、示范于一体的新能源产业格局。

四、积极培育信息产业新经济增长点

积极推进信息化与工业化加速融合，用新兴产业改造传统产业，提高工业数字化、智能化水平。通过引进应用、消化吸收和再创新的方式，重点对集成电路、数字视听、通信、光电、基础电子等信息产业进行培育和探索，填补抚顺在诸多信息领域技术上的空白。大力发展信息服务业，重点鼓励发展互联网、物联网、传感技术服务、软件与系统集成、信息技术、数字与网络增值、电信、广电运营等现代服务业，促进各种信息网络的互联互通、资源共享，催生文化产业的新型服务业态。以罕王微电子等重点企业为引领，加快拓展信息产业，培育新一代新兴网络装备、服务外包、物联网技术及设备等产业，研发智能化感知终端设备和新型电力电子器件及系统等核心技术，发展片式化、微型化、绿色化新型元器件。

1. 积极培育和开发电子信息产业。努力培育和开发芯片、数字视听、网络及通信、新型电子元器件等类型的产品。

2. 努力培育和开发通信产业。与沈阳通信产业基地合作，重点培育和探索移动通信网络终端及核心设备，以及下一代宽带互联网络设备，推动新一代宽带无线接入技术在重点领域的引进和应用。

3. 积极培育和开发光电产业。与国内外的光电大型企业合作，特别是与大连、营口光电产业基地合作，培育和衔接光电材料上中下游产业链。

4. 努力培育和开发软件产业。重点培育和探索嵌入式软件、基础软件、系统集成等产品的开发，提高用信息技术改造、提升传统产业的水平能力，大力支持软件服务外包业务。

五、积极培育节能环保产业新经济增长点

抚顺要把加强环境保护、推进节能减排、发展循环经济与培育节能环保产业新经济增长点有机结合起来，依托抚顺中油星月再生资源加工、望花新型节能建筑材料、抚顺鑫胜缘再生资源加工、辽宁莱柯倍耳环保节能等企业，进行重点节能工程、水污染治理工程、重点行业二氧化硫治理，实施一批节能环保产业项目，培育一批节能环保产业的企业。

1. 努力开发节能节水关键技术装备并积极引进应用。引进推广并努力开发节水工艺技术、燃煤工业锅炉节能技术、余热余能利用技术和装备，以及节电技术和装备。积极引进和开发以电机节电器、通用节电器、通用变频器为主的节能产品，和以高效节能电动机、高效风机、高效传动系统、节能变压器等为主的节能机电装备，以热流计、照度计、量热仪等为主的节能监测专用设备。

2. 积极培育和开发环保产业关键技术和装备。引进并注重研发水污染防治技术、空气污染防治技术和固体废物处理技术，以及噪声与振动控制、声源控制、低噪声控制、电磁污染控制、光污染控制、电磁辐射安全防护等技术等。

3. 积极培育和研发循环经济关键技术和装备。（1）继续推进抚顺钢铁企业高炉煤气发电、水泥厂纯低温余热发电、矿业集团低热值瓦斯发电、方大集团煅后焦余热利用，并围绕油母页岩资源和采煤过程中剥离的页岩，加大油页岩炼油，油页岩发电、页岩废渣生产水泥、烧结砖、复合肥，并为周边地区生产、生活供暖等循环经济的发展。（2）在石油化工方面，通过循环经济构筑并拉长催化剂、炭黑、洗涤品、医药中间体、胶粘剂、聚丙烯酰胺、涂料、农药八大门类产品链。（3）在轻化工方面，发挥地区资源优势，培育食品、农产品深加工、塑料制品、木制品、蜡制品等行业发展深加工产品，提供节约安全的轻化工产品系列。（4）加快推广和开发建筑材料综合利用技术，着力提高废旧物品回收利用技术水平，引进消化吸收生活垃圾发电和生产水泥新技术，研究开发尾矿、矿渣等综合利用技术。

六、努力发展新医药产业新经济增长点

抚顺依托医药骨干企业和中草药种植基地的优势，大力促进新医药项目培育研发和产业化，开发一批科技含量高的新医药产品，使抚顺成为重要的中医药种植、研发和生产基地。重点发展生物医药和现代中药，利用抚顺东部山区的辽五味、龙胆草、细辛、鹿茸、林蛙油等中草药示范基地，以及产量大的有

利条件，与毗邻的通化和沈阳的生物制药大企业联合，采用先进适用的生物技术对中药进行改造，推进现代生产技术在中药生产中的应用，重点发展高效、速效、长效，并且剂量小、毒性小、副作用小，以及使用方便的新剂型中成药产品，推动抚顺的生物制药和现代中药新兴产业的发展。

七、努力培育生物育种产业新经济增长点

抚顺要努力加强生物育种创新能力建设，加速先进技术和成果的引进，加快生物育种企业发展和产业基地建设，培育生物育种产业发展。在沈抚新城重点发展科技农业、观光生态农业和示范农业。重点建设以良种、农产品加工、农业信息技术服务为一体的农业科技加工园区，建设以自然环境或体验农业为主的农业观光生态园区，建设以农业技术推广和示范基地为核心的农业示范园区。

1. 积极培育生物技术类产品。针对世界 500 强企业，招商引进药物制剂、保健食品等生物技术类产品项目，建设生物技术产业园。

2. 努力培育和探索水稻、玉米、大豆等粮油菜品种生物育种。大力发掘抗逆、营养高效、品质优异的农业新品种，努力开发高光效、高肥效和高水分利用率的新品种，以及优质、专用新品种，全面提高粮油菜作物育种水平和能力。

3. 积极培育猪、肉牛、鹿等畜禽产品生物育种。加强优良品种引进，充分利用人工授精改良、杂交选育、应用胚胎移植技术等手段进行新品系和新品种培育，大力开发优质、高效和抗逆性强的新品种。

八、大力推动电子商务产业新经济增长点发展

电子商务作为战略性新兴产业，对于提升抚顺经济实力和竞争力具有重要的战略意义。抚顺促进"电子商务与实体经济"之间实现相互融合，将电子商务这种方便快捷高效率的商贸交易方式融入各产业之中，并通过实施电子商务跨越式发展战略，争创国家级电子商务示范市。

近年来，抚顺市规划建设了电子商务产业园区，引进建设了一批重点电商企业，建设运营了一批专业起点较高、发展势头良好的交易平台和网站，作用得到了初步显现。特别是新一轮东北老工业基地振兴战略的实施，为电子商务发展提供了重大机遇。我市电子商务要充分利用地域特色和产业资源，发挥现有电子商务产业的基础和优势，向资源化、规模化、专业化、智能化方向发展，全力打造和培育电子商务产业新的经济增长点。但同时，抚顺电子商务与国内可类比的先进城市相比，还存在很大差距。以福建省的泉州市为例，2016

年，泉州市电子商务交易额为 2609 亿元，而抚顺 2016 年电子商务交易额才达到 240 亿元。与深圳、杭州、上海等电子商务产业发达城市就更加没有可比性了。因此，必须加快抚顺电子商务产业的发展。

1. 抚顺推动电子商务发展的指导思想。抚顺要突出电子商务在加快装备制造业转型升级，改造传统服务业、促进现代服务业发展和惠及民生等方面的重要作用，着力构建覆盖和影响周边区域的电子商务市场体系，着力发展区域互联网、移动互联网等新型电子商务，优化电子商务产业链，加快培育电子商务企业和电商平台，以普及和深化电子商务应用为重点，深化电子商务与实体经济的有机融合，推动电子商务在各领域的广泛应用，努力把我市打造成为区域电子商务产业基地。

2. 抚顺电子商务产业的发展目标。到 2020 年，全市电子商务交易额突破 2000 亿元，网络零售额突破 200 亿元；培养电子商务专业复合型人才 4000 人左右，培训电子商务应用技术人才 8000 人左右；面向社会培训电子商务基本应用技能人员 5 万人；全市电子商务从业人员及与此相关的服务人员达到 10 万人。

3. 抚顺电子商务产业发展的主要任务。培育和建设电子商务网站和电商交易平台，加快建设电子商务集聚园区，培育大宗商品现货交易平台和"O2O"模式网上商城，推动物流业对抚顺电子商务产业发展的支撑保障作用，推动中小微企业结合自身特色应用电子商务促进企业发展。

4. 抚顺电子商务产业发展的重点领域。推动电子商务在工业企业购销上的广泛应用；推进抚顺现代农业的电子商务化，推动农民致富；重点加快传统商贸业的电子商务化；推动旅游业的电子商务化。

九、培育抚顺生产性服务业新经济增长点

生产性服务业是为现代化工业提供服务的新兴服务业，是指应用某些方面的专业科技知识和技能，按照客户的要求，为其在某一领域提供特殊专业服务的第三产业新兴门类。其知识技能含量和科技含量都很高，是未来获得巨大发展行业和新的经济增长点。因此，抚顺大力发展生产性服务业，对于加快产业结构的优化升级，推动现代服务业新型业态的建立都具有十分重要的意义。

1. 抚顺生产性服务业发展已经起步。不仅政府高度重视生产性服务业发展，而且大型企业生产性服务业分立工作也已全面启动。目前，抚顺已有 57 户工业企业实行分立，分立出生产性服务业企业 68 户。但抚顺生产性服务业也面临着制造业产业链更多注重实体产品生产、生产性服务业内部业态发展不均衡、生产性服务业发展慢于制造业，以及生产性服务业人力资源不足等问题。

2. 完善抚顺生产性服务业体系建设。（1）大力发展工程咨询、高知识技能、房产中介等专业知识技术要求高的知识技能密集型中介服务机构，促进服务品种和服务方式的创新。（2）加强与国内外著名高校、研究机构的合作，发展从事研究、开发、设计的中介机构。（3）重点扶持一批服务水平较高、管理理念较新、经营规模与业绩在行业中排名前列的会计、房地产、高新科技中介机构，向集团化、综合化方向发展，打造知名品牌。（4）加快发展工程项目管理、工程监理、评估咨询、招标代理等工程咨询服务，发展工业设计、软件设计等设计咨询服务，培育和壮大一批品牌优势突出、具有较强竞争力的工程与设计咨询企业，全面提升其对我市城市建设与高端产业发展的支撑能力。

3. 加快发展生产性服务业。（1）在我市原有科研院所的基础上，重点发展现代装备制造、新材料新能源、节能环保等领域的研发中心、创新基地、研究院、孵化器等科研机构。（2）鼓励以企业为主体，联合高等院校、科研院所等共建一批国家工程技术中心、实验室，突破一批重点产业领域的关键核心技术，支持企业积极承担和参与国家及省级重大科技专项，提高科技研发创新能力。（3）做大做强检验检测服务业。推进食品深加工等重点产业领域检验检测服务平台建设，支持大型企业与国内外知名高校、研究机构合作，加快发展面向设计开发、生产制造、售后服务全过程的分析、测试、检验等服务，积极引进第三方检验认证机构聚集。（4）大力提升工程咨询服务能力。围绕抚顺老城区改造、新城区建设产生的工程咨询服务需求，着力提升我市企业在工程项目策划、准备、实施评价等阶段的专业服务能力，提高工程项目全过程管理水平。（5）支持工程咨询企业加大创新力度，拓展土地利用与生态环保咨询、安全评价咨询、工程审计咨询、融资咨询等新兴业务。（6）促进设计咨询业规模化、品牌化发展。吸引和聚集一批工业设计、软件设计等领域的国内外知名设计公司，培育一批知名设计机构和设计品牌，打造特色专业设计产业园。

4. 培育发展生产性科技中介服务业。（1）以科技评估、科技咨询、技术交易、知识产权代理、技术推广等重点领域，聚集一批专业化、品牌化的科技中介服务企业和机构，提高科技成果转化和产业化效率，构建多层次、全方位的科技中介服务体系。（2）按照服务专业化、功能社会化的方向，重点发展技术含量和科技知识技能复杂的投资论证、资产评估、会计审计、市场调查、经营决策、法律服务、技术咨询、家庭理财等中介服务业，积极推广代理、代办、经纪等市场中介服务方式，为企业经营管理、居民消费决策和社会信息沟通提供有效服务。

5. 依托工业基础，培育生产性服务业。蓬勃发展的工业经济需要与之相配套的社会中介作支撑。（1）健全科技服务实体。要克服点对点式的服务方式，扩大对同类块状行业共性技术推广应用的辐射面。要通过人才的培养和引进、技术合作、职能的拓展来延长科技咨询服务链，提高科技方面的自主配套能力。（2）深入推进工业企业主辅分立，加快发展生产性服务业。

十、培育生活性服务业新的经济增长点

生活性服务业是满足居民基本消费需求、改善民生、提高居民生活品质和提升城市功能的重要行业，包括社区服务业、健康保健服务业、家政服务业、养老服务业、心理咨询服务业、房产中介服务业、法律服务业等诸多服务业态。

1. 积极发展社区服务业。建立健全抚顺社会化服务组织，形成社区服务网络。积极引导高层次合理消费，促进大众文化、全民健身等新兴服务业的发展。鼓励支持城市绿化养护、环卫保洁、车辆看管等，逐步实现社区化、规范化、产业化，加强社区服务业设施和网点建设，在中心城居民密集区，建立社区服务公司。（1）完善社区配套服务功能。实行城市管理重心下移，使社区行使管理、服务、教育、监督、协调职能，发挥社区在社会救助、老龄服务、社会治安、环境卫生、劳动就业、计划生育、婚姻家庭等方面的作用。（2）促进社区服务社会化、市场化。引导物业管理公司加大对小区内公共服务设施及活动的投入，促进社区服务向社会化、市场化方向发展。（3）拓展社区新型服务门类。加强社区就业服务，完善社区卫生保障网络，加强社区为老服务，完善企业退休人员社会管理体系，扩大市民求助中心覆盖面，积极引入心理咨询、法律咨询、纠纷调解、保险理财、商业服务等目前相对欠缺的社区服务项目。

2. 发展健康保健服务业。重点发展健康保健服务业，推动健康保健、康体养生等服务领域发展，拓展和培育心理咨询、特需服务、老年护理等多种新兴业态，构建完整的健康保健服务产业链条，全面提升健康保健产业发展水平。（1）大力培育多元化健康保健服务业态，积极发展老年人健康照护服务和社会化养老服务。（2）依托我市文化生态资源，规划建设一批集养生保健、康复治疗、休闲娱乐、餐饮药膳、健康体检、旅游养老等于一体的复合型健康服务功能区。（3）优化医疗服务资源区域配置。统筹全市健康保健服务资源布局，引导中心城区优质医疗服务资源通过建立分院、跨区域托管等方式适当向新城转移，不断提高医院、社区卫生服务中心、乡镇卫生院等城乡医疗服务机构医疗技术和公共卫生服务水平，拓展健康保健养生服务门类和业务。

3. 积极发展心理疏导服务业，逐渐形成一个集心理咨询服务、教学、科研为一体的心理咨询体系。依托现有资源，建立起集临床、科研教学为一体的多层次的心理治疗与心理咨询网络，整合市内心理咨询资源，建立市内从业者交流平台。建立抚顺市心理康复中心与抚顺市内各大中专院校、中小学校横向沟通联系，努力建设一支以专、兼职心理辅导教师为骨干的心理健康教育师资队伍，近距离为学生及家长提供心理治疗及心理咨询服务。加强心理咨询人才培养引进，建立心理危机干预热线，在条件成熟下建立心理干预网络及一支专业的心理危机干预队伍。

4. 努力发展养老设施服务业。加强公办社会福利机构建设，新建和改扩建一批县区福利院和乡镇敬老院，满足80％以上的"三无""五保"和优抚对象入住"三院"。扶持民办养老机构建设，推进社区养老服务基础建设，拓宽养老服务领域，推进社区养老服务体系建设，采取政府投资建设和购买服务的方式，全面推进城市社区和有条件的农村村庄，建立起有一定规模的社区养老服务站。

十一、培育抚顺总部经济新经济增长点

推动抚顺总部经济新经济增长点发展，可以充分发挥其能调动诸多生产要素聚集流动和强大的向周围辐射扩散，形成产业链的重要功能和作用。随着抚顺沈抚新城、石化新城两个经济增长极在逐步发挥其先导示范的带头作用，抚顺已经初步具备了发展总部经济新增长点的基础条件、区位优势和政策软硬环境。

1. 抚顺总部经济发展已初具规模。（1）沈抚新城着力推进了商贸、旅游、电子商务、金融、物流"五位一体"的服务业集聚区的总部建设，吸引高端服务业总部入驻，已取得了初步成效。综合型总部发展势头良好，金融型总部初建规模，物流总部集聚效应显现。（2）顺城区积极吸引全国高新技术企业总部、上市公司总部、大型民营企业总部和大型外贸企业总部，以及国内外大企业大集团的研发中心、销售中心、采购中心、营运中心和分支机构入驻集聚。（3）东洲区的石油化工精深加工总部园区集聚能力强劲，物流总部园区形成规模，已发展了荣昌、同益、双旗、永强、威鹏等多个物流总部园区，同时，还建设了生态旅游总部经济区。（4）新抚区的中央特色商贸圈形成了万达现代商圈、浙商小商品家居商圈、百货大楼传统商圈。同时，电子商务总部经济初具规模，东部榆林市场集群总部发展了各类专业化市场，南环中部产业集群总部园区逐步壮大。（5）望花区的电子商务总部经济、新兴产业总部经济发展潜力有很大的发展潜力。（6）新宾县、清原县和抚顺县的旅游总部经济、特色农业总部经济等均发展势头良好。

2. 抚顺培育总部经济新经济增长点需要采用的发展模式。根据我市功能

布局和发展现状，要加快布局"双核两城两带"总部经济发展格局，即以中央商圈、河北商圈为核心的综合型总部集聚区，沈抚新城、石化新城、南环产业带为重点的制造业总部集聚区，沈抚新城为依托的物流总部集聚区，以及与其他总部集聚区配套的金融总部集聚区。（1）综合型总部经济模式。鼓励国内外企业在我市设立综合型总部，重点引进与我市优势产业相关联的、在本行业处于较为领先的公司来我市设立区域性综合型总部，重点鼓励我市优势企业以资产并购、成立控股公司等方式设立综合型总部。（2）物流总部经济模式。鼓励国内外企业在我市设立物流总部，开展物流链管理、需求预测和结算等服务。鼓励国内外大型企业设立企业物流总部，积极引进大型物流企业在我市设立区域性总部。支持国际大型物流总部企业在我市设立信息服务、物流配送、仓储等职能性总部。（3）研发总部经济模式。鼓励国内外企业在我市设立研发总部，进行研发活动、研发战略决策、研发资源配置和研发业绩管理。围绕新能源汽车、装备制造、新材料、机电、电子信息等产业领域，突出引进各类高校及其科研机构相衔接的独立研发中心，鼓励内外资企业生产管理与研发活动相分离，力争形成区域性研发总部集聚区。（4）金融型总部经济模式。主要是银行、证券公司、基金管理公司、保险公司、信托投资公司等区域性总部。要重点鼓励银行、证券公司、基金管理公司、保险公司、信托投资公司等金融机构设立分公司，以及直接隶属于法人机构并单独设立的业务总部、营运总部、资金中心等地区金融总部。

十二、培育抚顺现代物流业新经济增长点

抚顺要以物流运输和物流信息平台建设为依托，充分发挥现代立体交通网络的功能，形成以公路货柜运输、商品配送和电子商务为支撑的现代物流业，与全国各城市物流中心连接，提高抚顺产品输往国内外市场的物流效率，并利用现代物流技术和物流网络，提高抚顺企业的生产效率。利用物流业全面促进商品的流通，带动传统商业的发展，促进物流业为居民和企业提供高效、快捷、方便的生活和生产服务环境。

1. 引进和培育一批具有影响力的大型物流企业。围绕世界物流企业100强、中国民营物流企业100强、国家5A级物流企业等国内外大型知名物流企业，鼓励其在我市设立采购中心、区域分拨中心、分包中心和配送中心等职能总部或分支机构。支持本土龙头物流企业创新运营模式，通过兼并联合、资产重组、功能剥离等方式做大做强。

2. 加大专业批发市场重组力度，为抚顺工业企业的外销和内需商品创造一个高效的物流基础。（1）对物流骨干企业、物流基础设施投资建设企业，和对经营公司围绕物流业开办的服务项目予以政策支持，推动其加快发展。（2）逐步放开物流运输和物流信息服务市场，吸引国内外资金参与投资建设我市物流基础设施，并鼓励抚顺市物流企业开拓国内外物流市场业务，对抚顺工业企业商品提供服务。（3）鼓励投资建设重点批发市场。充分利用抚顺市在装备制造业、石油化工产品和东部山区农业特产等方面的优势，大力推进各种生活和生产资料批发市场建设。

3.加快物流园区和配送中心建设，大力发展货物代理业。（1）重点抓好货运枢纽型和配送中心型物流园区建设，配套建设一批区县级特色物流园区，依托物流园区组建产品配送中心，在重要交通枢纽、产业集聚区周边布局物流节点设施群，发挥其支撑能力强、辐射范围广、附加价值高的示范带动效应。（2）集中合理布局仓储设施，提高仓库利用率，推进仓储网络化、产业化、社会化的进程。（3）以现有商贸代理制为基础，积极引进国内外从事商贸代理业的物流代理企业，鼓励国内外连锁销售商、生产或代理商开展物流商贸活动，不断开拓物流网络和市场空间，推动物流业组织形式和营运流程创新。

4.打造物流信息平台和物流要素市场。（1）加强物流商品信息网络平台建设。加大电子商务市场建设步伐，推动电子商务活动在更广、更深的领域内应用，组建现货交易网络市场，提高物流商贸活动及组织方式的现代化水平。（2）加快抚顺物流信息中心项目建设和技术设施的改造完善。大力推动物联网技术、移动智能终端等新一代信息技术在物流领域的应用，降低物流成本，提高物流效率。（3）筹建区域性物流要素交易中心、交易所，重点开展物流企业产权、运力、订单等要素的现货和期货交易，打造专业性物流要素交易服务平台。

5.引导和支持物流业发展模式创新，构建无缝对接的多式联运物流体系。（1）立足石油化工、装备制造等企业分销网络需求，积极发展集采购、销售、售后服务等功能于一体的全过程供应链服务，支持企业拓展融资租赁、设备维修、贸易展示等增值服务业务，推动专业物流企业向供应链管理综合企业转型。（2）加强物流技术与商业模式融合创新，强化对互联网、生物医药、新能源等战略性新兴产业及商贸、会展等关联产业物流配套服务能力。（3）发挥交通物流优势，推动公路、铁路、航空运输无缝对接，构建多式联运物流体系。（4）发展高端产品物流业务，打造高端产品区域分拨中心，有效降低进出口货物成本。

第四节 抚顺加快推动已有经济增长点发展

一、继续推动抚顺装备制造业经济增长点发展

抚顺装备制造业的转型升级对于延续我市这个已有经济增长点具有重要的意义。

1. 抚顺装备制造业具有良好的发展基础和优势。（1）智能制造装备产业逐步发展，部分领域具备较强基础。（2）抚顺在基础优势装备制造领域形成的煤矿安全机械、工程机械、炼化设备、通用设备、电磁零部件等领域具备一定的产业分布，聚集了永茂建机、抚挖重工、山推起重等工程机械制造企业；抚煤电机、天安矿山机械、煤研等煤矿机械及配套生产研发企业；抚顺电磁、隆基电磁、恒德瓷业等输变电设备电磁零部件及材料生产企业；石油机械、中石油八建等石油炼化设备生产研发企业，形成了以永茂建机为龙头的，产品门类较为齐全，规模较大，具有国内一流、国际领先水平的基础装备制造产业。目前，抚顺市在工程机械领域共有 52 家规上企业；在通用设备领域共有 105 家规上企业；在炼化设备领域共有 57 家规上企业；在输变电领域共有 44 家规上企业。在全省起到引领及示范带动作用的同时，极大地增强了辽宁装备制造产业在全国的产业竞争力，成为抚顺重要的支柱产业和经济增长点。（3）抚顺新能源汽车及零部件产业和装备制造服务业也有一定的基础与优势。

2. 抚顺发展装备制造业的指导思想。结合抚顺地缘优势、产业基础和"互联网＋"的信息化运用，推动抚顺智能制造与中高端装备产业快速发展，着力提升技术创新能力，加快推进"两化"深度融合，以形成产业集群和装备制造业基地为目标，以提高装备制造业水平和延长产业链条为主攻方向，以重大项目为依托，积极承接国内外装备制造业产业转移，用高新技术和先进适用技术改造和提升核心企业，促进产业结构优化升级，努力把抚顺装备制造产业建设成竞争力强劲的重要支柱产业。

3. 抚顺装备制造业的发展目标。抚顺装备制造业按照以"沈抚新城装备制造核心区和顺城区装备制造核心区"为发展重点的整体布局。在沈抚新城重点打造千亿产值的"国家先进能源装备高新技术产业化基地"，并按照"一个中心、六大产业集群、六大企业服务平台"的基本框架组织实施。到 2020 年，装备制造业力争占全市工业比重由 22.8％提高到 28.6％，装备产业规模以上企业实现主营业务收入 1100 亿元。

4. 推动抚顺装备制造业经济增长点发展的重点。（1）重点发展智能制造装备产业。面向智能测控装置、关键基础零部件、智能化高端装备、自动化成套设备等重点领域，主要提升智能控制系统、伺服电机及系统、高精密传动、特种机器人集成、智能生产线集成等关键技术与产品。（2）重点发展抚顺基础优势装备产业。面向工程机械、炼化设备、输变电设备和煤矿安全设备等重点领域，主要提升履带起重机、天然气压力匹配器、高压电瓷、矿山支固等关键技术与产品。（3）重点发展抚顺新能源汽车及零部件产业。面向新能源汽车零部件、传统汽车零部件等重点领域，主要提升传统零部件制造、电机制造、电池制造等关键技术与产品。（4）重点发展抚顺装备制造服务业。积极培育集成服务商、工程承包服务商，整体解决方案和制造专家服务系统等，鼓励企业从加工、组装、向研发、售后服务延伸，提高服务在装备制造价值链中的比重；实施供应链管理优化，建设区域物流中心；鼓励开展融资租赁和金融租赁。

二、推动能源原材料经济增长点发展

1. 大力发展能源原材料工业。（1）改造提升化工业。以智能制造提升化工业竞争力和安全发展水平，推动企业从生产方式到管控模式变革。依托高新技术产业开发区和精细化工园区，以打造特色石油化工、精细化工产业基地为目标，延伸和拓宽产业链条，发展高附加值、高科技含量的石油化工及精细化工产品。建设精细化工、塑料制品、橡胶制品、石蜡制品、高性能纤维等产业集群。（2）调整优化冶金业。以抚顺特钢、抚顺新钢铁等重点企业为基础，以打造国家级高端合金新材料产业基地为目标，淘汰落后产能，发展冶金新材料，开发精品化、专业化、特殊化新产品，向规模化、高档化方向发展，重点建设拉古冶金及延伸加工产业集聚区。（3）转型发展煤炭业。以构建国家级循环经济示范基地为目标，打造以矿山开采—油母页岩炼油—页岩油深加工为一体的产业链，加快发展页岩油化工产业集群，建设抚顺市再生资源产业园。

2. 推动石油化工业经济增长点发展的重点工程。（1）抚顺石化新建装置及技术升级改造、抚顺石化与 UOP 合作搬迁改造。（2）日丰管北方生产基地。（3）伊科思液体炼胶。（4）江苏三木醇酸树脂、环氧树脂。（5）齐隆化工 DCPD 树脂。（6）森源化工硝基苯胺、对硝基苯胺。（7）友联科技高纯度乙腈。（8）欧力石化液压油。（9）利华橡胶、塑料制品及模具加工。（10）东联安信公司（甲基）丙烯酸。（11）华科精细化工甲基烯丙醇等化工原料。（12）辽宁华亿化工苯甲酸钠。

3. 推动冶金业经济增长点发展的重点工程。(1) 抚顺特钢 80MN 快锻机、军品特种冶炼、板材生产线等技术改造工程,高档汽车用特殊钢生产线完善,关键原材料自主化能力建设。(2) 新钢铁高炉水渣超细粉等产品深加工。(3) 大化国瑞特种石墨产品技术升级改造。(4) 北京中油天宝石油钢管。

4. 推动煤炭业经济增长点发展的重点工程。(1) 抚矿集团页岩炼油厂新建、扩建装置,页岩炼油厂、东露天矿技术改造。(2) 中联再生资源。(3) 抚矿集团新建升级换代新型工艺装置—HK 部新型干馏装置。(4) 新型小颗粒干馏工艺实验装置—FHQ-500B 部小颗粒装置。

三、加快培育消费品工业经济增长点

1. 大力发展消费品工业。依托现有基础,突出区域特色,发挥水资源和生态环境优势,培育消费品工业龙头企业,打造特色消费品产业集群。加快电子商务平台推广应用,提升经营管理水平、促进新兴产业与传统产业协同发展。(1) 突出发展优势轻工业。重点发展塑料制品、炭化木、造纸、产业用布、饮料、保健品、葡萄糖等产品,抓好石化新城塑料管材、膜材及滚塑产品、林炭化木等项目建设。(2) 大力发展特色农产品加工业。大力发展食用菌、中药材、山野菜、绿色蔬菜、绿色粮食、林产品等特色农产品加工业,重点建设沈阳经济区重要的特色农产品加工区和输出基地。(3) 积极发展畜产品加工业。积极推进畜产品加工业建设,培育一批产品附加值高、市场竞争力强、产业带动力大的畜产品加工龙头企业,提高畜产品加工能力和产品档次,培育知名畜牧产品品牌,重点抓好肉类加工、乳制品生产等项目建设。

2. 推动消费品工业经济增长点的重点工程。(1) 首华东北农产品运营中心、辽宁三友农业生物科技有限公司。(2) 救兵东北亚木业交易中心。(3) 海浪产业用布生产园区、天成环保科技有限公司。(4) 湾甸子集成材加工园。(5) 依托抚顺青松药业有限公司、辽宁鑫泰药业有限公司和辽宁澎健药业有限公司等龙头企业,发展新宾中药材加工园区。(6) 新抚区食品产业园。

四、推动抚顺大旅游业经济增长点的发展

为明确抚顺大旅游业经济增长点的发展方向,塑造抚顺鲜明的旅游形象,使抚顺成为对游客具有较强吸引力的旅游胜地,需要明确抚顺旅游业的总体发展思路,以便有效地推动抚顺已有的大旅游业经济增长点迅速发展壮大。

1. 抚顺大旅游业经济增长点的现状。近年来,抚顺大力推动旅游业经济增长点的发展,不断加大投资力度,开发和完善了 20 多个具有一定规模的旅游项目。红河峡谷漂流、皇家海洋主题乐园、丰远热高乐园及金山石佛等旅游

项目相继建成，拓宽了抚顺旅游领域，基本形成了清前史迹、满族风情、红色记忆、工业文明、自然生态、休闲娱乐六大特色旅游品牌，以及启运之旅、生态之旅、休闲之旅等十条精品旅游线路。旅游基础设施建设不断加强。目前，抚顺市已经形成贯穿全市三县四区、连接所有重点景区近400千米旅游环线，为游客提供了便利的交通条件，以沈阳及周边城市为主的客源市场，京、津、冀、吉、黑、鲁等地区的客源市场得到了拓展。2016年，抚顺接待游客人数达到4155.3万人次。

2. 抚顺推动大旅游业经济增长点发展的指导思想，就是要紧紧围绕建设大旅游战略性支柱产业和中国旅游名城的目标，深入实施旅游名城战略，全面优化旅游发展环境，全面提升旅游发展质量，全面释放旅游发展效应，以丰富的旅游资源为依托，以各处旅游景区的旅游项目集中开发为重点，全面进行高立意创新规划，设计出点、线、面相结合，有较强吸引力和特色的景区项目群，形成旅游名牌精品效应，构建以旅游业为牵动的现代服务业体系，把旅游业培育成为抚顺重要的支柱产业和经济增长点。

3. 抚顺推动大旅游业经济增长点发展的目标。到2020年，旅游接待人次突破6000万人，旅游总收入突破800亿元；旅游产业增加值占全市GDP比重的10%以上，成为抚顺的战略性支柱产业和重要经济增长点；旅游直接就业人数超过10万人，就业贡献率15%以上，初步建成中国旅游名城。

4. 抚顺推动大旅游业经济增长点发展的重点任务。（1）通过多个区域旅游小增长点汇集成旅游产业大增长点。（2）重点培育旅游业经营主体。（3）积极培育抚顺旅游新业态。（4）促进产业与旅游业融合发展。（5）重点挖掘开发永陵景区新景点。（6）充分挖掘抚顺宗教旅游资源，增加旅游新品种。（7）以浑河景观带为轴心，打造抚顺旅游平台。（8）开发抚顺冬季旅游资源，促进抚顺新旅游品牌形成。（9）以挖掘开发独具特色的旅游商品为重点，加快旅游商品开发和市场建设。（10）全面推进抚顺智慧旅游建设。

五、推动抚顺大文化产业经济增长点发展

1. 抚顺发展文化产业具有得天独厚的资源优势。抚顺历史可以追溯到7000多年前。2000多年前，春秋战国时期这里就开始设郡统辖。在数千年的岁月中，高句丽、鲜卑、契丹、女真、蒙古等少数民族在这片土地上生息繁衍，创造了灿若星河、丰富多彩的历史文化。特别是中国封建社会最后一个王朝清王朝发祥于此，使这里增添了"启运之地"的神奇色彩。据统计，全市现存不可移动文物1400余处，各级文物保护单位106处。其中，除清永陵被列入世界文化遗产外，国家级文物保护单位8处，省级文物保护单位15处，市级文物保护单位 25 处。除不可移动文物外，全市现有馆藏文物 8 300余件。新宾镇被授予"中国优秀民间艺术之乡"。努尔哈赤、雷锋、张洁、李松涛、李中华、王楠等名人彪炳史册，影响深远。清代文化、工业文化、雷锋文化、红色文化等文化资源底蕴深厚，内容丰富，为文化产业的发展奠定了坚实的基础。

2. 抚顺文化产业发展的基本思路。(1) 抚顺发展大文化产业的指导思想。充分发挥先进文化对全市经济社会发展的引领作用，在现有文化产业发展的基础上进一步完善文化市场、文化产业结构、现代文化市场体系、文化创新能力、文化产品和服务出口，产品的艺术、科技含量和竞争力明显提高，形成了体系完备、结构合理、人才集聚、效益显著、特色鲜明的文化产业发展新局面，建成与市场经济相适应、具有抚顺特色的文化产业体系，创建具有抚顺特色的文化大市，使文化产业成为抚顺重要的经济增长点。(2) 抚顺大文化产业的发展目标。以文化产业转型升级为突破口，促进抚顺文化产业实力明显提高，创建具有抚顺特色的文化名城。到 2020 年，基本建成具有抚顺特色的文化产业体系，全市各类文化产业单位达到 3000 家，文化产业增加值达到 20 亿元，年总产值 100 亿元，占全市国民生产总值的 5%。(3) 抚顺大文化产业发展的区域布局。按照"两区一带六基地"的框架展开，构建地域特色鲜明、布局科学、结构合理、相互拉动的文化产业发展总体格局。"两区"，即"沈抚新城"文化产业园区、新宾满族文化产业园区。"一带"，即浑河文化产业带；"六基地"，即新宾特艺根雕文化产业基地，抚顺煤精琥珀和古玩艺术品文化产业基地，抚顺创意动漫文化产业基地，抚顺三块石民俗特色文化产业基地，抚顺新抚、城东演艺娱乐文化产业基地，沈抚新城现代印刷文化产业基地。

3. 抚顺推动大文化产业经济增长点发展的重点任务。(1) 抚顺发展大文化产业的主要任务包括：加快文化基础设施建设，巩固文化产业发展基础；繁荣文艺精品创作，为文化产业发展提供动力；全面发展群众文化事业，推动文化消费产业发展；做好文化遗产保护，为文化产业发展提供资源保证；加强文化产业的市场建设和管理；做好"非遗"保护、申报及宣传，为会展文化产业发展提供支撑。(2) 抚顺大文化产业的发展重点，即根据抚顺文化资源特点，结合抚顺实际，运用文化产业这个重要载体，以文化重点项目进行全面带动，重点发展旅游文化业、出版印刷业、报刊发行业、广播影视业、演艺娱乐业、动漫游戏业、工艺美术业、文化会展业、新媒体产业九大文化产业，构建优势门类突出、相关产业联动发展的格局。

六、推动抚顺现代金融业经济增长点发展

近年来，抚顺对加快培育和完善现代金融体系的工作非常重视。抚顺市政府工作报告中明确要求要"加强统筹协调，进一步壮大金融体量，用好资本市场，拓宽融资渠道，完善金融体系，大力发展产业金融；促进融资租赁、投资基金等多元化主体发展，积极筹建融资担保集团；推进沈抚新城和新华金融集聚区建设；加快农村信用社改制，促进小微金融、农村金融、互联网金融发展，发挥小贷公司、担保公司作用"。因此，就需要加快培育和完善抚顺现代金融体系，推动抚顺金融业经济增长点加快发展。

1. 抚顺金融业发展现状。近年来，抚顺金融业成为我市第三产业发展的重要力量。2015 年，全市金融业增加值 67 亿元，是 2010 年增加值的 3.8 倍，对经济发展的贡献率达到 31%，占全市地区生产总值与第三产业增加值比重分别为 5.4% 和 12.9%，比 2010 年分别提高了 3.4% 和 7.3%。2015 年年末，金融业从业人员数达到 1.5 万人。全市金融业缴纳税收为 10.1 亿元，金融业税收的增长，对地方财政收入形成了有力支撑。

2. 抚顺健全现代金融体系的基本思路。（1）抚顺健全现代金融体系的指导思想。以促进抚顺经济社会全面协调快速发展为目的，以增强金融产业综合竞争力为重点，以坚持金融改革创新为动力，以优化金融生态环境为保障，以支持"一极五业，多点支撑"的产业发展战略为抓手，充分利用多层次资本市场，拓宽直接融资渠道、扩大社会融资规模、降低融资成本，促进实体经济发展、产业升级和城市转型，为抚顺老工业基地加快振兴提供有力的金融支持。（2）抚顺健全现代金融体系的总体目标。抚顺金融业要以扩大信贷规模，拓宽融资渠道为重点，积极新建和引进各类法人金融机构及区域总部，保证营业收入、利润、纳税高速增长。到 2020 年，金融业增加值年均增长 20%，金融服务业税收年平均增长超过 20%，金融服务业税收占全市服务业比重提高到18% 左右。全市信贷规模翻一番，实现非信贷融资 800 亿元。（3）抚顺现代金融体系的发展格局。我市要构建经济发展需要的多层次金融市场体系、多样化金融组织体系和立体化金融服务体系，使金融业成为促进我市经济发展的重要支柱产业。

3. 抚顺健全现代金融体系的重点任务。（1）抚顺健全现代金融体系的主要任务。努力打造灵活高效的银行业服务体系、竞争有序的保险业服务体系、发展多层次资本市场、建立多种成分并存的投融资体系，优化金融发展环境和加强政府的宏观引导作用。（2）抚顺健全现代金融体系的工作重点。大力发展金融集聚区、推动银行服务业加快发展、发展融资租赁业、积极发展债券市

场、发展小贷公司、加快融资性担保服务体系建设、开展科技和金融相结合的改革创新、推动金融机构开展产品创新、打造竞争有序助推经济发展的保险服务体系、鼓励和支持企业在资本市场融资、大力发展金融中介服务机构、发展各类投资基金、鼓励企业并购重组、建设金融生态城市。

七、推动抚顺现代农业经济增长点发展

1. 抚顺现代农业的发展现状。近年来，我市农业基础稳固，粮食生产能力稳步提高，重点进行了优质粮、有机杂粮、特色农业经济作物，特色养殖和绿色蔬菜的基地建设，创建了国家级万亩粮油高产示范区 14 个。推动了食用菌、木材、林蛙、中药材、畜禽、山野菜、果品、花卉等农业特色产业的不断发展壮大，建设了一大批农业产业化龙头企业，企业达到 112 家，带动农户近19 万户，培育出了具有抚顺区域经济特色的农业产业化体系，现代农业发展带动的农业生态休闲观光旅游业等新型业态发展迅速。

2. 推动抚顺现代农业经济增长点发展的基本思路。（1）抚顺发展现代农业的指导思想。我市要以发展现代特色农业为主线，实施"一村一品，一乡多业，县域全业发展"的经济发展战略，坚持走产出高效、产品安全、资源节约、环境友好的现代农业发展道路，加快形成结构更加合理、保障更加有力的农产品及精深加工产品供给体系，着力构建粮经饲统筹、种养加一体、农林牧渔结合，第一、第二、第三产业融合发展的现代农业产业体系。（2）抚顺现代农业的发展目标。一是到 2020 年，粮食综合生产能力稳定在 55 万吨以上，蔬菜产量稳定在 50 万吨以上，肉、蛋、奶产量分别达到 17.2 万吨、9.8 万吨、6.9 万吨，水产品产量达到 2.3 万吨。二是培育壮大新型规模化经营主体，规模以上农业企业达到 150 家以上。三是农业机械总动力达到 100 万千瓦，主要农作物耕种收综合机械化水平达到 80% 以上。四是每年培育新型职业农民2100 人，专业技能人才 2000 人；10000 名劳动力中有农业科技人员 100 人以上。五是农业标准化覆盖率达到 70% 以上，农产品质量安全例行监测合格率稳定在 97% 以上。主要农作物病虫害专业化统防统治覆盖率达到 35% 以上，农药化肥施用量实现零增长。

3. 抚顺推动现代农业经济增长点发展的主要任务。加强现代农业基础设施建设；做强农产品加工产业；加快现代农业产业结构调整；加速转变农业经营管理组织方式；突出现代农业的四个特色；构筑农产品质量安全监管体系；推进主要农作物生产全程机械化；大力发展绿色生态农业；推进农业现代服务业发展；推进现代农业标准化。

4. 抚顺推动现代农业经济增长点发展的保障措施。加强组织领导，建立

工作激励机制；完善财政对我市现代农业发展的扶持政策；加大金融扶持现代农业发展的力度；提供科技保障，提高抚顺现代农业的科技含量，壮大推动现代农业加快发展的人才队伍；大力发展现代农业科技龙头企业和专业合作社；推进农业信息化进程，提高现代农业产品的营销水平；加大现代农业项目的招商引资力度；扩大我市现代农业特色产品的外贸出口。

第五节　抚顺推动新旧经济增长点发展的对策建议

一、抚顺推动经济增长点发展要把握好三个结合

1. 培育经济增长点要与资本运作相结合。抚顺培育经济增长点要实现"资源－资产－资本－产业化－现代化"这样的转换，通过资本运作，实现"引进来，走出去"，引进来的是资金、技术、人才和管理，走出去的是资源和产业，留下来的是税收和利润。一个上市公司，带来的不仅是资本，还有人才、管理、品牌等这些市场元素。

2. 培育经济增长点要与中间商相结合。招商引资要注重引进产业的中间商，这有利于打造产供销完整的产业链，把产业链打通，形成直接面对终端销售，直接对接市场，以获取市场的话语权。注重经售商的引进和培育，实现从重视引导生产到重视引导产业链的建设的转向，这有利于形成总部经济。

3. 培育经济增长点要与好项目大企业相结合。实体经济发展得好，金融和资本就会主动对接。现在的市场上应该说是不缺少钱的，很多私募股权、产业投资基金就到处找项目。所以，对重点项目要实行优惠扶持政策，政策支持和引导企业上市和资本运营。例如，抚顺尼耐特环保科技有限公司就是一家生产国内外独一无二高科技环保产品的创新型企业，其与金融资本对接上市创业板的可行性就很大。政府推动这类企业上市，对于抚顺培育新经济增长点意义重大。

二、积极构建推动经济增长点发展的城市功能格局

1. 推进抚顺新型城镇化建设，优化城市功能和产业布局，为培育各经济增长点开拓广阔空间。实施主体功能区制度，严格按照区域功能定位，推进城镇建设由扩张性发展向优化空间结构和功能布局转变。加快吸引沈阳要素向抚顺汇集，吸引高层次、高技能人才向新城流动，率先将"两城两带一区"建设成为我市培育经济增长点的高效能区域。

2. 以培育经济增长点为立足点，规划城市格局。坚持规划先行，充分发挥规划的前瞻性和导向性作用，按照统筹兼顾、长远结合的原则，以完善城市功能为目标，以大手笔、高标准、高水平的规划引导各经济增长点有序布局。(1) 组织修编新一轮城市总体规划，调整布局，科学规划，以产业集聚区为重点，开展新型城镇化示范区、南环产业带、南部采沉区土地利用等概念规划。(2) 以为各经济增长点发展创造良好环境为重点，开展沈抚黄金带、水岸新城区、老城区更新改造等建设规划。

3. 以各经济增长点的产业聚集引导城市布局。进一步完善功能区划和相互衔接配套，重点围绕 22 个服务业集聚区建设，确立城市结构的基本框架。重点加快沈抚新城、石化新城等新兴地区的发展，实现人流聚集、产业集聚的"产城一体化"。加快老城区"退二进三"和更新改造进程，推进中心城区生产企业向工业园区转移，为培育经济增长点拓展创建发展空间。以大伙房水源保护区综合治理为契机，立足生态经济区建设，大力发展特色农业、高效农业、生态农业和旅游观光农业，加快发展养老产业、休闲产业和绿色工业，推进东部三县培育新的经济增长点。

三、努力为推动各经济增长点发展提供政策保障

1. 建立市级推动各经济增长点发展的工作机制和服务体系。各区县也要建立健全相应工作协调机制，进一步明确具体目标和责任。

2. 编制加快培育新经济增长点的工作意见。结合抚顺实际，研究出台《抚顺市培育新经济增长点发展指导目录》，作为确认企业享受有关优惠政策的依据。

3. 积极推动综合配套改革。加快体制机制创新步伐，形成权责一致、分工合理、决策科学、执行顺畅、监督有力的行政管理体制。切实提高行政效率，推行政府效能监管和网络化管理，发挥好政府的社会管理和公共服务职能，营造一流的服务环境。

4. 推进"政产学研金"合作，创新科技研发协作配套的体制机制。形成"产学研"合作配套的高新技术研究开发企业，营造企业间配套协作和自主创新的政策环境，增强企业的自主创新能力，建立完备的科技创新公共服务平台，促进新经济增长点的成长发育。

5. 加大对各经济增长点项目的招商引资力度，加快推进一批重大项目的落地建设。加大招商引资力度，培育推动各经济增长点发展的领军企业，建立健全招商引资机制，力争一批推动各经济增长点成长发育的重大项目落户抚顺，使之尽快形成气候，产生效益，拉动各经济增长点的发展壮大。

四、为推动经济增长点发展提供人才土地资金等要素保障

1. 加快培养和引进高素质人才。充分利用我市的人才资源优势，突出培养和引进高层次、高技能、创新型科技人才，促进党政人才、经营管理人才等各类人才队伍协调发展，依托行业重点骨干企业，对接高等院校、科研院所，加快建设一批新型产业工程技术研究机构，造就结构优化、布局合理的人才队伍，为推动各经济增长点发展提供坚强的智力支持。

2. 努力提供土地保障。提高土地利用效率，科学集约开发土地资源，严格项目准入，统筹安排用地计划指标，确保推动各经济增长点发展的重大项目建设用地。

3. 建立多渠道的投融资保障体系。（1）完善投融资体系建设，营造良好的担保、风险投资、资本投资等融资市场环境，以多种形式筹措培育经济增长点的建设资金。（2）积极搭建银政、银企合作平台，拓展融资合作渠道，推进担保机构增资扩股，鼓励兴办民营担保机构，保证各经济增长点的项目建设和企业生产资金需求。（3）积极利用资本市场进行融资。引导企业通过发行股票、企业债券、项目融资、股权置换和资产重组等多种方式筹措资金，拓宽融资渠道。（4）设立政府培育新经济增长点的专项资金。专项发展资金由市财政安排、县区财政配套，主要以补助、贴息等方式重点支持核心企业、重点项目、引资项目的建设和发展，以解决科技型中小企业发展和项目建设的资金困难。设立经济增长点创业风险投资基金，建立项目贷款风险补偿机制，以政府补贴等形式，鼓励金融机构开展投资经济增长点的业务。

4. 为推动经济增长点发展提供项目保障。围绕各经济增长点，开发、策划、培育一批重大项目，着力引进世界 500 强、国内 100 强企业。健全重大项目推进机制，优化环境，加快推进一批对各经济增长点带动性强的重大项目，用项目集聚要素，用项目聚集合力，用项目提升优势，用项目推动发展，增强项目对各经济增长点的支撑作用。

五、通过信息化建设为各经济增长点发展提供动力

通过政府政策措施的推动，加速推广和应用信息技术，加快信息化与城镇化、工业化的深度融合，建设以宽带网络、三网融合、信息网络安全等为代表的城乡信息基础设施，推动信息服务业全面发展，为培育经济增长点提供强大发展动力和有力支撑。

1. 规划引导和政策扶持先进信息技术在各经济增长点的应用，保证各新经济增长点发展的信息现代化。努力提高信息技术的科技含量，鼓励高新信息

技术的应用，促进各经济增长点加快发展。

2. 健全各经济增长点信息化的政策调控体系。建立推动各经济增长点信息化发展的统筹协调推进机制，及时协调解决发展过程中出现的难点、热点问题。

第三章　推动抚顺第三产业各业态全面发展

提要：充分发挥区域内外的可利用市场空间和消费力，全面发展第三产业的各业态，对于加快抚顺城市转型和扩大就业具有重要的现实意义。本章对抚顺第三产业的发展现状和存在的问题进行了分析，探讨了抚顺推动第三产业各业态全面发展的指导思想、基本原则和发展目标，概要介绍了抚顺第三产业各业态的发展思路，提出了抚顺推动第三产业各业态全面发展的政策建议。

第三产业的国际通行产业划分标准是指农业、工业和建筑业以外的其他所有行业。第三产业一般划分为"传统服务业和现代服务业"两大类。现代服务业的发展是通过利用现代化、信息化的新技术，新业态和新服务方式来改造传统服务业，创造需求，引导消费，向社会提供高附加值、高层次、知识型的生产服务、生活服务和公益服务的过程。现代服务业的发达程度是衡量一个国家或地区的经济、社会现代化水平的重要标志。因此，以第三产业各业态的全面快速发展带动城市转型是抚顺加速老工业基地振兴的根本方向和重要途径。

第一节　抚顺第三产业发展现状和存在的问题

我市以加快发展现代服务业为突破口，积极开创第三产业全面发展的新局面。

一、抚顺第三产业发展现状

近年来，抚顺第三产业坚持"两并、三提、一重"的指导思想，即坚持生产性服务业和生活性服务业并举，现代服务业和传统服务业并举，促进了全市第三产业的发展提速、比重提高、水平提升。其中，商贸流通、住宿餐饮等传统服务业快速发展，档次和水平不断提升；房地产、商务中介等新兴服务业蓬勃发展，规模不断扩大；金融保险、现代物流、电子商务、科技信息等现代服务业发展步伐不断加快，对工业、农业的支撑作用越来越明显。第三产业已成为优化我市产业结构、推动资源枯竭型城市经济转型、吸纳大量就业再就业人员、扩大财政收入的重要力量，第三产业有力地推动了城市加快转型。

1. 第三产业发展速度明显加快。我市旅游业、商贸流通业和现代服务业等第三产业发展迅猛。2016 年，全市社会消费品零售总额实现 667.7 亿元，增长 7％，总量全省排名第 4 位。实现了在三次产业中 34％的占比，创造了58％的地方财政收入和 47％的就业人口总量。

2. 结构调整稳步推进。传统服务业逐步得到改造提升，新型业态快速发展，电子商务、金融业、旅游业、现代物流业、科技与信息服务业、中介服务业、文化创意产业等知识技术密集型服务业发展势头较好，房地产业健康发展。

3. 现代服务业集聚区发展成型。（1）不断完善服务业集聚区规划，加强体系化建设。按照"七个一工程"标准，对全市 22 个规模较大、特色鲜明、业态丰富、功能完善的服务业集聚区进行了总体规划建设，集聚区在带动服务业发展方面发挥了良好的示范和集聚效应，形成了 9 个业态、3 个级次。（2）以"一主五副"为重点，在全市打造 8 个商贸商务集聚区，健全完善了集聚区运营体系，加快公共服务平台和基础设施建设，强化资源要素配置，使更多的重点项目向集聚区集聚。重点推进了中央商务区和顺城金融商贸集聚区两个省级现代服务业集聚区建设。以万达广场、绿地商业街、浙商星星国际酒店等为主体的新商业形式，推动站前地区形成了城市商务中心区。（3）旅游业发展势头强劲。在全省率先成立旅游委，大力实施旅游名城战略，以四大旅游集聚区为发展重点，打造了多个旅游休闲集聚区，推出了多条精品线路，成功举办了系列节庆活动，旅游总人数、总收入不断实现新突破。（4）以现代物流、科技产业、电子商务、文化会展和金融商贸等为重点打造多个现代服务业集聚区。全市已形成"旗帜型—中央 CBD—城区—县域—县城"服务业建设体系。（5）扩大了集聚区规模，推进了集聚区向更高层次发展。重点加快了城市综合体项目建设，把服务业集聚区做实、做大、做强。万达广场、天朗国际广场、亿丰国际五金机电城、旺力商贸城、家和美城市综合体、恒大国际中心、兴隆摩尔、印象新城等一批城市综合体为现代服务业增加了新业态。（6）推进集聚区向更高层次发展。推荐具有发展潜力、特色突出的服务业集聚区晋升省级现代服务业集聚区。至此，我市已有多个服务业集聚区进入省级现代服务业集聚区。

4. 促进了现代服务业多种新业态的不断产生。（1）加快电子商务产业发展。积极发展团购、网购等无店铺消费形式，支持我市电子商务企业做大做强。一是建立了较为全面、科学、系统的电子商务统计体系。电子商务工作概况表、电商平台建设情况统计表、电子商务产业园区建设情况统计表和大宗商品交易平台建设统计表，实现季度统计，跟踪督导，探寻产业发展动态和规律，为我市电子商务工作相关决策提供科学依据。二是推进国家级电子商务示范县建设。加快推进清原国家电子商务进农村示范县项目建设，清原电子商务公共服务中心建立后，目前铺设村级站点已达102个。三是打造一批商品网络交易中心。打造具有本土特色的农产品、钢铁、琥珀全国性和地域性商品网络交易中心。重点打造东北亚钢铁网、抚顺县特色馆、中国琥珀网等电商网站。(2) 推动现代物流业加快发展。推进和组织实施亿丰、石化、荣昌等物流园区、榆林物流产业园区、裕民生活资料物流园区、长德现代商贸物流城等重点园区发挥作用。(3) 推进总部经济发展。重点推进沈抚新城"百楼千户"总部基地建设。(4) 推进楼宇经济发展。按照跟踪与服务为一体，督促与协调一并进行的工作思路，加快推进我市楼宇经济、城市综合体建设。(5) 加快健康服务业发展。积极推动了集医疗服务、健康管理与健康促进、健康保险等服务内容为一体的健康服务业体系建设。鼓励我市大型龙头家政服务企业推出看护、护理、陪护、保健等养老健康服务，创新发展形式。(6) 生产性服务业发展方兴未艾。不断研究制定相关政策措施，对具备主辅分离条件的规模以上工业企业逐步推动其主辅分离，促进现代服务业和制造业互动发展。(7) 加快会展业发展。展会以车展和房交会为主，并成为市民选购房产和汽车的重要渠道；文化和旅游方面的展览和活动逐渐增多，连续举办多年的满族旅游风情节驰名全国，带动了商贸服务业的发展。仅2016年，全市就举办各类会展和节庆活动17次，参展企业1225家，参观人数43.5万人，总交易额26亿元。(7) 加快打造专业市场群。(8) 促进"夜经济"深入发展。我市"夜经济"工作也走在全省前列，并在全省"夜经济"工作会议上做了经验汇报。2013年夜间销售额实现150亿元，增长20%。

5. 促进传统商贸业转型升级。(1) 主题促销丰富多彩。利用春节、五一、中秋、国庆等重点节假日开展系列促销活动。(2) 发挥电商消费平台作用。鼓励大商集团、今日装饰城等企业做大做强电子商务平台，促进线上线下融合发展。(3) 坚持"线上线下"互动。创新业态和经营模式，传统商贸业不断加快转型升级步伐，金丰园、韩帝园、新世纪绿洲、子金盛宴、永安之星等传统商贸企业已经借助网络平台实现了线上线下交易，实现多种业态经营。(4) 配送中心建设。完成了抚顺韩帝园食品有限公司、辽宁金丰园绿色食品有限公司、抚顺龙运餐饮配送中心、抚顺市中顺食品有限责任公司、大商集团抚顺新玛特有限公司、抚顺汤功煮餐饮连锁有限公司等多家配送中心建设。

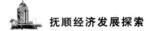

6. 加强了政府对第三产业发展的调控指导和环境优化。（1）加强统计工作，完善和健全规划和调控机制，加强兼职统计人员队伍建设。（2）推进对接工作，健全考核机制。推进各县区进行全面对接，明确各县区服务业集聚区发展的目标、重点和方向。（3）促进市场发展环境的优化。加强市场监测，充分利用分布城市乡村、不同行业、不同业态的百户监测样本企业，不断加强市场预测、预警和应急保障工作，全力保障市场供应、稳定市场价格。

7. 推动了重大服务业项目的建设。（1）上下联动，跟踪项目进度，明确各县区是项目建设的推进主体。（2）加强调度，实行项目动态管理。实行一季度一调度，半年一滚动管理，确保项目信息的实在性。（3）积极沟通，加强部门协作。建立协助工作机制，携手招商引资，做到信息资源共享，大力推进服务业项目落地。（4）积极向省推荐我市重大服务业项目，争取资金支持。

二、抚顺第三产业发展的基础和环境

1. 抚顺第三产业的发展基础。（1）第三产业规模不断扩大，发展贡献进一步增强。我市第三产业始终保持快速增长势头，从业人员占全社会比重、服务业增加值占地区生产总值比重、服务业实际吸引外资占全市比重、服务业固定资产投资占全市比重等指标均有较大幅度提高，第三产业已成为推动抚顺经济增长的重要力量。（2）产业结构持续优化，发展质量进一步提高。按照"五点一线"为主干、22 个服务业集聚区为纽带、东部生态保护区为依托的城乡第三产业发展基本框架，积极推进结构调整和转型升级，产业链和价值链进一步向高端攀升，新业态、新模式和新亮点不断涌现。（3）产业布局日趋合理，集聚效应进一步凸显。充分发挥抚顺区位优势和产业基础，大力推动优势服务业集聚集约发展，已形成一定的空间集聚，规模效益和集聚效应得到显现。（4）区域合作有效开展，发展空间进一步拓展。加强了城乡服务业发展的统筹规划协调，促进服务业、商贸服务业、旅游产业的城乡一体化发展，促进了三县现代服务业加快发展。（5）发展环境进一步完善。降低服务业准入门槛，减少审批事项，服务业投资环境得到进一步优化。

2. 抚顺第三产业的发展环境。（1）全球新一轮科技革命与产业变革协同创新带来第三产业，特别是现代服务业发展的重大机遇。当今世界，科技进步对经济社会发展主导作用更加突出。以新一代信息技术为代表的技术创新浪潮正引发新一轮科技革命，带来了传统生产生活方式的革命性变化，催生了大量服务业新产业、新业态和新模式。同时，制造业服务化成为新趋势，从以产品制造为核心，向产品和整体解决方案并重转变，现代服务业迎来新的快速增长期。（2）国家政策重视与抚顺经济发展阶段需要都给第三产业发展带来新契机。近年来，中共中央调结构、促转型的决心把服务业摆到了前所未有的重要位置，密集出台了大量有利于加快发展现代服务业的政策措施，为现代服务业发展创造了良好政策环境。同时，居民对改善生活条件的生活性服务消费需求，制造业转型升级对生产性服务业需求均快速增长，对现代服务业发展的政策支持力度的加大，这些都推动了第三产业全面进入了快速发展期。

三、抚顺第三产业发展过程中存在的问题

抚顺的第三产业快速增长，特别是现代服务业发展迅速，有效地促进了产业结构的优化和城市功能的增强。抚顺第三产业的发展既存在诸多发展机遇，也面临不少挑战与问题。

1. 总量水平不高，占 GDP 比重较低。2016 年抚顺市第三产业在全省 14 个城市中处于后列。根据《1997 年世界发展报告》资料显示，发达国家高收入地区第三产业比重为 66％，中等收入国家比重为 52％，低收入国家比重为 35％。抚顺第三产业增加值占全市 GDP 的比重还没有超过 40％，尚处于不发达状态，三次产业协调发展的格局尚未形成。

2. 第三产业内部结构不合理。虽然抚顺第三产业就业人口比重呈上升趋势，第二产业基本保持平稳，第三产业吸纳了从第一、第二产业转移出来的劳动力，但第三产业就业人口所占比重仍处于低收入地区的水平。同时，第三产业内部结构也不尽合理，传统服务业仍占较大比重，现代服务业比重过小；交通运输仓储和邮政，批发和零售，住宿和餐饮三大传统产业增加值占服务业的增加值比重为 54.5％，而代表现代服务业的 11 个门类增加值比重为 45.5％；比重过低，生产性服务业发展相对滞后，服务业企业普遍规模小、档次低、竞争力不强，缺少龙头骨干企业和大型专业批发市场，对经济的拉动作用不明显。为工农业服务、体现城市功能的电商，金融，物流，创意，信息服务等现代服务业发展不快，产业层次有待提高。

3. 抚顺各区域第三产业发展不平衡。现有的第三产业集聚区大多以自发形成的服务业集聚街区为主，地区发展不平衡，缺乏深度规划。总体上抚顺集聚区规模较小，辐射带动能力弱，建设和发展的空间不足，整体布局有待进一步完善。抚顺虽然主城区的城市化率较高，但由于产业单一，城乡结构不合理，能够享受城市服务功能的人口比重过低，这些都制约了第三产业需求的扩大，因而各县区的现代服务业尚处于起步阶段。

4. 政策扶持力量有限和人才严重缺乏。（1）在扶持发展各产业工作中，存在重视工业和农业，轻视服务业的现象。在土地使用、税收、信贷等方面的政策措施中，对发展服务业重视不够。开放性发展的体制机制尚未形成，融入

全国、全省服务业经济体系的能力还不强。（2）人才严重缺乏。服务业从业人员整体素质偏低，专业人才缺乏，尤其是电子商务、现代物流、国际商务、会展业、中介咨询、信息服务等知识密集型的高端人才十分匮乏，服务业专业人才的培养、引进力度不够，专业人才的存量与增量都不适应现代服务业发展的需要。

5. 第三产业现代化程度较低。（1）第三产业滞后表现在产业层次低，产业的资金、技术、信息含量不高，统一的、开放的社会服务体系尚未形成。（2）农村服务业发展滞后。农村服务业发展较城市、城镇有很大差距，服务水平和服务质量均不能满足农村发展需要，有许多乡村的现代服务业基本处于空白。农村社会化服务体系很不健全，农村产前、产中、产后服务远远跟不上生产发展的需要。

6. 第三产业信息化程度低。抚顺市信息基础设施、网络建设相对滞后，电子信息产业发展没有实质性的突破，与信息化要求差距较大。信息资源的发掘、采集、传输和利用尚处于较低水平，信息化建设规模不大，实用信息少，各类数据库少，应用层次低。抚顺已有的丰富信息资源还没有得到充分的利用。

第二节　抚顺推动第三产业各业态全面发展的思路

一、推动抚顺第三产业各业态全面发展的指导思想和基本原则

1. 推动抚顺第三产业各业态全面发展的指导思想。以抚顺老工业基地转型振兴为目标，优化抚顺第三产业发展的区域发展布局，以"两城两带一区"先导示范区为引领，围绕"一极五业，多点支撑"的产业发展战略，构建"五点一线"为主干、22个服务业集聚区为纽带、东部生态保护区为依托的城乡第三产业发展基本框架；以市场为导向，以技术创新、体制创新为动力，推广现代信息技术、现代理念和现代管理经验，改造提升传统服务业，发展现代服务业，实现服务业增长方式的根本转变；以促进现代生产性服务业、现代生活性服务业适度超前发展，和以培育新兴服务业、提升传统服务业为主要任务，促进现代服务业拓展新领域、培育新业态；以发展大旅游产业为牵动，重点加快发展电子商务、现代物流、现代商贸、金融服务、信息服务与软件业、商务服务、科技服务、服务外包、中介服务业、房地产业、社区服务业、文化产业、健康养老等服务业，加快建立和完善现代服务业产业体系，形成抚顺先进

制造业与现代服务业融合发展的新格局，推进第三产业总量扩大、结构优化、业态创新、品质提升；以产业化、市场化、社会化为主要途径，坚持集聚发展，实施项目带动，培育特色品牌，优化第三产业内部结构和城市服务功能，进一步提升城市生活品质和城市综合竞争力，推动抚顺城市加快转型。

2. 推动抚顺第三产业各业态全面发展应遵循的基本原则。（1）集聚发展、分类指导和突出重点的原则。结合抚顺的区位条件、自然人文景观、商品经济发展程度、经营人才素质等要素，综合第三产业中的行业区域比较优势，适应抚顺工业发展的要求，积极培育具有潜在优势的生产性服务业。选择发展潜力大、产业关联度高的行业，进行重点行业突破，培育一批符合现代服务业发展需要的产业和特色现代服务业集聚区；实现"两城两带"重点区域突破，带动全市城市现代服务业的快速发展和提升。（2）扩大总量、产业联动、适度超前、提升质量的原则。针对当前抚顺市现代服务业总量偏小的实际情况，坚持量的扩张和质的提升并举，进一步拓展产业发展领域，加速扩大规模；运用先进适用现代技术改造提升传统服务业，大力发展高附加值的现代服务产业，提高抚顺现代服务业的总体水平。同时，顺应产业融合的趋势，适度超前发展，充分发挥现代服务业对加快推进抚顺工业化进程，提升传统农业现代化水平的融通、支持功能；强化服务业内部各行业的协调和融合发展，全面提升综合竞争力。（3）坚持以人为本、共享发展、服务民生的原则。坚持以人为本，围绕全面提升抚顺城市化发展水平，加快推进新农村建设，着力加强医疗、教育、文化、体育等民生服务水平，把增进民生福祉作为发展的出发点和落脚点，不断提高覆盖城乡的公共服务供给能力和水平，实现公共服务的均等化，让全体市民更广泛地参与发展过程，更多、更公平地享受发展成果。不断完善服务功能，形成多层次的服务结构，满足群众多层次的服务需求。（4）政府引导、市场运作原则。充分发挥政府的统筹协调、规划指导作用，加强政府对服务业发展的引导和调控，加大对服务业的投入和扶持，遵循现代服务业发展的规律，按照产业化、市场化、社会化的方向，充分发挥市场机制作用，优化市场资源配置，通过市场竞争的方式提高服务效率，推进第三产业的市场化、产业化进程。（5）以城镇化和专业市场为载体发展第三产业的原则。抚顺城区是城市商业、交通、通信、金融、文化、教育、科技、信息等方面的中心，第三产业相对集中；专业市场作为商品交换的场所，其扩展是第三产业发展的重要体现，而专业市场的兴起还会带动交通运输、邮电通信、金融业务和各类中介服务业等第三产业的发展。从抚顺的实际出发，可以通过城市化的方式来推进第三产业的发展，同时强化中心市区的金融、贸易、信息、中介服务和生活服务等功能，从而加快建设中央商务区。（6）坚持产业转换序列的多元化模式的原则。

遵循产业结构演变的一般规律，使第三产业比重随着经济发展和产业结构的调整而加大。有些行业以第二、第三产业同步起飞为契机，缩短三大产业依次推进的过程，加速产业重心的变迁，实现第三产业的总量扩张和比重提高。有些行业可跨越产业更替和转换的梯度序列，以第三产业率先起飞的态势，尤其是以商品市场为起点的第三产业发展，携带整个经济的发展，从而把第三产业的发展定位在较高的起点上。根据抚顺经济发展的实际和第三产业发展的特点，分别采取适合各自特点的产业转移顺序，以促进第三产业快速、高效地发展。（7）坚持依靠科技进步发展第三产业的原则。抚顺第三产业的发展应坚持"科技兴三产"的基本方针，把创新作为引领服务业发展的第一动力，协同推进制度、科技、文化等各方面的创新，积极推动传统服务业的转型升级，以及新兴服务业的培育，加大第三产业中的科技含量。要加快城市信息基础设施建设，在城市交通通信、商业外贸、金融保险、旅游宾馆、信息管理等领域的广泛应用，以促进第三产业发展规模、服务质量和经济效益的显著提高。（8）外向带动、开放发展原则，推动现代服务业的开放型发展。加快与沈阳的产业对接，加速融入沈阳经济圈。积极引进国际和国内知名的现代服务业企业和品牌。重点开展服务的出口和进口，涉及国际金融保险服务、通信视听服务、交通运输服务、旅游观光服务、法律服务、会计服务、广告服务、租赁服务等的国际贸易服务业。

二、推动抚顺第三产业各业态全面发展的目标

1. 抚顺第三产业发展的总体目标。抚顺全速推进第三产业大发展，把推动第三产业大发展作为城市转型振兴的战略重点，优化以商贸流通业、旅游业、文化、体育和房地产业等为代表的生活性服务业，提升以金融服务、现代物流和电子商务等为代表的生产性服务业，培育以新兴消费、大众消费、绿色消费、农村消费为代表的潜力性服务业，促进城乡服务业协调发展。到 2020 年，抚顺第三产业增加值要占地区生产总值 47％，就业人员超过 40 万人，占全市从业人员总数的 50％，要充分发挥第三产业在城市转型中吸纳就业再就业人员的重要作用。

2. 抚顺第三产业发展的结构性目标。抚顺要大力发展各种现代服务业的新型业态，进一步优化第三产业结构，生态休闲旅游、文化创意、电子商务、科技服务、金融服务、现代物流、商务会展、健康服务等重点领域发展要取得新突破。生产性服务业要向专业化、高端化、国际化发展，生活性服务业要向便利化、精细化、品质化发展。到 2020 年，抚顺金融业、文化创意产业、科技信息服务业等现代服务业新型业态，要占第三产业增加值比重达到 15％左右；物流业、商贸业、房地产业增加值占 70% 左右。在保持稳定发展的基础上，社区服务业、科技服务业等业态所占比重要有所提高。

3. 抚顺发展第三产业集聚区的建设目标。到 2020 年，形成与城市功能定位相配套，适应生产和生活需要的服务业集约化发展新格局，培育建设抚顺城市中央商务集聚区、顺城新华服务业集聚区、高湾休闲旅游娱乐集聚区等三个在全省乃至全国特色鲜明、规模较大、辐射力强的服务业集聚区，使服务业集聚区成为全市经济发展重要的经济增长点和城市转型的生力军。

4. 优化生活性服务业发展目标。丰富新型生活性服务业业态，优化生活性服务业布局，加快推进传统生活性服务业向现代生活性服务业的转型。建设沈抚新城旅游产业集聚区，集聚主题娱乐、时尚休闲、都市度假、高端商务等旅游业态产品。建设新宾文化休闲旅游产业集群、清原红河峡谷旅游产业集群 2 个百亿元旅游产业集群。发挥山水资源和环境优势，促进自然与人文融合、生态与产业对接，培育生态经济新业态。建设三块石生态休闲旅游区、岗山森林公园、湾甸子生态旅游区、丰远热高乐园、皇家海洋乐园 5 个领军企业。全力推进国家 5A 级旅游景区、国家级旅游度假区、国家级生态旅游示范区的品牌创建工作。加强文化娱乐、体育健身、健康疗养、房车营地等旅游设施建设，加快本土旅游纪念品基地建设，争创本土旅游名牌产品。发展优势文化产业，打造金信园古玩艺术市场、沈抚新城现代印刷产业园区、新宾满族文化产业园区、上夹河根艺产业园区和辽东文化生态保护区五大重点园区。发展特色体育产业，充分利用山水资源和冰雪优势，发展山地自行车、水上运动、滑雪等特色体育产业，重点发展体育旅游、健身休闲、竞赛表演、体育彩票、体育用品销售等产业，完善体育培训、体育中介等配套服务。全力推进传统商业企业线上线下融合发展，积极创建现代商贸流通平台，构建覆盖城乡的便民商业服务网络，促进商贸中心、商贸副中心协调发展。适度发展房地产业，促进房地产供求平衡，建设重点为优化房地产开发结构、加大保障性住房建设力度、提升住宅小区建设水平，引导房地产企业转型发展，加快由发展住宅、商业性房地产，向养老、旅游性等房地产转变。

5. 提升生产性服务业发展目标。大力发展金融集聚区，加快完善新华金融集聚区，建设旺力金融一条街和沈阳经济区金融后台服务基地，鼓励金融机构在县区设立分支机构，支持新型农村金融机构发展壮大，推进征信系统升级改造，助推"信用抚顺"建设。完善城乡统一要素市场，做大做强房屋产权交易所、林业产权交易所、金融资产交易所，发展债券交易和结算市场，建立煤炭、石油、矿石、钢铁等大宗商品交易平台，完善城乡统一的土地市场、人力资源市场。构建以工业物流、商贸物流和涉农物流为支撑的产业物流体系，培育现代化、专业化物流龙头企业，重点建设改造 3 家集仓储、加工、配送、多式联运等功能于一体的生产资料物流配送中心。建设民生服务、工农业大宗商品、现代物流公共信息、社区商业"身边购"等电子商务平台，不断提升信息化服务水平。

6. 推动潜力性现代服务业发展目标。充分发挥消费对稳增长的基础作用，适应消费个性化、多样化的发展趋势，围绕新兴消费、大众消费、绿色消费、农村消费，厚植现代服务业新的增长点。培育新兴消费热点。围绕节假日、黄金周等重点时段，广泛开展各类主题促销活动和各类业态联动促销活动。倡导延时营业，打造体验式购物模式，发展社交电商、"粉丝"经济等网络营销新模式。开拓大众消费市场。大力发展社区连锁超市和便利店，打造"15 分钟便民消费圈"。推进餐饮转型升级，引导高端餐饮企业面向大众推出物美价廉、健康节俭的服务项目。创新经营方式，推广运用网络团购、微博展示、网上支付等营销手段。积极发展家庭服务业，培育一批管理科学、运作规范、示范性强的大型家政服务龙头企业，增强家政服务能力。推进家政信息平台提档升级，整合各类服务资源，完善服务功能，创新服务方式，拓展服务领域。推动绿色消费。支持淘汰黄标车和老旧汽车，扩大新能源汽车销售。推进再生资源行业发展。支持回收企业科技创新，提升精细化分拣程度，增加附加值，引导流通企业扩大绿色商品采购和销售，推行绿色包装和绿色物流，加强绿色供应链环境管理，完善绿色商品认证制度和标准体系。发展农村消费。组织大型商业集团、批发市场、超市等流通企业，开展"走社区进农村惠民行""接农民进城购物"等活动，利用连锁农家店配送网络，满足农民生产和生活需求，推进县域商品配送中心、乡镇商贸中心和乡村连锁超市建设，提升业态水平，发挥农家店"一网多用"功能，扩大店铺经营范围，拓展购物、服务、休闲、娱乐和文化等功能。

三、推动抚顺第三产业各业态全面发展的重点工程

1. 推动生活性服务业发展的重点工程。生活性服务业的重点工程包括：(1) 亿丰（东北）五金建材品牌中心、大商现代化购物中心、中国供销东北商贸城、森茂国际汽车城、业乔盛业奥迪汽车、润通汽贸、顺城国际食品城。(2) 东北航空总部、中泽保险总部。(3) 月牙岛五星级酒店、鑫韵达商务酒店、汇波泉酒店。(4) 红河峡谷漂流景区、三块石国家森林公园、岗山生态谷林溪养生度假区、丰远热高乐园、辽宁和睦国家森林公园。(5) 社河国家湿地公园、新宾神树柜石祈福养老度假区、上寺水库休闲旅游度假区、关山湖旅游集聚区、抚顺县生态旅游区、萨尔浒寻古探幽游览区、古勒城旅游区、莲花山

旅游区、金山石佛景区、皇顶山风景区。（6）长垅地满族风情村、汤图满族乡三块石村特色村寨、妈妈沟旅游区、沙河子沟域综合旅游区、清原岗山生态休闲旅游度假村。（7）永陵满族文化旅游产业园、上夹河根雕奇石旅游工艺品市场、韩国城、望花民族文化园。（8）海浪运动休闲旅游度假、东森儿童公园、市福彩中心"中福在线"销售大厅。（9）颐和温泉酒店、望花和平温泉游乐中心、抚顺县温泉。

2. 推动生产性服务业发展的重点工程。生产性服务业的重点工程包括：（1）香港首华综合保税区仓库。（2）亿丰物流中心、畅通建材商贸物流、顺城抚顺国际物流商贸城。（3）辽宁东海冷链物流、兴合医药物流、佳合绿源城市物流。（4）新宾仓储及金融物流。

第三节　抚顺推动第三产业各业态全面发展

围绕抚顺老工业基地转型振兴大局，充分发挥比较优势，通过运用市场机制和完善多元化的投资机制等有效渠道，大力发展第三产业各业态，建立起与抚顺城镇化、工业化、信息化和农业现代化相适应的现代服务业体系，以及传统服务业体系。本节除了不再介绍第二章已经提到的第三产业包括电子商务产业、现代物流产业、旅游产业、文化产业、金融产业、生活性服务业、生产性服务业、现代信息服务业、总部经济等重点行业领域，将对第三产业其他的如传统服务业、农村服务业、房地产业、对外贸易和服务外包、会展业等重点行业领域进行概要介绍。

一、积极优化升级抚顺传统服务业

大力优化发展抚顺传统服务业，加快商贸流通业提质增速，注重差别化、特色化引导，进一步完善业态，扩大规模。

1. 优化升级抚顺商贸流通业。抚顺市城区要构建"一主四副"五大商业中心。（1）抚顺市中央商务区。重点发展中介、物流服务、高端品牌商业、金融、保险、通讯业派驻机关等行业。（2）东洲、望花、顺城、沈抚新城市级商业副中心。一是东洲副商务中心。将建设成为辐射抚顺东部和吉林省部分地区，集商务金融、商贸物流、住宿餐饮、旅游休闲、文化娱乐居住于一体的集中展现抚顺崭新城市形象的综合性城区副商务中心。二是顺城新华副商务中心。重点强化现代金融业功能，形成具有现代水准的、功能完善的商务中心。三是望花和平副商务中心。定位为以专卖店、专业店、中档百货、副食品和餐饮为主体的综合性居民服务商务区。四是沈抚新城副商务中心。定位是未来新商业核心区。重点发展高档次的休闲旅游配套商贸服务业。（3）完善发展十条特色商业街。一是东西四路商业步行街。二是时尚女装一条街。三是机电产品一条街。四是隆城餐饮酒店一条街。五是天湖风情酒吧一条街。六是人像摄影一条街。七是望花锦州路家居建材一条街。八是东洲大街快餐一条街。九是望花煤精、琥珀一条街。十是站前餐饮风味一条街。

2. 规范六个商贸服务业集聚区。（1）抚顺商务中心集聚区。以百货大楼、商业城、商海大厦等为支撑的商贸服务业集聚区。（2）抚顺裕民新兴服务业集聚区。以裕民商城、裕民装饰城、浙商国际商贸城、万达商贸城等为支撑的商贸服务业集聚区。（3）培育发展4个区域性商贸服务业集聚区。顺城新华商贸服务业集聚区、望花和平商贸服务业集聚区、高湾休闲旅游娱乐集聚区、清原生态旅游集聚区。

3. 发展现代商贸经营业态。（1）发展与现代物流业相适应的新型批发业，通过改组现有零散的专业小商品批发市场，建成有区域性影响、专业化经营的大型批发市场。（2）积极培育高端新型商业业态，重点规划建设"一站式消费"购物中心、"一站式生活"商业综合体，鼓励发展主题商城、体验式商业、休闲商业、绿色生态商业、会展商业等新业态，促进商业与本地产业和消费需求深度融合。（3）大力发展特许经营、仓储会员店、专业配送、代理制、厂家直销中心等新型商贸流通方式。（4）促进行业融合创新，推动现代商贸与文化创意、旅游休闲的融合互动，鼓励发展以设计、体验、定制为特点的个性化商业模式。（5）扶持发展连锁经营、配送中心、代理制等流通方式，积极发展特色超市、仓储式商店等经营形式，规范发展旧货、拍卖、租赁等行业，合理配置便民商店。

4. 优化传统服务业发展环境。（1）商业规划与城市功能布局相协调，市、区两级政府适当对商业旺区改造和物流基地建设投入资金，创造良好的经营基础条件和购物环境。（2）简化审批手续，完善商业法规，规范商业行为，创造竞争有序的商业环境。（3）建立与完善行业协会，充分发挥其在行业内的自律作用，以及沟通政府和企业之间的桥梁作用。

5. 促进商贸流通业创新发展。（1）抓好商贸流通业转型升级。积极探索商贸流通发展新模式，大力发展电子商务、现代物流、连锁经营、现代会展等新兴业态，推动批、零、住、餐等传统商贸流通行业由粗放型向现代化转型，更好适应市场经济新需求，引领新消费。（2）抓好"互联网＋流通"行动计划落实。以推进电子商务进社区、进农村，推动线上线下融合发展为重点，以电商集聚区、特色电商平台、电商孵化基地为抓手，充分释放消费潜力。

二、加快推动农村现代服务业发展

抚顺农村服务业发展，要以市场化理念经营农业，大力发展特色农业、高效农业、生态农业和观光农业，建立完善特色化、优质化、精品化和品牌化的现代消费农业体系，面向市场需求，建设一批优质农产品专业生产和加工基地，积极推进农产品精深加工，重点发展中草药、食用菌、食品、乳制品、木制品等系列产品，壮大"一县一业，一村一品"的品牌效应，不断提高消费收益。

1. 围绕"三农"需求，大力发展农村服务业。重点发展商贸流通、农业旅游、观光休闲、农村社区服务、农业金融、农业技能培训等涉农服务业，积极引导各类市场主体投资，打造一批特色鲜明、功能完善的农村服务业重点项目，健全农产品商贸流通体系，加快农业科技应用和信息化建设，推动全市农村服务业发展。

2. 加快发展农村生产性服务业。（1）探索构建以公共服务机构为依托、合作经济组织为基础、龙头企业为骨干的新型农村服务体系。（2）加强农业科技创新，推进农业科技成果转化应用，鼓励各类农技推广服务。（3）支持发展农业信息服务，加强农业信息化基础设施建设。（4）强化农村金融服务，加大对农村、农业项目的金融支持，引导有条件的地区培育村镇银行、农村资金互助社等新型农村金融机构。（5）大力引进和发展农产品质量安全检验检测服务机构，提升农村专业服务水平。

3. 大力发展农村生活性服务业。（1）建立和完善农村消费品销售网络和渠道，推动现代流通方式加快向农村地区延伸。（2）扎实推进"万村千乡市场工程"和"新网工程"，健全以工业品下乡和农产品进城双向流通为特色的新型农村商贸网络。（3）加快农业与其他产业深度融合，建设一批特色旅游休闲项目。（4）探索开展农民就业创业服务，引导农村富余劳动力就近就业。（5）积极开展新型农村社区服务试点工作。创建一批和谐宜居、功能完善、带动效应强的农村示范社区，构建由综合示范区、整镇推进试点和新社区试点构成的新格局。

三、稳步发展抚顺房地产业

抚顺市房地产业要开发符合各层次需求的商品房，优化住宅供给结构，形成供需基本平衡、价格基本稳定、调控有效的房地产发展格局。提升抚顺房地产业发展水平和经济地位，推动房地产向旅游地产和养老地产等新兴业态延伸。加强监管力度，增强综合服务功能，确保房地产业的健康发展，成为第三产业中的主导产业。

完善房地产用地管理制度，优化住房供应结构。科学安排高中低档商品房、经济适用住房、廉租房的供应比例，抓好拆迁安置房等住房的建设。培育金融信贷、咨询、设计、开发、市场交易与物业管理各类房地产中介服务市场，引进著名房地产中介企业集团，形成一条龙配套服务业发展体系。加快住宅产业现代化，住宅建设要在信息化、智能化、生态化，以及新技术、新材料、新设备、新工艺等方面有所突破，提高房地产业科技含量，增加由房地产业演生的其他新兴服务业态。培育壮大物业管理体系。积极推进房地产开发和物业管理分业经营，扩大物业服务范围和业务。

四、大力发展对外贸易和服务外包

努力培养外经贸人才队伍，建立国际营销网络，实施科技兴贸、市场多元化、走出去战略。服务外包业是现代高端服务业的重要组成部分，具有信息技术承载度高、附加值大、资源消耗低、环境污染少、吸纳就业，特别是大学生就业能力强、国际化水平高等特点。发展服务外包产业有利于转变对外贸易增长方式，扩大知识密集型服务产品出口；有利于优化外商投资结构，提高利用外资质量和水平。

1. 大力发展对外贸易。（1）建立与国际惯例接轨的外贸体制。逐步改变现有企业的经营方式与国际接轨。培养一批熟悉国际贸易规则，精通外贸业务的人才队伍，强化抚顺外贸战略、规划、对策的研究，以及分析、预测、调研等职能。（2）构建国际营销网络。建立起按国际惯例动作的产品国际营销网络，使抚顺能更贴近海外市场。（3）推行科技兴贸战略。重视科技的应用，积极引进高新技术新项目，推动出口商品结构的优化和附加值的提高。

2. 加快服务外包业发展。（1）积极争取国家促进服务外包发展的相关政策支持，以金融保险、信息服务等产业领域为重点，拓展延伸服务外包产业链。依托良好的装备制造业和石油化工产业链不断延伸的发展基础和优势，引导有竞争力的企业积极承担国内外整包业务和高端核心外包业务，进一步做大外包规模和增强竞争实力。充分发挥大型龙头企业的带动作用，围绕研发、培训、客户服务、电话销售等重点领域，积极承接国内外的外包业务。（2）加快服务外包基地建设，吸引一批专业性强、关联度大的服务外包企业入驻。加速引进和培训人才，着力打造具有较强影响力的专业服务外包集聚区。以我市"两城一带"等区域为重点，规划建设新兴服务外包基地，提升面向国内外承接外包业务的能力与水平。（3）充分发挥人力资源和商业成本优势，吸引境内外服务外包企业投资我市。支持和鼓励服务外包企业和相关机构利用各种方式实施服务外包人才培训，吸引服务外包人才来我市就业。

五、积极发展抚顺会展业

1. 争创国内外会议目的地品牌。充分发挥我市高校和科研机构的作用，争取更多的国内外学术会议在抚顺举办。建设或改造提升大型会议场馆和高档酒店群等配套设施，培育引进专业会议组织者、目的地管理公司等专业机构，提升举办国内外会展的承载服务能力。

2. 提升展会业的服务水平。完善我市的大型会展场馆布局，创新经营理念和运营机制，提升会展服务水平和配套能力，打造会展创新创业基地。挖掘历史人文、旅游休闲等抚顺特色会展元素，培育具有影响力和号召力的本土会展品牌。建立会展引进和申办联动机制，引进一批国内外知名会展项目。理顺会展业管理体制机制，培育市场主体，壮大会展业市场。

第四节　抚顺推动第三产业发展的政策建议

一、健全第三产业政策调控的决策体系，完善统计考核

1. 建立发展第三产业的统筹协调工作推进机制。充分发挥抚顺市服务业领导小组的作用，定期召开联席会议，决定服务业发展重大事项，针对服务业重点行业领域，建立抚顺市区联动、多部门联动的产业协调推进机制，共同推进抚顺第三产业全面快速发展。

2. 强化组织实施。做好服务业各专项规划之间的衔接，健全服务业发展目标任务的统筹协调、跟踪督查和考核机制，对规划确定的主要目标和重大任务，按年度分解落实到具体部门和各区县，明确牵头单位和工作责任。做好规划年度考核和中期评估工作，检查规划落实情况，分析实施效果和存在的问题，研究提出对策建议。

3. 强化舆论引导。加大第三产业宣传力度，推广服务业发展中的好做法、好典型、好经验，为加快第三产业全面发展创造良好的舆论氛围。

4. 完善统计监测。结合第三产业各行业实际情况，加强动态监测和形势分析，建立健全第三产业的统计指标体系，完善统计调查制度与信息搜集渠道，全面提升统计能力。

二、强化现代服务意识，加强服务业协会行会建设

1. 强化现代服务意识。（1）强化服务业的诚信观念。树立诚实守信的道德观念和行为准则，增强社会信用、企业信誉、个人信誉，提升国际公信度。（2）树立服务业分工合作、合法竞争的市场观念。倡导开拓进取、自主创业、敢冒风险的创新精神。（3）增强服务业信誉求生存的风险意识。规范经营行为，导入先进的质量管理和质量保证模式，强化以质量求发展，规范服务流程，寓管理于服务之中，兑现服务承诺，提高企业信誉度。（4）推行"一站式"服务、"微笑"服务。（5）树立以用户为中心的服务理念。不断推出创新业务，满足消费者越来越高的个性化需求，不断增强竞争力。

2. 加强服务业协会行会建设。按照政府引导、企业自主的原则，培育组建一批独立公正、行为规范、运作有序、代表性强、公信力高，适应市场经济发展要求的各门类第三产业的行业协会行会，发挥其在制定标准、行业规划、企业策划、人才引进、行业宣传、协调服务、自律管理和社会监督等方面的职能，切实发挥其在政府和企业之间代言人、桥梁和纽带的重要作用。

三、规划引导第三产业发展，政策扶持各类服务市场建立

1. 规划引导第三产业健康全面发展。（1）落实和修改第三产业发展的总体规划，将第三产业，特别是现代服务业发展中的中长期目标逐年量化，明确每年需要完成的具体目标。（2）加快研究制订抚顺发展现代服务业导向目录，引导资金投向重点领域并设立现代服务业发展引导资金。（3）用地保障。要统筹规划服务业用地，适当增加服务业用地，特别是要优先保证附加值较高的新型服务业的用地面积。在城市区域规划和建设中，要统筹考虑物流业、商贸业、会展业等各类服务业长远发展的要求，预留能满足各类服务业进一步发展所必需的土地和升级的空间，以保证规划的长远性和有效性。

2. 加强对第三产业各类服务市场的培育。（1）政府要从积极建立和完善各类第三产业服务市场入手，建立起宏观调控指导下的第三产业发展的市场运作机制。（2）实施"繁荣零售、重组批发、优化环境、开拓市场"的发展战略，构建多种业态、多元投资主体的商贸企业格局，形成开放型的流通体制。（3）以土地使用权拍卖为基础，培育房地产市场，将城市规划、房地产权、房地产市场管理调控等职能统一管理，完善房地产服务体系。（4）逐步形成有形市场与无形市场相结合的多层次、开放型、区域性劳动力市场格局。（5）建立科技成果交易中心、无形资产评估事务所、技术合同仲裁委员会，以及知识产权审判庭等中介机构，形成集交易、中介、评估、信息咨询、专利代理、仲裁

和审判为一体的一条龙技术市场体系。

四、加强对现代服务业人才的培训和引进

1. 加快培养和引进现代新型服务业态的紧缺人才。（1）重视在职培训培养经营管理人才、网络技术人才，加大领军人才开发力度。（2）加快制订人才引进计划，健全专业人才引进与激励机制。重点引进国际贸易、信息技术、供应链管理、旅游等领域的复合型人才。对现代服务业留学归国人才、在重点领域取得关键技术突破的创新人才，实行与引进科技人才相同的激励政策。

2. 建立起以市场原则为基础的用人机制。（1）完善人才激励、竞争、保障机制，为现代服务业持续发展提供人才支持。（2）构建多元化人才培养培训体系。建设一批示范性专业技术人员继续教育基地，通过委托培养、共建人才实训等方式，培养现代服务业急需的专业人才。（3）支持和引导企业开展专业的岗前培训、在岗培训、转岗培训及技能型人才专项培训。（4）实施服务业专业技术人员知识更新工程，大力推广网络继续教育、远程教育，促进职业教育与服务企业人才需求的有效衔接。（5）增加对农民工、下岗人员从事第三产业技能培训的投入。

五、积极培育扶持第三产业的新兴服务业态

1. 大力发展第三产业的新型业态。（1）重点发展出版印刷业、报刊发行业、广播影视戏剧业、演艺娱乐业、动漫游戏业、文化旅游业、工艺美术业、文化会展业、新媒体产业、度假疗养休闲业、体育服务业、饮食家政业等新型服务业态。（2）要把生产性服务业和新兴服务业作为抚顺市服务业对外招商的重点，逐步扩大外商直接投资的范围。在物流、采购、分销、技术中介及零售业等领域，分别引进国际国内著名服务企业来抚顺开办公司、总店、分店及连锁店。加强与周边城市的合作，形成区域联动发展态势。

2. 积极进行第三产业新兴服务业态发展的试点。以服务外包、电子商务、高新技术服务、现代物流等领域为重点，全面整合各领域产业资源，在产业政策、项目布局、资金配置等方面给予更多支持。

3. 大力挖掘第三产业新兴服务业态的市场需求。（1）围绕制造业转型升级，推动制造业信息系统、研发设计、物流等非核心业务外包，挖掘信息服务、科技服务等新兴服务需求。（2）推进新一代信息技术的渗透与推广应用，扩大云计算、物联网等新兴信息服务市场。（3）结合新型城镇化过程中快速增长的居民消费需求，引导产业融合发展，培育电子商务、数字医疗等新兴消费市场。（4）围绕农业生产的产前、产中、产后服务需求，拓展以信

息平台、农村金融、农业科技服务、生产销售服务等为重点的农业社会化服务需求。

六、加快建设第三产业发展服务平台，打造第三产业龙头服务品牌

1. 加快建设第三产业发展服务平台。（1）积极搭建物流信息服务平台、现代商务服务供求平台、投融资服务平台等专业性服务平台。（2）加强与知名文化产业集团合作，依托重大产业项目和重点功能区建设，策划开展系列节庆活动。（3）支持一批枢纽型社会组织服务平台建设。做大做强物流信息化联盟等产业联盟，充分发挥联盟组织在资源集成、标准制定、行业自律等方面的积极作用。支持商业协会、物流协会等机构，以及评估、审计、代理等中介组织发展，通过建立担保商会、设立互助基金、开展资源共享等方式，拓展中介机构服务范围。

2. 打造第三产业龙头服务品牌。引进一批国内外知名现代服务业品牌企业；实施品牌服务企业成长计划；引导和推动本地品牌企业走出去跨区域经营。

七、建立支持第三产业集聚区快速发展的政策体系和创新发展体制

1. 在产业政策、资金、土地、财税、项目引入等方面，要制订和完善鼓励服务业发展的政策体系。（1）支持服务业项目向集聚区集中，优先列入市级重点支持项目。政府财政资金要优先用于集聚区公共服务平台的建设。（2）要设立集聚区服务机构，强化规划、建设、招商引资、公共服务等功能。制订集聚区认定和扶持办法，做好对集聚区建设的督查考核工作。对于集聚区内的生产性服务企业，给予一定的税费优惠，对于知识密集型服务业要给予高新企业待遇。

2. 积极争取国家及省级服务业相关试点政策。（1）统筹整合、用足用好市级现有产业政策的同时，以示范园区为重点，积极争取省级在资金、用地保障、项目审批等方面的政策支持。（2）制订重点服务业领域专项促进政策。研究制订促进电子商务、生态旅游、现代商贸、现代物流、金融商务等重点领域的专项政策，从资金、土地、财税、人才、投融资等多方面，给予针对性、差别化的政策扶持。

八、建立多元化的推动第三产业发展的投融资体制机制

1. 构建现代服务业投融资体系。（1）抓住国家和辽宁省政府加快发展现代服务业的契机，构建以政府投入为导向、社会投入为主体、金融信贷为支撑的现代服务业投融资体系。政府要对重大服务业项目的开发和经营予以担保、补贴和奖励。例如，对动漫游戏业、新媒体产业等新型服务业态，专业批发市场、教育培训、群众性体育和城市基础设施等要进行贴息或补助，以利于社会资金投入。（2）设立现代服务业发展专项资金。充分利用我市财政资金支持，设立现代服务业发展专项资金统一纳入市本级产业发展专项资金支持范围。采用贷款贴息、财政奖励、房租补贴等形式，支持电子商务、现代商贸、现代物流、文化旅游、金融保险、商务服务等重点服务领域的企业培育、品牌建设和项目落地。

2. 构建多元化的投融资渠道。（1）鼓励和引导民营经济、外商投资等多元主体，鼓励资金、技术、专利、信息、劳务等多种形式投资。（2）加强与各类风险投资机构、产业投资基金、私募股权基金、信托担保机构等金融机构的对接合作，支持这些机构开展面向现代服务企业和项目的信贷业务。（3）支持具备条件的企业通过上市、发行企业债券等形式，进入境内外资本市场融资，抓住多层次资本市场发展的机遇，促进一批自主创新型、高成长型中小企业在资本市场挂牌上市融资。（4）制定鼓励政策，引导大型工业企业转变投资观念，将更多的资金投入到无污染、低能耗、高附加值的生产性服务业领域，真正形成企业的核心竞争力。（5）鼓励融资担保机构为服务业企业提供信贷担保。

九、深化第三产业各行业的区域合作与对外开放

1. 强化服务业区域合作。加强与周边其他省市、地区，在人才交流、信息共享、产品开发、技术支持等多方面的对接合作，建立健全跨区域合作新机制，优化整合区域优势资源，增强我市对各类服务业高端要素的集聚与辐射效应，为加快区域性现代服务业中心建设注入新动力。

2. 提升现代服务业对外开放水平。（1）坚持国际化发展理念，瞄准全球现代服务业资源配置和产业转移的新趋势，大力发展服务贸易，积极利用外资，加强商贸连锁、金融保险、服务外包等重点领域的国际机构和要素聚集。（2）加强现代服务业全球招商与推介宣传，加快引进世界知名服务企业和研发、采购、营销、咨询等职能机构，培育新兴服务业态。（3）稳步推进文化、旅游、教育、医疗等领域对外开放，吸引外商投资发展健康服务、养老服务和家政服务等新业态，提高服务业开放水平，力争在更大范围、更广领域、更高层次上参与现代服务业国际竞争与合作。

第 二 篇

巩固已有经济增长点

第四章　抚顺推动装备制造业
经济增长点发展

提要：装备制造业是抚顺重要的支柱产业和经济增长点。本章在分析了我国装备制造产业现状和发展趋势的基础上，对抚顺装备制造业的发展基础、优势、现状和存在的问题等进行了深入分析，探讨了推动抚顺装备制造业发展的指导思想、基本原则、定位布局、发展目标、发展战略和发展重点等问题，提出了推动抚顺装备制造业经济增长点发展的政策建议。

装备制造业是为国民经济发展和国防建设提供母机装备的基础性产业。装备制造业的产业集群化、行业信息化、服务经济化、产品品牌化已成为世界装备制造业的发展趋势。因此，装备制造业的转型升级具有至关重要的作用和意义。为促进抚顺装备制造业的快速发展，推进新型工业化发展进程，带动产业产品结构优化升级，实现老工业基地的全面振兴，结合抚顺装备制造业发展的实际，通过调研，在对全市装备制造业的现状有了宏观的把握和全面了解的基础上，对存在的问题进行了深入分析，并提出了抚顺装备制造业的发展思路和对策。

第一节　装备制造产业发展趋势和抚顺具备的优势

一、装备制造相关产业的发展现状和趋势

根据抚顺装备制造产业发展实际，分析一下相关的智能制造装备、基础优势装备、新能源汽车和零部件，以及装备制造服务业等行业的国内外发展现状和趋势。

1. 智能制造装备产业的发展现状和趋势。（1）智能制造装备产业的发展现状。一是智能制造装备产业体系初步形成。随着信息技术与先进制造技术的高速发展，我国智能制造装备的发展深度和广度日益提升，以新型传感器、智

能控制系统、工业机器人、自动化成套生产线为代表的智能制造装备产业体系初步形成，一批具有自主知识产权的智能制造装备实现突破。二是国家扶持力度不断加大。近年来，我国对智能制造发展越来越重视，研究资金大幅增长，大批科研项目落地实施。同时，我国陆续推出各种政策，《中国制造2025》已经发布，其他相关政策如《智能制造2025专项行动计划》《智能制造装备产业"十三五"发展规划》《智能制造科技发展"十三五"专项规划》已经推出，并设立了《智能制造装备发展专项》，加快智能制造装备的创新发展和产业化。随着国家相关政策的相继出台，产业转型升级的压力推动着智能制造装备发展，国内外经济环境的变化"倒逼"产业转型升级，制造业向智能制造发展是产业转型升级必经之路。三是智能制造装备业应用领域不断拓展。智能制造装备正逐步运用在资源开采、石化深加工、国防装备、冶金、建筑、医疗卫生、航空航天等领域，技术应用深度和广度都有了大幅提高，市场需求实现大幅增长。四是民族企业设计生产自主化。随着国家对智能制造装备领域的重视程度加深，在科研方面的投入增多，企业对技术创新越来越重视，智能制造装备和零部件的自主化水平有了部分突破，不仅取得了一大批智能制造相关的基础研究成果和长期制约中国产业发展的智能制造技术的研究成果，还攻克了一批长期严重依赖并影响中国产业安全的核心高端装备。（2）智能制造装备产业发展趋势。一是智能化成为主要发展方向。信息装备技术、工业自动化技术、数控加工技术、机器人技术及环保装备技术等高新技术成果将被更为广泛地推广应用，装备制造业将不断与现代信息技术交叉融合，向以定制化、智能化、柔性化和集成化为特征的自动化生产模式转变发展。二是信息技术不断融合，互联网模式不断涌现。信息技术正在从新兴业态、行业组织和管理方式等多方面推动装备制造业的产业变革。

2. 基础优势装备产业发展现状和趋势。（1）基础优势装备产业现状。一是全球基础装备产业正处于结构调整时期，未来应用前景广阔。装备工业的增长主要靠以中国为代表的新兴国家推动，中国占全球装备工业的比重已超过三分之一。战略性新兴产业已成为全球制造业强国竞争主战场，并带动全球范围的科技产业化热潮和大规模设备更新，勾勒出新一轮科技革命的轮廓，全球装备制造业将持续稳定增长。二是中国"两化"深度融合深入开展，基础装备制造业面临机遇。中国由于大规模基础设施建设、资源开采、设备制造等因素，导致基础优势装备制造业在此前数十年得到了快速发展，中国装备产业发展已具规模，产业集群化分布进一步显现。当前我国也面临着高端装备短缺、中低端装备产能过剩的现实状况，国家针对发展现状适时提出了"两化"深度融合和"中国制造2025"等国家战略，各级政府大力支持装备制造业的转型升级。

基础优势装备制造业的自动化、信息化、网络化、柔性化改造将在未来相当长一段时间面临历史性发展机遇。（2）基础优势装备产业发展趋势。一是技术创新引领智能化成为发展方向。欧美国家的"再工业化"把"创新引领"视为实现复苏的首要动力，装备制造业科技创新的投入将进一步加大，产业发展布局将进一步加快。信息装备技术、工业自动化技术、数控加工技术、大数据、云计算生产管理技术、感知技术、机器人技术、先进发电和输配电技术等高新技术成果将被更为广泛地应用于装备工业，基础装备制造业将继续朝着传统机械与现代信息技术的深入融合创新方向发展。

3. 新能源汽车及零部件产业的发展现状和趋势。（1）新能源汽车及零部件产业的发展现状。一是汽车总销量持续走高，新能源汽车有待突破。随着经济的发展，我国汽车销量持续快速增长，其中，新能源汽车符合国家的产业政策，市场未来发展空间较大。二是零部件市场增速明显，未来市场前景广阔。这得益于整车产业的快速发展，汽车零部件产业的发展速度明显加快。预计到2020年，市场规模将突破10万亿元，从而成为全球主要的市场之一。（2）新能源汽车及零部件产业的发展趋势。近年来，我国新能源汽车销量的增长主要是依靠新车销量拉动。由于政府对新能源汽车大力推广和扶持，涌入新能源汽车领域的企业不断增多，市场上可供选择的车型也增多，其中进入工信部新能源车目录的车约十几款，品牌涉及奇瑞、比亚迪、北汽、上汽、启辰、雪佛兰等，市场前景广阔。

4. 装备制造服务业的发展现状和趋势。（1）装备制造业与服务业加速融合，将成为未来主导方向。近几年，随着我国装备制造产业发展逐渐遇到瓶颈，装备制造业与服务业的融合已经成了大势所趋。据统计，在世界500强企业所涉及的51个行业中，有28个属于服务业，在发达国家服务业占GDP比重达到了70%，制造服务业占整个服务业比重的70%，这种现状说明装备制造服务业已经逐渐成为产业主导。国内企业也逐渐意识到装备制造服务业拥有高技术、高附加值的特点，部分装备制造龙头企业开始将发展重心转移到装备制造服务业。（2）装备制造服务业与装备制造业相互作用，两者融合互动协调发展。装备制造服务业是装备制造业生产率得以提高的前提和基础，有效率的生产型服务业不仅是制造业提高劳动生产率、提升产品竞争力的前提和保障，还能够推进装备制造业转型升级。也就是说，制造业是生产型服务业发展的需求来源，制造业是服务业产出的重要需求部门，制造业企业的内部技术缺陷促使企业对相关服务的需求必须通过外部购买来实现，从而促进生产型服务业的发展。生产型服务业与制造业之间呈现相互作用、相互依赖、共同发展的互补性关系。制造业的发展会扩大生产型服务业的中间投入需求，从而带动生产型服务业的发展。同时，生产型服务业的发展，又要依靠制造业中间投入需求的增加，并促进制造业生产率的提高。

二、抚顺装备制造业的发展基础和优势

1. 抚顺智能制造装备的基础与优势。（1）智能制造装备产业逐步发展，部分领域具备较强基础。智能制造装备产业链包括智能测控装置、关键基础零部件、智能化高端装备、重大集成智能装备四大主要板块。抚顺在智能制造装备领域发展较快的是关键基础零部件中的伺服电机及系统，智能化高端装备中的工业特种机器人研发，以及重大集成智能装备中的色选生产线、包装生产线等，同时还有少量企业采用智能制造装备进行了全自动化生产。总体来说，抚顺智能制造装备具备了一定基础，有利于引进相关产业链环节与配套企业。（2）智能制造产品应用市场广阔。抚顺市具有庞大的传统产业基础，大部分企业还停留在半自动化和手工生产的阶段，且均面临着产业工人短缺、工资上涨、流动性过大等问题，企业亟待进行自动化信息化升级，以提升效率和产品质量，并减少人为因素对生产所造成的影响。抚顺传统生产企业众多，提升潜力较大，智能制造装备及零部件的潜在应用市场较大。

2. 抚顺基础优势装备的基础与优势。抚顺是我国装备制造的重要产业基地之一。抚顺在基础优势装备制造领域形成的煤矿安全机械、工程机械、炼化设备、通用设备、电磁零部件等领域具备一定的产业分布，聚集了永茂建机、抚挖重工、山推起重等工程机械制造企业，抚煤电机、天安矿山机械、煤研等煤矿机械及配套生产研发企业，抚顺电磁、隆基电磁、恒德瓷业等输变电设备电磁零部件及材料生产企业，石油机械、中石油八建等石油炼化设备生产研发企业，形成了以永茂建机为龙头的，产品门类较为齐全，规模较大，具有国际领先水平的、国内一流基础装备制造产业。目前，抚顺市在工程机械领域共有52家规上企业；在通用设备领域共有105家规上企业；在炼化设备领域共有57家规上企业；在输变电领域共有44家规上企业。抚顺装备在全省起到引领及示范带动作用的同时，极大地增强了辽宁装备制造产业在全国的产业竞争力，成为抚顺重要的支柱产业和经济增长点。

3. 抚顺新能源汽车及零部件产业的基础与优势。抚顺新能源汽车及零部件制造企业基数较小，目前主要体现在城市公共交通和沈抚新城的各工业园区用车，以新能源客车、新能源专用车等为主。抚顺紧邻东北地区新能源汽车发展最好的沈阳市，可以发挥自身地缘优势，从新能源汽车零部件制造环节入手，先配套沈阳新能源汽车产业发展，再逐步具备自主生产能力，从而打造具有抚顺特色的新能源汽车及零部件制造产业基地。

4. 抚顺装备制造服务业的基础与优势。抚顺装备制造服务业基础较为薄弱，目前并没有规模以上的企业或者成型的产业集群。虽然没有良好的基础，但是由于装备制造服务业需要紧紧依附城市现有装备制造产业基础，使得抚顺可以有良好的起点，为装备制造业的重点发展方向进行配套服务。

第二节　抚顺装备制造业发展现状和存在的问题

抚顺实施的制造强市发展战略，为抚顺装备制造业转型升级提供了机遇，智能装备制造业、信息技术产业、智能汽车产业的发展，带动了我市装备制造业向智能化、数字化、网络化方向发展。

一、抚顺装备制造业的发展现状

装备制造业作为抚顺传统的老工业产业，具有得天独厚的发展优势。2009年，辽宁省委、省政府决定在沈抚新城建设辽宁（抚顺）先进装备制造业基地，2010年该基地上升为国家先进能源装备高新技术产业化基地。近年来，沈抚新城重点发展了智能装备产业集群。同时，信息化和工业化融合深入推进，运用信息技术改造传统装备制造产业也初见成效。雄厚的工业基础、便利的交通条件、高规格的优惠政策、高质量的政府服务，发展所需的资本、土地和基础设施建设，以及高起点、上档次的规划布局，都为抚顺装备制造业的发展创造了良好的环境。抚顺装备制造业工艺装备水平得到了不断完善和提高，产业和产品结构不断优化，成为了抚顺工业的第三大支柱产业。

1. 抚顺装备制造业发展已初具规模。经过多年的建设和发展，抚顺装备制造业已初步形成了以液压履带挖掘机、起重机、建筑塔吊、高空作业车工程机械制造，高压、超高压电瓷电器输变电设备制造，高效节能换热器、高温高压反应器炼化设备制造和大功率煤矿电机，矿用安全自救防护产品制造、机器人制造等"工程机械、石化及输变电、煤矿装备、汽车配套、机器人"的产业基地，培育了磁电选矿、冶金机械、汽车钣金冲制零部件制造、机器人等新兴装备制造业的产业集群。叫得响的主导产品有挖掘机、起重机、建筑塔机、石油炼化设备及压力容器、大功率电动机、金属切削机床等。其中，接近和达到国际先进水平的占10%，达到国内先进水平的占20%左右。主要产品总体技术水平进入国内领先行列，部分产品达到世界先进水平。抚顺煤研、抚顺永茂、抚顺隆基磁电、抚顺煤矿电机、抚挖重工、抚顺山推起重机、抚顺机械制造、抚顺石油机械、抚顺金泰重工、石油八公司等一批装备制造龙头企业的自主创新能力明显提高，设计制造和技术装备水平均处于国内外先进水平，产业整体竞争力和对全市经济发展的支撑作用日益增强。"十二五"期间，抚顺装备制造业完成投资960亿元，高新技术产业占比达到40％。其中，山推工程机械股份有限公司专用车产业园项目，总投资40亿元，2015年竣工投产；中国煤炭科工集团沈阳研究院投资30亿元的煤矿安全装备科技产业园项目，于2013年开工建设，已完成投资10亿元。抚顺装备制造业已成为抚顺经济发展的重要经济增长点。

2. 抚顺依托传统装备制造业基础和人才技术优势，在"沈抚新城"建设了先进能源装备制造业基地。在沈抚新城的产业区中，按照"一个中心、五大产业集群、六大企业服务平台"的基本框架，组织建设了（抚顺）先进装备制造业基地。

"一个中心"，即装备制造业研发中心；"五大产业集群"，即以先进能源装备制造业为主导，引进国内外知名品牌，突出发展重型工程机械装备及配件、煤矿机械及安全装备、新型汽车配套装备、石化电力及输变电装备、冶金及特种金属材料、机器人制造等"六大产业集群"；"六大企业服务平台"，即产业创新平台、检测及质量标准平台、仓储物流平台、投融资服务平台、基础制造平台、展销平台，从而形成一个现代化的产、学、研一体化的先进装备制造业基地。同时，在"石化新城"还建立了"环保设备产业园区"，为环保设备和冶金配件、汽车配件等装备制造业的发展提供了良好的发展平台。

3. 装备制造业发展的软硬环境获得了有效改善。（1）构建了先进能源装备企业聚集的洼地。我市对装备制造业的招商引资给予了极大支持，在行政审批、财政管理等方面给予企业充分的自主权，为项目落地开辟了绿色通道，并对产业布局进行了科学规划，构建了先进能源装备企业聚集的洼地，促进了相关企业集团化进程和集群化发展，全面提升了抚顺装备制造业的产业核心竞争力，有力地推进了装备制造业基地的建设。（2）出台优惠政策，优化人才发展环境。为了鼓励装备制造业的发展，我市在资源配置、人才引进、贷款融资等方面给予了倾斜，对引进的相关高层次人才，争取列入辽宁省"十百千"人才工程，给予一定的经费资助和生活补助，对贡献突出者给予一定的奖励。（3）以科技扶助政策推动公共服务改善。为了给企业提供技术创新、科技成果孵化及转化、科研服务等公共服务平台，我市对入驻基地的省级以上研发机构，或由权威专家领衔的重点实验室给予10万～30万元项目启动资金，并按实验室设备或工程建设投入，每100万元提供100平方米实验室，3年内免收房屋租金和物业管理费等提供支持。对由国家有关部委立项且在基地实施的科研项目和在基地内投资并开工的重点企业，抚顺市科技部门将其列入年度科技发展资金计划予以支持。对新投资兴建的装备制造业研发机构和生产企业，我市给予土地、税收等方面的政策扶持，每年从市区两级财政列支专项资金，对科技服务平台建设和企业研发新产品、进行科技成果转化提供帮助。

4. 为装备制造业基地搭建了抚顺市公共研发服务平台。抚顺市加大力度进行公共研发服务平台建设，构建了一个"高层次的中介服务体系和制度框架"，使技术、资金、设备、人才、管理、服务等影响企业发展的要素资源实现共享、协作、提升，通过技术创新服务平台、顶端技术人才服务平台、多元化中介组织服务平台、信息网络平台、投融资服务平台、产品检验监测平台，为技术服务中心的服务对象通往产、学、研、银行、风险投资等领域建立起广泛的服务渠道，从而为企业提供了技术创新、科技成果孵化及转化、科研服务等优质公共平台。并按照"大项目、产业链、产业集群"的发展方向，瞄准世界发展的前沿和制高点，以科技创新实现先进装备制造业基地的快速发展，推动了基地产业层次提升和产业链完整，使其成为沈抚新城周边地区先进装备制造业的技术中心、产业培育中心、知识产权交易中心，以及人才成长的摇篮和创业的基地。

5. 形成了抚顺装备制造业的产学研合作机制。近年来，我市通过采取"内引外联、广泛合作，专业推进"的办法，大力实施"引智引才"和产学研合作机制的创新工程，并投资建设了辽宁（抚顺）先进装备制造业基地研发中心，强化了科技创新平台建设，有力地推动了装备制造业公共科技创新平台和专业化创新平台的建设。为了给企业发展提供长效的科技支撑，抚顺市与中国机械科学研究总院合作开展了"基地科技创新体系共建工程"，为基地产业持续发展提供技术支持，并与沈阳理工大学先进制造技术与装备研发中心等6家研发机构签署了进驻协议；与复旦大学、东北大学等国内15家科研院校签订协议，面向基地搭建产学研平台。抚挖重工、隆基磁电等企业分别与大学合作建立了企业技术中心、研发中心、博士后工作站等。

6. 国内外装备制造业龙头企业迅速向抚顺产业基地集中。自从辽宁省政府决定在"沈抚新城"建设"辽宁（抚顺）先进装备制造业基地"后，陆续有多家具有国际、国内先进技术水平的工业装备生产制造项目和国内知名的科研院所落户基地。如中冶京诚湘潭重工有限公司的轧机项目，佳木斯电机股份有限公司的防爆电机项目、中国煤炭科工集团的煤矿液压支架项目、宁波金石机械公司的先进数控机床、中美合作汽车样车项目、温州帮科的煤矿瓦斯稀释器项目等。其中，总投资40亿元，建设用地800亩的工程机械龙头企业"山推抚顺产业园"在沈抚新城建成，其项目达产后可形成年产各类工程机械12000台的生产能力，实现百亿产值。

7. 工程机械装备制造已成为抚顺装备制造业中最大的骨干行业。目前，工程机械制造行业已有 55 户规模以上企业，占全市工业规模以上企业总数的 22.4%。抚顺山推起重机制造有限责任公司、顺达消防车公司、抚顺挖掘机股份有限公司等骨干企业积极建设了生产基地，工程机械装备制造产业群已基本形成。众多制造业排头兵企业近年来发展迅速。例如，抚顺永茂建机以生产塔式起重机为主，其产品不仅能够符合国际市场的需求，而且国际标准的产品质量、国际化的产品配置也使永茂建机在激烈的国内市场竞争中占据上风，产品广泛应用于芬兰滑雪场、迪拜跑马场、迪拜比斯杜拜塔、国家大剧院、新央视、鸟巢、水立方等国内外的重大施工项目中。同时，我市对新投资兴建的工程机械装备制造企业给予大力支持，通过组织配套生产、扶大带小的方式，提高技术创新能力，形成了工程机械装备制造主导行业。

8. 先进装备制造业的新兴业态不断涌现。近年来，我市加大结构调整力度，积极推进先进装备制造业新兴业态的不断涌现，全力打造了沈抚新城机器人、现代印刷和新宾的现代焊接等装备制造业新业态基地的建设。其中，沈抚新城的机器人产业基地，重点发展了工业机器人及智能装备产业。目前，已有 30 多家智能装备及可升级智能装备企业在沈抚新城落户，产品包括微机电系统芯片、地质灾害智能分析与预警装置、井控防喷预警系统、智能矿山和智能交通项目等，有效地带动了抚顺地区装备制造业的全面升级。现代印刷产业基地多个项目已达产，重点发展了现代印刷和印刷装备制造产业。

9. 抚顺装备制造业标准化工作成为保证企业竞争力的重要推手。（1）标准化监管机构设置和人员配备相对完备。一是大多数装备制造企业都建立了企业标准化领导小组，负责企业的全面标准化工作的组织领导和监督管理。二是大多数企业都设置了标准化办公室，如"煤研"的标准化专业人员编制达到 12 人。三是像煤研、抚挖重工等的大型企业还设有"标准化研究院、所"等的标准化专门研究机构。（2）抚顺装备制造企业获取标准的渠道和标准认证呈现多元化态势。一是企业获取国内外标准的渠道各有不同。二是建立了抚顺标准化信息咨询网络系统。三是企业对有关产品进行了强制性认证。四是大中型装备制造企业都是在"产品设计研发、加工制造、检测检验过程中"引入标准化的，并且所有新产品都经过企业标准编制、评审、备案、实施的过程。（3）内外部的标准化监管严格。一是企业外部的标准化工作指导监管是以市和县区的质量技术监督部门的指导监管为主。二是企业内部对标准化工作的监督检查，通过企业内部设置的标准化办公室监督检查。（4）技术标准体系和质量管理标准体系的建立相对比较完善，工作标准也相对健全。

二、抚顺装备制造业发展过程中存在的问题

我市装备制造业虽然取得了长足的发展，但与国内发达省份及省内先进市的装备制造能力和竞争力比，还存在一定差距，整体发展水平不高，还存在一些急需解决的问题。

1. 抚顺装备制造业产业政策扶持力度有待进一步加大。发展和完善抚顺装备制造业是我市经济发展的当务之急，但政府还缺乏完善的对装备制造业发展的政策支持体系，一些推动装备制造业发展的具体规章制度还有待进一步完善和执行，管理部门和监管部门在审批和监督装备制造业项目方面还经常遇到拖延等问题。同时，对中小企业创新扶持力度有待加强。与大型企业相比，中小型装备制造企业受惠程度有限，创新产出水平较低。受金融体制和企业现状的双重影响，企业贷款比较艰难，再加上民间资本总量不足，积聚力弱，装备制造业总体投入不理想，整体发展较慢。

2. 传统装备制造产业产能过剩，总体大而不强。抚顺装备制造产业中，相对于智能装备制造，传统装备制造产业仍占据绝对优势。在工程机械、通用设备及零部件、中低档机加工等领域产能过剩严重。此外，抚顺传统装备产业内大多数产品附加值低，技术含量低，企业研发投入水平低，导致装备产业呈现出总体竞争力不强。运用信息技术改造传统装备制造产业步伐不快，信息化程度偏低。

3. 推动抚顺装备制造业发展的高层次创新型人才紧缺。从我市装备制造业的发展现状来看，高层次、复合型的技术带头人和技能型人才严重不足，人才培养、利用和引进不充分，导致中小装备制造企业技术研发和自我创新能力不强。部分中小装备制造企业专业技术人员匮乏，尤其缺乏复合型人才，使装备制造业缺乏智力支撑，缺乏技术创新的动力，造成自主创新能力不强，拥有自主知识产权的企业不多。虽然一些装备制造高新技术企业吸引了一批科技人才，但由于缺乏良好的用人机制，造成了很难留住高级人才的局面。同时，科技人员流失多，高级技工严重短缺。

4. 企业自主创新能力弱，缺乏核心技术支撑，科技成果转化率低。（1）缺乏技术创新机制，企业缺乏核心竞争力。企业技术创新因为有高风险，许多企业宁愿维持生产利润并不是高的产品的现状，也不愿意冒风险进行开发新产品。（2）企业对核心技术的科研经费投入少。企业技术创新能力不足，以企业为主体的技术开发创新体系建设进展迟缓，自主知识产权缺乏。政府给予的税收优惠政策不够，企业技术创新研发经费投入也不多，研发装备落后、技术人才不足的状况尚未根本改变。企业科技开发基本处于对引进技术的消化吸收和

应用阶段，自主创新能力较弱，核心技术支撑薄弱。（3）缺乏科技成果转化机构。科技与经济两张皮的问题没有解决，政策体系尚须完善，有效的"产学研"结合机制亟待完善，装备制造业科技成果与产业之间转化衔接尚须加强，科技成果的转化率还相当低。（4）自主创新能力不强，装备技术改造较慢。政府和企业投资强度低，用于新产品、新工艺和新技术的研发投入不足，缺乏竞争力强的新产品和名牌产品。大部分企业主要从事组装加工，精深加工少，向其他产业进行技术扩散能力较弱。产品设计研发手段、生产制造装备水平不高，生产工艺、工具、数字化信息化水平还较低。中小企业自主研发能力薄弱，产品更新换代和技术升级缓慢。一些技术装备虽实现了国内制造，但未掌握核心技术，可靠性等技术指标与国外先进水平相比仍有较大差距。核心竞争力强的大企业和"专、精、特、新"的特色装备制造企业较少，缺乏生产规模大、制造能力强、带动性强，能够支撑行业结构优化升级的大型企业集团。

5. 装备制造业多元化投融资体系尚未形成。抚顺尚未形成符合装备制造业发展特点的投融资体系。装备制造业投融资渠道单一，投资体制不健全，利用资本市场筹集资金发展装备制造业的企业稀少，缺少装备制造业的创业投融资机制。中小装备制造企业因自身条件限制，普遍资信等级偏低，管理不够规范，贷款难度较大。因原材料涨价、产品价格下降、工资上涨等原因导致企业成本上升，效益下滑。大多数科研机构没有能力自我投入，而企业科技投入的积极性又不高，使产品开发资金短缺，政府提供的科研经费又杯水车薪。同时，企业之间项目、资金的有效对接缺少沟通平台和途径，导致双方信息沟通不畅，有项目的企业缺乏资金，有资金的企业找不到项目。

6. 装备制造企业间同质化竞争严重，企业间协作配合差，产业链条不紧密。装备制造业属于组装式工业，需要上下链条相关企业高度协作。我市装备制造业发展整体上缺乏集群思维，抱团发展意识不强，大多采用全国范围采购方式，相邻企业间很少进行买卖交易乃至交流合作，无法形成聚集效应和相互配套。存在重主机、轻配套，重产品、轻零部件的倾向，尚未建立起专业化、社会化的分工体系，没有形成强大的产业链。从装备制造业企业生产的产品看，除几家生产普通机械是整机产品外，其余绝大部分企业生产的都是分散的零配件，且零配件品种、规格、类型也不多，缺少产业链条的连接。

7. 整体技术装备水平落后，设备水平低下。抚顺装备制造业老企业较多，大多为传统产业，大多数企业未建立起较强的技术研发中心，导致产品开发能力和技术引进消化再创新能力薄弱。先进制造技术应用不足，产品附加值不高，高新技术产品少，产品缺乏竞争力。企业技术创新能力建设滞后，缺乏自主创新的内在动力和物质技术手段，许多重要产品技术来源依赖国外，缺少有自主知识产权的产品，产品更新周期长，高新技术成果产业化水平低。国际知名企业已普遍采用的先进管理思想、先进制造技术及工艺还没有被普遍采用。装备工业整体制造技术及装备水平与国际先进水平相比还有较大的差距。

8. 产品结构不合理，整体竞争力不强。抚顺装备制造业的产品技术含量低，粗加工多，精深加工少，以初级产品走向市场，不仅获得的经济效益低，而且缺乏市场竞争能力。产品结构中通用型多，大型重型成套设备和专用设备少，缺少国际竞争力强的名牌产品，高端产品大量进口，基础零部件、功能部件薄弱。大企业根据用户要求提供"成套解决方案"的系统集成能力不强，市场急需的重大技术装备、高新技术产品、专用设备及装备基础件的开发和生产水平不高，产品质量和售后服务不能满足用户需求。

9. 抚顺装备制造业标准化工作存在的问题。（1）一些企业的标准化观念相对落后，标准化工作的体制机制不健全，企业缺乏参与标准化建设的积极性。（2）部分企业标准化监管机构设置和人员配备不足。（3）企业标准化人才缺乏并分布不均衡，对企业标准化人员和全体职工进行的专业普及相结合的培训力度还不够，政府和企业鼓励人才从事标准化工作的扶持和政策导向相对较弱。（4）政府和企业对标准化工作的资金投入不够，企业获取标准的渠道少，总体的标准化信息咨询服务能力还很低，由企业自己制定标准的企业不是很多，企业国际标准的采标率不高。

第三节　抚顺推动装备制造业发展的基本思路

一、抚顺发展装备制造业的指导思想和基本原则

1. 抚顺发展装备制造业的指导思想。积极贯彻全面振兴东北老工业基地的方针政策，推动落实《中国制造 2025》战略规划，按照"智能融合，创新发展；服务拓展，协同发展；生态优先，绿色发展；高端引领，优化发展"的装备制造业总体发展思路，结合抚顺地缘优势、产业基础和"互联网＋"的信息化运用，推动抚顺智能制造与中高端装备产业快速发展，着力提升技术创新能力，加快推进"两化"深度融合，以形成产业集群和装备制造业基地为目标，以提高装备制造业水平和延长产业链条为主攻方向，以重大项目为依托，积极承接国内外装备制造业产业转移，用高新技术和先进适用技术改造和提升核心企业，促进产业结构优化升级，做大做强龙头企业，培育扶持自主品牌，发展高端装备制造业；加大技术开发投入力度，提高技术引进、消化、吸收和

创新能力，提高技术装备的设计、制造和成套水平。围绕产业链条的完善和延伸，形成专业化生产、区域性协作、社会化配套的产业发展格局，努力把抚顺装备制造产业建设成竞争力强劲的经济增长点和重要支柱产业，为抚顺经济实现新一轮振兴提供强有力的支撑。

2. 抚顺发展装备制造业的基本原则。（1）坚持建设高端、高质、高效装备制造产业体系，促进可持续发展原则。跟踪产业运行态势，转方式，调结构，推进绿色制造和智能制造，增强可持续发展能力。（2）坚持自主创新，促进技术进步原则。加强产学研用联合，研发一批共性、关键性技术设备，突破产业核心技术和关键技术，拥有一批具有自主知识产权的知名品牌，努力增强原始创新、集成创新，以及引进、消化、吸收再创新能力。（3）坚持"两化融合"，促进产业优化升级原则。充分利用高新技术和信息技术改造提升装备制造业，推广采用新技术、新工艺、新设备、新产品，促进信息化和工业化融合。（4）坚持发挥市场机制的作用，推进企业兼并重组的原则。加强协调指导，鼓励装备制造业企业与上下游企业、研发机构之间，通过上市、兼并、联合、重组等形式，实现优势互补，提高规模效益，形成一批拥有自主知识产权、核心竞争力强的企业集团。（5）坚持国际经济合作交流，提高装备制造业综合竞争力原则。紧盯世界装备制造业发展趋势，积极承接国外产业和资本转移，加强与跨国企业战略合作。（6）坚持自力更生与争取上级支持相结合的原则。充分抓住中央实施东北地区等老工业基地振兴战略，大力发展装备制造业的历史机遇，用足用好国家在资金、税收等方面的支持政策。（7）坚持产业关联与集聚发展原则。遵循产业梯度延伸规律，形成以大企业集团为中心的装备制造产业集群，推动产业链延展，发展以智能制造及高技术终端应用设备为特点的产业。（8）坚持生态优先原则。严格建立产业和项目的生态准入标准，重点发展高端、高效、高附加值和环境友好型的装备制造产业链环节。

二、抚顺装备制造业的发展定位和总体布局

1. 抚顺装备制造业的发展定位。（1）辽宁省装备制造服务业聚集区。围绕智能装备、新能源汽车、基础优势装备和装备制造服务四大产业发展重点，发挥本地禀赋优势，利用沈抚同城化历史机遇，充分对接沈阳等周边城市资源，推动抚顺装备制造业和各类现代服务业集聚，引导高技术产业和高端装备制造业沿沈抚新城向外辐射发展。着力打造辽宁省装备制造服务业聚集区，构建协同发展体系。（2）东北高新装备项目承载区。积极依托抚顺本地及沈阳的产业基础、人才、技术、资金等综合资源，以智能制造装备、基础优势装备、新能源汽车、装备制造服务业为核心，以政策导入为助力，建设具有强大的自主创新力与国际竞争力的高端新型装备制造业集群，使抚顺成为未来东北地区高新装备项目承载区。（3）国家级装备制造业示范基地。充分发挥抚顺的区位和产业优势，在抚顺发展智能制造装备、新能源汽车两大战略性新兴产业，转型提升基础优势装备制造产业，以及与之配套的装备制造服务业，将抚顺装备产业打造成为国家级装备制造业示范基地。

2. 抚顺装备制造业的总体布局。以抚顺沈抚新城和顺城区为核心发展区，重点发展智能制造装备产业、新能源汽车及零部件制造产业、基础优势装备产业，并以抚顺市区为主，抚顺沈抚新城为辅，形成现代生产性服务业配套发展区，发展相关生产性服务业及技术研究，与产业相互协作，配套发展；在抚顺装备产业发展的同时，可向沈阳、本溪、辽源等区域加强交流与合作，形成广泛辐射效应，以提升抚顺市整体发展实力。（1）沈抚新城装备制造核心区。抚顺沈抚新城装备制造核心区以抚顺沈抚新城为主体，位于沈抚新城东半部分和浑河观景带南部。抚顺沈抚新城装备制造核心区目前集聚了众多企业，涉及智能制造装备产业、基础优势装备制造业和新能源汽车及零部件产业等三大重点发展领域。同时，积极拓展产业周边配套，并将产业链逐步向下延伸，力争将区内相关产业进行有机联动。（2）顺城区装备制造核心区。顺城区装备制造核心区以顺城区南部企业聚集区为主体，位于浑河北岸。顺城区装备制造核心区将依托现有产业优势，以及中石油八建、抚挖重工、永茂建机等大型龙头企业，重点发展基础优势装备制造业和智能制造装备。同时，将依托抚顺市区内的科技与信息资源，重点发展科技服务业与信息服务业，并促进核心区内产业与抚顺其他企业形成配套关系，建立健全相关产业链。

三、抚顺装备制造业的发展目标

1. 抚顺装备制造业发展的总体目标。抚顺装备制造业按照以"沈抚新城装备制造核心区和顺城区装备制造核心区"为发展重点的整体布局。在沈抚新城重点打造千亿产值的"国家先进能源装备高新技术产业化基地"，并按照"一个中心、六大产业集群、六大企业服务平台"的基本框架组织实施。（1）实现装备制造产业发展方式明显转变。全面提高重大装备技术水平，形成以高新技术为先导，具有高技术含量、高技术附加值的高端制造产业体系；重点骨干企业技术装备达到国际先进水平，规模以上装备企业基本实现信息化和形成规模优势。（2）自主创新能力进一步提高。要以科技为先导，不断强化自主创新能力，加强企业技术中心建设，加强技术创新平台建设，通过加强以企业为主体的自主创新体系建设，提升装备制造业的竞争力，逐步形成社会化、开放式、网络化的技术创新支撑体系，实现跨区域资源整合、高起点布局、高水平开发建设。（3）产业组织结构进一步优化。形成一批具有核心竞争力的大型企业集团和一批"专、精、特、新"的专业化基础部件生产企业。（4）产业聚集程度明显增强。要通过建设产学研一体化科技服务平台，为装备制造业基地提供科技支撑，增强产业聚集程度，并成为国内产业竞争优势突出，具有国际竞争力的先进装备产业研发和生产基地。（5）实现"五个转变"。一是实现我市装备制造业由加工向制造的转变；二是由配套向成套的转变；三是由分散向集群的转变；四是由粗放污染向绿色集约的转变；五是由传统向先进的转变。（6）实施装备制造业标准化与质量控制提升工程。以加强标准化工作为突破口，为高端装备制造业提供技术标准支撑，提升装备制造业重点行业、重点企业和重点产品采标达标水平。加快装备制造业重点领域标准的制修订步伐，加大采用国际标准和国外先进标准的力度。从沈抚新城装备制造业产业聚集区入手，实现装备制造业上下游产品标准对接，保证标准要求的协调性和一致性，以稳定提高产品质量为基础，保护和改善高端装备产品的国内国际形象。（7）实施装备制造业信息化整体提升工程。加快信息技术在装备制造业各个环节的推广应用，引导并推广计算机集成设计制造系统、协同制造、网络化集成制造、绿色制造、精益生产等先进制造模式，积极应用数字技术改造工艺技术和生产装备，提高产品质量和专业化加工水平，提升制造过程的信息化、自动化、智能化水平。到 2020 年，将我市装备制造业建成产业集聚度比较高、产业结构比较合理、产品技术比较先进、装备制造业特色比较明显、综合实力在全省处于前列、竞争能力在国内外有较大影响的先进装备制造业基地。

2. 抚顺装备制造业的规划目标。（1）工业产业结构调整目标。到 2020 年，力争装备制造业占全市工业比重由 22.8% 提高到 28.6%。（2）产业规模目标。到 2020 年，全市装备产业规模以上企业实现主营业务收入 1100 亿元。其中，智能制造装备产业 140 亿元，基础优势装备制造产业 830 亿元，新能源汽车产业 100 亿元，生产性服务业 30 亿元。（3）创新能力目标。到 2020 年，形成完备高效的产学研用相结合的高端装备技术创新体系，骨干企业研发经费投入占销售收入比例超过 10%，科技人才引进和培养力度不断加大，企业科技人员占比不少于 8%；具有知识产权的高端装备产品和知名品牌数量较 2017 年翻一番，100 户骨干企业的技术及装备水平达到世界先进、国内领先水平，建成 8 个中小企业技术服务平台，通过省级认定的企业技术研发中心达到 30 家，通过省级认定的"专精特新"产品达到 100 项。两化融合区域发展指数达到 88 以上。规模以上重点企业应用计算机辅助设计和计算机辅助工艺计划达到 90% 以上，制造执行系统、产品全生命周期管理和企业资源计划普及率达到 70% 以上，客户关系管理普及率达到 85% 以上，信息系统集成达到 40% 以上，开展电子商务达到 60% 以上。（4）竞争力提升目标。全市工程机械、炼化设备、煤矿安全设备等基础优势装备制造产业产值规模全国领先，技术水平进入世界先进行列，拥有自主知识产权产品的国内外市场份额显著提高。到 2020 年，形成 10 家年销售规模过 10 亿元，在装备细分产业进入国内前十的大企业。（5）装备制造服务水平提升目标。到 2020 年，装备制造服务业的服务对象数量是 2015 年的三倍，达到 30 亿元的总规模。（6）标准化工作目标。到 2020 年，在优势装备制造业领域承担或参与制修订国家标准、行业标准 50 项以上。装备制造企业的出口产品采用国际标准或国外先进标准采标率达到 100%，70% 以上的装备制造企业建立企业标准化体系，产品质量监督抽查合格率稳定在 90% 以上，企业标准化人员的再培训率达到 90% 以上，创建 20 家企业标准化示范性企业。

四、抚顺重点装备制造行业的发展战略

1. 智能制造装备产业的发展战略。（1）近期特种机器人形成规模化生产，逐步掌握成套装备核心技术。以自动化成套装备和特种机器人产业为切入点，以关键基础零部件为支撑，通过合作、合资等多种形式在沈抚新城引进该产业的大型企业。同时，积极鼓励本地森源科技、永励电机、飞鸿达、溯元智能、格瑞自动化等企业巩固该领域地位，拓展产品线，逐步掌握智能制造相关环节的核心技术，为未来全面推广智能制造装备奠定基础。（2）到 2020 年，完善智能制造产业链，全面推进智能制造装备市场应用。完善智能制造产业链，并与抚顺基础优势装备制造、新能源汽车、生产性服务业及其他相关产业进行有机联动，创造新型发展模式，逐步打造智能制造装备产业集群，形成具备独立生产智能制造装备及零部件能力的产业基地。

2. 基础优势装备制造产业的发展战略。（1）近期重点发展信息化控制，加快设备智能化进程。加快工程机械、炼化设备、输变电设备及煤矿安全装备智能化的进程，引进机电一体化控制相关产业竞争力较强的企业，将抚顺装备核心控制技术本土化，并可完善设备制造产业链，实现完全自主开发，降低成本。（2）到 2020 年研发新材料技术，发展绿色环保装备产业。抚顺基础设备中工程机械设备、炼化设备及煤矿安全设备均涉及绿色环保化改进，通过新材料与新技术的使用，提高设备性能的同时改善环保指标。联合抚顺环保相关产业，完善环保装备产业链。出台相应政策，鼓励环保型装备的发展。

3. 抚顺新能源汽车及零部件产业的发展战略。（1）近期以沈阳艾思特福汽车制造有限公司为依托，开发新能源汽车及零部件核心技术。以中型客车和专用车制造产业为切入点，通过合作、合资等多种形式在沈抚新城引进该产业的大型企业。同时，积极培育新能源汽车开发和零部件制造产业进入该领域，逐步掌握新能源汽车生产和零部件制造的核心技术，为向整车制造转变奠定基础。（2）到2020年，完善新能源汽车产业链，逐步扩大生产能力。完善新能源汽车及零部件制造产业链，并与抚顺电机制造、新能源设备制造等相关产业进行有机联动，逐步打造新能源汽车及零部件制造产业集聚，形成具备独立制造新能源汽车整车能力的产业基地。

4. 抚顺装备制造服务业的发展战略。（1）近期大力发展周边配套物流，积极扶持一批优质科研项目。鼓励装备制造企业将物流服务外包，更好集中精力发展其核心业务，通过优化物流产业链结构，加快装备制造企业整合、分离，外包物流业务，提升供应链企业一体化服务能力。对接沈抚新城装备制造物流发展需求，积极促进装备制造物流企业与现有装备制造企业的沟通合作。重视装备制造核心技术科技成果转化，利用沈抚新城载体优势，围绕新城重点产业，积极与周边及省内高校、科研机构开展合作，扶持发展一批高水平的研发服务机构。大力推进信息技术在装备制造产业发展、城市管理和社会服务等领域的广泛应用，提升抚顺装备制造信息服务发展水平。（2）到2020年，形成装备制造金融服务对产业的强力支持，打造抚顺装备制造信息服务核心区。形成以零部件配套物流、整机配套物流为主体，电子商务为支撑的抚顺装备制造物流产业体系，建成物流、监管等综合信息共享和应用服务体系，提升物流服务能力、服务效率。加快抚顺装备制造金融服务发展，将装备制造金融服务打造成为装备制造产业发展的重要支撑产业。大力发展知识密集、高附加值的高端装备制造科技服务，建设研发机构和企业的对接平台，着力打造沈抚新城装备制造科技服务集聚区。持续完善信息基础设施建设，强化装备制造信息服务对工业领域的支持服务，将沈抚新城建成为抚顺装备制造信息服务发展核心区。

第四节　抚顺推动装备制造业经济增长点发展的重点

积极把握"中国制造2025"重点领域、国家战略性新兴产业，以及"互联网＋"发展趋势，结合装备制造产业向高附加值环节延伸拓展的发展要求，推动产业智能化、网络化，重点发展智能制造装备、基础优势装备、新能源汽车及零部件和装备制造服务业四个领域，加强技术创新支持，鼓励企业合作开发新产品，带动产业领先发展，形成联动互补的融合发展氛围。

一、重点发展智能制造装备产业

在智能制造装备领域内，结合抚顺实际，可面向智能测控装置、关键基础零部件、智能化高端装备、自动化成套设备等重点领域，主要提升智能控制系统、伺服电机及系统、高精密传动、特种机器人集成、智能生产线集成等关键技术与产品。

1. 智能测控装置。重点发展新型传感器及系统、智能控制系统、智能仪器仪表和柔性化生产改造，对相关企业进行招引和培育孵化，以提升抚顺在智能控制、检验检测等领域的产业实力。

2. 关键基础零部件。重点发展伺服控制机构、精密传动和液气密元件及系统，鼓励永励电机、军锋机械、机械厂等企业创新开拓，开发重点产品，并对相关异地企业进行招引，培育孵化本地企业，以提升抚顺在高精密零部件及电机领域的产业实力。

3. 智能化高端装备。重点发展特种机器人和智能化工程机械，鼓励沈阳工学院、森源科技、天安矿山机械等企业院校开发其对应领域的特种机器人产品，鼓励永茂建机、抚挖重工等工程机械领域重点企业开发其高智能化产品，并对相关异地企业进行招引，培育孵化本地企业，以提升抚顺在特种机器人及智能化工程机械的产业实力。特种机器人领域，以煤矿、石油、电力等基础优势产业为导向，重点突破运输、码垛、巡逻、防爆、探测、救援、管道检测机器人，并形成产业化。智能化工程机械要重点突破工程机械智能化操作系统及软件，感知功能集成等技术和产品。

4. 自动化成套设备。重点发展传统生产企业提升改造、自动化生产线和蒸汽节能减排设备，鼓励飞鸿达等企业创新开拓，开发蒸汽节能减排设备及相关产品服务，鼓励溯元智能、格瑞自动化等企业进行各类自动化生产线的研发制造，并对自动化成套设备领域相关的企业进行招引和培育孵化。传统生产企业提升改造要重点发展设备间通信交互、工序智能化改造、生产柔性化改造、自动化设备集成等技术和产品。

二、重点发展抚顺基础优势装备产业

以抚顺现有的基础优势装备为重点发展环节，面向工程机械、炼化设备、输变电设备和煤矿安全设备等重点领域，主要提升 3500 吨履带起重机、天然气压力匹配器、高压电瓷、矿山支固等关键技术。

1. 工程机械。以工程机械为重点着力环节，面向履带起重机、建筑塔机、高空作业车、非开挖机械等重点领域，重点发展控制技术，实现自动化、智能化及数字化，主要发展 3500 吨履带起重机和全回转钻机等国内首台（套）产品，以及智能化机械操作系统、高压开关操作机构等产品和技术。

2. 炼化设备。围绕抚顺炼化设备领域，着重发展天然气压力匹配器、高性能压力容器、换热器、加氢设备反应器、分离器等系列石油炼化设备，重点发展炼化装备新材料使用，在制备过程中大力发展计算机信息技术，通过模型化设计改善设备结构，并提高加工技术，提高可靠性与安全性。

3. 输变电设备。围绕抚顺输变电设备领域，着重发展电瓷氧化锌避雷器、矿用隔爆型一体式变频电机、高压电瓷、瓷套、氧化锌避雷器电缆、开关柜等输变电产品和防爆电机产品。重点发展机电一体化应用并采用新材料制备设备。

4. 煤矿安全装备。围绕抚顺煤矿安全设备领域，着重发展矿山支固产品、矿山机械、磁选机、除铁器、安全检测仪器、救生救护装备、消防器材等装备。重点关注控制程序、模块电路与自动监控的使用，结构形式多样化，设备规模大型化，并强调低能耗与环保材料的使用。

三、重点发展抚顺新能源汽车及零部件产业

以新能源汽车及零部件制造为重点发展环节，面向新能源汽车零部件、传统汽车零部件等重点领域，主要提升传统零部件制造、电机制造、电池制造等关键技术与产品。

1. 新能源汽车。新能源汽车重点发展纯电动乘用车，掌握纯电动乘用车整车控制、动力系统匹配和集成设计、永磁同步和交流异步电机技术，以及磷酸铁锂电池等关键技术。丰富电动车产品类型，积极研发和生产电动客车、电动轿车、公交车、校车、环卫车、物流车、巡逻车等。建立新能源汽车重点实验室，实现从组装企业到研发生产企业的转型。

2. 高端汽车零部件。重点发展汽车发动机总成、整车电子控制系统及周边各类零部件。积极进行招商引资，丰富汽车零部件产品类型。在底盘控制系统方面，可引进同步器齿环、刹车片、汽车轮胎制造企业。在车身零部件方面，可引进车窗、车门、汽车内饰等制造企业。在车载零部件方面，可引进车灯、车锁、电动座椅等生产企业。

四、重点发展抚顺装备制造服务业

鼓励加快装备制造服务业发展，实现由生产制造向服务型制造转变。积极培育集成服务商、工程承包服务商，整体解决方案和制造专家服务系统等，鼓励企业从加工、组装向研发、售后服务方向延伸，提高服务在装备制造价值链

中的比重；实施供应链管理优化，建设区域物流中心；鼓励开展融资租赁和金融租赁。

1. 研发设计及系统集成。重点发展技术开发、产品开发、实验及检测、研究开发、产品设计和系统集成等服务。

2. 工程总包。重点发展设备成套、项目管理、工程咨询、工程设计、工程招标、工程监理等服务。

3. 仓储物流。重点发展仓储、运输、货运代理、包装、装卸、搬运、流通加工、配送、信息处理等服务。

4. 售后服务。重点发展安装调试、维修保养、配件提供、设备改造、人员培训、调换退赔和报废回收等服务。

5. 回收再制造。重点发展设备翻新再制造技术，建立回收服务体系，降低制造成本和消耗。

6. 专业化服务体系建设。重点发展为装备制造企业提供共性技术研究、质量监督、试验检测、认证、标准、信息、成果转化、电子商务、技术培训等咨询服务和技术共享服务的专业化服务机构。

五、抚顺装备制造业产业化重点建设项目

1. 发展抚顺装备制造业的基础重点项目。推动以煤炭科学研究院沈阳研究院投资的避难仓项目、天安矿山科技有限公司投资的国际煤机项目为代表的煤矿安全装备产业集群；以浙江抚挖重工控股有限公司投资的抚挖重工机械项目、山推工程机械股份有限公司投资的山推工程机械项目、抚顺永茂投资的塔式起重机等项目为代表的工程机械及配件产业集群；以上海凯士华公司的百万伏特高压电气设备、苏州创元科技的高科产业园等项目为代表的石化电力装备产业集群；以星际动力总成有限公司的汽车发动机项目和华晨汽车集团控股有限公司的汽车配套产业园等项目为代表的汽车及零部件产业集群等重点项目的实施。同时，加快基地内山推、博联特、禹华环保、摩尊镍合金、宗裕标准、罕王电子产业园、森源科技、军锋机械等一批过亿元乃至 10 亿元以上项目的建设投产，发挥产业基地的规模集群效应。

2. 推动装备制造强基项目建设。抚顺现有工业基础坚实，拥有一批诸如隆基电磁、抚顺机械等基础材料、核心基础零部件制造大型企业，以及诸如永励电机、飞鸿达蒸汽节能等众多较有潜力的中小型企业，应以此为基础，继续夯实装备制造业基础，积极实施工业强基项目，持续提升产业链整体水平；与抚顺高校及科研机构形成产学研结合，加强基础领域研发创新，突破核心技术，促进科技成果产业化；提高产品质量与产出效率，强化品牌建设；优化现有工业产业结构，由大型企业牵头促进产业集约集聚。

3. 重点研发特种机器人项目。研究机器人应用领域，在替代传统工艺或工序的机器人自动化解决方案、特种机器人、机器人零部件等方面重点配套。发挥沈阳工学院的科研优势和现有专利技术，培育一批在细分领域具有竞争优势的企业，扶持现有特种机器人企业做强做大，大力推广特种机器人的示范应用，从而提升抚顺在我国机器人产业体系中的地位。

4. 大力推广自动化成套装备项目。逐步建立智能化工厂与数字化车间，通过以抚顺永茂建机、山推抚起等优势企业为龙头，逐步推广自动化生产线及成套装备，推进装备智能化升级、工艺流程改造，全面提升资源配置优化、实时在线优化、生产管理精细化和智能决策科学化水平，从而引领中小型企业进行生产线改造升级，帮助自动化成套装备推广，进而达到企业增效增产、运营成本降低、产品研制周期缩短、产品不良率降低、能源利用率提高等目标。

5. 推动新能源汽车制造项目建设。重点生产各种新能源专用车及乘用车，为抚顺公共交通和产业配套专用车做相关配套服务。在专用车方面，重点发展新能源公交车、冷链物流车等。瞄准周边高校及研发机构，加大沈抚新城新能源汽车企业与辽宁化工大学、沈阳工学院等高校的合作，并开发更多新能源电动客车，为城市建设配套服务。力争5年内在新能源专用车方面掌握核心零部件制造、电机制造、电池制造等关键技术。

6. 推动装备制造服务业提升项目建设。为提升抚顺科技服务业发展的水平，为装备制造产业发展提供配套支撑，要培育专业科技研发、科技成果转化企业、积极增加中小型科研投入，充分发挥现有国家级科研中心及实验室的资源，大力提升抚顺各类检验检测、专业服务的发展水平，将抚顺在电气仪表检验检测、爆破检验检测等环节发展成为全国领先的科技服务业集群。

第五节 抚顺推动装备制造业经济增长点发展的建议

随着抚顺老工业基地转型振兴工作的深入开展，装备制造业的发展规模和水平的提高已提升到抚顺经济发展战略的层面。包括装备制造业特殊高技术人才、关键技术、能源资源基础、产业平台产业链体系、土地、市场需求、制造成本等装备制造业发展的基本支撑要素都需要向沈抚新城、石化新城、南环产业带和顺城区装备制造核心区进行有效地聚集。同时，有效的领导机制、各项法规政策的扶持体系、金融投资体系、雄厚的基础设施和完善的服务体系等，都对装备制造业的快速发展至关重要。因此，如何为抚顺的装备制造业快速发展创造这些良好的有利条件，也就成为政府的一个很重要的工作了。

一、瞄准国家战略，把各项政策措施落到实处

1. 瞄准国家装备制造产业发展战略，争取装备制造业发展先机。贯彻落实国家、辽宁省的宏观产业政策和各项支持政策，发挥好政策的引领鼓励作用，优化投资结构。把握国家推进重大技术装备国产化的契机，加快首台（套）重大技术装备的市场化应用；充分利用国家振兴东北的优惠政策，积极创建国家高端装备制造业产业发展示范基地；依托国家科技重大专项和智能制造专项扶持政策，加快工程机械和基础装备、工业机器人和现代印刷等产业创新发展；依托国家电子信息产业发展基金，扶持我市电子信息行业发展壮大；争取国家重大技术装备专项资金和进口免税政策支持；争取国家专项建设基金支持，扶持中小企业做大做强。

2. 做好服务，把各项政策措施落到实处。简化企业扶持政策办理程序，弱化硬性条件对扶持申请的影响，提升扶持的综合效益。与符合国家、辽宁省扶持方向的企业积极对接，协助企业申报国家产业基金项目。把各级政府支持产业发展、企业发展的各项政策，宣传到位、服务到位、落实到位。强化服务意识，做好重点企业包保和重点项目包保工作，及时协调解决企业生产经营和项目建设中存在的问题，营造良好的发展环境。

3. 建立重点产业专家咨询委员会。针对重点产业及互联网等相关信息技术，聘请国内外知名企业家、学术专家，以及专业研究机构组建装备制造领域的专家咨询委员会，建立常态化问诊机制，负责对装备制造产业发展方向选择、重大引进建设项目、项目实施效果进行评价，对国内外产业政策与资源对接等提供意见与帮助。

二、高起点规划、高水平建设抚顺装备制造产业基地

1. 提高土地等生产要素对装备制造业基地和项目建设的供给力度。辽宁省已提高土地等生产要素对装备制造业发展的支持力度，特别是沈抚新城的开发与建设，为装备制造业发展提供了比较丰富的土地资源。我市要利用好这一土地政策，为推动装备制造业发展创造条件。

2. 高起点规划、高水平建设沈抚新城装备制造产业基地。我市要以"沈抚新城"为装备制造业发展的重要平台，高起点规划，高水平建设，强化管理服务，打造一流的软硬件环境，吸引承接更多装备制造业的相关企业进入基地发展，提升装备制造产业的集中度。支持标准化厂房、公共服务平台建设，为装备制造业发展提供载体服务，把装备制造业基地打造成以装备制造业为主导，特色鲜明、功能完备的发展平台。

3. 构建要素保障体系，为装备制造业发展创造良好的发展环境。（1）构建要素保障体系。加强基础设施建设，强化土地、资金、水、电、气等要素保障，积极推进高端装备制造业重点投资储备项目的规划定点、征地、环评等前期工作，简化项目审批程序，提高办事效率，促进项目早日落地。（2）为装备制造业发展创造良好的发展环境。建立重大项目绿色通道，实行外商投资重大项目协调制度，努力构筑服务高地、项目洼地和资金洼地，促进各类装备制造行业向沈抚新城装备制造业基地集聚。在市场准入、财政支持、政府采购等方面，对装备制造业给予更加宽松的发展环境和更加优惠的扶持政策，对于符合产业政策导向、技术水平先进、产出效益良好、符合节能环保要求的优质装备制造业项目，在基础要素供给方面要优先保障。

三、以引进消化创新和信息化为重点，促进装备制造业结构调整

1. 以引进消化为重点，增强产品开发和技术创新能力。坚持引进技术与自主创新相结合，在消化吸收的基础上培养自主创新能力。加大技术改造力度，支持中小企业加强技术改造，逐步提高技术改造投资在工业投资中的比重。大幅提升传统行业技术水平和生产工艺，增强企业综合竞争能力，通过增量投入带动存量调整，推进传统产业升级。鼓励企业与高等院校、科研所开展产学研合作，整合科技资源，搭建具有共性的高水平技术平台，集中力量加强对关键技术、核心技术的开发和研究，研发一批具有自主知识产权的技术和产品。从市场需求出发，谋划一批对基地发展牵动力大、带动性强的新产品。以替代进口、扩大出口为目标，跟踪国际先进水平，加强对市场急需产品的研制。立足于一流产品、一流工艺、一流设备、一流管理，尽快上一批对提高产品档次和加工水平有重大影响的技术改造项目。

2. 以信息化促进装备制造业结构调整。加快企业信息化技术应用步伐，广泛采用网络技术、集散技术、计算机辅助设计技术等先进技术，积极推进系统集成化、生产自动化、产品智能化和经营管理网络化，推进抚顺装备制造业的信息化升级。鼓励运用信息技术推进传统产业升级，筛选信息化应用项目，通过示范、推广，提升企业信息化应用水平，拓展网上交易业务，扩大商品上市品种，完成大物流、大仓储布局。

3. 实施品牌战略，构建品牌服务体系。（1）实施品牌战略，打造装备制造业龙头企业。致力于打造"抚顺装备制造业基地"这一区域性制造业品牌，以提升抚顺制造业的实力和名声为目标，进一步实施名牌带动和质量兴业战略，加大名牌培育力度，鼓励企业争创国家级、省级名牌产品、著名商标、驰

名商标、国家质量免检产品，强化名牌意识。通过实施名牌战略，扶优扶强，努力培育一批扎根本土、拥有自主知识产权的知名品牌，培育具有国际竞争力的装备制造名牌企业。（2）构建品牌服务体系。加快建设与高端装备制造业相配套的工业设计、技术评估、信息查询、人才培训、管理咨询、金融保险和法律事务等中介服务平台。推进远程服务系统和网上招标系统建设，支持企业利用电子商务平台缩短产品流通周期，降低营销和服务成本，积极拓展国内外市场。

四、推进"政产学研金"合作

1. 要高度重视政府、企业、高校、科研院所、金融机构和用户单位的合作，形成"产学研"合作配套的装备制造业高新技术研究开发企业。要结合装备制造业发展的科技需求，政府突出主导，主动为"产学研金"合作牵线搭桥，提高"产学研金"合作的组织化程度，吸引高科技成果和高技术人才进入合作平台，推动企业与高等院校、科研单位组建"产学研"战略联盟，努力培育针对装备制造的高新技术研发企业，共同致力于项目攻关、成果转化和产业化工作。

2. 构建产业配套体系，营造企业间配套协作和自主创新的政策环境。推进高端装备制造业重点产品的产业链整合延伸、配套分工和价值提升，建立完整的产业链配套体系。鼓励和支持中小配套企业做专做精，提供专业化产品，为行业龙头骨干企业配套，形成产业链条，发挥集聚优势。鼓励兼并重组、强强联合和上下游一体化经营，提高产业集中度和资源配置效率。

3. 建立完备的科技创新公共服务平台。重点创建辽宁抚顺先进装备制造业基地技术服务中心。应用好沈抚新城新建的科技创新公共服务大楼在"研发设计平台、加工平台、检验检测标准平台、技术交流交易平台、产品展示展销平台、企业孵化平台、中介服务平台、人才培养平台"等的功能服务作用。

4. 建立完备的信息化公共服务平台。加快推进以装备制造业信息化为重点的企业信息化服务平台建设，突出对装备制造业发展趋势动态、技术、人才和主导产品的信息咨询服务，满足各方面对装备制造业公共信息的需要。

五、强化人才支撑，为装备制造业发展奠定决定性基础

1. 注重引进高端人才，特别是那些拥有自主知识产权成果的人才。有什么样的人才，就能发展什么样的产业。引进一个领军人才、一个创新团队，发展一个乃至一批高科技企业，从而带动一个装备制造业的一个门类成长。鼓励和支持企业引进掌握核心技术、具有持续研发能力并能承担重大科技攻关任务的高层次创新创业人才。以提供研发资金、创业资金、投资入股、资金补助、提供人才公寓等优惠条件，吸引一批掌握装备制造业前沿技术的人才来抚顺加入装备制造业研发生产基地的建设。

2. 加强装备制造业人才队伍的建设。要充分发挥和调动现有装备制造业人才的积极性，鼓励企业建立和完善人才培养与激励机制，挖掘现有人才的潜力。进一步强化岗位技能培训，提高整体素质，建设一支装备制造产业工人队伍。鼓励企业、中介机构、有关院校和其他社会力量联合办学，开展定向和岗位培训及适用技术培训。与高校联合，培养和造就一批具有战略眼光、创新意识、现代经营管理水平和社会责任感的创新型企业家。鼓励企业与高校院所建立"校企联盟"等多种合作载体，联合承担人才培养和引进。

六、加大对高端装备制造业项目的招商引资力度

1. 加大招商引资力度，培育装备制造业领军企业。抓好和谋划一批有利于推动抚顺装备制造业发展的高技术项目，建立重大项目动态储备库，每年编制装备制造业重大项目年度计划，加大招商引资力度，集中力量抓好装备制造业项目建设。重点协调服务和推进一批对全市工业转型升级具有重大推进作用的装备制造业规划项目。根据国家和省市的装备制造业规划投资重点，加强与上级有关部门的联系与沟通，努力争取上级更多的项目资金支持。

2. 建立健全招商引资机制。设立装备制造业招商引资服务机构，建立项目引进、协调、服务、考核机制。研究各重点领域中竞争力薄弱的产业链环节，注重补链招商，引进关联配套企业。制定目标招商区域，有针对性地开展外地同类企业的招引工作。加强与国内外知名大企业的协作配套，综合运用定向招商、股权招商、以商招商和以企招商等招商方式，实现招商引资的重大突破，全力推进优势资本向发展装备制造业的企业集中，引进具有带动作用的智能制造大型龙头企业或投资项目，引进具有核心技术的高新技术企业，引进高端人才领军的重点领域内初创型企业，促进抚顺相关产业的发展，促进上下游产业链的完整配套，从而"倒逼"抚顺装备制造企业转型升级。

七、建立支持装备制造业发展的多元化投融资体系

1. 政府通过优惠政策进行扶持。政府要从财政政策优惠、改进服务等方面，出台一系列专门支持装备制造业发展的扶持政策，用于支持科技成果转化。在政策优惠上，通过信贷、用地、税收、进出口、政府采购等政策对装备制造业项目予以扶持。对装备制造业的重点产品、重点企业、重点项目，以及围绕装备制造业建设进行产业转移的项目，要积极落实已出台的相关优惠政策

予以扶持。要积极争取国家老工业基地调整改造资金和国家发展装备制造业的其他支持资金、省财政贷款贴息资金、县域经济发展资金、工业结构调整和高新技术产业化资金、中小企业发展资金等财政性扶持资金，并以现代服务理念，营造更加灵活、更加宽松的发展环境。

2. 强化资本运作，多渠道缓解企业融资难题。政府出资作为引导资金，吸收社会资本参与，设立创业投资基金。设立产业发展基金，对产品有市场、附加值高、有发展前景但缺乏流动资金的中小微企业给予扶持。继续开展中小企业"助保贷"业务，合作银行由一家扩展到多家，选择放贷积极、信誉良好、效率高、对企业支持力度大的金融机构进行长期合作，使"助保贷"惠及更多中小微企业。

3. 积极利用资本市场进行融资。选择若干家投资回报率高的项目发行企业债券，积极推进若干家业绩良好的装备制造业的企业上市融资，扶持优质中小微企业在新三板等资本市场上市融资，鼓励装备制造业企业到海外资本市场融资。

八、提高装备制造业标准化工作水平

1. 形成政府主导和以企业为主体的多元参与分工协作的标准化组织领导工作机制。政府部门要制定推动我市装备制造业标准化发展的产业政策，加强规划引导和加大扶持力度。建立多部门联合的智能制造产业发展推进领导小组，统筹规划、协调推进智能制造及其细分产业的发展。建立区域内智能制造产业发展的日常工作机制，对产业区域建设、技术发展与标准制定、示范应用等产业发展中存在的问题及时响应。结合装备制造业发展形态，应用系统观，开展产业链标准化研究工作。

2. 加大实施标准化战略的力度，加快"班组标准化"和"企业文化标准化"建设，健全我市装备制造业标准化体系。积极实施标准化战略，健全标准化体系。加速产品认证，推进产品标准化的全面实施。重视"班组标准化"建设，巩固企业标准化工作基础，重视"企业文化标准化"建设。

3. 建立激励机制和监督机制，强化政府优惠奖励政策的导向作用。政府要为标准化工作提供财政支持，并以企业投入为主体建立多元化的投入机制。制定政府促进标准化工作的扶持优惠奖励导向政策。建立抚顺市级技术标准考核奖励制度。政府质量技术监督部门要加强对企业标准化工作的监督检查和规范。

4. 实行全员培训和专业培训相结合，把标准化专业人员的培训纳入抚顺人才发展战略规划之中。加大对企业领导、标准化专业人员，以及全体员工的

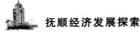

培训力度。加快培育和建立标准化专业人才队伍，建立网络化、市场化的标准化人才培养体系，建立标准化人才培训、评价考核与激励机制，促进政府、协会和企业三方面进行标准化的全员培训和专业培训工作。

5. 企业要成为标准研制和实施的主体，以适应用户需求多样化要求。企业要自觉成为执行标准的主体，要努力成为参与各类标准制定的主体，要用"标准化"应对"多样化"，适应"用户需求多样化"的市场变化。

6. 建立我市装备制造业标准化信息咨询服务体系。发挥抚顺市质量技术监督局所属的"抚顺市技术监督研究所"的标准化信息咨询服务软件系统的作用，建立完善标准化信息服务咨询社会化服务、市场化运作的技术标准服务支持体系。构建四大标准化公共技术服务平台，即自主创新成果产业化标准服务平台、应对技术性贸易壁垒综合服务平台、标准文献信息服务平台、装备标准化推进平台。加强技术标准情报服务体系的公共平台和网络化建设。

第五章　抚顺加快大旅游业经济增长点发展

提要： 旅游业是推动抚顺经济发展的重要支柱产业和经济增长点，旅游业对其他产业的发展具有很强的牵动作用。本章针对抚顺旅游业发展现状、存在的问题，以及抚顺旅游资源与客源市场现状和优势等问题进行了分析，探讨了推动抚顺大旅游业经济增长点发展的指导思想、基本原则、发展战略和重点任务等，并对如何推动抚顺大旅游业经济增长点发展提出了对策建议。

为明确抚顺大旅游业经济增长点的发展方向，塑造抚顺鲜明的旅游形象，使抚顺成为对游客具有较强吸引力的旅游胜地，抚顺有必要对旅游业的总体发展思路进行一下研究，以便有效地推动抚顺已有的大旅游业经济增长点的迅速发展壮大。

第一节　抚顺大旅游业经济增长点的现状和存在的问题

抚顺市作为辽宁省唯一发展旅游产业试点市，是一座历史悠久、文化厚重、人文景观独特、自然风光秀丽、民风淳朴的中国优秀旅游城市。近年来，抚顺市紧紧围绕建设旅游名城战略目标，以发展旅游产业试点市为重要平台，以打造特色旅游产品为切入点，以夯实旅游产业发展基础为支撑，以改革创新为动力，以旅游市场为导向，有力地推动了抚顺大旅游业经济增长点的快速发展。

一、抚顺大旅游业经济增长点的发展现状

近年来，抚顺大力推动旅游业经济增长点的发展，不断加大投资力度，开发并完善了 20 多个具有一定规模的旅游项目。红河峡谷漂流、皇家海洋主题乐园、丰远热高乐园和金山石佛等旅游项目相继建成，拓宽了抚顺旅游领域。抚顺基本形成了清前史迹、满族风情、红色记忆、工业文明、自然生态、休闲娱乐六大特色旅游品牌，以及启运之旅、生态之旅、休闲之旅等十条精品旅游

107

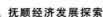

线路。抚顺旅游基础设施建设不断加强。目前，抚顺市已经形成贯穿全市三县四区、连接所有重点景区近 400 千米旅游环线，为游客提供了便利的交通条件；以沈阳及周边城市为主的客源市场，以及京、津、冀、吉、黑、鲁等地区的客源市场得到了拓展。

抚顺旅游业的加速发展，在带动相关服务业态发展方面也做出了重要贡献。目前，全市旅游经营单位总数已达 400 家。其中，旅行社 60 家，星级饭店 21 家，商务酒店 124 家，主要景区点 30 家；4A 级景区 5 家，国家森林公园 5 家，国家级工业农业旅游示范点各 1 处，全国经典红色旅游景区 3 家；开设旅游专业的院校 6 所，旅游商品市场 2 处，旅游从业人员 9 万多人；长期经营抚顺市旅游线路的域外旅行社超过 1000 家。

从旅游业发展水平来看，抚顺旅游业规模越来越大，占地区 GDP 和服务业增加值的比重日益增大，旅游业日益成为区域发展的重要经济增长点。抚顺旅游总收入由 2002 年的 7.7 亿元增长到 2016 年的 476.2 亿元，占全市经济总量的 27.7%，抚顺旅游总收入每年都保持 20% 以上的较高增长率。十年前，抚顺接待游客不到 300 万人次，到 2016 年接待游客人数达到 4155.3 万人次，同比增长 11.8%。

1. 旅游品牌形成体系。我市共有 A 级景区 38 家，其中 4A 级景区 5 家，国家级森林公园 5 家，国家级工业农业旅游示范点各 1 处，全国经典红色旅游景区 3 家。而鞍山市共有 A 级景区 22 个，本溪市共有 A 级景区 20 个，抚顺远高于省内同等规模城市。抚顺六大旅游品牌有清前史迹、满族风情、生态休闲、工业文明、红色记忆、游乐体验。抚顺特色旅游资源有抚顺不得不去的十大旅游景区、不得不游的十大主题线路、不得不吃的十大特色美食、不得不带的十大旅游商品，以及不得不赏的十大特色民俗。抚顺重大活动有满族风情国际旅游节、抚顺首届冰雪旅游节、新宾满族冬捕节等节事活动。抚顺精品旅游线路划分为清前史迹游、满族风情游、红色记忆游、自然生态游、工业文明游、祈福修身游、休闲娱乐游、都市观光游等。同时，2016 年抚顺大力进行了旅游产品品牌建设，初步审核通过的申报国家 5A 级旅游景区的热高乐园，申报 4A 级旅游景区的萨尔浒风景名胜区、三块石国家森林公园，以及申报国家生态旅游示范区的红河峡谷漂流景区，正在迎接辽宁省旅游局及国家旅游局的复检。

2. 旅游交通方便快捷，配套基础设施不断完善。2016 年，抚顺旅游业充分利用辽宁省唯一发展旅游产业试点市这一契机，紧紧围绕建设旅游名城的目标，在体制机制创新、政策引导、产业融合、市场开发等方面取得突破性进展，增加了旅游产业发展内生动力，为全省旅游产业发展提供示范引领。一是旅游交通全面开通，方便快捷。抚顺公路已经形成贯穿全市三县四区、连接所有重点景区近 400 千米旅游环线。铁路上继 2014 年开通青岛、南昌、合肥等地旅游专列，2015 年又开通山海关等地经沈阳来抚顺旅游专线 3 条，累计来抚顺旅游专列 36 列。航空上日本、中国台湾来抚旅游包机实现首航。二是旅游配套基础设施不断完善。新建、改扩建旅游厕所 50 座，设立旅游交通指示牌和标志 100 余处。建设沈抚新城游客服务中心和北站旅游服务中心，实现旅游咨询、交通、接待"一站式"服务。在全省率先开通城市旅游欢迎短信，成为省内唯一具备手机旅游信息服务功能的城市。与中国国旅集团、中青旅控股股份有限公司签署旅游战略合作协议；与沈阳铁道国际旅行社集团有限公司签署旅游专列"引客入抚"合作协议；与本溪、营口和营口港达成"借港引客"和"送客出港"的旅游合作协议；与大连旅游局达成互为目的地旅游战略合作协议，建立长期稳定的战略合作伙伴关系；与沈阳、哈尔滨、长春等 17 个东北城市签署成立了东北旅游推广联盟；加入了大庆、齐齐哈尔、黑河、大兴安岭、呼伦贝尔"5＋1"旅游联盟，并与长白山、哈尔滨、呼伦贝尔形成一条最具东北特色的精品旅游线路。

3. 开展了全方位的旅游品牌推广。组织旅游企业参加了第十二届东亚（辽宁）国际旅游博览会、2015 年中国旅游产业博览会、2015 年中国国际旅游交易会等多个旅博会、旅游交易会；组织人员到省内外多个城市推介抚顺旅游产品；举办了"2015 美丽中国行·走进抚顺""2016 美丽中国行——走进文化抚顺""2016 多彩抚顺"国家主流媒体大型采风活动，抚顺旅游风光全国摄影大赛等活动；通过中央电视台、辽宁电视台、《抚顺日报》、《抚顺晚报》等中央、省、市级媒体，人民网、新浪网等 20 多家网络媒体推介了抚顺旅游；投入 1000 万元在央视综合、新闻频道黄金时段播出"满族故里，启运之地好山好水好空气——好客抚顺欢迎您"广告；春节期间，中央电视台《新闻联播》《共同关注》《生财有道》等栏目集中报道了满族冬捕节、满族美食节、满族年货节、温泉节、冰雪节和采摘节等活动盛况；2016 年在北京、上海、广东、吉林、黑龙江、河北、山东等省市的机场、火车站、公交车站亭等人流密集场所开展大范围宣传，实现了大东北、京津冀、长三角和珠三角等主要客源市场的广覆盖。

4. 大力推动农村生态旅游业发展。着力打造"十大最美乡村、十大风情小镇、十大养生基地"，特别是以满族文化民俗为主题的乡村旅游成为省内及周边省份城市旅游热点，新宾赫图阿拉村被评为辽宁省乡村旅游示范村。以"嬉冰雪泡温泉满族老家过大年"为主题的旅游产品、旅游线路，以及满族农庄过大年、雪乡穿越、满族冬捕等活动引爆抚顺冬季旅游市场，弥补了抚顺冬季旅游短板。

5. 旅游在建项目全面铺开。2016年,抚顺市新建、在建亿元以上重点旅游项目11个,计划总投资额160亿元,全部被辽宁省旅游局列为辽宁省重点旅游项目。其中,丰远梦幻世界项目总投资15亿元,总建筑面积5.4万平方米。中盛华康养生养老基地及大型历史文化旅游景区项目,投资50亿元。新宾乡村旅游项目,计划投资3000万元,完善基础设施,建设娱乐设施,重点建设新宾乡村旅游带、游客服务中心、改造100户农家乐。目前,赫图阿拉村、大房子村已完成一期升级改造,进入经营状态,蓝莓采摘、百年梨园、老城花海、胜利腰站村项目规划进入收尾阶段。丰远温泉养生世界、丰远城堡酒店、东砬门"满族老家"项目、金管家养老服务中心等项目均在施工建设中。同时,积极进行了项目策划和招商,整理旅游招商项目44个,本次旅游节招商推介会上成功签约4个旅游项目。分别与北京应昊影视有限公司、清原南国农业生态旅游开发有限公司、北京沐与康旅游开发投资管理有限公司、抚顺瑞鑫酒店管理有限公司就三块石影视基地、清原房车基地、新宾休闲农业与乡村旅游及辽宁颐和酒店项目签订项目开发合作协议,投资额达16亿元,招商成效显著。

二、抚顺大旅游业经济增长点在发展中存在的问题

1. 旅游产业规模小,与相关产业配套衔接的产业链条还须健全完善。抚顺旅游产业规模小,占整个经济的比重还相对较低。以旅游业带动会展、信息服务、文化产业、房地产、广告咨询、金融服务等服务业发展的作用还没有得到充分发挥。旅游业的综合性、扩散性、渗透性、融合性的特征没有得到更好的体现,进而导致抚顺旅游业产业链条不长,规模较小、企业品牌较少、旅游业新业态不多。抚顺旅游经济和产业规模急待通过与相关产业形成配套衔接的产业链条来推动旅游产业的跨越式发展。同时,抚顺旅游整体形象的对外影响力还很有限,知道抚顺具有较好人文和自然景观的游客还不是很多,抚顺尚未形成大旅游、大产业、大市场的旅游对内对外发展格局。

2. 景点缺乏独特吸引力,互动性游玩娱乐旅游项目总体偏少。抚顺旅游资源丰富,但目前旅游产品以观光娱乐为主,存在景区景点缺乏独特吸引力的问题。以清前文化、满族民俗文化和红色文化为主体的文化旅游资源多进行博物馆式的游览开发,以三块石、岗山等为代表的生态旅游资源多以景区形式进行观光开发。虽然初步建成皇家海洋主题乐园、丰远热高乐园一期、红河峡谷漂流等项目,但游客参与的体验性、互动性游玩娱乐项目总体偏少,休闲度假产品尚未形成主流,新业态新产品不多,产品结构单一。

3. 旅游资源开发的深度和广度不够，品牌吸引力不足，客源以近中程为主。在旅游资源开发的深度上，抚顺旅游精品较少。抚顺各地的旅游产品基本雷同，产品开发呈现小、散、乱的特征，农村度假村和民俗旅游建设档次低；依托农村、山区资源，有针对性地开发以度假、娱乐为指向的旅游产品尚未形成规模效应。大资源尚未形成大品牌，客源以中近程为主，市场潜力有待进一步释放。除了邻近地区，抚顺良好的生态环境、悠久的历史文化和多彩的旅游资源并不为市场所认知，且由于资源开发水平较低，未能形成在全国叫得响、影响大的旅游景区，度假产品，旅游活动品牌，缺乏知名度和竞争力，妨碍了抚顺旅游中远程市场的开拓。

4. 旅游特色商品还比较缺乏。近年来，抚顺市旅游特色商品虽有所开发，特别是具有满族风格的产品开发不少，但与游客的要求还有较大差距。多数旅游者到一个地方，都要为自己或亲朋好友买一些突出旅游地特色的纪念品和各类商品。但我们多是从外地进货各地都有的旅游纪念品和各类商品。我们虽有根雕等工艺品，但大多价格高、物件大，运输相对困难，给旅游商品的快销快卖带来一定困难。因此，多开发一些具有本旅游地特色的旅游商品乃是当务之急。

5. 景区景点少且分散，难以激起游客游兴。抚顺市旅游业还处于散点式的传统发展阶段，缺乏资源、产品和服务的整合，还存在各区县分割发展、各旅游景区点各自为战，空间上资源整合不足、产业集聚度不够，链条上"食住行游购娱"综合配套和产业体系化融合度不够，全市旅游一盘棋的整合度不够的问题。车跑几个小时，到了景点，用不上半小时就看完了，再就没有什么好看的了。这就常常形成一种抱很大游兴来，却没尽游兴归的现象。如果游客想继续游玩，还得坐很长一段车才能到另一个景区或景点。这种景区内景点少且分散的旅游景点布局，不仅使游客的逗留时间缩短，而且还使游客的旅游消费不充分。这无疑也是我市旅游景点缺乏吸引力的重要因素之一。同时，游客在抚顺逗留时间也相对短促。一般来抚顺旅游的游客大都是一日游，来抚顺两日游以上的游客还不到全部游客的三分之一。时间的短促，使得抚顺旅游经济效益远远没有发挥出来。

6. 旅游景点特色模糊也是影响景区景点吸引力的重要因素。文物古迹的修复大多应遵循修旧如旧的原则，抚顺市的某些文物古迹却因人为地违背了修旧如旧原则而破坏了原本鲜明的特色。有的景点则过于追求豪华，以至于出现与当时实际情形和所表现内容不协调的现象。这些都不同程度地模糊了原来景点鲜明的特色，使景点吸引力大大降低。

7. 宣传促销力度有限，旅游市场开发不足。近几年，虽然加大了抚顺旅游产品对外的宣传力度，但与先进旅游城市的宣传促销力度相比还有很大差距。一是投入不足。二是宣传促销策划人才缺乏。三是宣传分散进行，形不成拳头和轰动效应。从入境市场来看，抚顺市的国际客源以日韩为主，亚洲以外的旅游市场开发不足。国内客源主要分布在沈阳、鞍山、本溪、铁岭等地，再远些也仅在东北地区省份，其他地区的游客较少。

8. 旅游整体环境不能满足游客需求。这包括城市环境绿化问题，卫生条件，浏览区的外部和内部交通问题，以及厕所、垃圾处理等设施问题，这些问题都需要逐步改善和加强。尤其是位于抚顺东部的新宾、清原、抚顺县三县，许多风景名胜区大部分地处山区，基础条件差，住宿、餐饮、娱乐等接待设施落后，旅行社等行业经营不够规范，加之交通也不方便，使旅游接待能力无法满足需要。同时，还要提高一条龙服务水平，提高导游服务质量，增加娱乐场所等，以适应新的旅游形势的需要。

9. 旅游信息化服务有待加强。在"互联网＋"旅游开发方面，抚顺旅游的信息交流还有差距，这使得许多重要和有用信息不能被及时地传达和接受，使得旅游业的发展受到制约。各县、区旅游信息化建设水平普遍不高。抚顺在旅游资源数据库系统、旅游产品和市场开发系统、在线旅游广告宣传、在线预订一体化服务等方面的发展还有待加强，抚顺集交通、住宿、餐饮、购物、娱乐、特种服务等综合性的旅游网络信息服务平台还须完善。

第二节　抚顺旅游资源与客源市场现状和优势

旅游业拥有"朝阳产业"和"无烟产业"的美称，具有产业关联度高、产业链长和对相关行业带动性强等特点。旅游业既可以带动相关服务业态发展，增加就业机会，促进产业结构优化升级，有利于第一、第二、第三产业互相渗透合作，又可以美化城市，塑造城市良好形象，促进经济健康快速发展。抚顺具有独具特色的旅游资源，为发展旅游业奠定了良好基础。加快发展旅游业，对推动抚顺经济发展具有重要意义。

1. 抚顺旅游资源现状。据资料显示，抚顺市旅游资源实体184处，共六大类47种基本类型，占国家划分六大类68种基本类型的67％。其中，自然类包括地文景观类21处、水域风光类9处、生物景观类10处；人文类包括古迹与建筑类113处、消费求知健身类20处、购物类11处，属于旅游资源比较丰富地区。这也是抚顺在旅游资源方面的优势所在。

但由于对这些旅游资源开发力度有限，进入性较强的旅游区点还不是很多。其中，市区有雷锋纪念馆、月牙岛、抚顺战犯管理所、平顶山惨案遗址、高尔山公园、劳动公园、北湖游览区等；抚顺县有元帅林森林公园、三块石景区等；清原县有夏湖军旅生活度假区、浑河源森林公园、红河谷风景区、浑河漂流等；新宾县有清永陵、赫图阿拉城、猴石森林公园、神树沟等。国家重点文物保护单位 2 处，省级 13 处，市级 29 处，县级 60 处。此外，还有各类进入性较差的小型公园、景观带、遗址遗迹、森林公园等几十处。

抚顺是沈阳旅游资源集合区中四个重要组成部分之一，以清前史迹、爱国主义教育和自然生态三大旅游资源系列形成特色旅游区。在以城市为单位的旅游资源组合群中，抚顺居辽宁省的前列，与沈阳、丹东形成竞争与互补的关系，与大连、锦州形成互补的关系。

同时，根据旅游资源集聚等原则，将抚顺旅游区再细划分为四大旅游景区，即一是西部专项旅游景区，由新抚区、顺城区、望花区、沈抚新城、东洲区和抚顺县部分地区组成，各景点在市区呈点状分布；二是中部风景旅游景区，由东洲区部分地区、抚顺县部分地区（章党、营盘、李家、上马、后安）、新宾县下营子镇等组成，其旅游资源沿 202 国道为轴心呈线状分布；三是新宾文化旅游景区，由新宾县木奇镇和永陵镇组成，以清前史迹为主题的人文旅游资源非常丰富，且分布比较集中，其旅游资源呈点、线结合状分布；四是东部生态旅游景区，由清原县和新宾县的东部地区组成，其旅游资源呈片状分布。

由此可见，抚顺旅游资源类型不仅丰富，而且主题形象也很突出，且空间分布相对集中，呈点、线、片格局。这些有利条件为抚顺旅游业的开发创造了坚实基础。当前，虽然我们已开发了许多有特色有魅力的旅游资源，但还有许多有开发潜力的旅游资源有待开发，怎样发挥抚顺旅游资源丰富的优势，科学合理且投资少见效快地挖掘开发，无疑是抚顺旅游业发展战略与对策研究中急需解决的问题。

2. 抚顺旅游业的发展优势。（1）旅游资源优势。抚顺具有得天独厚的自然资源和醇厚的历史文化资源。一是独具特色的山水资源。目前，抚顺森林覆盖率近 70%，拥有辽宁省唯一一处原始森林。拥有 4A 级景区 5 家、国家森林公园 5 家、国家级工业农业旅游示范点各 1 处、全国经典红色旅游景区 3 家。二是醇厚的历史文化资源。西露天矿、神州北湖、战犯管理所、雷锋纪念馆和清永陵等名闻遐迩。（2）"五大旅游业系列产品"优势。2014 年评选出了抚顺市"五大旅游业系列产品"。一是到抚顺不得不看的具有抚顺地方特色的十大景区：丰远·热高乐园、红河峡谷漂流、抚顺皇家海洋主题乐园、清永陵、赫图阿拉城、煤矿博物馆、雷锋纪念馆、抚顺战犯管理所旧址陈列馆、三块石国家森林公园、岗山国家森林公园。二是到抚顺不得不游的具有抚顺地方特色的十大主题线路：清前史迹游、满族风情游、激情夏日游、红色记忆游、自然生态游、工业文明游、祈福修身游、休闲娱乐游、欢乐冰雪游、都市观光游。三是到抚顺不得不赏的具有抚顺地方特色的十大民俗：满族地秧歌、满族三大怪、满族民居、满族添仓节、满族颁金节、满族婚俗、满族服饰、萨满祭祀、插"佛托"、满族游戏——"抓嘎拉哈"。四是到抚顺不得不吃的具有抚顺地方特色的十大美食：八碟八碗、大伙房水库鱼宴、红烧哈什蟆、满族火锅、酸汤子、麻辣拌、新宾羊汤、苏子叶饽饽、萨其玛、黏火烧、黏豆包。五是到抚顺不得不带的具有抚顺地方特色的十旅游业商品：煤精、琥珀、抚顺林下参、林蛙油、清原马鹿鹿茸、刺五加茶、单片黑木耳、三块石大榛子、满族剪纸、新宾木根雕。

3. 抚顺旅游客源市场现状和优势。抚顺是有东北地域文化特色和生态环境良好的内地绿色之乡。此类文化观光和自然风光观赏将成为东北地区游客走势的较大旅游市场。但从辽宁主要城市国内客源现状分布来看，大体形成以沈阳和大连为主的一级客流中心，鞍山、丹东、葫芦岛、营口、锦州、本溪为二级客流中心，抚顺、朝阳、盘锦、铁岭为三级客流中心的国内全省客流空间分布体系。入境客流则主要集中在大连和沈阳两市，其次是丹东和鞍山。抚顺市的国内客流近几年虽有大幅度增加，但在国内客流量排序中仍处于全省 14 个城市中的中等水平。据资料显示，抚顺的主要客源市场在省内，其次是距辽宁省较近的吉林、北京、河北、天津、山东等地，省内与省外客源比例为 3∶1。在辽宁省内客源市场中，目前以沈阳、大连、本溪、鞍山四市游客最多，占省内游客总数的 64％，其中距抚顺最近的沈阳占省内游客量的 35％，是抚顺最大的客源市场，97％的游客来自城镇。由此可以得出结论：抚顺市旅游客源市场在总体上应该形成以发展国内旅游市场为主，海外旅游市场为辅；以发展城镇旅游市场为主，农村旅游市场为辅的格局。只要我们能有效地对旅游资源进行科学合理的开发和营销，没有到过抚顺的游客终究是会被吸引过来的。

第三节　抚顺推动大旅游业经济增长点发展的基本思路

旅游业是抚顺经济的重要支柱产业，旅游业对其他产业的发展具有极强的牵动作用。发展旅游业将有力地推动与旅游业相关的服务业态的快速发展。当旅游业收入每增加 1 元时，就可带动与此关联的其他行业增加收入 4.3 元。发展旅游业不仅是抚顺城市转型的客观要求，而且也利于提升抚顺城市的品位和形象。

一、抚顺推动大旅游业经济增长点发展的指导思想和基本原则

1. 抚顺推动大旅游业经济增长点发展的指导思想。抚顺大旅游业的发展应抓住全国旅游业政策利好、新一轮东北振兴、抚顺旅游产业试点市等战略机遇，紧紧围绕建设大旅游战略性支柱产业和中国旅游名城的目标，深入实施旅游名城战略，全面优化旅游发展环境，全面提升旅游发展质量，全面释放旅游发展效应，树立"大旅游、大产业、大市场"观念，以丰富的旅游资源为依托，以各处旅游景区的旅游项目集中开发为重点，全面进行高立意创新规划，设计出点、线、面结合，有较强吸引力和特色的各个景区项目群，形成旅游名牌精品效应，完善旅游基础设施和接待娱乐设施，加大营销促销力度，构建以旅游业为牵动的现代服务业体系，把旅游业培育成为抚顺重要的支柱产业和经济增长点，把抚顺建成全国的旅游名城。

2. 抚顺推动大旅游业经济增长点发展应遵循的基本原则。抚顺旅游经济发展迅速，但在今后的旅游规划设计和营销宣传中还应着重遵循以下几个原则。（1）坚持旅游产业与城镇化建设融合发展的原则。以旅游项目带动相关产业融合发展，加快推进一批旅游项目建设，积极引进一批新型项目，策划推出一批精品项目，梳理贮备一批潜力项目，以大项目集聚资源、打造精品、形成品牌、优化结构、完善服务，增强抚顺旅游业的龙头带动作用，全面推动旅游业与新型城镇化建设的深度融合。（2）修旧如旧原则。抚顺文物古迹众多，开发人文景点潜力巨大。因此，对于文物古迹的开发利用，要遵循修旧复原古迹遗址保持原有风貌特点的原则，即"修旧如旧"原则。辅助和娱乐休闲设施可以适当豪华新潮，但原有的文物古迹却一定要保持原貌。一般来说，游客来看的也是这些原汁原味的返璞归真内核。有些文物古迹如需要保护不能在原址复建，那么就在其附近复建，使景区旅游内容更加集中而丰富。（2）坚持统筹协调，各景区旅游资源集中开发原则。抚顺旅游景区虽多，但却相对分散，彼此之间距离较远。除了旅游团能做到跨景区连续游览外，一般个体和小组织旅游者也只能一个时间段内游览一个景区。因此，就要打破行政区划，统筹全市旅游资源一体化开发和服务设施一体化布局，打破部门分割，统筹各级政府资源投入旅游项目建设。对于各个景区，为了增强对游客的吸引力，就要遵循在景区内集中开发各具特色的旅游景点的原则，尽可能在景区内集中开发景点。（3）"捆绑"营销原则。为塑造抚顺旅游形象，提高效率和降低成本，政府有关部门要协调各景区的利益关系，通过科学形象设计，把抚顺各景区突出的特色"捆绑"在一起，浓缩在一起，用简略的语言传导给消费者。（4）旅游商品开发发挥满族文化和东北地域文化特色的原则。只有民族的，才是世界的。同

115

理，只有开发出突出本地满族文化和东北地域文化特色的旅游商品，才能真正唤起游客的购买欲望，才具有纪念意义、收藏价值和独特的实用价值。因此，追求特色应成为我市旅游商品开发，推动旅游经济发展的一项重要原则。（5）旅游产业与相关现代服务业联动开发原则。旅游业要以开发旅游产品为主体，使食、住、行、游、购、娱六大要素开发成一条龙配套，形成完整体系。推动旅游宾馆、旅游购物、旅游商贸、食品加工业、旅游娱乐业、传统手工艺、交通运输与旅游人才培养等全面发展，形成旅游综合生产力，延长游客停留时间，使游客愿意在抚顺消费。

二、抚顺大旅游经济增长点的发展目标

1. 大旅游产业的增长目标。到 2020 年，旅游接待人次突破 6000 万人，旅游总收入突破 800 亿元；旅游产业增加值占全市 GDP 比重的 10％以上，成为抚顺的战略性支柱产业和重要经济增长点；旅游直接就业人数超过 10 万人，就业贡献率 15％以上。初步建成中国旅游名城。

2. 在旅游业发展方式上实现五个跨越。（1）从参与体验型旅游地向参与体验与休闲度假型复合旅游目的地跨越。（2）从门票经济为主向旅游产业综合经济跨越。（3）从季节性旅游向全年候、全天候旅游跨越。（4）从单一景点式旅游向以城市为依托的目的地旅游跨越。（5）从本地客源为主向区域客源为主跨越。

3. 在旅游业发展质量上实现四大提升。（1）旅游基础设施、旅游公共服务设施和商业服务设施配套日趋完善，旅游服务质量和游客满意度明显提升。（2）旅游产品开发、运营管理、宣传营销的市场化、国际化水平明显提升。（3）旅游产业规模壮大、效益提高、机制完善，可持续发展能力明显提升。（4）旅游带动就业、惠及民生、优化环境、保护生态和传承文化的作用更加显著，社会效益明显提升。

三、抚顺推动大旅游业经济增长点发展的空间布局

根据抚顺旅游业发展基础，以道路交通为轴线，以水系河流为廊道，以资源分布为基底，以旅游规划为指引，形成"一核一带、一廊六区"的产业内部空间布局，构建开放合作的跨区域旅游通道，形成城、带、廊、区相互联系，贯通全市、内外联动的旅游网络格局。

1. "一核"是抚顺旅游核心区。以抚顺市区为依托，完善商务休闲、会议会展、都市娱乐、星级住宿、品质餐饮、精品购物、主题游乐等功能业态，提升游客集散、信息咨询、交通集散、智慧旅游等公共服务体系，打造成为抚顺

"中国旅游名城"的核心支撑。

2. "一带"是浑河生态旅游景观带。以浑河为依托，按照"水清、岸绿、景美、通畅"标准提升两岸景观，依托好运角、人民广场、万达广场、月牙岛和金凤湾等重要节点，积极引入滨水酒吧、休闲水吧、雅致茶吧、露天餐厅、水景酒店、烧烤排挡、水上游船等消费业态，带动周边区域休闲、人居集聚和房地产开发，打造一条贯穿抚顺东西的浑河生态旅游景观带。

3. "一廊"是大清文化旅游走廊。以沈通高速和东南公路为道路轴线，以世界文化遗产清永陵和赫图阿拉城旅游景区为龙头，打造"中华满族第一城"，开发妈妈沟乡村接待点、上夹河根雕奇石工艺品大市场精品购物点等服务节点，沿线串联前清历史遗址，形成一条文化品牌响亮、文化景区集聚、文化业态丰富的大清文化旅游走廊。

4. "六区"是都市旅游休闲区、沈抚新城娱乐文化旅游区、三块石生态休闲区、兴京文化旅游区、岗山生态度假区、清原生态运动区六大旅游功能区。以旅游资源分布和产业发展现状为基础，以品质旅游资源为吸引，建设形成主题特色化、要素集聚化、服务配套化、业态复合化、区域品牌化的旅游主体功能区。

5. 推进沈抚、抚本旅游一体化发展。充分利用沈阳经济区先导城市和联动辽宁旅游中东部的区位交通优势，主动融入沈阳都市旅游圈区、辽沈文化旅游带和辽东生态旅游度假区，强化和沈阳、本溪等城市的旅游基础设施和公共服务体系一体化建设，加快跨区域旅游线路开发，推进旅游宣传促销合作，实现区域间无障碍旅游，打造成为辽宁世界文化遗产之旅、辽东度假休闲之旅的重要节点和枢纽。

四、抚顺推动大旅游业经济增长点发展的战略

1. 抚顺旅游新形象战略。抚顺具有辽宁省内其他城市所没有的高森林覆盖率和独一无二的清前史迹，优越的旅游资源环境为抚顺打出"清前史迹游、满族风情游、激情夏日游、红色记忆游、自然生态游、工业文明游、祈福修身游、休闲娱乐游、欢乐冰雪游、都市观光游"等的旅游品牌奠定了坚实基础。这些旅游新形象从另一个崭新的角度展现了抚顺的又一个优势画面，使人们不仅从以往"煤都"形象中体味到一个老工业基地城市的工业文明的深厚底蕴，也会从这个新形象中了解抚顺还是一个渗透着丰厚人文生态景观和人文精神的环境优秀的美丽城市。抚顺旅游新形象战略下打造出辽宁省的旅游大市，不仅是抚顺旅游资源开发的潜力和优势，而且也是增强抚顺旅游业吸引力的特色和品牌。"煤都"曾展现了抚顺往日的工业文明辉煌，随着煤炭资源的枯竭和石

油化工产业的崛起，以及沈抚新城和石化新城这两个抚顺经济增长极的兴盛，不仅延续了往日"煤都"工业文明的辉煌，而且还将集中地突出抚顺老工业基地的鲜明特征。从"煤都"到"两城两带一区"和"一极五业"，以及打造的抚顺诸多旅游品牌的新形象，抚顺同时容纳了许多光荣，这不仅是抚顺人的最大荣耀，而且也是抚顺老工业基地必将焕发青春活力的一种新的形象写照和行动号角。抚顺这种旅游新形象的确立，不仅会使这个城市品位提高、升值无限，而且对外形象也会更加鲜明，对改善投资环境，增强城市的吸引力，大力发展旅游产业，保持生态平衡，无疑都具有十分重要的意义。而这个新形象的真实内容之一，就是渗透着特色人文景观、人文精神，以及深厚文化、文明底蕴的生态环境十分优秀的城市。

2. 创新拉动的精品战略。创新是时代进步的体现。旅游产业的创新，是增强旅游景区景点吸引力的重要途径。抚顺旅游创新拉动应表现在以下两个方面：一是现有景区旅游新景点的开发。除抚顺各景区已有旅游景点外，还要开发和挖掘各景区的潜在未开发旅游景点，以及能够充分体现旅游娱乐休闲一体化功能效应的新的旅游设施。例如，围绕清永陵和赫图阿拉城景区开发佛阿拉城、永陵南汉城遗址等新景点。以此办法逐步扩大抚顺各景区的景点数量，形成旅游拳头品牌，使游客所到之景区能有游不完的感觉。二是开发新景区。要想打造抚顺人文生态旅游大市这块省内品牌，就必须为旅游消费者提供多种多样的旅游消费产品。

3. 名人名牌效应战略。抚顺有影响全国乃至世界的名人和重大事件。雷锋和努尔哈赤是举世闻名的人物，钢山是辽宁省内的最高山峰，清永陵是清代首陵，赫图阿拉城是前清首都，抚顺战犯管理所旧址是战争罪犯首所，平顶山惨案遗址是日军制造的惨案首址，清原滚马岭是浑河首源，等等。这些都是抚顺实施旅游名人名牌效应战略的基石。这些名人名牌，从游客追求新、奇、特的心理出发，构建有特色、风格新颖的名人名牌旅游景区或景点，能迎合游客的公众心理，提高旅游资源的利用率和景区景点的吸引力。

4. 大旅游效应战略。对于抚顺旅游业来说，大旅游效应战略就是依托市区、新宾县、清原县和抚顺县的主体景区影响，以及在市场占有率为龙头，带动其他小景区、小景点和第三产业等各行各业的发展。针对抚顺市区景点分散的特点，可以把雷锋纪念馆、战犯管理所等景点连成旅游网络联票销售给游客，特别是对于旅游团更具有发挥旅游资源"牵一动百"的连锁效应，通过这种组合拳克服抚顺旅游景点分散的弱点，创造出综合经济和社会效益。

5. 轰动战略。在抚顺旅游发展中轰动战略也是推动旅游业发展的一个重要因素。所谓轰动战略是对一些生命周期短，季节性或短期效应功能突出的景致景观及活动的旅游产品，要发挥其短期功效，从而在旅游经济的发展中起到轰动效应。这种轰动效应的产生不仅依赖于旅游资源本身变换率高，即推陈出新的节奏快，而且还要捕捉游客的好奇心理，让游客的好奇心理能在旅游产品展示的变换中得到释放和表现。抚顺在旅游旺季连续举办的中国（抚顺）满族风情旅游节、中国（抚顺）根雕艺术节、各种展会等都是这种轰动战略的具体实施。他们在某一时期有效地扩大了对外宣传和影响，提高了知名度，有力地推动了抚顺旅游经济的发展。

五、抚顺推动大旅游业经济增长点发展的重点任务

近年来，抚顺旅游业取得了突飞猛进的发展。为了加快抚顺旅游业的健康发展，我市要以旅游名城战略为指导，统筹规划、优化旅游空间体系，创新业态、完善旅游产品体系，创新模式、升级旅游产业体系，加大投入、健全旅游服务体系，打造品牌、拓展旅游市场体系，创新旅游管理体系，重点推进以下几方面的重点任务。

1. 通过多个区域旅游小增长点汇集成旅游产业大增长点。按照六区联动的发展格局，加快开发建设我市六大旅游产业集聚区。（1）以沈抚新城的皇家海洋主题乐园、丰远·热高乐园等为依托，形成文化创意、教育娱乐、休闲农业为一体的沈抚新城娱乐文化旅游产业集聚区。（2）以清原满族自治县的红河峡谷漂流、金山石佛、聚隆滑雪场等为依托，形成集森林旅游、山水旅游、温泉旅游、休闲农业为一体的清原生态旅游产业集聚区。（3）以新宾满族自治县清永陵、赫图阿拉城、神树、猴石等为依托，形成集遗产旅游、民俗体验、文化创意为一体的兴京文化旅游产业集聚区。（4）以抚顺县的三块石国家森林公园、佟庄子国家乡村旅游示范点、关山湖国家水利风景区等为依托，形成集休闲农业、温泉度假、健康养生为一体的三块石休闲旅游产业集聚区。（5）以市内四城区雷锋纪念馆、战犯管理所、西露天矿矿坑、萨尔浒风景名胜区、月牙岛、高尔山风景区等为依托，形成集观光旅游、红色旅游、工业遗产旅游、购物旅游、商务旅游于一体的都市旅游产业集聚区。（6）围绕打造"辽宁屋脊、养生福地"的目标定位，以岗山国家森林公园为主，整合周边的林场村屯，打造以山岳观光、生态养生为主，集森林旅游、乡村休闲、特色农业、民俗文化等于一体的岗山生态旅游休闲区，推进创建国家级生态旅游示范区。力争在尽可能短的时间内，将沈抚新城和清原两个旅游产业集聚区打造成省级重点旅游集聚区。

2. 重点培育旅游业经营主体。（1）培育旅游企业集团，扶持重点旅游企业。整合国有旅游资源，建立旅游企业集团，扩大和强化旅游产业集群。积极

支持中小旅游企业发展，加大对本土旅游企业的扶持力度，鼓励本土旅游企业品牌发展。（2）积极发挥旅行社把景区和游客联系起来的重要纽带作用。按照"大型旅行社集团化、中型旅行社专业化、小型旅行社网络化"的思路调整旅行社结构，引进全国百强旅行社，强化旅行社的中介服务功能，逐步形成客源地和目的地市场一体化。（3）鼓励发展旅游景区管理公司，鼓励旅游景区公司拓展景区管理业务。（4）优化提升饭店管理品牌。优化旅游饭店结构，加快一批精品度假酒店、主题文化酒店建设。鼓励创造本土酒店管理品牌，扶持老酒店、老宾馆的升级改造，焕发新的市场活力。引入一批精品度假酒店、文化主题酒店、文化主题客栈、乡村连锁酒店、温泉养生酒店、特色民宿等专业化酒店运营商，实现酒店的特色化建设和高水平运营。（5）扶持打造旅游纪念品企业。培育和鼓励旅游纪念品企业发展壮大，着力打造若干抚顺本土的旅游纪念品品牌，集旅游纪念品设计研发、生产加工、店面销售于一体，并在抚顺市内形成品牌连锁，成为抚顺旅游纪念品的代表性品牌，做大购物旅游经济。

3. 积极培育抚顺旅游新业态。大力发展自驾游、低空旅游、中医养生、户外运动、体育赛事、休闲庄园、旅游装备制造、特色民宿、主题度假酒店等新兴旅游业态，推动旅游产品转型升级。依托紧邻沈阳的区位交通优势，开发沈阳—抚顺—清原、沈阳—抚顺—新宾的精品自驾旅游线路；积极开发疗养康复、特色医疗、体检保健、养生养老等健康养生业态；建立一批漂流、滑雪、骑行、拓展、徒步、登山、溯溪等户外运动基地；积极争取承办一批国内外具有影响力和知名度的体育赛事；充分利用老工业基地雄厚的制造业优势，推进移动别墅、露营帐篷、户外用品等旅游装备用品发展，做大旅游装备制造业。

4. 促进产业与旅游业融合发展。（1）促进农业与旅游业融合。依托自然风光、民俗风情、乡村文化、历史遗迹、特色农产品等资源，大力发展乡村旅游和休闲观光农业、生态农业认养，积极发展绿色、特色、生态、观光型农业，建设一批生态农庄、农业观光园、休闲庄园、乡村客栈、特色民宿等，打造特色乡村生态休闲旅游品牌。按照全国农业和乡村旅游示范县标准，加快清原满族自治县和新宾满族自治县全国农业和乡村旅游示范县建设，把清原县和新宾县打造成全国闻名的旅游名县。建成永陵镇、后安镇等5个特色旅游乡镇；佟庄子村、下房子村、王家堡村、砖台村等20个旅游专业村；建成全市具有一定规模的农家乐达到400家。（2）推动工业与旅游业融合。充分利用老工业基地雄厚的制造业优势发展旅游装备制造业，挖掘百年工业品牌资源及其深厚的工业文化底蕴，开发建设工业遗产旅游项目。除西露天矿景点外，抚顺还有石油厂、大乙烯等化工厂、煤矿、发电厂、钢铁厂、铝厂等等众多工厂，这些工厂历史悠久、规模大、内涵深、特色鲜明，在全国都有较高知名度，将这些优势资源挖掘出来，打造抚顺工业游，定会取得显著成效。重点启动西露天矿工业遗产旅游项目。在 2016 年西露天矿计划停止规模性开采后，按照"总体规划、分期开发、逐年推进"的方针，将西露天矿开发建设成为新的旅游景点。（3）推进文化业与旅游业融合。编排主题突出、特色鲜明的特色旅游演艺精品，加强文化产业园区、文化创意基地等文化体验型休闲旅游产品建设。（4）推动商贸业与旅游业融合。增强城市商业综合体旅游功能，形成区域性的城市中央休闲区。努力争取中外大型会议、赛事、展览的承办权，加大商务、商贸、会展活动的旅游配套开发。

5. 重点挖掘开发永陵景区新景点。永陵作为大清王朝的龙兴之地，历史文化厚重、地位突出、满族特色鲜明，极具开发前景。新宾永陵景区要想扩大吸引力。（1）要树立古朴、原始、起源、启运等理念。强调一个古色古香、原汁原味，展现先民和努尔哈赤创业的艰辛历程，以及战争、生活、生产原貌，以此增强启运游、寻根游、考古游、宗教游、名人游等旅游卖点的吸引力和认同感。（2）把工作重点放在挖掘和开发新景点上。永陵景区方圆几十千米内，文物古迹遍地，遵循古朴、原始、启运等理念，就能复原许多古迹、遗址，增加许多新景点，而景区景点密度的增加，无疑会大大提高景区对游客的吸引力和增加停留时间，并激发起游客游兴，使之带来更多的游客。因此，就要以建设中国皇家第一古镇为牵动，进一步带动新宾旅游的整体开发，搞好规划中的"努尔哈赤产业园""满族祭祖大殿""神树风景区""八旗露营""酒文化产业园"等项目开发。

6. 充分挖掘抚顺宗教旅游资源，增加旅游新品种。抚顺是宗教旅游的胜地。新宾县的皇寺、清原县的青云寺、抚顺县的中华寺、高湾经济区的善缘寺、东洲区的三慧寺，以及高尔山观音阁等均是人们宗教旅游的理想去处。其中占地千余亩的中华寺规模宏大，气势尤为壮观。将这些资源充分开发利用起来，将这些景区打造成为抚顺重要的宗教文化旅游区，能够吸引海外各种宗教旅游团，为宗教文化的传播和学术研究创造有利的条件。

7. 以浑河景观带为轴心，打造抚顺旅游平台。沿着浑河从望花到东洲的过境高速公路，是进入市内和新宾县、清原县、抚顺县等地旅游景区的一个绿色旅游走廊，其除了为城市市民提供休闲娱乐外，还是外地游客进入抚顺各旅游景区之前首先映入眼帘的第一景观，能够为外地游客留下良好的第一印象，对提高游客游兴具有很大作用。因此，加速延伸浑河景观带，搭建好抚顺这个旅游景观平台，对于推动抚顺旅游业发展具有重要意义。一是充分利用抚顺浑河景观带资源优势，在浑河景观带上建造休闲、餐饮、文化、娱乐设施，大力发展服务业，实现亲水效应，会聚人气，使浑河景观带成为人们餐饮、休闲、娱乐的好去处。二是充分挖掘月牙岛生态公园资源，利用其独特区位优势，将其打造为会展、聚会、景观、餐饮、娱乐旅游基地。三是科学利用大伙房水库旅游资源优势，探讨旅游发展新思路。在遵守国家环保法规的前提下，将大伙房水库景区旅游资源开发同环境保护有机结合起来，形成环保、生态、旅游相统一的独特景区，充分利用这一宝贵资源，树立抚顺旅游品牌。

8. 开发抚顺冬季旅游资源，促进抚顺新旅游品牌形成。一是开发冬季滑雪项目。在现有清原满族自治县湾甸子镇正在兴建的大型雪上运动项目中心的基础上，抚顺各地可根据当地条件，建造不同规模的冬季滑雪场和冬季户外旅游活动设施，以满足冬季人们休闲娱乐的需要。二是开发温泉旅游资源。加快温泉项目开发建设速度，以后安镇温泉开发为突破口，建成抚顺县后安温泉、清原县小孤家子温泉和新宾县木奇温泉三个温泉小镇；建成月牙岛温泉酒店、罗台山庄温泉酒店和丰远·热高城堡温泉酒店三个温泉酒店。在此基础上，对新宾县、清原县、东洲区和顺城区温泉资源进行深入探查开发，大力开发抚顺市温泉旅游项目建设，同时形成冬季冰雪配套项目。

9. 以挖掘开发独具特色的旅游商品为重点，加快旅游商品开发和市场建设。吃、住、行、游、购、娱是旅游需求的六大要素，"购"是旅游活动一项不可缺少的重要内容。旅游商品具有物质和精神属性，纪念性、观赏性、艺术性、趣味性、知识性、独特性是优秀旅游商品必备的要素。所以挖掘开发独具特色的旅游商品，展示本地独特旅游商品特点，增强旅游者购买欲望，增加旅游商品收入在旅游总收入中的比重应是抚顺旅游业加快发展的工作重点。（1）要使旅游商品能够承担传播旅游的形象和满足旅游者需求的双重责任，并在旅游商品的开发设计上要将抚顺优秀的满族传统文化、东北地域特色文化和现代文化结合在一起，突出旅游商品的产地特色，或赋予旅游商品特殊意义的文化内涵，将抚顺的文化艺术、工艺技巧与树根、煤精、林蛙、中草药等物质资源结合起来，从市场整体角度将开发生产的每一要素都渗透着一定水平的文化含量，将满族文化内涵和东北地域文化特点以艺术的手法浓缩到商品上。也只有这样的旅游商品才能真正代表表现出抚顺的满族文化特色和东北地域文化风格，并且具有十足的购买吸引力和不可替代性，也才具有纪念意义、收藏价值和独特的实用价值。（2）要使旅游商品的开发构思新颖，有很强的创新意识，体现抚顺旅游商品的独特性。旅游商品生产发展到一定阶段，就要跳出仿制、复制和外地进货阶段，通过增加科技含量和不断创新，才能形成具有本地特色的旅游商品市场。（3）要通过吸引高层次旅游商品开发人才，使传统作坊经验式的旅游商品开发升级为系统的大规模工厂式开发模式。为此，就要对现有旅游商品、纪念品进行大力整合，统一策划和包装；积极研发富有地方特色的旅游商品和纪念品;推出以雷锋、工业遗产为主题的系列旅游纪念品;挖掘打造特色地方小吃,培育金字招牌。加快旅游市场建设,在尽可能短的时间内建成沈抚新城、红河峡谷漂流、丰远·热高乐园三个旅游商品市场,并纳入重点旅游线路进行推广;在重点景区、商业街及旅游线路沿途建成一批具有较大规模的旅游商品市场和一条街。

10. 全面推进抚顺智慧旅游建设。(1)搭建智慧旅游体系框架。构建政府政务管理体系、企业商务管理体系、游客体验服务体系"三位一体"的智慧旅游体系,打造旅游信息、旅游政务、旅游商务、旅游管理和便民服务五大平台,实现区域旅游信息服务一体化、电子政务办公、政务服务和政务管理一体化,旅游企业电子票务、电子导游、电子顾问、电子商务服务一体化,监督与监控、预测与决策、预警与应急管理一体化,以及投诉处理、安全救援信息一体化。(2)打造智慧旅游示范点。打造一批智慧旅游示范点,包括智慧景区、智慧饭店、智慧旅行社、智慧乡村等试点示范。将丰远·热高、赫图阿拉城、红河峡谷漂流等景区作为智慧景区示范点,推动示范建设;将友谊饭店、万达嘉华酒店、浙商星星国际酒店等饭店作为智慧饭店示范点,推进示范饭店的智慧服务;将友谊宾馆旅行社、天马旅行社等旅行社作为智慧旅行社示范点;将长垄地村、佟庄子村等作为智慧乡村旅游示范点。以智慧旅游示范点为蓝本,制定智慧景区、智慧饭店、智慧旅行社、智慧乡村的建设标准。(3)推进智慧旅游项目。重点推进并完成自助导游讲解系统、城市自助导览系统、网络虚拟旅游系统、无线宽带网覆盖、旅游移动终端等智慧旅游项目。

第四节 抚顺推动大旅游业经济增长点发展的对策建议

一、加强对旅游业发展的组织领导和资金投入

1. 加强对旅游业发展的组织领导。(1)建立健全旅游名城战略领导小组的日常工作机制。通过日常工作机制真正实现全市上下共抓旅游的大格局。(2)增强旅游产业发展委员会的综合协调职能。重点增加统筹全市旅游发展规划及组织实施,强化在项目立项、规划审批、各类旅游资金安排使用等方面职能;增加指导协调旅游信息化建设,温泉与乡村旅游等旅游新业态开发建设,旅游经营体制改革等职能。(3)实施重大旅游项目跟踪责任制。建设亿元以上旅游综合产业项目,实行市旅游名城战略领导小组跟踪制度,建设十亿元以上旅游综合产业项目,实行市主要领导跟踪制度。各县区也要建立相应工作机

构，确保各项工作任务落到实处。

2. 加大对旅游业的资金投入。（1）安排旅游业发展专项资金。市财政应根据市委市政府总体部署和市财力情况，安排旅游业发展专项资金。旅游委要提升旅游业发展专项资金的使用效率，重点用于城市旅游形象宣传、旅游公共设施建设、旅游发展规划编制、旅游从业人员培训和重大旅游节事活动的组织等。对重点旅游项目采取一事一议的办法给予资金支持。各县区要安排一定的旅游业发展配套资金。（2）强化旅游招商引资工作。争取海内外有实力的大集团、大企业前来抚顺投资旅游项目。（3）加大金融信贷支持力度。根据旅游业的特点，银行机构要改进授信管理和风险评价方式，开展旅游景区经营权质押和门票收入权质押业务。（4）积极引导社会各类资金采取独资、合资、合作等多种方式，参与抚顺旅游业建设，并建立抚顺旅游建设扶持资金，争取由国家扶持资金、辽宁省政府扶持资金等专项转移支付资金。

二、科学规划，建立推动大旅游产业快速发展的政策体系

1. 依据旅游业发展新理念统筹科学规划。（1）出台抚顺以旅游业为轴心的相关服务业发展规划，明确未来5～10年抚顺以旅游为重点的相关服务业的发展思路，强化以旅游业带动相关服务业态发展的意识，高度重视发展以旅游为轴心的现代服务业。（2）落实执行好旅游业发展规划。抚顺要严格以《抚顺市旅游产业提升规划》等规划为准则，按照规划的要求认真实施，以此确保抚顺旅游业发展目标的顺利实现。（3）加强各旅游景区景点的定位布局和规划设计工作。抚顺市各景区的文物古迹和奇异的自然山水风光有很多，充分地挖掘和进行创意设计，赋予其丰富的文化内涵和生命力，是一项十分重要而艰巨的创造性活动。根据空间地理位置，我市各旅游景区的空间布局和功能定位已经形成，但这并非是一成不变的，也需要根据旅游市场的变化而进行重新调整充实，注重编制或修订各县区的《旅游发展总体规划》，重点编制《全县休闲旅游农业及乡村旅游概念性产业规划》《乡村旅游村屯发展规划》《沟域旅游发展规划》《旅游产业发展规划》等规划，用于指导旅游业的发展。（4）认真做好多项规划的衔接工作。特别是与城市总规划做好衔接，要与工业园区发展、城市商业发展、新农村建设和文化产业发展规划有机衔接。

2. 政府要形成推动抚顺大旅游业经济增长点发展的政策体系。在贯彻落实国务院《关于加快发展旅游业的意见》和《抚顺市促进旅游产业发展条例》的基础上，积极争取国家对抚顺旅游业建设政策支持。（1）要把抚顺大旅游产业的发展纳入抚顺市国民经济和社会发展计划中统筹考虑，作为重要经济增长点来抓。（2）加快保障旅游产业发展的法律法规和管理制度的建设，促进我市旅游经济向良性规范的方向发展。（3）建立旅游资源和环境保护的实时动态监测系统，优化各旅游景区的环境。（4）制定优惠政策扶持旅游业的发展，在包括土地和旅游资源出让、投资信贷等方面提供一系列的支持政策。

三、周密策划，打造抚顺旅游新形象

1. 树立抚顺旅游整体新形象。建立由旅游委牵头，协调并强化旅游市场促销手段的综合运用，遵循"捆绑"营销原则，不断扩大旅游市场需求，并在激烈的市场竞争中，充分运用市旅游资源，深入开发国际、国内两个旅游市场，不断培育新型的市场主体。同时，还要强化生态旅游科学运作力度，进行大规模绿地绿林建设，抓好生态大环境的建设，搭好抚顺旅游平台，提高抚顺各旅游景区的进入性创造良好的外部环境。

2. 加快抚顺旅游品牌体系建设。抚顺要加快建设旅游品牌体系，着力打造一批国内一流的旅游品牌。推动抚顺凝练具有文化内涵和市场引力的城市旅游形象品牌和产品服务品牌，着力打造经典线路、精品景区、特色旅游城市的旅游品牌体系。加强旅游品牌的策划和运作，努力打造旅游目的地品牌、旅游产品品牌、旅游企业品牌等一系列品牌。打造文化旅游、休闲旅游、观光旅游、度假旅游等品牌。重点支持打造具有特色和竞争力的城市"二日游""三日游"旅游产品，积极谋划 100 个"最想去的地方、最佳旅游商品、最爱吃的美食"品牌建设。把抚顺建设为以旅游品牌为龙头，以城市旅游形象品牌为支撑，以企业旅游服务品牌为基础的旅游品牌体系。通过著名旅游品牌的培育和鲜明旅游形象的塑造，加快抚顺旅游业发展。

3. 要做好区际旅游线路组织与精品旅游线路策划。与大连、沈阳、丹东、北京等地组织区际旅游线路，可以将抚顺纳入由著名且比较成熟的旅游名胜地的带动之中，也可将抚顺作为区际重点旅游景区之一，推销给游客。在区际旅游组织中，抚顺还要融入以京津为龙头，大连、青岛为两翼的环渤海旅游圈中。同时，还要精心策划抚顺市内的精品旅游线路。这不仅是抚顺旅游形象的最好内容，而且也是抚顺旅游吸引力的关键因素。

4. 重视旅游景区及景点不同等级和系列的申报策划工作。积极策划抚顺各重点旅游景区景点的国家级旅游区景点，国家级风景名胜区，国家级森林公园，国家级自然保护区和国家级文物保护单位等的申报工作。以等级品牌提升抚顺旅游资源的无形资产，并通过等级品牌的特殊性争取相应的政策优惠和资金扶持，促进旅游资源开发与保护的良性循环。

四、推动旅游商品的全面开发创新

1. 政府和社会应从政策、资金、技术等方面扶持旅游商品的开发。我市旅游商品开发因政策、资金、人才、技术等方面原因的制约而发展缓慢。为此，政府有关部门应从产品的初开发阶段就要积极配合，给予相应的保护和支持。在资金、技术、人才、信息等多方面给旅游商品生产厂家注入活力。同时，还要把开发生产旅游商品与开发旅游项目结合起来，明确旅游商品的发展方向和发展目标，并纳入抚顺旅游发展总体规划。

2. 要建立旅游商品开发创新基地。不仅要加大对旅游商品生产技术研究与营销方式的改进力度，增强旅游商品的技术含量和增加销售量，培养我市旅游购物品中的名牌和精品，而且还应加大对旅游购物品的包装和装潢设计创新力度，以此来提高旅游商品本身的品位和价值。在旅游商品的开发创新上，要建立旅游商品开发创新基地，集中各方面人才，为旅游商品生产企业服务。

3. 面向市场，营造一批集特色、品位和品牌于一体的拳头产品。我市的煤精、根雕、草编工艺品，及山野菜、中草药、食用菌等已具有一定特色、品位和市场，但还需要面向市场，积极研究旅游者的购物动机，准确地把握旅游活动的新特点、新时尚和新趋势，从多角度考虑旅游商品的开发和生产价值，并从抚顺的非物质文化遗产类资源和工农业发展特点入手，引导有关企业生产并集中展示销售具有抚顺地方特色的食品、工艺品、土特产和旅游纪念品。

4. 要加大旅游商品开发人才培养力度。要造就一批有实力、有水平的旅游商品开发设计队伍，不断设计出有新意、有品位、有抚顺地方和满族特色的旅游商品。因此，要通过不同渠道为我市培养旅游商品开发人才。同时，还要大力培养专业的旅游商品营销人员，建立并完善抚顺各旅游景区及外地的旅游购物品营销网络。

五、加大旅游景区的营销宣传力度

1. 要做好形象宣传。通过各种媒体的广告宣传、媒体记者的专访考察、互联网的景区景点介绍，使抚顺旅游形象在大众心中留下深刻的印象。

2. 通过连续举办满族旅游风情节、自然保护区生态科学考察活动，举办抚顺风情摄影展、清前史文化研讨会等活动挖掘抚顺地域文化价值，并在广为宣传的基础上让公众了解抚顺深厚的文化底蕴，达到吸引游客的目的。

3. 通过邀请记者团、旅行社经理团的考察游，以及举办旅游商品交易会等专题活动，推出新型旅游卖点，获得旅游市场的关注。

4. 要加大营销力度。不仅要构建抚顺旅游景区的经营网络，有效地利用省内外营销渠道，而且抚顺还要进入全国旅行社的景区名单；不仅要印制高水平的营销材料并有效地扩散，而且还要积极参加国内举办的各种旅游博览会及其他旅游促销活动；不仅要提高抚顺旅游产业的景区景点开发与营销合作，而且还要开展营销调研，搜集游客反馈信息，适时调整营销目标和营销方式。

六、大力培养各方面旅游人才，强化现代科技对旅游业发展的支撑作用

1. 大力培养各方面旅游人才。旅游人才是实现旅游资源向旅游产业化发展的重要前提。大旅游产业的发展需要专业化的旅游人才队伍支撑。（1）抓好旅游干部队伍、企业管理人员、一线员工的教育培训，提高旅游队伍的整体素质。（2）重点培养提高旅游主管部门人才、高层次旅游经营管理人才、旅游短缺专业人才、教育培训师资人才，建立合理的旅游人才流动机制。（3）建立旅游培训机构，实施旅游业人才职业化工程，加强在职人员的继续教育培训和考核，以标准促提高。（4）加强与高校旅游专业的合作，加强职业院校旅游服务业学科和专业建设，大力开展旅游产业发展需要的专业性、技术性较强的培训，完善专业化、系统化的旅游培训体系。（5）加大旅游人才引进力度，吸引国内外旅游人才和专业团队参与抚顺的旅游资源开发。

2. 强化现代科技对旅游业发展的支撑作用。（1）深入推广信息技术在旅游产业发展中的应用。适应旅游电子商务发展迅猛的新形势，将低成本、高效率的电子商务作为引领旅游产业的未来的新路径。建设覆盖区内各级旅游部门、各旅游企业的数字旅游服务系统，实现旅游政务信息、旅游资讯在全行业的即时传送。要以旅游服务热线为平台，进一步整合信息资源，丰富热线内容，扩大信息采集渠道和宣传渠道。要依托信息技术，建立通畅高效的旅游应急管理系统。（2）加快旅游标准化建设。在全市旅游业的各个方面，全面推进已发布实施的各项旅游标准的落实；以旅游景区、宾馆、酒店、旅行社为重点，组织开展旅游标准化示范工作。（3）积极应用清洁能源技术，实现旅游业的低碳绿色环保化发展。

七、完善旅游服务设施和基础设施的配套

高标准搞好相应的旅游基础设施配套建设。应在道路建设、公共交通、通信信息、购物街区、金融服务、宾馆饭店、度假区、新闻传媒、文化设施、公共厕所等方面按照高标准进行大力投资建设或改造，提高旅游进入游玩的便利性。加快重点景区游客集散中心建设，完善道路标志，旅游厕所、景区停车场、自驾游营地等设施，推进数字旅游体系建设。针对参加乡村游的客人最不满意的厕所和住宿的不卫生、不方便，旅游服务的质量和水平没有标准等问

题，政府可通过宣传、规范、引导和示范，提高景区配套设施的规范化水平，以推动乡村旅游的提档升级。

1. 应加强市区这类综合接待基地的完善工作。提供游线组团、信息咨询、预定购买往返交通等在内的多项服务内容，同时应提供游客在抚顺逗留期间的食、住、行、娱、购等各项服务和设施。

2. 完善清原镇、新宾镇、永陵镇及章党镇等的游客中心服务设施配套建设。主要提供服务范围内旅游信息咨询、景区景点介绍、交通工具、住宿、娱乐、购物等服务和设施。

3. 加强旅游服务点的服务设施建设。在各主要旅游景区提供游客旅游区内景点介绍、导游、相关景点介绍，以及必要的如购物、摄影、导游、娱乐、公厕等服务和设施。同时，旅行社要提供优质服务。要加快新旅行社的建立，宾馆饭店及旅游床位数要满足我市旅游市场不断扩大的需要。

八、建立健全监督检查机制与规划评估和调整机制

1. 建立健全监督检查机制。建立旅游发展目标任务考评机制。各县区政府要加强对有关目标任务落实的跟踪、监督、检查和评估，把旅游发展目标任务纳入领导班子和领导干部综合考核评价体系之中，纳入县域经济考核排名的指标体系之中；对重点项目、重要工作实行领导干部分包责任制，并纳入年度考核。建立健全激励约束机制，对推进旅游发展贡献突出、成绩显著的地方、部门和个人给予表彰奖励。

2. 建立规划评估和调整机制。制订和实施旅游发展年度计划，加强规划实施报告。定期总结规划主要指标和重点任务完成情况，全面分析检查规划实施效果。规划实施期间，如需调整，由规划编制部门提出修订方案，按规定程序进行调整和修订。

第六章 抚顺推动大文化产业经济增长点发展

提要： 大力发展文化产业对推动抚顺城市转型振兴具有重要意义。本章对抚顺发展大文化产业的优势和意义进行了论述，对文化产业发展现状及其存在的问题进行了深入分析，探讨了抚顺大文化产业发展的思路、重点任务和途径，提出了大文化产业助推抚顺城市转型振兴的对策建议。

第一节 抚顺发展大文化产业的优势和意义

一、抚顺发展大文化产业的优势

1. 区位优势。抚顺区位优势突出，为发展文化产业，吸引国内外文化消费提供了良好的基础条件。沈抚同城化，实现了沈阳和抚顺中心城区半小时交通圈，使抚顺直接融入辽宁中部核心经济圈，抚顺的优势与潜力得到充分的释放，文化产业的发展空间、区位协作、资源配置、整体价值形象和对外影响力都有很大的提升，对吸引国内外的文化消费具有较强的吸引力。

2. 经济社会快速发展优势。抚顺紧紧抓住东北振兴和沈抚同城化的历史机遇，大力实施以"两城两带"为重点的城镇化发展战略和以"一极五业，多点支撑"的产业发展战略，推动城市转型和就业再就业。抚顺文化基础设施建设不断加强，为文化产业的发展提供了投资和消费的双重动力。各项文化事业蓬勃发展，群众思想道德水平和文明程度进一步提高，抚顺市被评为"中国优秀生态旅游城市"和"中国十佳投资环境城市"。抚顺市经济社会的快速发展，为抚顺文化产业的发展提供了良好的经济基础和社会环境。

3. 文化资源优势。在文化资源方面，抚顺历史文化资源丰富厚重，特色鲜明，历史文化、民俗文化、工业文化、雷锋文化等资源具有显著的优势，不少领域在全国都处于领先水平。出土的煤精雕刻证明抚顺历史可以追溯到7 000多年前。2 000多年前，春秋战国时期这里开始设郡统辖。在数千年的岁月中，高句丽、鲜卑、契丹、女真、蒙古等少数民族在这片土地上生息繁衍，创造了灿若星河、丰富多彩的历史文化。特别是中国封建社会最后一个王朝——清王朝发祥于此，使这里增添了"启运之地"的神奇色彩。据统计，全市现存不可移动文物 1 400 余处，各级文物保护单位 106 处。其中，除清永陵被列入世界文化遗产外，抚顺有国家级文物保护单位 8 处，省级文物保护单位 15 处，市级文物保护单位 25 处。除不可移动文物外，全市现有馆藏文物 8 300 余件，其中国家一级文物 20 件，二级文物 200 余件，三级文物 1 500 余件。抚顺拥有世界非物质文化遗产项目 1 项，国家级非物质文化遗产项目 3 项，省级保护名录项目 6 项，市级保护名录项目 45 项，县区级保护名录项目 93 项。市非物质文化遗产普查工作全部完成，搜集非遗线索 1 600 多个，调查项目 15 类 288 个。新宾镇被授予"中国优秀民间艺术之乡"，6 名传承人被确定为省级代表性传承人，3 名民间艺人被省授予"民间艺术家"称号，12 名民间艺人被省授予"优秀民间艺人"称号。努尔哈赤、雷锋、张洁、李松涛、李中华、王楠等名人彪炳史册，影响深远。清代文化、工业文化、雷锋文化、红色文化等文化资源底蕴深厚，内容丰富，为文化产业的发展奠定了坚实的基础。

二、大文化产业对推动抚顺经济发展具有重要意义

抚顺发展文化产业，既是繁荣社会主义文化、满足人民群众精神文化需求的重要途径，也是加快现代服务业发展，促进抚顺城市转型的需要。

1. 大文化产业对推动抚顺经济发展的历史意义。抚顺是典型的煤炭资源型工业城市，素有"煤都"之称。20 世纪初，煤炭工业的初兴开启了抚顺城市化的步伐，也随之带来饱受帝国主义侵略和掠夺的 40 年苦难历程。新中国成立后，由于国家的重视，使抚顺在短时间内成为综合性的重工业城市，工业文明散发出耀眼的光芒。20 世纪 80 年代末以后，随着沿海工业城市的崛起，抚顺工业进入了发展比较缓慢的时期，特别是以煤炭开采业为支柱产业的城市，由于煤炭资源逐步走向枯竭，领先地位受到挑战。时至 21 世纪初，100 多年的高强度、大规模开采，抚顺煤炭可采的储量已进入枯竭的收尾开采阶段。伴随着煤炭资源的枯竭，抚顺经济发展开始逐步滞后，经济总量不断倒退，离"辽老四"的排名渐行渐远。2009 年，抚顺市被列入国家资源枯竭型城市名单，正式宣告依赖资源发展的老路已经走到尽头。加速抚顺老工业基地的转型，寻求新的产业支撑，成为摆在抚顺人民面前必须解决的难题和必须跨越的难关。抚顺人民在城市转型的关键时期，迎难而上，艰辛探索，进行了多种多样的设计和实践。在加速发展的过程中，虽然石油化工、机械制造等工业

产业渐成优势，成为煤炭工业的有力替代产业，不过随着机械化、自动化、规模化的高度发展，高科技现代工业企业并不需要太多人手，依靠这些产业完全解决百万人口大城市的巨大就业压力，显然是捉襟见肘的。因此，大力发展可以安置更多就业人口的包括文化产业在内的劳动密集型现代服务业，也就成了抚顺资源枯竭型城市转型振兴的重要战略选择。

在全国、全省加快推进文化产业发展的背景和机遇下，抚顺市也充分地认识到发展文化产业的重要意义，适时地提出了加快文化产业发展的目标，并作出了相应的战略部署。在2011年发布的《中共抚顺市委关于贯彻落实党的十七届六中全会精神加快建设文化强市的实施意见》中提出，到2020年，文化产业增加值占GDP比重超过5%，成为抚顺市经济支柱性产业。2013年，抚顺市成立了以市长任组长的抚顺市文化产业发展领导小组。从2013年开始，市政府就把各县区和市直有关部门推进文化产业发展情况纳入绩效考核。在《抚顺市人民政府关于加快发展服务业的若干意见》（抚政发〔2014〕7号文件）中，明确提出大力发展文化产业，提出到2020年，全市文化产业增加值年均增速不低于17%。

2. 大文化产业对推动抚顺经济发展的现实意义。在诸多方面的转型中，首要的就是实现经济发展方式的本质性变革，即由粗放型、破坏环境型、资源浪费型、生存物化型、落后产业型的发展方式，向集约型、生态节约型、文化含量型、生活享受型、新兴产业型的发展方式转变。这就要把现代服务业发展作为推动发展方式转变和产业结构转型升级的重要支撑，并作为抚顺资源枯竭型城市转型发展的有效途径。在第三产业中，文化产业以节约资源、效益突出、潜力巨大、前景广阔等优点，显现了突出的优势。抚顺文化底蕴丰厚，为大力发展文化产业创造了良好的前提条件。在经济发展方式的转变中，着眼长远发展，发掘独特文化资源，大力发展与城市传统文化特色和经济特点紧密相融的现代文化产业，在文化与商务、金融及其他现代服务业的融合中，能够营造出无法替代的永久性城市文化产业比较优势，是城市转型发展的有力推手。因此，因地制宜地大力发展网络数字、动漫游戏、出版传媒、广播影视、演艺娱乐、文化旅游、会展博览、创意设计等文化产业，是现实条件下调整产业结构，加快经济发展方式转变，推动抚顺资源枯竭型城市转型的重要选择。其意义可以体现在以下四个方面：一是通过发展文化产业，能够快速优化城市软硬环境，极大地增强城市对外吸引力，打造聚合消费的优质产业平台；二是通过发展文化产业，扩大文化消费，能够充分激发城市经济增长的潜在活力，形成牵引城市转型发展的新引擎；三是通过发展文化产业，能够更好地满足人民群众多样化、多层次、多方面的精神文化需求，提高人民群众的生活品质；四是通过发展文化产业，能够全面提升城市文化内涵，提高人民群众的文化修养，塑造城市的崭新形象，凝练城市精神，进一步坚定抚顺人民团结一致推动城市转型的信心。

三、大文化产业发展对经济发展具有助推器的作用

发展文化产业，除了对经济发展具有精神动力和智力支持外，还可以通过文化产业的发展，软硬环境的改善，城市品牌的打造等创造经济价值，增强城市功能，塑造城市形象，促进城市综合竞争力的提高。

1. 可以促进旅游文化产业的发展。（1）文化产业发展对城市个性和特色的形成具有重要推动作用。围绕文化产业发展，人们可对文物古迹进行挖掘、整理和修复，对园林景观进行设计、构思，对基础设施和服务设施进行建设，对生态环境进行改善，对工业文明进行弘扬，对网络、电视、电影、广播，教育体育休闲，出版印刷等诸多文化领域进行产业化运作。（2）城市文化繁荣可以有效推动城市休闲文化产业发展。休闲文化的核心内容和根本目的，就是通过各种不同的休闲方式，激发提高人的生活热情，促进身心健康，满足人们日益增长的多方面的消费需求，培养人们在享受生活方面的消费能力，推动经济的增长和社会文明的进步。休闲文化产业，除了传统的内涵外，还有现代人的生活观念和休闲方式。例如，旅游、度假、疗养、娱乐、读书看报、欣赏文学艺术、电影、电视、戏剧、音乐、舞蹈、网上娱乐、体育、摄影，以及研究饮食文化、竞赛文化、购物文化、时装文化、家政文化等多种形式都可以包含在休闲文化之内，不仅可以安置大量就业，而且还可以有效地推动城市转型。

2. 可以促进大众体育文化产业的发展。随着城市居民生活水平的不断提高，已开始向"身体健康，心情舒畅"方向转变。不仅参与大众体育活动的人口将迅速增长，而且城市大众体育文化消费也将逐渐形成规模。其从以观赏各种体育比赛为主的"观赏型市场"，到以健身、娱乐为主的"参与型市场"，再到以集观赏、健身、娱乐为一体的"体育旅游市场"，以购买体育器材、服装为主的"实物型市场"也将更加火爆。同时，各种以大众体育为载体的文化活动将丰富人们的生活，陶冶人们的情操，而大众体育文化作为一种积极的生活方式将逐步被城市居民所广为接受。随着人们的社会生活更加丰富多彩，在体育锻炼时将会更加注重娱乐性，讲求效果的全面性。体育与文艺、旅游、休闲的结合，以及娱乐性的增强，使健身活动的支出增加，势必会刺激休闲娱乐市场的发展，进而刺激大众体育文化产业的加速发展。

3. 文化产业发展可以促进城乡基础设施、园林景观和生态环境的改善与发展。抚顺处于长白山余脉和辽沈冲积平原的结合部。群山环绕，绿水荡漾，

真山真水，美不胜收。这些少有的旅游景观资源为抚顺基础设施的规划布局，园林景观的设计构思，生态环境的调整和改善，都提供了得天独厚的方便和可能。如此美妙的园林景观、人文生态，是抚顺人的历史骄傲。如今，随着抚顺经济实力的不断增强，以及文化产业的形成和发展，抚顺人对抚顺的基础设施规划布局更加挥洒雄阔，对园林景观的构思更独具匠心。15 千米浑河风景带，萨尔浒的水光潋滟、绿林幽幽，劳动公园的山水交辉，功能完备，宜居、宜商、宜业的生态文化"沈抚新城"等，都展示了抚顺独特的风景画卷，为抚顺塑造了良好的外部形象。经济发展促进了人们居住环境的改善，促进人们心灵的净化和文明素质的提高；改善城市的形象，促进招商引资工作的开展，推动风景旅游产业的发展，促进文化生态气息浓厚的小城镇大量兴起。这些都将为城市文化的繁荣创造更加良好的条件。

4. 可以促进抚顺城市的投资软硬环境建设。发展文化产业不仅可以促进抚顺投资软环境的改善，营造良好的经济发展环境，而且还能有效地促进硬环境建设。基础设施、生产技术水平、企业布局、交通条件、协作条件、能源供给条件等基础性生产设施和服务设施是投资者最终决定是否投资、投资规模大小和投资方式时考虑的重要问题。文化因素、文化理念在城市基础设施规划布局中起着重要的作用。因此，抚顺在软硬环境建设上还要加大力度，努力塑造抚顺良好的外在形象，以此增强抚顺对外的吸引力和对内的凝聚力。

5. 发展文化产业可以提高抚顺的知名度和影响力。文化是城市的灵魂，纵观国内外的知名城市，除了良好的交通、发达的金融、繁荣的商业、丰富的人才等共性因素之外，几乎每个城市都有着各自独立的个性，特别是良好的人文环境，与众不同的文化风格和文化氛围，构成了一个城市独特的文化标志，特别是文化产业的大发展，是城市品位与形象的核心要素。因此，文化产业的发展必须要有自己的文化名牌企业、文化名牌产品。这是一个文化产业发展的实力和核心竞争力之所在，是一个城市的辐射力和吸引力之所在，是一个城市的生命力、文化力、知名度和影响力之所在。城市文化形象是城市外在面貌与内在精神的有机统一，是历史文化与现代文化的有机统一，更是城市软环境与硬环境的和谐统一。通过这些统一，不仅可以提高广大市民的综合素质，塑造抚顺良好的城市形象，提升城市的文化品位，而且还可以增强城市的投资吸引力、凝聚力和综合竞争力，有效地扩大抚顺对外的知名度和影响力。

第二节 抚顺文化产业发展现状和存在的问题

经过多年来对文化产业的大力推进，抚顺文化产业发展初见成效，演艺娱乐、广播影视、文化旅游、艺术品和工艺美术、文化演出、报刊发行、出版印刷、新兴特色文化产业等重点行业，实现了跨越式发展，使文化产业成为抚顺重要的经济增长点，初步形成了门类齐全、结构合理、独具特色的文化产业体系。抚顺依据特色文化资源和优势的产业布局呈现区域化、地域化发展态势，形成了满族文化、工业文化、民俗文化、雷锋文化、商业文化等地域特色鲜明，优势互补的新型格局。初步形成了以政府投资为引导、以企业投入和民间资本为主体、以外来资金为补充的文化产业多元化投融资机制。通过深化改革、资源整合，引入竞争机制，广电、报刊发行产业发展进一步加快。演出娱乐产业、文化旅游业多元化发展，呈现出新亮点；艺术品制作、加工、收藏等民营文化企业成为文化产业的新生力量。

一、抚顺文化产业发展的现状

为避免"煤尽城衰"的危险，抚顺未雨绸缪，在十几年前就提出积极培育文化产业经济增长点的战略任务，经过十几年的积极努力，文化产业发展已经初见成效。

1. 抚顺文化产业发展迅速。我市成立了市文化产业发展领导小组，制定了抚顺市文化产业发展规划。在文化产业项目和文化产业园区建设中，形成了一批集聚效应明显、特色鲜明的文化产业项目和文化产业园区，抚顺报业集团、新视源有限公司、赫图阿拉城、新宾上夹河大山根艺奇石馆、辽东特艺有限公司、艺博雕刻有限公司、八旗风满族艺术团等近10家文化企业，规模不断壮大，竞争力不断增强，成为带动全市文化产业发展的龙头。此外，抚顺还有一些项目和园区获得了省级乃至国家级的荣誉。2012年，沈抚新城文化产业园区、中国琥珀城、丰远·热高乐园分别被辽宁省文化厅命名为省级文化产业示范园区和基地，并于2014年分别申报了国家级文化产业示范园区和基地。2014年，中国琥珀城项目被文化部确定为"2014年中国特色文化产业项目"，是辽宁省唯一入选的项目。目前，抚顺市共拥有国家级文化产业示范基地2家，国家级特色文化产业项目1个，省级文化产业示范园区1家，省级文化产业示范基地4家，市级文化产业示范基地5家，较有影响力的优秀文化企业10余家。新宾永陵工艺美术特艺、上夹河根艺等文化品牌，开发品种1 000多个，年产品出口创汇 1 000 多万美元，并成为新宾县的重要经济增长点和支柱产业。八旗风艺术团等 5 家民营演出团体已逐步发展壮大，每年在国内演出 200 多场，成为继承宣传抚顺市民族文化，扩大抚顺市文化影响力的重要力量。通过举办满族风情旅游节、读书节、满族秧歌大赛、百姓雷锋评选、广场系列活动等一系列有重大影响的文化活动，抚顺形成了特色鲜明的地域文化品牌，取得了良好的经济效益和社会效益。

2. 健全公共文化服务体系，为文化产业发展奠定了文化资源基础。近年来，我市出台了《抚顺市关于加强公共文化服务体系建设的实施意见》，成立了公共文化服务体系保障领导小组，新建了 1 万平方米的抚顺市图书馆，1.96 万平方米的抚顺市雷锋大剧院等公共文化设施。目前，全市有公共图书馆 7 个，纪念馆 2 个，文化馆 9 个，影院 9 家，乡镇综合文化站 47 个，建成农家书屋 614 个，建成社区书屋 309 家，广播电视"村村通、户户通"工程全面竣工。清原满族自治县被授予全国文化先进县称号，全市有 2 个社区荣获全国先进文化社区称号，15 个社区荣获省级文化先进社区称号，抚顺市新宾满族自治县被文化部命名为"中国民间文化艺术之乡"，12 个乡镇荣获省级文化先进乡镇称号。

3. 旅游文化产业率先起步，奠基稳固，渐成品牌。抚顺旅游文化产业，以打造旅游文化企业为目标，围绕文化、休闲、生态、红色、工业等五个特色旅游区建设，重点工作取得明显进展和重要突破。2016 年，抚顺市实现旅游总收入 476.2 亿元，同比增长 20%；接待游客人数 4155.3 万人次，同比增长 11.8%。（1）满族风情旅游节已成为推动文化产业加快发展的文化品牌。从 1999 年以来，抚顺连续举办了 18 届满族风情旅游节，这个具有浓郁地区特色的节庆活动不仅极大地丰富了全市人民的文化生活，向外界展示了抚顺丰富的文化旅游资源和良好的城市形象，而且也有效地带动了各种旅游文化项目的大力开发和旅游文化企业不断建立，推动了抚顺旅游文化产业的快速发展。（2）策划包装文化旅游招商项目，为县区旅游项目招商搭建平台。（3）积极争取上级资金支持，争取文化旅游专项资金。

4. 全民参与文化活动为文化产业发展奠定了坚实基础。（1）多年来，我市相继举办了百姓春节联欢会、"百姓雷锋"评选颁奖、秧歌大赛、群众文化节、读书节、合唱节、夏季广场文化系列活动等一系列重大文化活动，逐步形成了具有抚顺地域特色的文化品牌。每年开展基层群众文化活动达 2200 余场，文化活动覆盖率超过 80%。同时各县区日益重视文化的带动作用和影响力，"一地一节"的活动得到发展。（2）抚顺市专业院团每年开展"文化快车基层行"、"我们同行"公益巡演、文化下乡等高雅艺术演出进基层 300 多场次，观众30多万人次。（3）农村电影"2131"工程建设进展顺利。全市共有52支电影放映队。近年来共完成农村公益电影放映37000余场。（4）积极开展"七个一百"基层群众文化项目创建活动，共18项入选。积极扶持民办文化，全市1800多支业余文艺团队和100支民营演出队伍在相当程度上繁荣了群众文化生活。我市有文化志愿者工作站15个，文化志愿者团队260余支，文化志愿者人数达万余人，为我市群众文化的繁荣发展做出了突出贡献。

5. 保护文化遗产，为文化产业发展守护本土文化源头。在文博文化产业方面，按照"保护为主、抢救第一、合理利用、加强管理"的文物工作方针，努力推进抚顺文化遗产保护和文物文化产业的发展。（1）完成了第三次全国不可移动文物普查工作，摸清了市、县级文物保护单位名录体系和可移动文物的情况，进一步梳理了全市文物家底，确立了市县级文物保护单位名录体系。据不完整统计，抚顺共实地调查文物点1 314处。其中，新发现856处，复查330处，消失文物128处。这些文物古迹经过保护、修缮、包装有效地推动了旅游文化产业的发展。我市雷锋墓、雷锋纪念碑、元帅林、永陵南城址及施家沟墓地晋升为全国重点文物保护单位，杨木林遗址等12处文物保护单位晋升为省级文物保护单位。（2）开展了第一次全国可移动文物普查工作。我市已全面进入文物信息采集及登录阶段，共登录"一普"文物离线平台文物4203件套，完成率达90%。（3）完成文物修缮工程。经过省、市两级政府的共同合作，争取赫图阿拉故城消防设施建设工程，元帅林陵墙、哨楼抢险修缮工程，元帅林圆城祭台修缮工程等文物保护工程资金，共计1993万元。（4）成功申报国家级非物质文化遗产名录一项、省级项目11项、批复市级项目21项。（5）"博物馆与旅游"相结合，推动"文博旅游文化产业"发展。组织抚顺皇家极地海洋世界、雷锋纪念馆、赫图阿拉城、清永陵、萨尔浒风景区、抚顺市福根山庄等多家旅游文化企业的旅游宣传。组织我市文化企业参加第十二届中国（深圳）文化产业博览交易会并获得优秀展示奖，参加第五届辽宁精品文化节，参评作品获1银1铜2优秀奖。组织文物鉴定专家进行现场文物鉴定等活动，推动"文博旅游文化产业"的经济效益和社会效益实现双丰收。

6. 艺术精品层出不穷，推动文化产业发展。（1）艺术精品层出不穷。近年来，我市艺术创作生产取得新成果，推出了一批优秀作品。小剧场话剧《带陌生女人回家》《两个底层人的夜生活》，小品《潜规则》《礼物》等优秀文艺作品共获得21项省级奖项，并参加国家级展演活动。我市共有29幅书画作品入选全省优秀美术作品展览。市"非遗"中心（市艺术研究所）编辑出版《抚顺戏剧综艺》一部，含小品、相声等群众喜闻乐见的艺术作品35个；剧作家宫凯波创作推出《先结婚后恋爱》《老大的幸福》《胡巧英告状》等精品影视剧在全国热播热演。这些文艺作品的产业化，创造了可观的经济效益和社会效益，有效地推动了我市文化产业的发展。(2)专业艺术院团演出活跃。抚顺市满族艺术剧院作为全市唯一的专业艺术院团，不断排演广大人民群众喜闻乐见的优秀剧节目，利用国家配送的流动舞台演出车，深入基层演出，获得各方好评。每年下基层演出场次超过百余场，观众人次达到万余人。(3)推动文化产业项目建设。积极为文化企业申请国家、省文化产业发展专项资金，帮助辽宁科美现代包装制品有限公司争取了辽宁省直接投资基金，为丰远·热高乐园、中国琥珀城、满族剪纸等项目申请了国家和省文化产业专项补助资金1540余万元，推动了抚顺重点文化产业项目的建设。

7. 建立了现代印刷文化产业基地。2013年，沈抚新城现代印刷产业基地建设工程正式启动，获批"辽宁国家印刷产业基地"，规划占地面积9.34平方千米，重点发展文化出版创意、现代高端印刷和印刷装备制造产业。目前，沈抚新城现代印刷产业基地已有印刷产业项目5个，累计投资金额14亿元，年产值30亿元。2017年，在建和新签约项目(包括二期扩建)8个，总占地503亩，累计投资20.1亿元，预计年产值74亿元。

8. 广播电视互联网文化产业发展迅速。全新升级《抚顺新闻》《今日播报》《政风行风热线》《雷锋热线》等民生节目品牌，倾力打造抚顺地区新闻门户网站——辽东网；广播电视数字化等5项电视技术改造项目，以及广播发射塔维护等7项广播技术改造项目顺利完成；广播电视覆盖能力显著提高，我市广播、电视在农村、城市的覆盖率均达到97%以上。

9. 非物质文化遗产保护为文化产业发展打下基础。近年来，抚顺进一步完善了四级名录体系及保护机制，成功申报了国家级名录一项"琥珀雕刻技艺"，省级第四批、第五批名录有"抚顺皮影""满族祭祖""满族婚俗"等11项，批复市级项目"抚顺铜瓷技艺""新宾传统小吃"等21项。命名"抚顺新宾县平顶山镇""抚顺清原县红透山镇"等四个单位为抚顺市第二批非物质文化遗产传承基地。抚顺承办2014年全国第九个"文化遗产日"辽宁省(抚顺)非物质文化遗产展示展演活动，积极推动非物质文化遗产教育传承进校园、进社区，共组织56次深入基层传习活动。

10. 沈抚新城营造机遇，文化产业规模化建设发展态势迅猛。按照总体发展规划，在新城高湾生态区建设了抚顺文化产业园区，并与沈阳棋盘山旅游文化产业园区实现融合，打造完善文化产业基础设施，规划建设科普文化休闲区、体育运动游乐区、温泉度假区、生态游憩区四大文化产业园区和基地，打造集旅游观光、休闲健身娱乐及文化产品开发为一体的东北地区文化休闲娱乐中心。目前，沈抚新城文化产业体系已基本形成，大学城基本建成，旅游文化产业成果丰硕，文化基础设施不断完善，以文化产业和融入大量文化元素的半文化性质项目作为引擎，充分激发了沈抚新城文化产业发展的巨大潜力和后劲。

11. 文化基础设施不断完善。（1）完成抚顺市博物馆（群众文化中心）改扩建项目。市政府决定将原图书馆改造建设成抚顺市群众文化中心。改扩建后市博物馆总建筑面积为 19324 平方米，项目总投资 4650 万元。（2）完成抚顺市图书馆联网、搬迁工作。新图书馆面积为 11000 平方米，重点打造低幼儿童阅览区域，将更加人性化、现代化、数字化。（3）平顶山惨案纪念馆展览提升及园区改造项目。该项目主要针对场馆外墙、园区语音播放系统、园区照明、安防监控系统、消防水泵和变电所进行维修。（4）琥珀博物馆改扩建项目。项目选址县林业局办公楼，面积为 3341 平方米，项目总投资 4450 万元。（5）无线数字化覆盖工程。对新宾县、清原县高山发射台进行更新改造，总投资达 310 万元。

总之，抚顺文化产业的加快发展，不仅满足了人们对文化产品日益增长的物质文化需求，也带动了抚顺品牌文化、就业和经济建设等快速发展，为我市资源枯竭型城市的产业接续和就业再就业找到了出路和发展方向，对抚顺老工业基地的转型振兴起到了重要的推动作用。

二、抚顺文化产业存在的问题

我市文化产业发展虽然取得了显著的成就，但从整体上看，抚顺文化产业仍然处于起步、探索、培育、发展的初级阶段，与城市发展的要求还存在一定的差距，文化产业发展的整体水平与抚顺的经济地位还不相称。

1. 文化产业发展与抚顺经济的发展速度和需求不相匹配，总量规模偏小，潜力尚未充分挖掘。文化产业的发展与抚顺的经济发展相比，在国民生产总值中所占的比例较低。文化设施、文化产品，以及文化服务的数量、质量还不能完全满足市民日益增长的精神文化需求，文化场馆建设有待加强，尤其是博物馆、"非遗"展馆等应起到提升城市品位、提高城市吸引力的作用。

2. 文化品牌包装、宣介力度与品牌实际价值不相匹配，影响了抚顺特色文化品牌推广度和影响度。虽然抚顺历史文化、民俗文化、工业文化、雷锋文化等资源具有显著的优势，一些文化资源在全国都处于领先水平，但是抚顺特色文化品牌的包装还不够精良，宣介力度仍然远远低于这些文化品牌应达到的水平，城市文化品牌总体上数量不多，文化产业缺乏龙头企业等问题，极大地影响了这些文化品牌的知名度和影响力，使其难以实现应有的价值。

3. 投资不足陷入瓶颈，接续发展出现乏力。投资不足是文化产业所面临的一个重大问题。文化产业领域的投资，无论是用于形成固定资产的文化基本设施建设投资，还是用于形成流动资产的文化知识产权投资和用于培育文化战略后备资源的投资，其建设、创作、培养的周期和成型期都比较长，制约了企业和私人资本的投资热情。同时，文化产业的投资渠道仍不够畅通，一些重大文化基础设施建设项目由于缺乏资金，受到严重限制。

4. 推动文化产业发展的投融资机制不够健全，文化市场管理尚须加强。抚顺文化产业发展的融资机制不够健全，在融资手段上比较原始，投资主体相对单一，投资量小，对政府的依赖性大，呈现出投融资机制不活等问题。抚顺文化市场管理人才队伍有待加强，县区文化部门文化市场管理人员编制不足，不同程度影响了文化市场管理工作。

5. 抚顺居民的文化消费观念尚未形成，文化消费处于相对落后的水平，支持文化产业发展的社会根基比较薄弱。整体落后的文化消费观念，反映了抚顺市目前还缺乏重视和支持将文化产业化发展的整体社会氛围，导致文化产业发展的社会根基比较薄弱，制约了文化产业加快发展的步伐。

三、抚顺文化产业发展面临的形势

加快振兴抚顺老工业基地，必须加快文化产业的发展。我市文化产业的发展既面临着机遇，也面临着很大的挑战。一是人民群众的精神文化需求进入了高速增长期，对文化产品和服务在数量、质量、品种等方面都提出了新的更高要求。二是文化与经济相互渗透、相互融合、相互促进的发展趋势已经形成，大力发展文化产业，增强城市综合实力的任务十分紧迫。三是高新技术的迅速发展对文化的影响和作用日益深刻，网络文化对现实社会的影响越来越大，推进文化内容创新、科技创新、管理创新的要求更加迫切。四是国家和省政府逐步取消和下放部分行政审批权力，限制文化市场在资源配置方面的因素越来越小。为此，面临新的形势，我市就要抓住机遇，迎接挑战，理清文化产业发展的思路，明确目标，突出重点，着力自主创新，完善体制机制，不断开创我市文化产业繁荣发展的新局面。

第三节　抚顺文化产业发展的基本思路和重点任务

一、抚顺发展大文化产业的指导思想、基本原则和发展目标

1. 抚顺发展大文化产业的指导思想。以城市转型为契机，全面推进抚顺文化产业的跨越式发展，充分发挥先进文化对全市经济社会发展的引领作用，在现有文化产业发展的基础上进一步完善文化市场、文化产业结构、现代文化市场体系、文化创新能力，以及文化产品和服务出口，产品的艺术、科技含量和竞争力明显提高，形成体系完备、结构合理、人才集聚、效益显著、特色鲜明的文化产业发展新局面，建成与市场经济相适应，具有抚顺特色的文化产业体系，创建成具有抚顺特色的文化大市，使文化产业成为抚顺重要的经济增长点。

2. 抚顺发展大文化产业的基本原则。（1）坚持文化事业和文化产业协调发展原则。坚持一手抓公益性文化事业，一手抓经营性文化产业。依托文化事业单位的原创优势、人才优势、品牌优势，加快发展文化产业，为繁荣文化事业提供产业支持和创新动力，为发展社会主义先进文化提供基础和载体。（2）坚持社会效益与经济效益相统一原则。始终把社会效益放在首位，使文化产业的发展能更好地体现先进文化的要求，更加充分地满足人民群众不断增长的精神文化需求。（3）坚持保护与开发、弘扬与引进创新并重原则。注意对文物古迹的保护，切实处理好保护与开发的关系，使文化资源在保护的基础上延伸为可持续发展的文化产业。继承和发扬抚顺优秀的历史文化传统，同时广泛吸收和借鉴外来优秀文化成果，并大力推进文化创新，促进各种文化融合发展，提升抚顺综合文化竞争力和影响力。（4）坚持政府引导与市场运作相结合原则。政府部门要强化政策调控、市场监管、社会管理、提供公共文化产品和服务等职能，办好公益性文化事业，保护历史文化资源。同时，还要遵循市场经济规律，充分发挥市场配置资源的基础性作用，着力培育文化产业主体，大力发展壮大具有抚顺特色的文化产业，健全文化市场体系，培育抚顺文化产业经济增长点。（5）坚持重点突破和整体推进相结合原则。重点培育和做大做强文化领域骨干龙头企业，突出有市场需求、竞争优势和发展前景的产业，培育特色品牌，形成主导产业群，以点带面，逐步实现各个产业门类整体推进、联动发展，全面壮大文化产业。

3. 抚顺大文化产业的发展目标。以文化产业转型升级为突破口，推动文化产业成为我市重要的经济增长点，全面提升文化产业发展的质量和效益。按照"重点突出、项目牵引、园区拉动、行业支撑"的原则，促进抚顺文化产业实力明显提高，创建具有抚顺特色的文化名城。（1）发展优势文化产业。倾力打造沈抚新城文化产业园区、沈抚新城现代印刷产业园区、新宾满族文化产业园区、上夹河根艺产业园区，以及辽东生态保护区五大重点园区。大力发展出版印刷、广播影视、文化旅游、工艺美术、文化会展、动漫游戏等文化产业新业态。充分开发和利用我市的文化资源和传统民族民间文化，打造满族文化风情游、红色文化教育游、民俗文化生态游、特色文化休闲游等特色主题文化旅游精品，重点开发皇家海洋主题乐园、丰远·热高乐园、红河峡谷漂流、高尔山山城等项目。发挥我市煤精、琥珀、满族剪纸、刺绣、根雕特艺、奇石盆景等艺术品资源和产业优势，做好中国琥珀城、抚顺新宾根雕艺术产业园等项目。全面提升广播电视的传播能力，推进电影院线建设。扩大投融资渠道，放宽市场准入，引导社会资本积极参与广播影视产业发展。将"满族风情节"办成具有国际影响力的大型活动，积极申办和承办国内有一定影响的节赛活动，积极承办文化博览会、书画美术品会展等会展活动，带动会展市场的开发与建立。以抚顺职业技术学院、抚顺师专动漫专业为依托，建设动漫产业设计人才培训基地和东方龙动漫产业基地，力争建立 1～2 家在省内外具有较强影响力的动漫企业。（2）公共文化服务设施体系进一步完善，基本公共文化服务加快实现城乡均等化，服务功能和水平显著提升。（3）文化精品创作取得突出成绩，打造一批弘扬地方文化、反映时代特色、艺术水平较高的文化精品。（4）非物质文化遗产保护跨上新台阶，以建立"辽东（抚顺）文化生态保护区"为契机，全面完成文化生态保护区整体建设。（5）全面实施"人才兴文"战略，文化行政管理队伍、艺术人才队伍、基层文化员工队伍建设得到进一步强化，人才素质全面提升，人才培养和提拔体系更加完善。到 2020 年，基本建成具有抚顺特色的文化产业体系，全市各类文化产业单位达到 3000 家，文化产业增加值达到 20 亿元，年总产值 100 亿元，占全市国民生产总值的 5％；拥有国家、省文化产业示范园区 3 个，较有影响力的优秀文化企业 15 个，市场认可的特色文化产品 10 个，基本实现由文化资源大市向文化强市的跨越，使文化产业成为抚顺重要的经济增长点。

二、抚顺大文化产业发展的区域布局

以加快资源枯竭型城市转型的客观需要为动力，遵循整合资源、形成合力、发挥优势、注重实效的原则，与全市整体战略规划相适应，在区域布局上按照"两区一带六基地"的框架展开，构建地域特色鲜明、布局科学、结构合理、相互拉动的文化产业发展总体格局。"两区"，即"沈抚新城"文化产业园区、新宾满族文化产业园区；"一带"，即浑河文化产业带；"六基地"，即新宾特艺根雕文化产业基地，抚顺煤精琥珀和古玩艺术品文化产业基地，抚顺创意动漫文化产业基地，抚顺三块石民俗特色文化产业基地，抚顺新抚、城东演艺娱乐文化产业基地，沈抚新城现代印刷文化产业基地。

1. 加强沈抚新城文化产业园区建设。按照总体发展规划，在沈抚新城高湾生态区建设抚顺文化产业园区，并与沈阳棋盘山旅游文化产业园区实现融

141

合，打造完善的文化产业基础设施，规划建设科普文化休闲区、体育运动游乐区、温泉度假区、生态游憩区四大文化产业园区和基地，打造集旅游观光、休闲健身娱乐及文化产品开发为一体的东北地区文化休闲娱乐中心。重点建设丰远·热高文化和体育主题公园、皇家海洋主题乐园、雁鸣湖温泉度假区、沈抚新城文化中心、抚顺市博物馆等。

2. 丰富新宾满族文化产业园区内涵。新宾满族自治县是清王朝的发祥地，这里有关外三陵之首、世界文化遗产——清永陵，有后金第一都城赫图阿拉城。依托新宾雄厚的历史文化、独特的地理环境，积淀和保存的大量满族民间活态文化及丰富的民俗文化活动，科学规划、整体布局，重点发展满族文化旅游及相关文化产业，不断完善产业链条，形成"一陵、一城、一村寨、一歌舞、一博物馆、一王国"等，集旅游观光、餐饮娱乐、民俗风情、宗教祭祀等主题的"过夜旅游"文化产业集群，打造彰显历史厚重、富有地域特色和民族风情的国内满族文化旅游胜地和满族文化产品交易中心。

3. 完善浑河文化产业带建设。浑河作为沈抚两市承载历史人文和都市休闲的生态长廊，一直是市民休闲、娱乐、游览的综合性城市开放空间。抚顺要做好浑河生态景观带城市设计，大手笔规划浑河生态景观带，打造独具特色的水岸都市。浑河文化产业带以浑河为轴线，西起沈抚交界处，东至大伙房水库坝前，南北向沿河各延伸 500～1000 米，规划总面积为 84 平方千米，以两岸广大地区为腹地，整合浑河沿线文化资源和民俗资源，高端策划包装好文化生态景观，加强浑河上、中、下游的文化产业区域协作，推动地域文化的整体发展。总体规划结构是"一廊三段"。一廊，即浑河景观风光走廊，沿浑河走廊通过两条大型绿色生态廊道的建设，将分别展现不同特色、不同功能和不同景观的三个滨水地段：沈抚新城段、抚顺主城段、东部绿城段。其中，沈抚新城段（古城河口以西段）尚须完善，承接总体规划中商务信息中心、文化教育中心的功能，把滨水区新功能的导入作为推动城市转型的动力之一。抚顺主城段（古城河口至文化中心以东规划快速路段）已基本成型，承接总体规划中生态文化观光带的功能，主要是月牙岛生态文化区与河口时尚文化商业。月牙岛文化生态区将依托自然岛屿的天然优质景观打造健康休闲度假的生态区；河口时尚文化商业将依托行政、文化、艺术中心形成聚合时尚商业中心。对主城区滨水地区的交通、用地功能进行适当的结构性调整，大力增加公共岸线空间和滨河文化广场。东部绿城段是今后建设的重点，承接总体规划中文化旅游中心的功能。城市东部东洲河至大伙房水库坝前依托区域的广阔生态基地与丰厚的景观资源，建设东部绿城区段，建造抚顺东部的后花园。

4. 培育和发展六大文化产业基地。整合区域文化资源，突出地方特色，重点建设六个文化产业基地，形成产业优势突出、整体实力和竞争力强的文化产业发展集群。（1）新宾特艺根雕文化产业基地。根雕美术工艺品产业是抚顺传统的文化产业。新宾永陵镇特艺产业和上夹河根雕产业久负盛名，素有"辽宁特艺品摇篮"之称。抚顺将在现有基础上，在永陵镇规划建设217公顷永陵特艺产业基地；在上夹河镇占地2万多平方米根艺市场基础上，再增建规划面积50公顷园区式奇石市场。抚顺将发展多种所有制形式的特艺生产企业，积极培育地域特色浓厚、交易数量多、交易数额大的特艺根雕市场，不断优化服务环境，制定各种优惠政策，解决企业发展中遇到的困难和问题，保证特艺企业健康发展；完善特艺根雕产业区的建设，以园区内的道路、给水、排水、电力、通信等基础设施为重点，为企业发展提供有力的基础条件；采用财政扶持、银行贷款、民间融资等多种形式，使特艺根雕园区的建设得到有力保障。抚顺将通过行政引导、市场调节等方式，形成特艺根雕文化产业园区。（2）抚顺煤精琥珀和古玩艺术品文化产业基地。抚顺煤精琥珀文化产品享誉世界。抚顺依托抚顺煤精琥珀博物馆和抚顺煤精琥珀网，建设抚顺古玩工艺美术品市场，推进煤精琥珀和古玩艺术品业的产业化生产和商品化经营；大力开拓煤精琥珀、古玩书画、满族刺绣等民间艺术、现代艺术品及其他传统工艺品市场；发展有影响的艺术品拍卖行和中介机构，逐步形成在全省、全国有影响的煤精琥珀交易市场、古玩艺术品经营市场，以及民间工艺品生产和销售市场。支持民间文博业的发展，积极鼓励和支持个人利用自己的财富积累合法收藏和展示文物，促进市民文化素质和审美层次的提高。（3）抚顺创意动漫文化产业基地。抚顺立足文化资源优势，以创意为核心，创造文化产品著名品牌，提升网络动漫、广告会展、娱乐休闲等创意能力，提高抚顺创意产业水平和综合实力；依托抚顺职业技术学院、抚顺师专规划建设抚顺网络动漫产业基地，积极推动网络动漫产业的发展；充分发挥基地孵化、提升、集聚、创新四大功能，促进动漫产业"产、学、研、服"一体化发展；建立网络动漫产业研发、制作及经营管理高端人才培养体系，健全高层次人才的引进、奖励制度，建立人才保障体系。（4）抚顺三块石民俗特色文化产业基地。三块石森林公园是全省农家旅游示范点之一，是著名的革命老区和爱国主义教育基地。抚顺以三块石山为中心，整合园区内旅游景点，挖掘文化内涵，建设书画家和摄影家采风基地，举办三块石登山节、民俗摄影大赛、爱国主义教育游等文化活动，打造一台以自然生态文化为主题的演艺节目。同时规划建设生态民俗村，建成辽东生态文化产业基地，发展生态文化旅游产业，形成点面结合的生态民俗文化产业格局。（5）抚顺新抚、城东演艺娱乐文化产业基地。抚顺公共文化发展依托新抚区商业中心和顺城区城东文化中心优势，以抚顺大剧院、群众艺术馆、千金大戏院、青少年宫为中心，规划建设演艺娱乐街区，提升全市演艺娱乐场所档次，引导产业集聚发展。积极发展剧院联盟和电影院线，不断壮大演出娱乐业实力；扶持壮大民营演出团体和演出中介机构，引进高水平文化演出，积极为民营演出团体搭建演出展示平台，丰富市民文化生活，将群众文化从广场文化提升到剧场文化的新层次，形成社会支持、百姓参与、媒体互动的长效机制；专业和业余结合，围绕百姓需求选材，让有绝技绝活等一技之长的群众登台表演，打造群众文化品牌，使演出业形成产业基础。（6）沈抚新城现代印刷文化产业基地。沈抚新城现代印刷文化产业基地重点发展文化出版创意、现代高端印刷和印刷装备制造产业，完成 5 平方千米的现代印刷产业基地的整体建设，引进文化创意、绿色环保印刷、智能印刷、特色印刷，以及生产印前、印中、印后设备制造等企业 60 家，形成从创意设计、出版发行、高档印品、印机制造、耗材、物流、销售市场等配套齐全的印刷产业链，实现产值 200 亿元，争取进入国家级印刷产业基地行列。

三、抚顺发展大文化产业的主要任务

1. 加快文化基础设施建设，巩固文化产业发展基础。（1）建立健全基层公共文化基础设施。以基本公共文化服务标准均等化为抓手，加快构建现代化公共文化服务体系。推动市、县两级公共图书馆、文化馆达到国家三级馆以上标准，并全面实现免费开放；以市图书馆为中心馆，对现有数字文献信息资源进行整合，实现全省、市图书馆数字文献信息资源服务"一网通"，并在全市逐步实现以市图书馆为中心，县区图书馆为支撑的图书通借通还服务体系，实现市、县区图书馆间图书借阅"一卡通"；完善市、县、乡、村（社区）五级文化设施网络。（2）开展辽宁省公共文化服务体系示范区创建，推动清原满族自治县申报创建辽宁省公共文化服务体系示范区，使其形成整体示范效应。（3）大力实施广播电视工程，完成 400 平方米电视演播厅改造，进行电视节目高清播出系统技术改造，广播技术设备更新改造，电视媒资系统升级改造，以及广播采编播数字化、网络化、高清化改造；完成抚顺市、清原县、新宾县广播电视发射塔迁移和升级工程。建立有线、无线、直播卫星三位一体的广播电视覆盖网，以及市级广播电视监测网，加快下一代广播电视网的建设，实现广播电视传输网络数字化、双向化。

2. 繁荣文艺精品创作，为文化产业发展提供动力。（1）创作生产更多传播当代中国价值观念，体现中华文化精神，反映中国人审美追求，思想性、艺术性、观赏性相统一，并在全国有较大影响的文化艺术精品。（2）积极开展"文化惠民"送戏到基层慰问演出，组织专业艺术团体和各类文艺表演团队开

展"五进"活动。

3. 全面发展群众文化事业，推动文化消费产业发展。（1）全市广播和电视人口综合覆盖率力争达到 99％以上，有线电视城市市区人口综合覆盖率力争达到 97.5％，农村有线电视人口综合覆盖率也达到 97.5％以上。（2）以保障和改善民生为出发点，整合全市文化艺术资源，组织各级各类艺术表演团体及艺术馆、文化馆，将演出和活动送到农村、社区、学校、企业、工地、军营，扩大服务范围，延伸服务领域，将公共文化流动服务常态化，推动文化消费产业发展。（3）积极开展丰富多彩、健康向上的群众文化活动，重点组织好便于广大群众参与的节假日文化活动和广场文化活动，开展秧歌健身表演、广场文化活动，打造在全国具有一定影响力的群众文化活动品牌。

4. 做好文化遗产保护，为文化产业发展提供资源保证。（1）完成抚顺市博物馆建设工作，并向广大市民开放。（2）开展文物保护单位晋级工作，进行文物保护单位"四有"工作。（3）开展文物保护修缮工作，编制好保护规划，确定保护项目。做好元帅林石刻文物保护及本体文物维修项目，元帅林文物库房和档案室建设，以及市博物馆馆藏文物保存等工作，实施市平顶山惨案纪念馆展览提升及园区改造。

5. 加强文化产业的市场建设和管理。抚顺以培育文化产业市场主体，激发市场活力，加强市场监管为重点，建立健全现代文化产业体系。（1）加强对全市印刷企业的管理，争取进入国家级印刷产业基地行列。（2）鼓励现有全国公开出版的 5 报 5 刊等出版单位坚持走内涵式发展道路，加强出版物发行网点建设。（3）加强农家书屋与社区书屋管理。做好图书补充更新工作，丰富藏书品种及藏书量。大力推广实施"电子阅览"，实现书屋阅读功能多元化，实现农家书屋、社区书屋与全市图书馆联网，构建统一的图书网路，方便百姓借阅。（4）培育现代文化市场体系。加强出版物市场的监管和文化市场经营场所管理，继续做好行政审批的政务公开工作，简化审批手续。

6. 做好"非遗"保护申报及宣传，为会展文化产业发展提供支撑。全面加强文化遗产保护工作，形成抚顺市优秀传统文化传承体系，使抚顺的优秀传统文化拥有更多的传承载体、传播渠道和传习人群。（1）加强非物质文化遗产保护工作。开展非物质文化遗产专项重点项目调查，完成抚顺市非物质文化遗产网站建设，进一步完善四级名录体系及保护机制，加强国家、省、市、县级传承人队伍建设，鼓励并扶持代表性传承人提高技艺和开展传习活动。在有效保护的基础上，积极推动非物质文化遗产的合理利用，推进非物质文化遗产生产性保护，适时命名非物质文化遗产生产性保护示范基地，编辑出版非物质文化遗产普查成果、保护成果及普及读物。（2）拓展非物质文化遗产展示传播途径。深入挖掘我市非物质文化遗产的历史、文化、科学价值，建设非物质文化遗产展览馆，并运用现代传播技术，全面提升非物质文化遗产展示水平和传播能力；积极参与非物质文化遗产保护国际交流与合作，宣传我市文化遗产保护成果。

四、抚顺大文化产业的发展重点

为进一步加快资源枯竭型城市的转型，抚顺需要大力培育文化产业经济增长点。抚顺根据文化资源特点，结合抚顺实际，运用文化产业这个重要载体，以文化重点项目进行全面带动，重点发展旅游文化业、出版印刷业、报刊发行业、广播影视业、演艺娱乐业、动漫游戏业、工艺美术业、文化会展业、新媒体产业九大文化产业，构建优势门类突出、相关产业联动发展的格局。

1. 抚顺旅游文化产业。为了让这座历史文化名城的文化提升成为城市的软实力和竞争力，抚顺以旅游业为依托、传统文化产业和丰富的旅游文化资源为基础，以产业园区为载体，以骨干文化企业为龙头，以创意创新为动力，加速打造旅游文化产业。充分开发并利用抚顺的文化资源和传统民族民间文化，打造旅游文化精品。深入发掘满族文化、雷锋文化、工业文化、爱国主义教育文化、冰雪文化等资源优势，做好文化与旅游结合的文章，着力打造满族文化风情游、红色文化教育游、民俗文化生态游、特色文化休闲游等特色主题文化旅游精品。同时，还开发一系列具有区域文化特色的旅游商品，办好各种文化旅游节庆，发展旅游文化产业。

2. 出版印刷文化产业。充分利用国家对出版业采用新技术、新设备所给予的优惠扶持政策，整合出版印刷资源，实施大项目带动战略，重点扶持一批设备先进、管理完善、规模较大的印刷企业，提高印刷整体质量。加快沈抚新城现代印刷产业基地在建和新签约项目的建设速度。扶持新华书店在全市各县区实行新型连锁化网络经营，全市发行网点从现在的 260 个发展到 400 个。

3. 报刊发行文化产业。壮大抚顺报业集团，加快发展与新闻传媒相关的产业，不断增强经济实力和发展后劲，鼓励我市现有内部和公开报纸杂志社加快发展，坚持专、精、优、特，走质量型、效益型的发展路子，满足全市人民出版方面的需求。

4. 广播影视网络文化产业。整合现有资源，全面提升广播电视的传播能力。进一步完善宏观调控政策，扩大投融资渠道，放宽市场准入，引导社会包括民营资本积极参与广播影视产业发展。加大电影发行和放映的扶持力度，盘活现有资产，争取多渠道投资，全力推进电影院线建设，做强、做大、做优广播影视网络文化产业。

5. 演艺娱乐文化产业。加强专业院团建设，鼓励社会资金投入文艺演出业，不断壮大并提升文艺演出团体的经济实力和凝聚力。鼓励文艺演出业、旅游业和会展节庆业有机结合，努力发掘抚顺历史文化资源，运用多种艺术形式，使之成为常年为中外游客演出的文艺精品；鼓励多渠道投资兴建、改造各类文化娱乐场所，建立一批规模大、档次高、现代化、多功能、与先进文化城市相适应的文化娱乐场所。

6. 动漫游戏文化产业。以抚顺大学、抚顺师专动漫专业为依托，建设动漫产业设计人才培训基地，加大优质资源配置和政策扶持力度，培育或引进一批动漫策划、原创、经纪、制作、传播、生产企业，建立在省内外具有较强影响力的动漫企业。

7. 工艺美术文化产业。发挥抚顺煤精、琥珀、满族剪纸、刺绣、根雕特艺、奇石盆景等艺术品资源和产业优势，健全工艺美术品产业链，建立古玩艺术品市场，搭建文化艺术品展销交易的平台，促进文化交易市场的发展，培育特色文化品牌。

8. 会展文化产业。充分利用沈抚新城会展中心，发挥会展节庆业集中配置资源的优势，把会展节庆活动作为开发抚顺知名文化资源的重要手段。将"满族风情节"办成具有国际影响力的大型活动，积极申办和承办国内有一定影响的节赛活动，积极承办文化博览会、书画美术品会展等会展活动，带动会展市场的开发与建立。大力拓展广告产业发展空间，在加快广播电视广告、平面媒体广告、户外广告等传统广告业态发展的同时，高度重视发展与高新技术相结合的新兴媒体广告，支持网络广告、视频广告、移动广告等新兴业态发展。

9. 新媒体文化产业。高度重视并大力发展以互联网、高新数字技术为依托，提供和传播数字内容为主的新媒体产业。做大做强广电、报业、网络等传媒产业，拓展新媒体业务，提升竞争力。创新广电业务模式，积极开展数字电视增值业务，大力发展宽带业务，加快广电网站建设，逐步形成节目、广告、网络三大主业并举，相关产业多元化发展的集团化格局。

第四节　抚顺推动文化产业经济增长点发展的对策建议

抚顺文化产业发展应与城市转型紧密结合，充分依托区位、资源等优势，夯实固有文化产业基础，进一步深入开掘文化产业市场潜力，保障文化产业健康、有序、可持续发展，搭建文化消费平台，扩大文化消费，激活文化消费市场，助推资源枯竭型城市加速转型，实现经济建设与城市面貌双跃升，使抚顺成为一座文化氛围浓郁、特色鲜明的现代化城市。

一、加强组织领导，加大投入力度，推进抚顺文化人才队伍建设

1. 加强对文化产业发展的组织领导。深刻认识加强文化产业发展对城市转型，发展接续产业的重要性和紧迫性，把发展文化产业的目标任务纳入经济社会发展的总体规划，建立工作责任制，纳入领导班子任期考核和干部评价体系。

2. 加大财政对文化产业的资金投入力度。调整优化财政支出结构，逐年增加对文化产业的资金投入，确保各级财政对文化广播事业经费投入不低于财政经常性收入的增长幅度。财政每年安排文化广电专项资金，主要用于人才培养、文化精品创作和面向公众的文化服务。财政对重大文化产业项目的投入要不断增加，各县区财政支出中对文化产业的支出也要逐年提高。

3. 推进支持文化产业发展的人才队伍建设。重视拔尖人才的培养和引进，选拔培养一批在理论、新闻、出版、文艺、广播影视和文化经营管理等领域，有显著业绩、能起领头作用的杰出人才。用好用足人才政策，吸引更多优秀人才开发文化产业项目。加强文化人才的培训工作，建立健全专业技术人员业务培训和继续教育制度，通过同高等院校联合办学、定向培养、在职进修等途径培训各类文化人才。

二、夯实抚顺传统文化基础，提升地域特色文化品牌的知名度

一个地方要寻求文化产业的发展与立足，必然要以品牌策略为先导。抚顺未来文化产业的发展，应继续以做大做强品牌为突破口，打造品牌文化项目，以品牌开拓市场，以品牌赢取效益，进一步提高文化产业的影响力和竞争力。目前，抚顺文化产业发展已经奠定了良好的基础，许多文化产业项目业已形成一定的规模，具有一定的知名度和美誉度。例如，抚顺市满族文化资源丰富，仅满族歌舞表演团体就20家，赫图阿拉城、永陵、三关古道、萨尔浒古战场等清文化遗址星罗棋布，具有发展清前文化产业的良好基础。但是，距离叫得响、拿得出、立得住的地域特色文化品牌要求，仍然存在一定的差距，许多特色文化品牌并没有实现其应该达到的文化价值水平。因此，要真正实现这些文化品牌的价值，抚顺必须依托历史文化、民俗文化、工业文化、雷锋文化等资源优势，深入实施文化产业品牌战略，打造一批具有较高知名度的文化品牌，实现抚顺文化产业的加速发展和跨越升级。

同时，还要充分挖掘文化资源，积极培育特色文化品牌，重点扶持培育民间书画艺术基地、社区文化示范区、民俗文化示范区、文化产业示范区等特色文化区域,形成一区一品的文化特色;通过精心整理包装,推出一批有基础、有潜质的项目,面向海内外招商,引进高水平的大企业集团进行品牌开发;看齐顶尖水平,进行大策划、大制作、大包装、大营销,以品牌开拓市场,在市场中做响品牌;加快推进文化产业与旅游产业融合发展,积极培育文化旅游业和文化会展业,做大做强民间演艺团体,打造独具特色,具有一定影响力和竞争力的文化品牌,推动抚顺文化产业繁荣发展;加强实施"走出去"的策略,组织满族秧歌、满族剪纸、布贴画、雕刻、二人转等民间艺术参与国际国内重要展演,增强与外界的沟通交流,提升抚顺文化品牌的外界认可度;创新抚顺文化"走出去"的体制机制,充分利用互联网数字时代的现代媒体手段,加强网络数字化宣传,将体现抚顺城市地域特点的广告宣传进一步网络化、数字化、电子化,激活传统文化产业形态,积极寻求商业模式的创新和转型。

三、推动抚顺文化产业的规模化、集约化发展

建设产业集群和产业集聚区,已经成为现代产业发展的趋势。文化产业也不例外,实现规模化、集约化发展,同样是文化产业发展的一个重要趋势,也是繁荣文化产业的必然要求。实施重大项目带动战略,抓好一批成熟度高、成长性好、具有先导性的重大工程和项目,建设具有一定规模、市场竞争力突出、经济和社会效益显著的骨干文化企业,对于保护和传承区域文化,满足人民群众精神文化需求,提升文化产业整体水平具有重要的牵引和示范作用。2014年,沈抚新城被正式批准为"国家印刷业基地",这就是文化产业规模化、集约化发展获得的成绩,未来也必将带动产业链条的延长和丰富,实现产业效益的进一步跃升,产业龙头的辐射和示范效应将进一步显现出来。因此,实施重大项目带动战略,培育骨干文化企业,应该始终作为发展文化产业的重中之重。坚持政府引导,市场运作,科学规划,合理布局,在重点文化产业中选择一批成长性好、竞争力强的文化企业或企业集团,加大政策扶持力度,加快建设一批具有重大示范效应和产业拉动作用的重大文化产业项目,推动跨地区、跨行业联合或重组,尽快壮大文化企业规模,提高集约化经营水平,促进文化领域资源整合和结构调整;按照大集团带动大产业的思路,推进演艺业、娱乐业、出版业、发行业、广播电视业等文化单位资产重组,集团化运作,实行产业升级。同时,还要加强对文化产业园区和基地布局的统筹规划,对符合规划的产业园区和基地,在基础设施建设、土地使用、税收政策等方面给予支持,坚持标准、突出特色、提高水平,促进各种资源合理配置和产业分工;建设辐射全国的区域文化产品物流中心,建设一批文化产业示范基地,支持和加

快发展具有地域和民族特色的文化产业集群；充分利用先进技术和现代生产方式，改造传统的文化生产和传播模式，延伸文化产业链。

四、提升抚顺文化产业的科技含量和现代化水平

文化产业只有充分参与到市场竞争中去，才能不断带来经济效益，更好地激活一个地区市场活力。对于抚顺来说，只有文化产业的科技水平和现代化水平不断提升，具有强大的市场竞争力，才能更好地牵动文化消费市场的繁荣兴旺。抚顺应充分运用高新技术促进文化产业发展，进一步推进文化和科技融合发展，为文化企业技术、服务和内容创新营造有利的政策和市场环境，推进抚顺文化产业实现内容创新、科技创新、管理创新；依托国家级数字出版基地，推动出版印刷、报业发行、广播电视、演艺娱乐等产业加快数字化进程；着重发展文化科技、音乐制作、艺术创作、动漫游戏等文化企业，拉动相关服务业和制造业的发展，积极拓展新型文化产品和服务，提升文化产业整体技术水平和竞争实力。

文化创意是文化产业中真正创造巨额价值的内容，是决定文化产业市场竞争力的核心要素之一。在文化产业的发展过程中，文化创意的地位和作用越来越重要。如今，文化产业中的新兴业态，多是富含文化创意的业态类种。因此，应积极发展富含文化创意的新兴业态，特别是扶植动漫产业、传媒业和网络文化业等发展速度快，盈利水平高的新兴业态，集中打造一批文化精品项目、品牌园区，培育一批龙头企业，促进传统优势产业向知识技术密集型、高附加值的现代文化产业转型，鼓励提升文化产业中的文化创意因素内涵，营造以创意制胜的市场氛围；通过文化与科技的融合促进新兴文化业态的发展，采用数字、网络等高新技术，大力推动广播电视、移动多媒体广播电视、网络广播电视、数字广播电视、手机广播电视等互动合一的新业态；加快关键技术设备的改造更新，为新兴文化业态提供强大的技术支撑，推动有线电视网络、出版、音乐、电影、流动演出等传统文化产业的改造和升级，形成新的文化产业的业态形式。

五、构建抚顺文化消费平台，提高文化产业对经济发展的贡献率

以文化产业发展助推抚顺城市转型，要以丰富的文化资源为依托，以旺盛的文化需求为动力，以庞大的消费群体为对象，加速提升抚顺文化产业质量，增强发展文化产业的规划性和目的性，充分调动文化产业的潜力和能量，促进抚顺文化消费平台规模扩大、质量升级，使文化产业在经济发展中发挥出更大的作用。

　　培育和发展新闻服务、广播影视、文化娱乐、出版发行、网络文化、会展文化等产业，搭建一批具有影响力的文化消费平台；加大对抚顺市现有满族风情节等重大节会宣传力度，发挥现有文化消费平台在提升抚顺市文化软实力中的作用；积极开展与国内外大型文化产业集团的合作，策划主题文化活动，加强开发具有抚顺本地特色的影视剧制作、动漫游戏等文化产品，挖掘潜在消费需求；以大众需求为导向，丰富和建设多种类型的文化消费场所；加快煤精琥珀工艺品、根雕特艺、满族剪纸优质等文化资源的产业化建设，打造一批具有市场竞争力的标志性文化产品，促进特色文化消费；拓展新兴文化消费领域，推动文化企业开展互联网论坛推广、博客微博微信营销、在线直销、团购等电子商务，有效扩大文化消费需求；不断适应当前城乡居民消费结构的新变化和审美的新需求，创新文化产品和服务，提高文化消费意识，培育新的消费热点；努力降低成本，提供价格合理、丰富多样的精神文化产品和服务；开发与文化结合的教育培训、健身、旅游、休闲等服务性消费，带动相关产业发展。

　　努力扩大文化消费，为产业发展增加内生动力。要抓住国家着力扩大国内需求的机遇，把扩大文化消费作为扩大内需的重要组成部分，以优质丰富的文化产品和服务吸引消费者，改善文化消费条件，增加文化消费总量，提高文化消费水平，既要支持大的文化产业项目建设，更要支持鼓励便民的文化消费服务，以满足人民群众不断增长的精神文化需求；加强文化市场需求和消费趋势预测研究，引导文化企业开发适销对路的文化产品和服务；营造良好的文化消费环境和氛围，支持建设、改造剧院等文化消费基础设施，鼓励机关、学校和部队的文化设施面向社会开放，促进城乡居民形成比较成熟的消费观念，扩大文化消费的社会基础，培育文化消费的良好氛围。

六、以文化产业发展塑造抚顺崭新形象

　　一座城市的全面转型，不仅需要物质支撑，更需要精神支撑，精神动力是更为持久的动力源泉。文化是民族的血脉，也是一座城市的血脉，大力发展文化产业，其意义不仅在于实现文化和经济的融合，以文化作为生产力充分推动经济发展，更在于文化产业的全面繁荣，能够提升城市的文化软实力，在凝练城市精神、塑造城市形象、宣传抚顺文化、鼓舞发展士气等方面发挥重要作用。因此，抚顺就要充分发挥文化产业在塑造崭新形象上的重要作用。

　　要充分利用各类文化交流合作平台，以塑造和提升抚顺城市形象为重点，大力开展经贸外宣和文化旅游外宣，以文化产业繁荣带动城市形象升级；突出抚顺文化产业发展主题，彰显"创业奉献"的城市精神内涵，呈现"诚信友爱"的抚顺人民整体精神面貌；突出抚顺文化特点，加快生态文化旅游区、满

族文化风情区和工业文化展示区建设，充分展示抚顺的生态文明、历史文明和工业文明；注重发展群众文化，营造文化需求旺盛、文化动力充足的良好社会氛围，以深入开展满族文化风情旅游节、满族秧歌大赛、中韩文化节等系列文化活动为载体，展现抚顺人民"开放亲和、诚信质朴"的地域民风，推动城市扩大声誉和影响，优化抚顺城市软环境；不断推出具有抚顺特色的文化艺术作品，深入提升人民群众的内在素质和文明程度，塑造"高端品位、精致典雅"的城市内涵，引导社会风尚和区域时尚不断创新。

第七章　抚顺培育和完善现代金融体系

提要： 建立健全现代金融体系可以有效地推动经济发展。本章对抚顺金融业的发展现状和存在的问题进行了解析，探讨了抚顺健全现代金融体系的基本思路、主要任务和工作重点等问题，提出了推动抚顺现代金融业经济增长点发展的政策建议。

现代金融体系主要包括八个方面的内容。一是深化金融机构改革，完善治理良好、结构合理、竞争力强、充满活力和创造力的金融机构体系。二是加强金融市场建设，健全多层次、多元化、互补型、功能齐全和富有弹性的金融市场体系。三是完善宏观调控体系，健全货币政策框架。四是建立符合现代金融特点、统筹协调监管、有力有效的现代金融框架。五是积极稳妥推进金融创新，增强金融服务实体经济能力。六是扩大金融业双向开放，服务全方位开放新格局，完善国际经济金融治理体系。七是建立更加有力、有效的国家金融安全网，切实有效防范金融风险。八是健全金融基础设施，营造良好金融生态环境。

近年来，抚顺对加快培育和完善现代金融体系的工作非常重视。抚顺市政府工作报告中明确要求要"加强统筹协调，进一步壮大金融体量，用好资本市场，拓宽融资渠道，完善金融体系，大力发展产业金融。促进融资租赁、投资基金等多元化主体发展，积极筹建融资担保集团。加快沈抚新城产业金融集聚区建设和提升新华金融商贸集聚区服务功能。加快农村信用社改制，促进小微金融、农村金融、互联网金融发展，发挥小贷公司、担保公司作用"。因此，就需要加快培育和完善抚顺现代金融体系，推动抚顺金融业这一经济增长点加快发展。

第一节　抚顺金融业发展现状和存在的问题

一、抚顺金融业的发展现状

近年来，抚顺金融业成为我市第三产业发展的重要力量。2015 年，全市金融业增加值 67 亿元，是 2010 年增加值的 3.8 倍，对经济发展的贡献率达到 31%，占全市地区生产总值与第三产业增加值比重分别为 5.4% 和 12.9%，比 2010 年分别提高了 3.4% 和 7.3%。2015 年末，金融业从业人员数达到 1.5 万人。全市金融业缴纳税收为 10.1 亿元，金融业税收的增长，对地方财政收入形成了有力支撑。

1. 银行业服务体系不断完善并迅速发展。抚顺银行系统紧紧围绕全市经济社会的发展战略和投资重点，在为经济结构调整和城市转型提供全方位支持的同时，也为自身创造了更大的发展空间，不断扩大了信贷资金集聚力和辐射力，有效地提升了抚顺银行业的规模和综合竞争力。近年来，全市银行业金融机构存款余额年均增长率达到 8.8%，贷款余额年均增长率为 14.2%，存贷比为 51%。到 2015 年末，抚顺银行业实现营业收入 64 亿元，全市共有银行业金融机构网点 508 个，从业人员 9106 人。全市银行业已经形成以五大商业银行为主体，政策性银行、股份制商业银行、城市商业银行、农村合作金融机构、新型农村金融组织等并存的多层次银行体系。我市银行业还引进了招商银行、辽阳银行、朝阳银行、盛京银行、锦州银行等 5 家域外银行。两家农村信用社改制为沈抚农商行和清原农商行。新型农村金融机构实现突破性发展，组建完成 6 家村镇银行，即沈东村镇银行、清原村镇银行、顺城村镇银行、东洲村镇银行、望花村镇银行和新宾村镇银行。特别是抚顺银行的资产规模已超过 400 亿元。监管评级也由从原来的五类 C 级上升到目前的三类 A 级，横跨九个档次，并实现了跨区域经营。目前，抚顺银行建立了营口分行、鞍山分行和沈阳分行等分支机构。

2. 保险业服务体系不断健全。我市鼓励保险机构健全服务网络，拓展服务领域，扩大保险覆盖面，合理布设经营服务网点，缩小地区差距，完善市场竞争格局，实现了全市范围内保险业的协调发展。我市保险业引进了健康险、农业险、汽车险等专业保险公司，设立了再保险金融机构，完善了保险中介市场体系，培育一批信誉良好的保险中介机构。近年来，抚顺保险业业务规模年均增长速度达到 5%。2015 年，全市实现保费收入 35 亿元，保险密度达到

1500 元/人，提供就业岗位 5000 个，年上缴税费 1 亿元。保险机构达到 38 家。

3. 建立了多种成分并存的投融资体系。（1）提高了投融资能力。加快了政府性融资平台的市场化运作方式改革，有效地增加了城市基础设施建设的投入和对重点产业发展的支持。"十二五"期间，抚顺实现新增非信贷融资 500 亿元。（2）推进了多层次、广覆盖的融资性担保机构的建设。发挥了政府的政策导向与资金支持功能，鼓励担保机构扩大业务领域，丰富担保品种。到 2015 年，我市融资性担保机构已达 20 家，注册资本金 34.5 亿元，在保余额 87.5 亿元，在保户数 655 户，在保人数 965 人，担保放大倍数 2.54。（3）组建了多种经济成分参股的村镇银行。组建了由金融机构、民营资本等多种经济成分参股的村镇银行，为"三农"提供了多样化的金融服务。鼓励农业龙头企业、农民专业合作社、农业专业协会和农户等采用多种方式成立农村资金互助社，扩大了"三农"的融资渠道。（4）组建了小额贷款公司。在加强监管和保证资本金充足的前提下，引导民间资本组建小额贷款公司，规范扶持其健康发展。到 2015 年，全市已有小额贷款公司法人机构 29 家和分支机构 3 家，新增法人机构 18 家。小贷公司注册资本金总计 19.98 亿元，贷款余额 7.6 亿元，2015 年累计贷款 2.3 亿元，为我市中小企业和个人贷款共计 1371 笔。

4. 证券业快速发展。近年来，我市新增 10 家非银行金融机构。中信证券、长城证券、中天证券、大通证券在我市设立分支机构并营业。到 2015 年底，累计已有 10 家证券公司在我市设立分支机构，证券营业部达到 14 个，为我市历史最好水平。新设 3 家基金管理公司，其中包括 1 家政府引导基金，1 家辽宁方大融资租赁有限公司，填补了我市基金管理公司和融资租赁公司的空白。证券交易业务大幅增长，证券交易额增长速度为 252%。

5. 推动企业改制上市。2013 年，我市出台了抚政发〔2013〕12 号文件，加大政府对企业上市的政策支持力度，按照"择优培育一批，改制辅导一批，申报上市一批"的要求，形成滚动发展的局面。到 2015 年底，抚顺有 1 户企业实现境外（香港）主板 IPO 上市，融资折合 8.2 亿元，3 户企业待 IPO 报会，5 家企业与券商签订了新三板推荐挂牌和财务顾问协议，66 家企业进入辽宁省股权交易中心科技板和上海股交中心 Q 板挂牌，超额完成了省市下达的计划指标，挂牌数量在省内排第 2 位。

6. 设立了政府产业引导基金。将政府财政资金消耗性投入逐步转为可循环投入。抚顺通过财政资金的杠杆放大作用设立产业基金，使财政资金发挥了最大的投资效应。2015 年，市政府筹集 1.8 亿元分别用于建立城市发展产业基金、创业投资产业基金、中小企业扶持基金等三个产业引导基金，形成 9 亿元融资规模，扩大了抚顺地区资金投放量，加大了金融对中小企业、科技环保企业、预上市企业的资金支持力度；变原先的财政补贴支持为市场化股权、债权方式支持；退出机制也使财政资金循环使用和滚动支持成为可能。这既发挥了政府因资金雄厚对产业格局有宏观性把握的这个优势，又能借助市场机制的力量，从选项到投入再到后期管理都能精准有效地扶持真正有潜力的企业和技术。

7. 整合国有企业资产，改进政府融资方式，组建了龙晟国有资本运营集团有限公司。抚顺为了确保项目建设不因资金问题而停滞，一方面拓展融资渠道推进银企对接，引导各类金融机构优先支持重大产业项目；另一方面整合国有企业资产，建立了龙晟国有资本运营集团有限公司，发行中期票据5～10亿元用于企业的技术更新改造和固投等。

二、抚顺金融业发展中存在的问题

1. 抚顺金融服务运行体系存在的主要问题。（1）总体规模偏小。目前，抚顺金融业发展规模仍偏小，尤其是保险业、证券业、信托投资和其他金融服务市场发展相对滞后，金融对经济增长的支持作用尚未充分发挥。（2）金融业发展与经济发展不匹配。一是只强调金融业的资金供给功能，而对金融业的定位、功能、规划、政策和金融业的生态环境等方面的关注较少。二是城市转型过程中受经济结构矛盾和实体经济需求不足的双重影响，信贷增长受到制约。三是银企信息不对称影响信贷向需求市场投放。（3）金融市场化程度不高，金融创新能力不足。一是金融市场化程度不高，信用社业务规模不大。二是融资结构不尽合理，融资方式主要是以借贷融资为主的间接融资，通过证券市场直接融资比重小，资本市场发育滞后。三是吸收外资能力不强，利用质量不高。（4）中小企业融资政策支持力度不够。由于中小企业普遍存在信用程度较低、资本金不足、多以传统产业为主及生产经营困难等原因，金融机构更倾向于将信贷资金向基本建设项目和优势企业倾斜，致使中小企业的迫切资金需求难以满足，长期存在贷款难的问题。

2. 抚顺金融产品和金融服务创新过程中存在的问题。（1）金融产品和金融服务创新缺乏针对性。抚顺一些金融机构在创新过程中只图规模，不注重效益，产品开发和改进往往从本单位、本部门的局部利益出发，对客户需求缺乏必要的细分和整合，导致不能有针对性地开发出具有前瞻性和吸引力的金融产品。（2）金融产品和金融服务创新层次较低。金融机构之间的产品同质化现象较为普遍，不仅难以成为自己的核心产品，反而往往形成了过度竞争和低水平的价格竞争的局面。产品和服务创新的范围虽广，但大多数属于科技含量较低的低层次金融产品。（3）社会信用观念不强。目前，抚顺市社会信用观念还不强，信用制度的建立落后于经济发展的程度，从而在一定程度上制约了金融产品和金融服务创新。（4）缺乏金融创新人才。抚顺市投资理财及信息科技等方面的产品创新开发人，以及符合创新需要的理论与实践、业务与技术相结合的复合型人才比较缺乏，自主研发创新的能力不强。

　　3. 抚顺信用担保体系建设中存在的问题。（1）担保机构资金规模小，风险防范能力差。抚顺信用担保机构资金规模较小，局限于"一体两翼"的信用担保模式，抚顺信用担保机构的资金来源很大一部分由政府出资，然而政府资金毕竟有限，且要分散于诸多的担保机构，必定无法满足他们的资金需求。抚顺信用担保体系抗风险能力差，放贷规模小，受自有资金限制，抚顺市担保业现在基本只限于流动资产的担保，且期限为 3 个月到半年，最长不超过一年，很少有诸如设备、技术更新等长期资产的担保。因此，中小企业对比起直接去银行进行不动产抵押，担保机构并没有相当的优势。抚顺信用担保融资成本高。由于资金规模小、抗风险能力弱，担保机构在进行信贷时直接增加了贷款企业的资格要求，导致中小企业获得融资的成本变高。（2）信用担保行业缺少有效的风险管理机制。信用担保业是一个高风险行业，这就要求其从业人员具有较高的专业素质。然而现在担保行业专业人才不多，各岗位人才素质总体不高。同时，担保机构在评估需求贷款的企业时，没有一套相对完善的评估系统，这就直接加大了他们的信用担保风险。（3）信用担保体系缺乏有效的风险补偿和风险分散机制。由于存在中小企业不良贷款的可能性，信用担保机构代偿之后承担了中小企业融资业务 100％的风险，而其协作银行则不用承担风险，风险与利益极不对称，在中小企业失败的情况下，担保机构必须要承担所有的责任。同时，抚顺市再担保机制也不健全，有效风险分散和转移机制不健全，在一定程度上制约着中小企业信用担保业的发展。（4）中小企业信用意识薄弱，积极性低。中小企业参与担保需要先向担保机构交纳一定数额的风险保证金，中小企业资金本就紧张，不愿意把仅有的流动资金转为不可流动的风险保证金，使得中小企业参与信用担保的积极性低。（5）商业银行参与意愿不高。由于中小企业自身实力弱小、信用度不高、资金链短等特点，中小企业贷款表现出单项贷款金额少、频率高、风险大、放贷成本高的特点，银行出于"安全性、流动性和营利性"的原则，尤其是具有高同质性的经营模式的大型银行，相比较而言，他们更愿意为大中型企业提供融资服务。因此，即使担保机构给中小企业提供担保，部分商业银行也对小额贷款存在一定的抵触情绪，这种情绪很大程度上制约着担保体系的发展。

第二节 抚顺健全现代金融体系的基本思路

一、抚顺健全现代金融体系的指导思想和基本原则

1. 抚顺健全现代金融体系的指导思想。抚顺健全现代金融体系的指导思想是，以促进抚顺经济社会全面协调快速发展为目的，以增强金融产业综合竞争力为重点，以坚持金融改革创新为动力，以优化金融生态环境为保障，以支持"一极五业，多点支撑"的产业发展战略为抓手，充分利用多层次资本市场，拓宽直接融资渠道，扩大社会融资规模，降低融资成本，促进实体经济发展、产业升级和城市转型，在大力推进我市金融业发展的过程中，逐步建立适应老工业基地转型振兴需要的现代金融体系，为抚顺老工业基地加快振兴提供有力的金融支持。

2. 抚顺健全现代金融体系的基本原则。（1）服务原则。立足于服务我市经济社会发展，建立起能满足人们各种合理需要、优质高效的金融服务体系。（2）市场化原则。贯彻落实国家金融体制改革的各项决定，改革金融运行中不适应市场竞争的环节，提高整个金融体系的活力，促进金融市场的有序合理竞争。（3）金融创新与金融稳定并举原则。全面推动金融创新，制定并完善金融安全框架和应急预案，有效防范和控制金融风险，维护金融稳定和社会稳定。

二、抚顺健全现代金融体系的发展目标

1. 抚顺健全现代金融体系的总体目标。抚顺金融业要以扩大信贷规模，拓宽融资渠道为重点，积极新建和引进各类法人金融机构及区域总部，保证营业收入、利润、纳税高速增长。到 2020 年，金融业增加值年均增长 20％，金融服务业税收年平均增长超过 20％，金融服务业税收占全市服务业比重提高到 18％左右。全市信贷规模翻一番，实现非信贷融资 800 亿元。全市金融业资产总额大幅增加，金融网点布置和信贷投放规模与我市经济社会发展保持协调增长。

2. 抚顺健全现代金融体系的行业目标：（1）银行业发展目标。到 2020年，银行业金融机构存款余额年均增长率保持在 10％、贷款余额年均增长率保持在 15％，规划期末存贷比达到 70％，信贷结构不断优化；年均引进 1 家股份制商业银行，五年引进市外银行 5 家；市内农村信用联社多数改制为农村合作银行，存贷比达到全省平均水平，不良贷款占比目标为 3％以下。（2）保

险业的发展目标：鼓励保险产品服务创新，推动保险服务小微企业融资，引导广大企业运用保险产品进行增信，推动一家全国性的保险股份有限公司启动申报程序。到 2020 年，保险业整体业务规模保持 10% 的年均增长速度，实现全市保费年收入 50 亿元，保险深度达到 3%，保险密度达到 2200 元/人，年提供就业岗位 6000 余个，年上缴税费 1.5 亿的目标。（3）证券期货业的发展目标：基本建成功能齐全、层次分明、运行有序、良性循环的资本市场体系；完善企业上市速度和挂牌全链条服务，促进企业加快上市和实现产业链整合。到 2020 年，实现非信贷融资 800 亿元；新增 IPO 上市公司 5家，新三板挂牌 20 户，省内股份制（四板）挂牌 20 户，培植和动态储备上市后备企业 100 户；引进和新设各类非银行金融机构 25 户。其中，基金公司 10 户，融资租赁公司 5 户，证券分支机构 10 户。（4）小额贷款公司的发展目标：提升小额贷款服务质量，引导完善科技小额贷款的利率定价机制、审批机制、风险管理机制。到 2020 年，全市新增小额贷款公司 40 家，鼓励小额贷款公司扩大规模，鼓励规模大、管理规范的小贷公司跨区域经营。积极支持小贷公司通过股权交易进行市场融资，探索开展资产证券化业务，提高差别化经营水平。（5）融资性担保机构的发展目标：加快发展融资租赁业务，提高融资担保服务水平，引导融资租赁公司加大对区内产业转型升级、外贸进出口、中小微企业等重点领域的支持力度。同时，依托各类专业市场、产业园区、行业协会促进融资性担保机构专业化经营与业务创新。到2020 年，全市融资性担保机构达到 25 家，平均放大倍数达到 5 倍以上。鼓励组建融资联合担保集团，重点发展注册资本金 2 亿元以上的融资性担保机构达到 10 户，5 亿元以上的融资性担保机构达到 2 户。各县区都要成立相应的融资担保平台。（6）推动债券市场创新发展，促进多渠道资金融通和降低融资成本。（7）创新金融互动对接模式，鼓励通过互联网金融平台等线上方式进行投融资需求的交流互动。

三、抚顺现代金融体系的发展格局

我市要构建满足经济发展需要的多层次金融市场体系、多样化金融组织体系和立体化金融服务体系，使金融业成为促进我市经济发展的重要支柱产业。

1. 金融型总部初步形成规模。建立银行、证券公司、基金管理公司、保险公司、信托投资公司等区域性总部；重点鼓励银行、证券公司、基金管理公司、保险公司、信托投资公司等金融机构在抚顺设立分公司（分行）、业务总部、营运总部和资金中心等；启动以海油金融大厦为依托的沈抚新城科技金融中心建设的实施方案，注册成立聚立基金管理有限公司，推动区域性的电子交易中心、金融资产交易所等项目进一步洽谈。

2. 充分发挥总部企业的作用。大力支持总部企业利用资本市场进行融资，协调解决总部企业在境内外上市融资过程中的问题。引入优秀中介服务企业，改善上市服务，加快总部企业及其所属优质企业上市融资步伐。积极发挥政企、银企合作平台作用，推动抚顺金融机构加大对总部企业资金扶持。同时，鼓励有条件的总部企业设立产业投资基金，引导总部企业通过资产重组、合资合作、上市融资、发行债券等多种方式，拓宽融资渠道。

3. 优化提升金融资源配置能力。抚顺要构建多元化、全方位、广覆盖、可持续的金融支持体系，重点发展科技金融、产业金融、文化金融、互联网金融等特色金融。推进农民住房财产权、土地承包经营权抵押贷款试点，推进农村小额贷款保证保险试点。建立鼓励金融机构服务地方经济的激励机制。

4. 强化金融对经济转型的支持作用。确保实施"一极五业，多点支撑"产业发展战略的信贷投入。设立小微企业应急互助基金，推广小额贷款保证保险，开展小微企业转贷方式创新试点。

5. 打造特色金融服务体系。探索"创投＋银行直贷"模式，打造科技金融示范区。促进互联网企业和金融机构的跨界融合。培育私募股权市场。

6. 提升金融集聚和辐射水平。全面支持和推动沈抚新城和顺城区新华街金融集聚区建设，将其打造成为区域内的金融机构集聚中心、金融交易中心、财富管理中心、金融研训中心和金融信息服务中心，推动消费金融、民生金融、财富管理、互联网金融、小微金融等新型金融服务业态。

7. 组建金融资产交易平台，提升金融市场开放度，营造一流的金融发展环境。推进要素市场平台发展，积极推动民间资本进入金融领域，适当降低民营资本发起和参与地方金融组织的门槛，实施金融人才发展战略，建立财政支持金融创新的激励机制，强化社会信用体系建设，引进并鼓励各类资本发起设立新型征信机构。

第三节　抚顺健全现代金融体系的重点任务

一、抚顺健全现代金融体系的主要任务

抚顺加快培育和完善现代金融体系，就要努力打造灵活高效的银行业服务体系，竞争有序的保险业服务体系，发展多层次资本市场，建立多种成分并存的投融资体系，优化金融发展环境和加强政府的宏观引导作用。

1. 打造灵活高效的银行业服务体系。（1）扩大经营规模。围绕全市经济社会的发展战略和投资重点，在为经济结构调整和城市转型提供全方位的信贷支持的同时，为自身创造更大的经营空间，不断扩大信贷资金集聚辐射力，提升抚顺银行业的规模和综合竞争力，实现经济与金融发展的良性互动。（2）优化信贷结构。一是加强窗口指导，加大对重点企业、高新技术产业、现代服务业和重大项目的信贷支持力度。二是健全银企合作长效机制，强化产业政策与信贷政策的协调配合。三是改善和扩大个人信贷服务，支持城乡居民扩大消费和自主创业。四是加大对中小企业、个体工商户、农户的信贷投放。（3）加快改革创新。深化银行管理体制和经营机制改革，提高信贷风险管理水平。降低不良资产率，不断优化资产结构，完善内控制度。加快业务创新和服务方式创新，不断丰富信贷产品，使信贷产品种类系统化、市场化，服务方式多样化、便捷化，有效满足不同主体的信贷需要。（4）充分利用银行间市场体系。积极发展票据承兑和贴现业务；发挥我市资金充足的优势，鼓励各金融机构拓展同业拆借业务，扩大资金拆借规模；灵活应用金融市场创新产品，扩大市场直接融资渠道；大力发展企业短期融资业务，扩大企业短期融资渠道；积极推广银行卡的使用，提高银行卡发行的数量质量、先进性与安全性。（5）加大对县域经济的金融支持力度。立足县域经济发展实际，增加县域地区的网点布局。扩大县域分支机构信贷管理权限，优化审贷程序，简化审批手续。积极开展县域内农村金融产品和服务方式创新，开发更多适合农村实际需求特点的金融产品。（6）支持地方银行机构做优做强。在市政府的统一协调下，加快处置农村信用社历史遗留的不良贷款，增强资产完整性，优化股权结构，完善公司管理体系，提高管理经营能力，在3～5年内使85％以上的农村信用联社转制为农村银行。支持并鼓励地方银行机构在夯实本地市场的基础上，通过设立分支机构、参股组建村镇银行等方式，稳步扩大信贷规模和市场占有率，增强盈利能力，实现跨区域发展。

2. 打造竞争有序的保险业服务体系。（1）积极培育保险主体。鼓励保险机构健全服务网络，拓展服务领域，扩大保险覆盖面，合理布设经营服务网点，缩小地区差距，完善市场竞争格局，实现全市范围内保险业的协调发展。引进健康险、农业险、汽车险等专业保险公司，探索设立再保险金融机构，完善保险中介市场体系，培育一批信誉良好的保险中介机构。（2）扩大保险规模。积极引导保险机构推动市场细分化、产品差异化、服务标准化、条款通俗化创新。鼓励保险公司与银行机构加强业务合作，发展"信贷＋保险"业务。大力发展个人、团体养老和医疗健康保险业务。充分发挥保险资金融通功能，以参与设立产业发展基金、投资入股等多种形式，支持抚顺重点项目、高新技术产业和基础设施建设。（3）大力发展农村保险市场。开发农村保险市场，加快发展农业保险。加快农业保险制度建设，把农业保险纳入农业经济发展的总体规划。鼓励支持发展特色农业保险，扩大政策性农业保险试点品种和覆盖面，对参加保险的农户给予保费补贴。支持商业性保险机构开发"三农"保险业务，鼓励农村地区金融机构代理"三农"保险业务。运用财政等手段支持和促进农业保险发展。

3. 发展多层次资本市场。（1）推动企业改制上市。加大对企业改制上市的培育与指导力度，积极筛选优质后备企业资源，实行分类指导、动态管理，不断提高拟上市企业的质量。建立全市上市后备企业信息数据库，将优秀的上市后备企业推荐给相关的金融机构和中介服务机构，完善各类资本与后备企业的对接平台和机制。积极鼓励和扶持民营中小企业、优质企业进入资本市场融资。对企业经营者进行上市相关知识的培训，落实上市辅导前后各环节的费用支持。引导产业资本及风险投资基金的进入。（2）发展债券市场。积极争取国家有关部门支持，推进符合条件的企业通过发行公司债券、可转换债券及城市公用设施项目债券筹集资金，丰富债券市场品种，满足企业融资需求，使不同发展层次的企业都能有效地利用资本市场加快自身发展。（3）培育股权投资体系。探索建立股权交易市场，积极支持和推进本地区企业股权集中登记托管工作，促进股权流动、优化资源配置，为企业搭建股权交易的平台；鼓励市内外各种投资主体和民间资本成立股权私募基金和风险投资基金等；支持有发展前景的优质中小企业。建立政府引导基金，通过参股、融资担保等方式扶持股权投资机构的设立和发展。

4. 建立多种成分并存的投融资体系。加快政府性融资平台的市场化运作方式改革，提高平台的融资能力，增加城市基础设施建设投入，以及支持重点产业发展。发挥政府的政策导向与资金支持功能，推进多层次、覆盖广的融资性担保机构建设，鼓励担保机构扩大业务领域，丰富担保品种。组建由金融机构、民营资本等多种成分参股的村镇银行，为"三农"提供多样化的金融服务。鼓励农业龙头企业、农民专业合作社、农业专业协会、农户等采用多种方式成立农村资金互助社，扩大"三农"融资渠道。在加强监管和保证资本金充足的前提下，引导民间资本组建小额贷款公司，规范、扶持其健康发展。

5. 优化金融发展环境。（1）建设金融中心区。优化沈抚新城和顺城区新华街金融中心区建设，分阶段、有重点地引导新的金融机构，以及推动现有金融机构进驻金融中心区，为金融业发展提供良好的有形载体，利用集聚效应发展金融产业。（2）加强金融系统内部的信息化建设。在政府有关部门、金融监管部门和各金融机构之间，搭建渠道畅通、传递高效的金融信息网络，形成有效的信息双向交流。（3）推进社会信用体系建设。加强对社会信用体系建设的整体规划，不断完善企业和个人征信体系建设。健全全市信用体系建设联席会议制度，明确人民银行、政府部门、金融机构、中介组织的职责分工，协同推进信用体系建设。（4）维护金融安全。建立健全非法集资等非法金融活动的预警应急机制，依法严厉打击非法集资、制贩假币、洗钱等非法金融活动，维护良好的金融秩序。（5）发挥行业协会的职能作用。充分发挥金融行业协会在自我约束、利益协调、信息沟通交流、人才培训、协助监管、改善服务等方面的作用。（6）提高中介服务水平。规范发展会计师事务所、律师事务所、评估机构、信用资信评级机构和各中介行业组织，为金融交易提供完善的服务，降低金融风险交易成本。

6. 加强政府宏观引导作用。树立金融产业观，把加快金融业发展作为发展抚顺城市经济的重大战略予以推进。切实加强对金融工作的领导、组织和服务，充分发挥政府对金融业发展的推动作用，研究制定并协调落实支持金融业改革发展的有关政策和扶持措施，协调处理全市金融改革发展的重大问题。

二、抚顺健全现代金融体系的工作重点

1. 大力发展金融集聚区。规划发展沈抚新城金融集聚区，重点建设旺力金融一条街和沈阳经济区金融后台服务基地。加快发展顺城区金融集聚区，发展壮大新华金融一条街。以金融集聚区建设为主，新建、引进各类法人金融机构和区域性金融总部30户以上。

2. 大力发展银行服务业。争取在抚顺的银行均在县（区）和沈抚新城设立分支机构。引进股份制银行9家，引进城市商业银行11家，争取设立1～2家民营银行。培育资产超过10亿元的村镇银行2家，培育资产超过20亿元的村镇银行1家。

3. 发展融资租赁业。新建、引进融资（金融）租赁机构4家。鼓励和支持抚顺装备制造业企业设立融资（金融）租赁公司。

4. 积极发展债券市场。充分利用债务融资工具，为我市重点建设项目提供资金支持。加快培育发债主体，鼓励和支持经济效益好、社会信誉度高的大中型企业，通过发行企业债券，实现结构优化和规模扩张，技术改造和产业升级。支持小微企业通过发行私募债等，扩大直接融资。鼓励银行、证券、信托等金融机构，在各自法定经营范围内开展债券发行、承销和结算业务。鼓励金融机构充分发掘基础资产项目，重点推动企业资产证券化。

5. 发展小额贷款公司。全市新增小额贷款公司40家，鼓励小额贷款公司扩大规模，鼓励规模大、管理规范的小额贷款公司跨区域经营。积极支持小额

贷款公司通过股权交易市场融资，探索开展资产证券化业务，巩固、提高差别化经营水平。

6. 加快融资性担保服务体系建设。全市融资性担保机构达到 25 家，平均放大倍数达到 5 倍以上。鼓励组建融资联合担保集团。重点发展注册资本金 2 亿元以上的融资性担保机构达到 10 户，5 亿元以上的融资性担保机构达到 2 户。各县区都要成立相应的融资担保平台。

7. 开展科技和金融相结合的改革创新。设立科技金融专营机构 3 家，新建科技支行或科技银行业务部 1 家，科技小额贷款公司 2 家，全市科技贷款余额实现倍增。新建和引进科技公司和科技保险业务部，实现科技保险品种全利用。

8. 推动金融机构开展产品创新。支持鼓励全市各类金融机构开展产品和工具创新，创办抚顺金融超市，扩大金融服务范围，提高金融机构对各类产业，特别是中小微企业、科技企业和"三农"等领域的支持力度，力争实现对上述领域贷款余额年均增速不低于 19％。

9. 打造竞争有序、助推经济发展的保险服务体系。充分发挥保险的经济"助推器"和社会"稳定器"作用，逐步提高保险在地方经济社会发展中的渗透率和贡献度。特别是发挥保险业在健全地方政府灾害管理体系，完善社会保障体系，优化金融市场结构，加强社会风险管理等方面的主要作用。

10. 鼓励和支持企业在资本市场融资。加强与沪深证券交易所、全国中小企业股份转让系统有限公司、证券经营机构的合作，坚持重点培育、有序推动符合条件的企业在主板、中小板、创业板及"新三板"上市挂牌，并鼓励企业境外上市。力争企业上市 5 户，培植和动态储备上市后备企业 100 户，实现股份制企业挂牌 20 户，省内四板挂牌 60 户，中小微及科技企业展示挂牌 100 户。融资租赁公司 4 户，证券分支机构 10 户，实现股权交易额 4 亿元，发行中小企业债券融资 6 亿元。

11. 大力发展金融中介服务机构。鼓励证券经营机构落户我市。支持市内证券公司增强资本实力，通过创新产品、增设网点的方式，加快向综合类券商转变，提升专业服务效能。引导会计师事务所、律师事务所、资产评估机构、资信评级机构等中介机构，提高执业水平，增强差异化、专业化的资本市场服务能力，加快培育金融资讯信息服务机构。

12. 发展各类投资基金。制定优惠政策，新建和引进风险投资基金、创业投资基金、产业投资基金和私募股权投资基金等，设立投资引导母基金，为企业创业发展、城市建设提供融资渠道。到 2020 年，引进和设立各种基金 10 个，全市每个产业集聚区都要设立产业投资基金。

13. 鼓励企业并购重组。推进上市公司并购重组，加快优质资产向上市公司集中，延长产业链，打造行业龙头企业。引导后备企业通过兼并重组的方式做大做强，提高产业集中度，鼓励和支持我市企业借壳上市。

14. 建设金融生态城市。完善全市征信体系，提高社会信用水平，增强我市对金融资源的吸引力，在全市形成防范和化解金融风险的长效机制，维护区域金融安全与稳定。建设诚信抚顺，创建诚信政府、诚信干部、诚信企业、诚信乡村、诚信社区，使抚顺金融生态环境居于全省前列。

第四节　抚顺健全现代金融体系的对策建议

一、落实政策，建立健全抚顺现代金融体系

1. 高度重视，提高认识。要充分认识金融对抚顺经济发展的支撑作用，把落实加快金融服务业发展放到重要位置抓紧、抓实。主要领导要亲自推动部署，市政府金融办按月对各县区和沈抚新城进行督导考核，并纳入市政府对县区的目标考核体系。要研究解决金融发展过程中出现的难点问题，逐项落实工作任务和目标，确保各项任务落实到位。同时，要做好对金融各项指标的统计工作。

2. 落实政策，实现金融倍增计划。各县区要用好、用足省市政府出台的各项政策，积极建立起相应的配套政策，将政府财力投入和政府性有效资源，围绕金融机构营业收入、资金投放、利润、税收等，向对全市金融发展贡献大的金融机构倾斜，努力促进金融服务业大发展。

二、健全抚顺金融服务运行体系

1. 加强金融基础建设，完善金融机构。（1）建立多元化的金融组织结构体系。制定优惠政策，吸引国内外银行、保险公司、证券公司等在抚顺设立分支机构，鼓励发展股份制金融机构，形成以国有金融机构为基础，地方性金融机构、股份制金融机构和外资金融机构等多种金融机构并存的多元化金融组织结构体系。（2）积极引进有经营特色的保险公司。如引进农业保险、旅游保险、健康保险等专业特色保险，开发满足不同行业、不同层次需求的各类财产、商业、责任和人身保险，进一步拓展保险服务领域，发展壮大保险业。（3）支持企业发行企业债券和改制上市。结合抚顺产业特色，充分利用证券资本市场的功能，鼓励和支持符合条件的企业发行企业债券和改制上市。以上市

公司为龙头重组资产，扩大直接融资方式，引导证券市场资本投向具有比较优势的支柱产业和特色产业，进一步扩大证券市场资本运作效率，实现银行业、保险业、证券业的全面协调发展。

2. 大力拓宽融资渠道，提高资本运作能力。扩大直接融资比例，改善比较单一的融资结构；加大开放力度，改善投资环境，吸引外资流入；通过构建创业投资优惠政策、创建风险投资基金、组建投资银行和投资公司等多种融资机制，提高资金使用效率；统筹管理和使用政府可调控的投资资金；积极拓宽实体经济融资渠道，扩大社会融资规模总量，鼓励发展非金融企业债券融资等直接融资，引导金融机构发行用于抚顺非金融企业贷款的金融债券。丰富融资工具种类，实现社会融资纵向和横向的拓展。

3. 加大对重点项目贷款的支持力度，及对中小企业信贷投放力度。金融部门要形成合力，充分利用银团贷款等方式，加大对重点项目贷款支持力度。加大信贷对固定资产投资的支持力度，支持全市大中型企业提高产品科技含量，信贷培育本地区具有抚顺自主品牌的总部型大型民营企业，使其成为抚顺未来经济发展的支柱企业。同时，政府、金融机构和企业共同努力，建立一个良性发展的运行机制，逐渐改变中小企业贷款难的状况。在具体实施中：（1）出台相关政策，为理顺中小企业融资渠道创造良好的外部环境。（2）中小企业应深化改革，提高自身发展能力，提高信用度。（3）建立和完善中小企业贷款担保体系，降低金融机构贷款风险。（4）为那些具有成长潜力的中小企业提供直接融资的场所，鼓励中小企业利用资本市场融资。（5）创新操作性强的特色信贷产品，扩大小型、微型企业信贷市场份额。围绕沈抚新城和石化新城形成的产业集群中的小型、微型企业布局，针对小型、微型企业贷款"期限短、金额小、频率高、要得急"的特点，改进授信服务机制，创新担保、还款方式，拓宽应收账款抵押贷款等金融产品创新业务，打造个性化产品，在全市形成一个门类齐全的小微企业贷款特色服务体系。

4. 加强金融服务运行环境建设。（1）建立银企对接的网络化、常态化工作机制，培育和推动贷款有效需求。着力建设银企对接网络化工作平台，实时上网公示企业融资需求项目，公开各银行可用融资额度及信贷投放重点，公示拟对接和已对接项目，通过定期召开银企对接调度会、洽谈会、项目推介会等方式，实现银行和企业之间信息的有效对称，融资的有效对接，推动信贷投放增长。（2）发展壮大担保机构，推动金融招商，强化信贷造血机能。壮大全市融资性担保机构和信用担保机构规模，积极引入域外中小股份制银行到抚顺发展，扩大抚顺信贷团队，补充金融血液。（3）积极推动"诚信抚顺"建设，深化全市金融生态环境建设。

166

5. 加快培养金融专业人才。重视人才、挖掘人才,多渠道地培养一批懂国际金融,懂相关法律,能够熟练运用外语和计算机操作的现代化金融管理人才,同时要建立一个有利于培养、发现、吸引和留住人才的环境。

三、探索与发展抚顺多层次金融要素市场

1. 借力沈阳,规划构建抚顺金融要素市场体系。沈阳已经建有证券交易所、期货交易所、外汇交易所等,金融要素市场比较发达、体系很完备。抚顺毗邻沈阳,在与沈阳实现金融业互补发展方面具有得天独厚的地缘优势,可策应沈阳金融体系中某些功能的延伸,如两地互设金融机构等;也可以重点发展一些不同于沈阳主流金融要素的一些另类要素市场,如土地交易所、小额信贷市场等,与沈阳互补,良性发展。

2. 完善抚顺金融市场体系。在完善金融市场体系方面,要努力推进证券市场的发育成长,改革、完善和有效扩大企业债证券的发行,积极探索和稳步推进抚顺股票市场交易活动,加大推动抚顺本土企业上市的力度。

3. 强化抚顺农村金融要素市场的发展。(1) 选择合理的农村信贷市场供求模式、建立健全农村保险机制,加速成立各级担保市场,积极探索农村新型土地流转机制,并逐步规范农村非正规融资方式。如民间借贷等,最终要将其纳入政府的金融监管体系。(2) 利用现有的金融资源,鼓励抚顺城区金融机构把服务网点深化到区县村一级,并运用行政手段努力发展农村新型金融机构。(3) 继续开展金融机构下乡活动,探索多种入股方式,最终建立起治理结构完备的抚顺村镇银行和农村小额贷款公司。(4) 投入巨额信贷资金来加大抚顺农业生产的产业化经营,推进农村土地流转机制的改革,积极发展生态农业、观光农业,加强农村基础设施建设,并围绕这些目标的实现打造金融要素市场。(5) 加大对农村贷款品种的创新。增加农村土地承包经营权抵押贷款、种植大户规模经营贷款等业务,以推进农村金融要素市场的体系建设。

4. 推动抚顺产权交易市场的改革与发展。(1) 拓展市场功能。推出产权转让、非上市公司的股权转让、企业股权托管等交易品种,为各类资本的进入和退出提供信息和平台。(2) 搭建好产权交易平台。继续做好产权交易所和土地交易所等产权交易市场,让产权交易所真正做到经营市场化、公司化、功能多元化,从服务于抚顺金融业发展的需要来扩充交易品种和交易工具,使之成为推动区域资源互补、优化配置的重要手段。

5. 推动抚顺金融要素市场的技术升级。要借力金融创新,使金融要素市场进一步提升技术能级。为此,抚顺需要进一步促进产权交易等金融要素市场的交易系统技术能级提升,推动交易数量、交易品种、交易效率的提升和异地

产权交易场所的扩大，为今后更多期货品种的推出提供技术支持。

四、创新抚顺新兴金融产品和金融服务

1. 树立"以客户为中心"的理念。（1）要针对不同客户群的需要，采取有针对性的产品创新策略，避免产品重复和同质化。提高客户细分程度，为客户提供有差别的分层服务，提高产品适用性和客户满意度。（2）推动信托金融电子化建设，以技术创新作为金融产品和金融服务创新的突破口，依靠电子化平台，使金融服务向自动化、简约化方向转变。（3）将技术应用作为产品创新的主要手段，完善现有电话银行、手机银行、网上银行等各项服务，及时更新各项功能，满足客户的多样化需求，构建客户信息数据库，进行集中、有效的数据信息管理，应用数据挖掘，进行业务产品的研发。

2. 营造良好的金融服务业内外部环境。（1）在监管模式上只制定相应的监管标准，金融机构可在标准内根据情况自主创新。（2）建立合理的绩效考评制度，构建金融服务业良好的竞争环境。（3）改善信用环境，加强社会信用体系的建设，改善抚顺的金融秩序，为金融产品和金融服务创新创造良好环境。（4）完善金融创新组织体系，对创新工作进行统一规划，完成对创新业务的战略方向选择和具体业务的筛选，理顺金融机构各部门在业务创新中的关系。

3. 加强部门间的沟通，创新业务考核激励机制。（1）金融机构内部各部门间要经常进行沟通，以保证市场信息在金融机构内部及时、有效的传递。（2）创新业务的考核激励，完善激励约束机制，调动全员的积极性与创造性。（3）加大金融机构的信息科技水平支撑力度，提高金融创新产品的技术含量。

4. 注重创新人才的培养和引进。（1）建立健全金融业务人员资格考核与认定管理制度。（2）借助完善的员工培养计划，对从业人员开展适时的继续培训，并对其业务水平及服务进行跟踪评价，将金融专业化人才培养成为全面复合型专家，并积极引进具有丰富市场经验或显著创新能力的人才。

五、完善抚顺信用担保体系

1. 建立健全风险再担保制度。在抚顺市现行担保体系中，担保机构承担了几乎100％的风险，没有明确的风险防范和分担措施，而再担保制度能够明显对风险进行分散和转移。

2. 建立担保机构与商业银行共享利益、共担风险的机制。抚顺市应选择参与积极性高、资信度好的商业银行作为开办中小企业信用担保业务的协作银行，并建立起稳定的关系。要制定适当的担保比例，在担保机构和协作银行之间合理分担风险，以期建立担保机构、银行和企业共担风险的机制，使担保机

构与协作银行共同承担对中小企业提供金融支持的风险。

3. 建立完善担保机构内部风险管理机制。对担保机构内部实行严格的分工管理，明确机构内部各岗位职能，要有规范的用工和分配制度，同时实行严格的审、保、偿分离制度。建立科学的风险评估方法，对受保企业的资格进行认真仔细的审查和明确的评估。要建立内部风险补偿方法，设立代偿风险准备金，减少业务风险。

4. 政府要加大金融支持力度并明确其职能。政府有关部门须加大对担保行业的政策支持，通过减免税收、增加财政预算等方式，促进抚顺担保业快速稳定的发展。另一方面，建议政府强化引导作用，调动民间机构的积极性，吸引民间机构的参与，扩大担保基金。

5. 建立健全社会服务体系。信用担保业的健康发展，很大程度上依赖于健全的社会服务体系。抚顺市缺少直接面向中小企业服务的银行和金融机构，所以即使有担保，中小企业也难以得到贷款。因此，一方面要发挥各类金融机构的作用，尤其要鼓励和发展以中小企业为主要服务对象的政策性中小企业银行，如城市商业银行和信用合作社的作用，形成中小企业服务的金融机构之间的竞争；另一方面，要建立社会化、专业化、网络化的中小企业服务体系，建立中小企业的信息数据库，为中小企业提供咨询、人才培训、业务指导等方面的服务，以提高中小企业抵抗风险的能力，降低担保代偿风险，提高市场效率。

第八章 抚顺推动现代农业经济增长点发展

提要：现代农业是推动农村经济发展的支柱产业和重要经济增长点，是解决"三农"问题的根本途径。本章在对抚顺现代农业发展的现状、发展机遇面临的挑战和存在的问题等进行深入分析的基础上，探讨了推动抚顺现代农业经济增长点发展的指导思想、基本原则、区域布局和主要任务等问题，并对清原县、新宾县、抚顺县、顺城区、东洲区、望花区和新抚区等三县四区推动现代农业经济增长点发展的重点任务进行了专题阐述，提出了推动抚顺现代农业经济增长点快速发展的保障措施。

现代农业是相对于传统农业而言的。现代农业不仅包括农业生产技术的现代化，还包括组织管理、市场经营、社会服务和国际竞争的现代化。从中外现代农业发展经验来看，农业现代化是国家现代化的基础和支撑。现代特色农业，是指符合当地自然条件，与其他区域有明显不同的农业生产项目，具有鲜明的区域特色，有明显的生产比较优势，有一定知名度和生产规模，有良好的经济和社会效益的农业。

我市发展现代农业，要充分发挥独特的资源禀赋和较好的特色产业基础，大力发展现代特色农业。以"一村一品、一乡多业、县区全业"的经济发展战略为切入点，坚持工业化的理念、产业化的模式、市场化的运作，集中打造食用菌、木材、林蛙、中药材、畜禽、山野菜、果品、花卉等特色优势产业，形成各具特色的农业产业基地，促进"互联网＋现代农业"在生产、经营、管理、销售、金融等环节中发挥重要作用，推动一、二、三产业融合发展，促进农民增收。

第一节 抚顺现代农业发展现状和存在的问题

一、抚顺现代农业的发展现状

近年来，我市农业基础稳固，粮食生产能力稳步提高，重点进行了优质粮、有机杂粮、特色农业经济作物、特色养殖和绿色蔬菜的基地建设，创建了国家级万亩粮油高产示范区 14 个；推动了食用菌、木材、林蛙、中药材、畜禽、山野菜、果品、花卉等农业特色产业的不断发展壮大，建设了一大批农业产业化龙头企业，企业达到 112 家，带动农户近 19 万户，培育出了具有抚顺市区域经济特色的农业产业化体系。现代农业发展带动的农业生态休闲观光旅游业等新型业态也发展迅速。

1. 抚顺现代农业综合生产能力不断提升。（1）"十二五"期间，我市粮食产量年均 63.3 万吨，蔬菜产量年均 53 万吨，水果产量年均 10 万吨。（2）肉、蛋、奶产量分别达到 18.3 万吨、10.3 万吨、7.2 万吨，水产品产量 1.85 万吨。

2. 现代农业产业结构不断优化。（1）以食用菌、山野菜、中药材、花卉为主导的四大特色产业日益壮大，已趋向规模化、特色化和专业化。2015 年，实现食用菌栽培 4.6 亿袋，中药材留存面积 100 万亩，山野菜面积 24.5 万亩，花卉规模达到 3790 亩。（2）建设大伙房水源保护区有机农业示范基地 11.4 万亩。（3）新增林地经济开发面积 140 万亩，林地经济开发保有面积 350 万亩，林业产值从 2011 年的 146.2 亿元提高到 2015 年的 179.3 亿元。（4）林地经济示范基地建设形成规模。以榛子、红松、刺龙芽、经济林为主的林地经济示范项目已遍及全市。林业产品品牌培育工作取得新突破，"抚顺哈什蚂""清原马鹿茸""抚顺辽五味子""抚顺林下参""三块石大果榛子"获得国家地理标志保护产品。（5）完成植树造林 80 万亩，封山育林 200 万亩，中幼龄林抚育和低产低效林改造 88 万亩。

3. 农业产业化步伐不断加快。（1）到 2015 年底，我市规模以上农产品加工企业有 131 家。其中，省级农业产业化龙头企业 15 家，市级农业产业化龙头企业 112 家。规模以上农产品加工企业实现销售收入 95 亿元，利税总额 9.8 亿元，净利润 8 亿元，出口创汇 8900 万美元。（2）畜禽规模养殖场 517 个，养殖专业户 5255 户，畜禽规模养殖率达到 65%。畜牧养殖业总产值突破 61 亿元。（3）涉林产业已经向规模化、专业化、集群化方面发展，形成了新

171

宾县南杂木木材加工、清原县湾甸子集成材加工、抚顺县救兵地板加工、新宾县上夹河根艺品加工产业集群；以林木培育、种苗花卉、森林食品采集培育、林产品加工、林地经济资源开发、野生动物驯养和森林旅游为重点的林业产业快速发展，建成国家级林木良种基地 2 个，年均提供各类合格苗木 1.8 亿株。(4) 建成农产品出口示范区 1 个。

4. 农业基础设施和装备水平全面提高。(1) 农机化装备和农机化水平不断提升，落实农机购置补贴资金 1.6 亿元，购置各类农机具近 4 万台套，农机总动力达到 86 万千瓦，综合机械化水平达到 73%。水稻生产全程机械化基本实现，玉米生产全程机械化水平明显提高；新型农机具和新技术得到推广，水稻和玉米生产保护性耕作技术推广应用效果较好，秸秆机械化综合利用开始试验示范。(2) 建设抗旱水源井 36 眼。除险加固 65 座病险水库和 2 座病险水闸，新建及改造 3 座中型灌区，解决农村饮水安全人口 22.9 万人，综合治理水土流失面积 270 平方千米。(3) 在完成与省林业厅、三县林业局专网建设基础上，推进专网改造，将林业网络延伸到乡镇和重点林区。

5. 农业科技支撑和产业服务能力不断增强。(1) 连续 4 年每年投入科技共建专项资金 260 万元，累计引进推广新品种 134 个、新技术 86 项，打造科技共建基地 30 个。省内推广香菇新菌株"辽抚 4 号"、辽藁本、香菇、抚红软籽山楂、"抚豆 24 号"等新品种，建立示范基地 12 处，面积 2.1 万亩。繁育草莓脱毒种苗 50 万株，引进加拿大早熟玉米自交系 500 多份试材，与国内优良自交系进行杂交，选育出生育期 75 天的极早熟玉米品种。(2) 创建国家级万亩粮油高产示范区 14 个，省级农产品标准化生产示范基地县 3 个；"三品一标"产品总数达到 176 个，农业标准化生产面积 175 万亩，占全市耕地和果园面积的 83%；蔬菜、水果、食用菌等主要农产品抽样合格率保持在 96% 以上；20 家养殖企业通过无公害产品一体化认证；应免动物强制免疫疫病免疫率均达到 100%，多年未发生农产品质量安全事件和区域性重大动物疫情。(3) 农民每年通过农民科技培训、阳光工程、设施农业科技培训 2 万人次以上。(4) 利用橡实资源制 L 乳酸和颜料乙醇技术开发、东北红豆杉物种保护及种群持续发展技术等 11 项林业科技成果通过鉴定，推广应用面积 10 万亩。(5) 开发林业软件和林业地理信息系统平台，实现了资源数据信息化管理。(6) 农产品网上销售额不断增大。

6. 农村各项改革增强了现代农业发展的活力。(1) 农村土地流转面积 25.4 万亩，占家庭承包耕地面积 16.8%；土地承包经营权确权登记颁证面积 52.3 万亩。(2) 新型农业经营主体全面发展，投入扶持资金 1200 万元，新增农民专业合作社 1115 家，总数达 1641 家；初始登记家庭农场 292 家。(3) 农业保险覆盖面不断扩大,农业保险 483 万亩,森林保险 610 万亩。(4) 集体林业用地改革 894 万亩,实现了林权明晰、责权到户的林权管理新模式。(5) 建立 4 个市、县林业综合管理服务中心,以及 6 个乡镇区域分中心。

7. 农村生态环境明显改善。(1) 抚顺市大伙房水源保护区一级保护区畜禽养殖场搬迁工作全部结束,搬迁养殖场 15 家;实施大型规模生猪养殖场粪污综合治理工程 14 个。(2) 实施了"青山工程"。

二、抚顺现代农业的发展机遇、挑战和存在的问题

我市现代农业发展取得了很大成绩,但依然存在值得关注的问题:农业规模化生产经营水平不高,农产品深加工水平还有待提升;深化农村改革步伐不快,现代农业管理体制有待健全。森林经营水平有待提高,林业产业低档运行,林产品精深加工水平较低;非法侵占林地和湿地现象仍然存在。

1. 抚顺现代农业的发展机遇。(1) 农业经济地位日益提高。农业经济已进入一个新的发展阶段,工业反哺农业、城市支持农村、以工促农、以城带乡的发展新格局已形成。从中央到地方都把"三农"问题放在经济发展的首位,为农业发展提供了前所未有的良好发展环境。(2) 农业可持续发展显亮点。对可持续发展方式的强化是现代农业的一个重要特征。受农业资源短缺和环境污染压力的双重制约,农业可持续发展的要求更为迫切。随着农业可持续发展的观念逐步深入人心,农业领域的可持续发展主题已经将资源节约型、环境友好型,以及低碳经济、循环农业等内涵提到了前列。(3) 农产品需求保持高增长。受农业资源制约和农产品需求增长的双重影响,主要农产品供给将长期偏紧。同时受市场影响,大宗农产品价格波动频繁。因此,农产品保供给将成为今后一段时期我市经济社会发展的重要任务,也为现代农业发展提供了新的机遇。

2. 抚顺现代农业面临的挑战。(1) 资源要素对农业发展的约束越来越明显。耕地的绝对数量呈下降趋势,耕地质量下降的问题不容忽视,水资源严重短缺、农业资源承受能力不足的矛盾更加凸显,土地资源和水资源的短缺是制约全市农业发展的一个极为重要的因素。特别是畜牧业的发展受到土地和环境的双重制约。农业经营主体总体素质偏低,也制约着农业的发展。农村优质劳动力大量转业转岗,留守农业的劳动力大多年龄老化,文化程度不高,很难适应科技兴农和现代农业的发展形势,以及市场经济的挑战。(2) 农业靠天吃饭的局面尚未根本改变。农业基础设施建设仍然滞后,尤其是农田基础设施年久失修、老化问题严重,加之公路、铁路等项目的建设,打乱了农田基础设施格局,农业防灾、减灾和农田旱涝保收能力较低,抵御自然灾害的风险能力较

弱，制约了农业劳动生产率的提高和农民收入的稳定。（3）农产品深加工企业与农民的利益联结机制需进一步加强。农业龙头企业与农户之间的权、责、利关系还不够紧密，相当一部分农业企业与基地农户之间的关系是松散型的，没有形成紧密的经济利益共同体。农产品深度开发和加工相对滞后，大多数农产品还处在初级产品阶段，粗加工多，精深加工少，产业链短，附加值较低，尤其是畜产品加工能力明显不够，影响了经济效益的进一步提高。（4）国家生态功能区禁止开发的硬约束"倒逼"我市县域经济必须加快经济转型和结构调整，保护区内居民禁耕外迁、企业搬迁转型等多种压力，对我市现代农业经济稳增长、财政收入、扶贫脱困等带来新的挑战。

3. 抚顺现代农业发展中存在的问题。农业基础薄弱，科技水平低，产品初级化特征明显。抚顺三县由于处于无霜期短的高寒山区，又是"八山半水一分田，半分道路和庄园"的地形地貌。三县国土面积虽然达到 10568 平方千米，但可种植的土地面积却只有 150 万亩左右。农村基础设施相对比较薄弱，农业科技体系不完善，农业抵御自然灾害的能力较弱，农业产业结构趋同，导致各农业产业产量有限，综合生产和市场竞争能力水平不高。目前，一些前景看好的农业资源，如林蛙、食用菌、中药材、山野菜等农业主导产业或其中的一些品种，由于受生态环境保护政策的限制或掠夺式的资源开发，已出现明显的萎缩迹象；三县农业产业化程度低、产业链短，产供销一体化、贸工农一条龙的经济实体还不健全，农产品深度开发和加工环节相对薄弱。

第二节　抚顺推动现代农业经济增长点发展的基本思路

一、抚顺发展现代农业的指导思想、原则和发展目标

1. 抚顺发展现代农业的指导思想。我市要牢固树立"创新、协调、绿色、开放、共享"的发展新理念，以市场为导向，以发展现代特色农业为主线，实施"一村一品，一乡多业，县域全业发展"的经济发展战略，坚持走产出高效、产品安全、资源节约、环境友好的现代农业发展道路，加快形成结构更加合理、保障更加有力的农产品及精深加工产品供给体系，着力构建粮经饲统筹，种养加一体，农林牧渔结合，一、二、三产业融合发展的现代农业产业体系。在加强农业基础设施建设、稳定粮食生产能力、保障农产品质量安全的基础上，力求在农副产品加工、农机装备、科技创新、生态环境等领域实现新突破，进而带动农民增收、产业增效、县域实力增强，基本实现农业现代化。

2. 抚顺发展现代农业的基本原则。（1）坚持因地制宜的原则。根据我市农村的地理位置、资源条件、气候类型、生态环境等实际情况，科学合理布局现代农业的主导产业，健全适合抚顺特色的现代农业产业体系。（2）坚持三次产业融合发展的原则。大力推进一、二、三产业融合，以二、三产业发展带动现代农业发展；引导农村劳动力转移，吸纳农村劳动力进入二、三产业，提高农民收入。（3）坚持安全生态的原则。坚持"生态优先、绿色发展"理念，切实把生态建设放在重要位置，在现代农业发展中，优先发展生态农业、有机农业、绿色农业，加大现代农业生态环境治理力度，提高农业资源利用效率，推动农业废弃物资源性再利用，为城乡居民提供安全、放心、优质的农产品。（4）坚持资源整合发挥综合效应的原则。引进发达国家或地区的农业实用新技术、新品种、新设施，整合相关行业和相关部门资源，合理聚焦要素、资金、政策，形成合力，以现代服务业引领现代农业，培育新型农业产业。（5）坚持体制机制创新的原则。在要素配置方式、组织服务体系、农业保护支持体系等方面进行探索和创新，按照市场规律推动农业生产模式和经营管理方式转变，培育新型市场经营主体，积极推进适度规模经营。（6）坚持科技创新的原则。全面提升农业科技支撑能力，加快农业科技成果推广步伐。利用互联网提升农业生产、经营、管理和服务水平，依靠信息化理念和手段谋求传统农业产业升级改造与创新。

3. 抚顺市现代农业的总体发展目标。（1）到 2020 年，粮食综合生产能力稳定在 55 万吨以上，蔬菜产量稳定在 50 万吨以上。肉、蛋、奶产量分别达到 17.2 万吨、9.8 万吨、6.9 万吨，水产品产量 2.3 万吨。（2）培育壮大新型规模化经营主体，规模以上农业企业达到 150 家以上。（3）农业机械总动力达到 100 万千瓦，主要农作物耕种收综合机械化水平达到 80％以上。（4）每年培育新型职业农民 2100 人，专业技能人才 2000 人；每万名劳动力中有农业科技人员 100 人以上。（5）农业标准化覆盖率达到 70％以上，农产品质量安全例行监测合格率稳定在 97％以上，主要农作物病虫害专业化统防统治覆盖率达到 35％以上，农药化肥施用量实现零增长。

二、抚顺推动现代农业经济增长点发展的区域布局

综合考虑抚顺各县区农业资源条件和农业产业发展现状，坚持因地制宜，突出重点，确定我市现代农业的区域产业发展重点行业。

1. 粮食种植产业的重点发展区域。围绕三县、东洲区产粮大镇，发展以优质水稻和玉米为主的粮食产业。实施水利、标准农田等重点工程建设，结合新技术、新品种、新方法，建设规模化、专业化粮食安全生产基地。实施农产品品牌战略，促进农民增产增收。

2. 蔬菜产业的重点发展区域。围绕清原县清原镇、南山城、湾甸子、夏家堡、红透山等乡镇，抚顺县石文、海浪、汤图等乡镇，顺城区河北、会元、前甸等乡镇，望花区塔峪镇，东洲区章党、碾盘等乡镇的蔬菜重要产地，坚持优质、高效、安全、多样化，满足城乡居民消费需求，实现总量自给。重点是改造老菜田、建设新菜田，加快设施蔬菜产业发展，保障水、电基础设施建设需求。同时，开展设施蔬菜标准化园区建设，配套建设产地批发市场。

3. 食用菌产业的重点区域布局。以新宾县红庄子、红升、木奇、苇子峪、上夹河等乡镇，清原县北三家、土口子、大苏河、湾甸子、夏家堡等乡镇，抚顺县汤图乡等地区为主带动香菇产业发展；以抚顺县后安、马圈子、石文等乡镇，清原县南口前镇，新宾县木奇、苇子峪、下夹河等乡镇为主，带动黑木耳产业发展；以抚顺县救兵乡为主，带动双孢菇等草腐菌产业发展。同时，还要加快推进食用菌新品的研发和推广速度，解决菌种退化问题；加大草腐菌的栽培量，缓解资源压力；扶持建设保鲜库，解决生产销售问题；探索"工厂化生产菌袋、农民分散生产、龙头企业统一收购加工销售"产业化新模式，形成专业化生产、规模化发展、产业化经营的发展格局。

4. 中药材产业的区域布局和发展重点。围绕新宾县旺清门、北四平、新宾镇、红庙子、木奇等乡镇；清原县大苏河、英额门、湾甸子、敖家堡等乡镇；抚顺县马圈子、汤图等乡镇的中草药重要产地，培育和保护野生资源，扩大龙胆草、辽细辛、辽五味等地产品牌品种中药材基地规模，积极推进中药材生产 GAP 认证工作，提高我市中药材产量和质量。扶持现有龙头企业，引进省内外中药材加工企业，提高药材加工能力，形成生产有基地，加工有企业，销售有市场的产业化格局。

5. 山野菜产业的重点区域布局。围绕清原县湾甸子、南山城、大苏河、清原镇、枸乃甸等乡镇，新宾县新宾镇、永陵、上夹河、木奇、苇子峪等乡镇，抚顺县汤图、上马、马圈子等乡镇，东洲区章党镇、兰山乡等的重点山野菜产地，培育和保护野生资源，建立工厂化育苗模式，建设种苗繁育基地，配套反季生产设施，引进加工企业，延长产业链条。

6. 果树产业的重点区域布局。在"202"线优势产业区，重点发展寒富苹果、红南果梨、尖把梨果树种植；在"双古"线优势产业区，重点发展尖把梨、南果梨、苹果梨和寒富苹果果树种植；在"新南"线优势产业区，重点发展梨树种植；在"社河流域"优势产业区，重点发展寒富苹果、尖把梨、南果梨、苹果梨和板栗种植；在近郊环城优势产业区，重点发展以鲜食为主的草莓、葡萄、寒富苹果和 K9 苹果种植。

7. 畜牧业产业的重点区域布局。（1）围绕抚顺县重点发展奶牛和绒山羊产业，清原县重点发展肉鸡和绒山羊产业，新宾县重点发展肉牛和绒山羊产业。抚顺市通过现代畜牧业示范区建设，在畜牧业经济总量增长上实现突破。（2）大力发展畜产品加工业，积极推进畜产品加工企业建设，培育一批规模大、产能大、产品附加值高、市场竞争力强、产业带动力大、区域集中的畜产品加工龙头企业集群，提高畜产品加工能力和产品档次。（3）建设一流的畜禽良种繁育体系。

8. 重点做大做强林下经济产业。正确处理好保护生态与发展林业产业的关系，结合我市农村"八山"的突出特点，把林业培育成朝阳重点产业。以干鲜果林、花卉苗木、林产品加工、中药材、森林旅游、野生动植物开发利用等为重点，加快建设优质化、规模化产业，延伸林业产业链，推进森林食品药品的精深加工。以三县森林旅游资源为重点，大力开展森林体验和森林养生，提升森林旅游业，促进森林公园提档升级。积极发展以林下种植、林下养殖、林产品采集加工和森林景观利用为主要内容的林下经济，开展林果、林药、林菌、林禽、林畜、林花、林草、林菜、林蜂等多种经营，建成适度规模的林下经济示范基地。到 2020 年，全市新增森林中药材、山野菜 30 万亩，新增干鲜果品经济林 30 万亩。抚顺市以林改为契机，结合全省大规模造林绿化工程，启动碳汇项目合作，加速木材战略储备基地建设，将在抚顺县、清原县、新宾县的十几个大型国有林场建设特殊林木培育 3 万余亩，其中新造林 1 万余亩，改造培育 2 万余亩，新造林以红松、落叶松等为主，改培树种为落叶松、红松、柞树、胡桃楸、水曲柳等。林业种苗花卉年种植面积稳定保持在 15 万亩左右，实现花卉业产值 1.5 亿元。

三、抚顺推动现代农业经济增长点发展的主要任务

坚持市场导向，按照高产、优质、高效、生态、安全的要求，加快转变农业发展方式，着力构建现代农业产业体系、生产体系、经营体系，提高现代农业质量效益和竞争力，推动传统农业向科学化、信息化、机械化、标准化发展，走产出高效、产品安全、资源节约、环境友好的农业现代化道路。

1. 加强现代农业基础设施建设。（1）加强水利重点工程建设。续建及新建防洪抗旱减灾工程、水资源配置、农田水利、农村饮水、水土保持、生态建设、农村水电建设、水库移民后期扶持、行业保障措施专项等 8 类 25 项工程。（2）建立动植物疫情阻截带和应急防控系统。完善农作物重大病虫害数字化监测预警网络系统，建立健全市县乡农作物病虫疫情监测防控体系。完善兽药质量安全监管和健全动物卫生防控体系。

2. 做强农产品加工产业。（1）加快市级农产品加工集聚区建设。全市建设6个以上有规模、特色鲜明、竞争力强的省级农产品加工集聚区，引导农产品加工企业、项目向集聚区集中。（2）大力培育农产品加工龙头企业和专业合作社。一是以现代农业科技龙头企业、专业合作社为载体，实施重点科技项目。二是促进产学研合作，加快科技成果推广。三是发挥带动作用，实施农业科技示范工程。抚顺加快市场主体培育，培育一批农产品加工产业集团。规模以上特色农产品加工龙头企业发展到160家以上。培育发展生产规模大、带动能力强，以及具有市场开拓能力、科技开发能力、加工流通能力的现代农业科技龙头企业和专业合作社。到2020年，市级现代农业科技龙头企业、专业合作社力争达到50家。（3）以省级林业产业龙头企业为重点，落实市级林业产业龙头企业政策。积极扶持引导林产品加工企业落户，非木质林产品加工企业增加到602家，木质林产品加工企业增加到1045家。

3. 加快现代农业产业结构调整。按照突出区域优势、产业优势、特色产品优势调整优化现代农业产业结构，建立一批优势农产品原产地保护基地，开发驯化一批特色农产品名优品种，推广一批优势特色农产品的生产、加工、储藏适宜技术，培育一批知名的特色农产品优势产区。（1）加快现代农业示范区建设。以发展水稻、玉米、蔬菜、水果、畜牧、水产等优势产业和区域特色产品为切入点，以现代种养业生产基地建设为载体，大力推进国家级、省级现代农业示范区和现代农业示范带建设。新建省级现代农业综合示范区1个，特色精品示范区10个。（2）发展现代休闲农业。将休闲农业与乡村文化、民俗风情、观光旅游有机结合起来。重点打造休闲农业园区5个，培育农业采摘园20个、休闲农庄20个和农家乐20个，吸纳5000人就业。（3）发展现代农业优势特色产业。大力推广工厂化蔬菜育苗技术，争取创建1个国家级蔬菜标准园。建设优质花卉标准示范园1个，建设中药材生产基地和种苗生产基地4个，示范园10个，建设食用菌生产基地20个，加强垦区示范项目建设。（4）大力发展发展绒山羊、中华蜂等特色畜牧业。（5）实施果业振兴计划。每年建设干鲜果高效栽培示范园500亩，改造密植果园1万亩、老残果园1万亩。建设1~2省级高效精品示范园；建设1个省级果树良种繁育中心、1个县级果树良种生产基地；建设1个现代果业园区。（6）打造休闲渔业。积极推广健康水产养殖，健全水产品质量安全监管体系，确保流通环节水产品质量安全。

4. 加速转变农业经营管理组织方式。（1）积极发展农村集体经济。选择部分基础条件较好的农村开展试点工作，争取在盘活村级集体资产、完善创新财政投入方式和创建农村利益联结机制上取得突破，逐步壮大村级集体经济，并摸索出村级集体经济的发展模式。探索农业生产类财政资金支持村级集体经济组织的方式，以及村级集体资产股份量化到户的方式。（2）发展多种形式适度规模经营。引导农民依法自愿有偿流转土地经营权，重点推进土地承包经营权确权登记颁证，积极引导农民自愿将分散零碎的承包地通过流转，集中归并，解决地块细碎化问题。支持合作社和社会化服务组织托管农民土地，鼓励农民在自愿前提下以土地经营权入股合作社、龙头企业，形成土地流转、土地托管、土地入股等多种规模经营模式，让农民更多参与和分享。（3）大力培育新型市场经营主体。发展以农民专业合作社为主体的多种形式的农民合作经营组织，引导鼓励社会资本参与农业多种经营。积极培育专业大户、家庭农场等新型农业经营主体，发展规模经营。培养引进农业产业化龙头企业，推行"公司＋基地＋农户"等形式，带动农民增收致富。（4）积极发展农业生产性服务业。扩大政府购买农业公益性服务机制创新试点，积极发展良种苗繁育、水稻集中育插秧、农机承包作业、饲料散装散运、病虫害统防统治、测土配方施肥、养殖业粪污专业化处理等服务。鼓励地方搭建区域性农业社会化服务综合平台，支持发展粮食烘干、农机场库棚仓储物流等配套设施服务。

5. 突出现代农业的四个特色。（1）扩大特色品种。特色品种就是卖点。围绕粮油、生态养殖、特色果业等特色产业，建设绿色农产品生产基地，实现农业特色产业提质增效。（2）宣传特色品牌。现代农业要加速发展，就要像发展工业一样办农业，大力实施名牌战略，形成独具特色的农产品名牌。因此，就要加快推进农业标准化生产、品牌化经营，培育和打响绿色特色品牌。同时，还要充分运用报纸、电视、网站等宣传媒体，整体包装，捆绑式运作，全方位加大特色产品的品牌宣传。（3）做大特色农产品规模。没有规模就没有效益，再好的产品，没有规模，形不成产业，就没有竞争优势，也就称不上是特色。要按照"突出特色建基地、围绕龙头建基地"的要求，把优势产业与基地建设结合起来，建立各具特色的产业开发带，优先发展具有我市比较优势的特色农产品，优化产品结构。依靠科技进步，加快优良品种的引进和改良，积极发展农产品加工专用品种，提高优质农产品的比例，提高农产品质量和档次；要注重无公害、绿色食品、有机食品等绿色生态型农产品基地的建设，为我市现代农业的特色农产品加工企业提供稳定的、优质的农产品加工原料。（4）提升现代农业的特色农产品效益。要提升特色经济效益，就必须在做大特色规模、扩大特色品牌影响的基础上，按照区域化布局、专业化生产、产业化发展的要求，把不同区域的拳头产品和主导产业做精做深，建设专业镇和专业区域，以形成食用菌、木材、林蛙、中药材、畜禽、山野菜、果品、花卉等各具特色的现代农业产业区域和经济隆起带。

6. 构筑农产品质量安全监管体系。完善农畜产品的检测体系、认证体系、标准体系、追溯体系和监管体系，实现生产全程质量监控。制定农畜产品上市身份认证制度，加强疫病防控，贯彻落实农作物重大病虫害应急检测与防治。（1）完善市级、县级质检站建设，市级农产品检验检测机构通过"双认证"，县级检测机构通过率达到50％以上；建设46个重点乡镇标准化监管站点。全市蔬菜、水果等主要农产品抽检合格率保持在97％以上。（2）农业标准化生产面积达到150万亩以上，继续创建3个省级农产品标准化基地县。

7. 大力推进主要农作物生产全程机械化。巩固水稻生产全程机械化面积保持在20万亩以上，新增玉米生产全程机械化面积25万亩；大力发展农机专业合作社，提高农机服务组织化、专业化和规模化程度，加强农机农艺融合，推进农机作业技术进步，加大保护性耕作力度，加快研发改进适合我市地理环境的中小型复式作业机具。到2020年，农机总动力达到100万千瓦，耕种收机械化程度达到80％。

8. 大力发展绿色生态农业。（1）严守生态空间红线。发展标准高、融合深、质量好的绿色生态农业，推进大伙房水源保护区有机农业示范基地建设，重点发展食用菌、山野菜、中药材、花卉等有机特色产业，全力推进无公害绿色农产品的生产，构建绿色生态农业体系。（2）加强农业废弃物资源循环利用。重点做好秸秆还田及综合利用，使全市秸秆综合利用率达到90％。创建5个农村能源综合试点。加强水源污染治理，推进畜禽场粪污综合处理设施建设，开展农业投入品回收利用体系和种养结合循环农业工程建设。

9. 大力推进农业现代服务业发展。优化农村商贸流通业、农业生态休闲观光旅游业，提升金融服务业对现代农业发展的支持力度，通过普及农村电子商务和现代物流业在农村的应用，促进我市特色农产品通过互联网销往国内外，拓展市场空间。（1）大力发展农村电子商务产业。推进"互联网＋农业"，利用互联网提升农业生产、经营、管理、服务水平，培育一批网络化、智能化、精细化的现代"种养加"农业新模式。加快农村电商发展，全力推进传统农产品销售线上线下融合发展，实现农产品销售的电商化，建立我市农产品网上交易平台，推动农业线上行动。借助新型的电商、微商，推动传统服务业向现代服务业转型升级，利用现代信息工具，推进互联网商业营销、互联网教育、互联网医疗、互联网旅游、互联网物流、互联网金融等新兴业态在全市农村的发展。（2）积极培育发展现代物流业。加快建设农村物流集聚区，构筑以第三方物流为主体的现代物流产业体系。发展多式联运，提高物流集散能力，加强物流公共信息平台建设，建立以电子身份认证、条形码技术、电子支付和数据交换等为基础的物流信息系统，推动物流业向高层次发展。培育壮大农村现代物流企业。支持传统运输、仓储、流通等企业加快存量资产重组，引导现有中小运输企业调整运输结构、经营方向，延伸包装、加工、信息交换等产业链。（3）大力发展农业生态休闲观光旅游业。建设新宾生态休闲观光旅游产业集群、清原红河峡谷旅游产业集群 2 个百亿元旅游产业集群。发挥山水资源和环境优势，建设三块石生态休闲旅游区、岗山森林公园、湾甸子生态旅游区等领军企业。（4）发展农村优势文化产业。打造新宾满族文化产业园区、上夹河根艺产业园区和辽东文化生态保护区等的重点园区。（5）发展农村特色体育产业。充分利用广大农村的山、水资源，以及冰雪优势发展山地自行车、水上运动、滑雪等特色体育产业。

10. 推进现代农业标准化。围绕推进现代特色农业的产业化和现代化，实现从种子、种畜、种苗到整个栽培、养殖过程的产业化和现代化；从收购、加工，到包装、储运，直至生产基地环境全过程的标准化生产和管理。到 2020 年，农业标准化率达到 80% 以上，其中规划确定的食用菌、绿色粮食基地和专业合作社全部实现标准化；形成一批经过国家或省、市认定的绿色食品、无公害农产品和有机食品。

第三节　抚顺各县区推动现代农业增长点发展的重点

一、清原县推动现代农业经济增长点发展的重点

加快现代绿色特色农业发展，提升农业产业化发展，以生态休闲观光旅游业带动第三产业相关行业全面发展。以红河峡谷漂流、南口前镇金山石佛、枸乃甸乡筐子沟景区为重点，建设生态优良、环境优美、文明宜居的旅游休闲度假胜地；扩大英额门、敖家堡、湾甸子中药材和土口子、北三家、清原镇食用菌发展规模，培育有机农业品牌，打造有机农业生产基地。到 2020 年，全县农业总产值达到 37.1 亿元，为 2015 年的 1.2 倍，年均递增 3.5%。

1. 清原县现代基础农业的发展重点。（1）加快推进现代基础农业建设。以中药材生产为主，重点发展食用菌、花卉、山野菜等特色生态绿色农业；把发展多种形式适度规模经营与延伸农业产业链有机结合，发展种植业、农产品加工业和农村服务业，推进农民合作社、家庭农场、农业产业化龙头企业发展和农业产业化经营，推进原料生产、加工物流、市场营销等产业融合发展，创建农业产业化示范基地；大力发展涉农电子商务，培育新型农产品流通业态，促进产业链条增值；大力发展休闲农业旅游、乡村观光旅游和绿色生态旅游；注重挖掘和保护农业文化遗产，开发和建设特色旅游村镇。大力发展辽细辛、

人参、辽五味、穿山龙、龙胆草等地道中药材，把清原县建成中药材规范化种植产业基地。到2020年，清原县中药材种植面积稳定在130万亩，食用菌发展量8000万箱段，山野菜面积达到13万亩，花卉面积达到5000亩，绿色、有机优质米认证面积达到5万亩。（2）推进现代林业可持续发展。加大森林资源培育和森林资源管护力度，建立功能完备的森林资源管理、森林防火、森林病虫害防治三大体系。到2020年，全县造林更新18万亩，完成村屯绿化150个，封山育林50万亩，森林抚育85万亩，木材生产75万立方米。（3）加强农田水利基础设施建设。进一步完善重点流域和重点地区防洪抗旱减灾体系，为现代农业顺利发展保驾护航。（4）加快生态和特色畜牧业发展。全面推进生态养殖示范区建设，积极推进畜牧产品加工龙头企业建设，提高畜牧产品加工能力，带动畜牧产业发展；建立良种繁育体系，加强奶牛、肉牛、种猪和绒山羊繁育新技术推广工作；加强清原品系马鹿产业开发和品种资源保护，使清原马鹿基础群不低于200只。（5）提高农机装备水平，增强农机作业和服务能力。继续实施好农机购置补贴工作，推进农机装备结构优化；研制和推广农田清石整地机技术，提升主要农作物生产全程机械化水平和技术服务能力；加快保护性耕作项目和深松作业推广步伐。

2. 清原县现代农产品加工业的发展重点。加快农产品加工产业园区建设，为项目落地提供发展平台，使更多有生命力的农业加工企业落地生根。到2020年，包括农产品加工业在内的第二产业增加值达到23亿元，年均递增8.6％。（1）加快现代农业产业集群和重点农产品加工项目建设。以金源科技产业集群建设为依托，进一步完善和落实产业集群优惠政策，壮大现代农业产业集群规模。同时，强力推进农产品加工大项目的建设，做强做活农产品加工和食品加工企业，大力发展中草药制药业；林木产品要不断调整产品结构，提高科技含量和质量。农产品深加工业要以县城工业区绿色食品加工、红山酒业、森源食品等企业为主线，做强做活食品加工企业。到2020年，销售收入达到5亿元以上。（2）加大重点农产品加工企业培植力度。精心培育规模农产品加工企业，通过引进农产品加工大企业，加快骨干企业成长。（3）培育农产品精品名牌。实施精品名牌战略，培育农产品名牌优势产品，增强市场竞争力。培育10个省级品牌，力争成为全国知名品牌。（4）林木加工业。要以湾甸子工业园区、北杂木木材加工区等为龙头，在提高产品科技含量上下功夫，促进林木产品精深加工规模化经营，向集团化发展。到2020年，销售收入达10亿元以上。

3. 清原县农村现代服务业的发展重点。实施三产带动经济转型和结构调整战略，建设大市场，发展大商贸，搞活大流通。全面实施"互联网＋流通"

行动计划，拓展电子商务业务，强力推进电子商务进农村示范县工作；大力发展物流业、电子商务等新兴产业，努力转变商务发展方式，创新发展模式。充分发挥金融业在产业升级中的信贷杠杆作用。大力发展农业生态休闲观光旅游业。到 2020 年，社会消费品零售总额达到 58.8 亿元，年均增长 8%；第三产业增加值达到 28.6 亿元以上，占 GDP 总量的 40.9%。（1）加快流通服务网络建设，推进商贸流通现代化。加大全县流通经营网络的整合、连锁配送、电子商务的发展力度。到 2020 年，实现农村电子商务 188 个行政村全覆盖；建设 3 个县级农资商品、日用消费品、农副产品配送中心；农民专业合作社发展到 60 个；专业合作社联合社发展到 5 个；农村综合服务社发展到 110 家。（2）大力发展农业生态休闲观光旅游业。充分释放清原县生态资源优势，以红河漂流生态旅游项目为轴心，大力发展乡村旅游。加快金山石佛、筐子沟红叶谷、东砬湾生态园等项目建设，积极推介和开发抽水蓄能电站、四河之源、万寿山等旅游资源。在乡村旅游发展上，以筐子沟、王家堡、沙河子三条沟域农家游为突破口，促进乡村旅游与满族文化、乡土风情等特色农业深度融合，将清原打造成沈抚后花园，以及辽东地区休闲、避暑、养生的基地。通过农业生态休闲观光旅游项目建设，逐步构建东有东砬湾生态园，西有抽水蓄能电站、金山石佛，南有红河谷漂流、冰雪项目和浑河源头，北有万寿山、筐子沟红叶谷，县城内有较强的综合旅游服务接待能力和农家特色旅游服务接待能力的旅游链条，形成春季赏花踏青、夏季漂流避暑、秋季观赏红叶、冬季玩雪过大年的农村四季特色旅游格局。（3）加快推进粮食流通产业化发展。加强粮食安全体系和农业基础设施建设，建立较大规模和具有本地特色的粮食深加工企业。

二、新宾县推动现代农业经济增长点发展的重点

新宾县确定永陵、旺清门、平顶山、苇子峪、红升、响水河、红庙子、北四平和下夹河等 9 个乡镇为农产品主产区乡镇，并以农副产品加工为重点，加快培育绿色产业集群，大力种植集生态、经济效益于一体的经济作物，重点开发短梗五加、蓝莓、油牡丹、元宝枫等产品，加粗拉长产业链条，促进一、二、三产业融合发展，助力全市形成大生态产业格局。鼓励和支持农产品、畜产品、水产品加工副产物的综合利用。加强农村和农业面源污染防治，保证农产品质量安全。以挖掘赫图阿拉老城等前清文化资源，举办满族冬捕节、启运节等为重点，打造生态休闲观光旅游名县。

1. 重点进行规模化农产品生产基地建设。依托短梗五加、食用菌、中药材、水稻、杂粮等优势资源，建设东南部现代生态农业发展区。依托水稻、杂粮、山野菜、中药材等优势资源，开发建设北部现代有机农业发展区。依托畜牧养殖、林蛙养殖、食用菌、水果、蔬菜等优势资源,开发建设中部林地经济、休闲农业、观光农业发展区。(1)围绕菌、药、米、果、蔬等优势产品,优化产业布局,打造特色精品农产品生产基地。重点建设以榆树、永陵、苇子峪为主的食用菌生产示范区,以北四平、新宾镇、旺清门为主的中药材生产示范区,以红升、新宾镇、永陵为主的短梗五加生产示范区,以旺清门、响水河、红庙子为主的绿色富硒稻米生产示范区,以永陵、上夹河、木奇、新宾镇为主的果蔬生产示范区等5个规模化现代农业生产示范区。(2)以畜牧业规模化养殖为重点,发挥嘉禾种畜场示范基地的引领作用。重点打造以太子河流域为主的绒山羊、苏子河流域为主的肉牛,平顶山、苇子峪和红庙子等为主的肉禽养殖业生产基地。到2020年,粮食总产量稳定在20万吨,发展食用菌2.5万亩,短梗五加4万亩,富硒稻米10万亩,中药材6万亩,山野菜3万亩,果蔬6万亩,肉5.48万吨、蛋1.42万吨、奶0.166万吨。无公害农产品认证面积40万亩,绿色食品、有机食品认证面积10万亩;蔬菜农药残留检测合格率达到98%,农药、化肥施用量降低15%。

2. 重点发展农产品加工业和培育农产品加工龙头企业。(1)突出发展农产品加工业。重点发展食用菌、中药材、山野菜、有机粮食、绒山羊、肉牛、禽类、林蛙等加工业。大力发展资源轻工业,重点发展满族文化旅游品、葡萄酒、矿泉水、保健品等加工业。积极发展生态保护生产资料加工业,重点发展有机肥料、农作物种子、饲料、饲料添加剂、种畜禽、食用菌菌种、农机及零配件加工等。(2)培育农产品加工龙头企业。按照做大总量、培育品牌、集群发展的方向,着力培育一批农产品加工型龙头企业,推进农业产业化进程。重点支持壮大罕王城养生茶有限公司、岗山硒谷生态农业开发有限公司、昊源生物科技开发有限公司、青松药业有限公司、基源林下资源开发有限公司、东星葡萄酒有限公司、凯莱食品有限公司、海源肉禽加工有限公司、鑫泰药业有限公司、东圣米业有限公司等农产品加工"龙头"企业。(3)培育发展现代农业新兴产业。围绕新宾中药材,培育发展生物制药产业。到2020年,新增市级以上农业产业化龙头企业50家,其中省级5家,市级45家,新发展农民专业合作社、家庭农场200个,农产品加工率达到70%以上。

3. 新宾县农业生态休闲观光旅游业的发展重点。深入实施"旅游活县"战略,打造"清皇祖地、启运新宾"旅游品牌,构建旅游经济新模式。新宾依托清永陵、赫图阿拉城景区,建设旅游产业示范园区;依托岗山、猴石、和睦、神树景区建设生态旅游示范区;以东南公路等干线公路沿途特色旅游城镇、旅游村、沟域、农业示范园为依托,建设乡村旅游发展示范带。(1)培养完善旅游产品体系、优化产业布局和结构,将旅游业与文化、体育、农业、工

184

业等实行战略对接，实现旅游与其他产业的深度融合发展。（2）以清永陵、赫图阿拉城景区为龙头，建设文化旅游产业示范园区。建设满族文化体验区、养老养生示范区、医疗健康旅游、影视基地、露营基地，打造中国满族文化第一产业园区。（3）以岗山、猴石、和睦、神树景区为重点，建设独具竞争力的生态旅游示范区。（4）保护生态与旅游开发相结合，不断挖掘旅游消费内容，发展中医药健康旅游、养生旅游、体育旅游、研学旅游、红色旅游等。（5）以东南公路等干线公路沿途特色旅游城镇、旅游村、沟域、农业示范园为依托，建设乡村旅游发展示范带。（6）大力发展特色旅游城镇。推动永陵镇、木奇镇、上夹河镇发展成特色旅游城镇。坚持乡村旅游个性化、特色化发展方向，集中力量培育大房子村、赫图阿拉村等乡村旅游模范村，逐步打造一批形式多样、特色鲜明、个性突出的旅游村。（7）积极发展休闲农业，打造健康餐饮、保健养生等特色沟域或庄园。（8）持续加大新宾旅游形象宣传和品牌塑造。集中推介启运之旅、森林养生休闲游、满族民俗风情游的2～3日游产品，做好"满族冬捕年货节"、中国旗袍节、皇家庙会、满族后裔祭祖、满族农庄过大年等特色节庆活动，使"启运新宾"成为全省著名旅游品牌。

三、抚顺县推动现代农业经济增长点发展的重点

促进全县种养殖特色主导产业集约化、规模化和产业化发展，以建设救兵乡东北亚木制品产业集聚区、后安镇食用菌产业园、石文中小企业集聚区为重点，打造现代特色农业产业基地；以建设与沈抚新城连接带产业园区配套的生活服务区、石文生态新城为重点，树立大旅游观念，实施旅游牵动战略，培育壮大现代农业生态休闲观光旅游产业。

1. 抚顺县西部产业集聚区重点发展石文、海浪、峡河三个乡镇，以及救兵镇北半区：（1）继续加快推进以东北亚木制品交易中心为龙头的木制品加工产业做大做强，同时发展乳制品加工和以关山湖为重点的生态旅游产业。（2）继续加快推进石文中心城镇开发建设。把培育发展壮大石文地区特色主导产业放在首位，通过产业发展带动人口集聚，进而推进城镇开发建设。石文村以南，依托万亩水果基地和英守水库，重点发展城郊型特色观光农业、生态旅游产业和农产品加工产业。（3）斑毛岭以西的海浪乡，加快向沈阳和本溪融合，重点发展现代服务业和环保产业。（4）峡河乡重点发展特色种养殖业。

2. 抚顺县东部产业集聚区重点发展后安、上马、汤图、马圈子4个乡镇和救兵镇南半区：（1）突出三块石国家级森林公园和沈通、抚金两条公路沿线，加快培育特色旅游产业，构建以三块石为重点的特色旅游产业集聚区。（2）按照"一村一品，一乡多业"原则，大力发展以黑木耳为重点的食用菌产

业，以及林地和林下经济。（3）以主导产业为依托，重点开发后安新市镇，建设东部区域性人居中心，培育农产品物流产业。（4）救兵镇南半区，救兵村以上重点恢复、保护和培育生态环境，发展特色种养殖业，开发以柜子石为中心的生态旅游资源。

3. 抚顺县中环产业带的发展重点。按照主动融入沈阳消费产业群的总体思路，通过辽中环高速公路和沈通线（双古线）公路，连接东西部产业集聚区和石文、后安区域性人居中心，以及后安食用菌产业园、三块石温泉小镇、东北亚木业中心、昱原工业地产、海浪环保新材料等产业园，促进生产要素融合集聚。

4. 抚顺县实施多点支撑，全面发展的战略。坚持择优扶强，继续整合各级、各类生产要素，集中力量推进三块石旅游产业集聚区、后安食用菌产业集聚区、大伙房饮水水源保护区有机食品基地、救兵王木乳制品加工和循环经济产业集聚区、救兵东北亚木制品产业集聚区、石文昱源工业地产和物流产业集聚区、石文毛养矿产资源精深加工产业园、石文苏子城郊型特色农业示范区、海浪环保产业集聚区、海浪运动休闲产业集聚区等产业园区和重大项目，实现以点带面，重点突破。

四、顺城区推动现代农业经济增长点发展的重点

1. 构建北部位于北环路两侧生态农业观光区，重点发展四个功能区。（1）锡伯族特色文化旅游区。主要发展锡伯族特色文化、历史、民族生活体验游和千亩梨园生态观光游。（2）皇顶山森林生态休闲旅游集聚区。实施皇顶山景区综合开发，打造景色优美、功能丰富的近郊休闲度假旅游景区。（3）砖台赏花采摘区。支持并进一步发展砖台地区的生态采摘农业，叫响春季赏花、秋季采摘的品牌。（4）设施农业观光区。在康乐、兴安、三家子、莲岛等部分非基本农田区域发展设施农业，在提高土地利用效益、增加农民收益的同时，丰富市民休闲旅游生活。深入挖掘农业旅游资源，加强农村旅游设施建设，提升农村旅游业知名度和竞争力。精心打造特色化、精品化近郊农业生态休闲游品牌。重点推进承光寺、皇顶山森林公园、上寺水库旅游度假村、抚顺古镇等项目。到2020年，培育发展20家星级农家乐，创建国家AAAA级景区2个，AAA级景区2个以上，旅游总收入达到240亿元，年接待游客达到600万人次。

2. 推动现代农业的发展重点。（1）发展新型农业经营主体。创新农业经营方式，提高农业生产经营专业化、标准化、规模化、集约化水平，延伸农业产业链。促进家庭农场和农民专业合作社规范、健康发展，扶持2家家庭农场、专业大户、产业化龙头企业等新型经营主体。到 2020 年，农民专业合作社要发展到 50 家，加入合作社的农户达到 3000 户，带动农户 5000 户。扶持 2 家重点社和联合社，力争扶持和培育示范 2 家家庭农场。（2）调整优化现代农业产业结构。大力发展高产、优质、高效、安全农业。巩固和发展近郊生态观光农业、设施农业、特色农业，提高土地产出效益，增加农民收入。重点打造六个特色农业产业带。一是以河北乡方晓至上寺、莲岛至孤家子公路沿线为主的现代观光农业产业带。二是以会元乡会元至上砖为主的果品种植产业带。三是以 202 线西侧为主的经济作物产业带。四是以会元乡东北部和河北乡黄旗地区为主的果品产业区。五是以会元乡金花、马金、康乐、小碾盘为主的奶牛产业区。六是以会元乡马金村为主的苗木产业区。在稳步发展粮食和其他副食品生产的基础上，整体推进无公害农产品生产，建设无公害基地 6 万亩。积极推进"菜篮子"工程，不断提高设施利用率，培育现代农业示范点。加快畜牧业发展。推进畜牧业标准化适度规模养殖，合理布局畜禽良种繁育体系。增强龙头企业辐射带动作用，推广"龙头企业＋专合组织＋适度规模养殖户"等模式，形成科学合理的生产组织体系。到 2020 年，肉、蛋、奶分别达到 3 万吨、1.3 万吨、0.8 万吨。（3）推进农业科技创新。加快农业科技成果转化、推广和应用，促进科技与农业农村经济深度融合，提升农业科技自主创新能力。实施农业标准化生产，加强农产品质量监管，确保农产品质量安全。加强信息、技术服务，提高农民科技素质。借助"互联网＋"电子商务，积极发展农村电子商务。开展电子商务进农村综合示范，支持新型农业经营主体和农产品、农资批发市场对接电商平台，积极发展以销定产模式，开展生鲜农产品和农业生产资料电子商务试点，促进农业大宗商品电子商务化发展。

五、东洲区推动现代农业经济增长点发展的重点

紧紧围绕"强化农业基础地位，提高农业综合生产能力，提升农产品附加值，发展现代特色农业"目标，强化现代农业产业支撑，实现以工促农、以城带乡新突破，进一步巩固农业农村发展基础，重点发展高效、集约的商品农业，融生产、生态、科教、旅游为一体，努力探索一、二、三产业的深度融合方式。

重点打造碾盘、兰山两个具有东洲特色的新型城镇。碾盘乡沿东洲河、浑河分布，处于城中有乡、乡中有城的有利位置，东洲区行政、商住、城市公共服务与碾盘乡高度融合，基础设施和社会服务完善，形成了典型的城中村。围绕大伙房水库的山水资源，万家沟、新泰河地区形成了抚顺市农家乐休闲旅游集聚区。加快兰山乡、哈达镇等农村特色村镇建设，形成兰山新城、下哈达村

等多中心带动的城市布局和富于张力的城市形态，全面拉开发展框架。通过发展有机农业、特色农业、生态休闲农业等精品农业，进一步延伸农业产业链条，实现农民增收、农业增效的目标。

到 2020 年，全区粮食产量稳定在 6.8 万吨，以葡萄产业为主，有机水稻、优质果品、绿色蔬菜、山野菜共同发展的农业产业化经营格局逐渐完善，规模达到 2.4 万亩，无公害农产品认定面积 1 万亩，发展设施农业 3 千亩，建设沼气池 5 百座，培育发展农民专业合作社 30 个，龙头企业发展到 10 家，规模化养殖场 9 个，农机总动力达到 10 万千瓦。完成土地确权改革，推进农村土地适度规模经营。

1. 重点加快农业产业化进程。扩大现代特色农业产业规模，建设兰山千亩生态旅游采摘园和章党 5000 亩山野菜基地，特色农产品进行有效推广，哈达上年草莓通过农业部无公害农产品认定，碾盘萝卜坎香瓜申报国家地理标志认证，葡萄、草莓等特色农产品实现农超对接的销售模式。打造主题为"紫气东来，生态东洲"的精品旅游线路，以紫花岭生态风景区为重点，建设"农家庄院吃住玩，体验农村生活"项目，开发"生态东洲"一日游线路。

2. 加快现代农业建设步伐。严格保护耕地，稳定粮食播种面积，提高单产水平，加快发展现代粮食加工，大力发展精深加工，提高粮食生产综合效益。积极调整农业结构，坚持做大做强优势产业，突出特色农业、绿色农业、效益农业，加快农业结构调整。加快"菜篮子"工程标准化设施蔬菜生产基地、蔬菜标准园建设，力争实现"菜篮子"主要产品供应量年均增长 5%。

3. 发展农业生态休闲观光旅游业。围绕章党镇葡萄园采摘、碾盘乡萝卜坎香瓜、哈达镇上年草莓园采摘、兰山乡紫花岭千米采摘长廊及有机蔬菜采摘，打造东洲区农家体验旅游带。

4. 加强现代农业社会化服务体系建设。按照强化公益性职能、放活经营性服务的要求，加快构建以公共服务机构为依托、合作经济组织为基础、龙头企业为骨干、其他社会力量为补充，公益性服务、经营性服务和自助合作性服务相结合的新型农业社会化服务体系。大力发展农民专业合作组织，提高农民组织化程度。支持供销合作社、农民专业合作社、专业服务公司、专业技术协会、农民经纪人、龙头企业等提供多种形式的生产经营服务。健全农村流通体系和农产品市场体系，发展农产品现代流通方式，深入推进粮食现代物流工程、连锁农家店和配送中心建设，大力提升农业信息化水平。

六、望花区推动现代农业经济增长点发展的重点

以现代农业为基础，以信息化为主导，以城镇化为支撑，开创现代农业全面发展的新格局。以转变农业发展方式为主线，进一步提高农业综合生产能力、抗风险能力和市场竞争能力。到 2020 年，实现农业生产专业化、标准化、规模化、集约化，延伸农业产业链。农业增加值年增长 6.5%，达到 2.3 亿元；农民人均收入年增长 7%，达到 18000 元。加快美丽乡村示范村建设，全区"美丽乡村"达到 80%。

1. 做强做大现代农业特色产业。优化农业产业布局，推进沈环南线塔峪镇沿线农业产业带建设，大力推广温室、大棚和冷棚栽培技术。重点发展无公害蔬菜、果品、畜禽、香菇等特色产品，大力发展经济作物、果蔬等有机绿色新品系列，促进农业专业化生产、产业化经营。以设施农业产业带建设为主线，突出特色农业、绿色农业、效益农业，加快农业结构调整，推动农业跨越发展。建设以优质农产品专业生产、畜禽标准化养殖为特色的生态农业园区，加快农业产业化进程。构建"一村一品"农业主导产业新格局，重点发展禽类、食用菌等主导产业。抓好"菜篮子"工程建设，保障市场供应，规划建设一批集休闲娱乐等功能为一体的特色农业园区，发展新型生态旅游农业。

2. 培养农业新型经营主体。在充分保障农民土地承包经营权的前提下，积极探索创新农业生产经营体制机制，着力培养新型经营主体，发展多种形式的新型农民合作组织和多元服务主体。充分保护调动农民的生产经营积极性，吸引高素质的农民从事农业活动。稳定和完善农村土地承包关系，推进农村土地承包经营权确权工作，加强土地流转规范管理和服务，逐步建立健全农村土地流转机制。

3. 推进农业科技创新。加大农业科技投入，改善农业生产条件，强化现代农业产业技术体系建设，扩大农兽药残留、饲料及饲料添加剂等监控范围，确保农产品产量增长、质量安全。加快健全农业社会化服务体系，支持农民专业合作社和农业产业化龙头企业发展，提高农业经营组织化程度。加强与农业科技部门对接与合作，强化高附加值作物的引进、培育与推广工作，实现农业增效，农民增收。

4. 加快建设宜居乡村。加强农村环境综合治理，加快农村路网建设，实施农村饮水安全保障工程，逐步推进农村饮水与城镇自来水联网。加强河道治理、输水沟渠、管道、蓄水池，及拦水闸等水利设施建设，提高防洪抗旱能力，实现环境整洁、设施完善、生态优良的宜居乡村。

七、新抚区推动现代农业经济增长点发展的重点

以调整农村经济结构为主线，大力推进农业产业化，发展生态农业和特色种养业，并以新农村建设为契机，通过做大农村生态休闲观光旅游产业带动服务产业发展，打造城市后花园。以前邓、唐力为基地，以摇财小镇为中心，沿抚清线形成农业观光旅游区。围绕农业生产，充分利用田园景观，以及千金乡当地的民族风情和乡土文化，在体现自然生态美的基础上，运用美学和园艺核心技术，开发具有特色的农副产品及旅游产品，形成具有特色的现代农业观光旅游区。发展小型灌区建设，发展喷灌、微灌等高效节水项目，加强农业灌溉能力；加强基层水利单位能力建设。

第四节　抚顺推动现代农业经济增长点发展的保障措施

为充分开发利用农业资源，加快发展现代农业，壮大县区域经济，促进农民增收，我市需要采取必要的政策措施进行推动。

一、加强组织领导，建立工作激励机制

1. 加强对培育现代农业经济增长点的组织领导。我市农业主管部门要成立领导小组负责协调、指导、推进、考核等日常工作，制订本地区农业产业发展指导意见，并建立相应的工作推进机制，统筹研究解决现代农业发展中存在的重大问题，建立目标责任制，把现代农业发展业绩纳入领导干部的考核指标，完善考核机制。各县区也要成立政府主要领导挂帅的现代农业规划实施机构，制订本地区现代农业发展规划并组织实施。建立联席会议制度，加强综合协调，强化部门之间协调配合，提高服务意识，形成工作合力，加快培育我市现代农业经济增长点。

2. 建立推进现代农业加快发展的工作激励机制。健全以农业增加值、农民人均可支配收入、产业发展水平、农业生态环境保护等为主要指标的考核体系，对县区政府进行考核，对发展成效突出的给予奖励，对工作不力的进行通报批评，考核结果作为检验领导班子和领导干部执政能力及领导水平的重要内容，作为干部奖惩和任用的重要依据。

3. 落实推进现代农业加快发展的政策措施。认真贯彻落实国家已经出台的各项强农惠农政策，切实抓好农村一、二、三产业融合发展试点，创新村集体经济运行机制，增加农民财产性收入。落实好国家支持东北老工业基地振兴的相关政策，为我市现代农业发展提供政策保障。坚持以市场为导向，大力培育新型农业主体，进一步落实和完善促进现代农业发展的各项配套政策，着力解决当前农民一家一户分散经营与大市场之间的矛盾，推动现代农业多种形式的规模经营。

二、完善财政对我市现代农业发展的扶持政策

完善财政支农政策，把发展现代农业作为各级财政支出的重点保障领域，充分发挥财政资金的引导和杠杆作用，创新财政资金使用方式，加快建立现代农业投入稳定增长机制，确保完成现代农业规划中的重点项目，以支持优势农产品加工龙头企业为重点，突出支持带动力强、关联度高、规模和产出能力大、成长性好、社会效益明显的大企业重点新项目，推动现代特色农业发展。同时，还要重点支持农业基础设施及公益性事业建设，加强对社会化服务组织的财政资金扶持力度。特别要坚持利用市场机制，改革农业补助机制，建立和完善农业融资担保体系，支持农业适度规模经营。此外，还要围绕各农业产业确定的发展目标，认真研究制订现代农业发展规划和分年度行动计划，以此作为现代农业发展布局及财政资金投向安排的主要依据。

三、加大金融扶持现代农业发展的力度

积极鼓励和大力引导包括金融资本在内的其他社会资本参与现代农业建设，形成多元化的农业投入体系。建立政府发起、募集社会资本为主的市场化运营的投资基金，拓展农业政策性融资范围。鼓励金融机构加大信贷支持发展现代农业的力度，发展县区现代农业产业担保公司，采取直接担保和联动担保等方式，搭建政银企融资合作平台。稳步推进农村土地承包经营权、农房的抵押贷款试点，扩大林权抵押贷款规模。推广以农业机械、运输工具等为标的的新型抵押担保方式。建立现代农业产业发展基金，培育发展农村合作金融。积极探索特色优势农产品保险。采取"小额信贷、农户联保信用贷款"等方式，对种植大户、养殖大户的基地建设所需种苗款优先给予贷款。

四、提供科技保障，提高抚顺现代农业的科技含量

加快建立科技进步、科技普及、自主创新、科技投入、科技与人才开发管理体系，政策体系，以及科技推介服务体系。大力推广普及先进实用的种植和养殖技术。整合科技资源，建设一批公共研发平台和农业科技产学研联盟，集中开展对现代农业发展中的重大关键共性技术集成攻关。进一步加大农业科研投入，支持开展基础研究和公益性、半公益性的应用研究，以及技术推广服务，不断提高科研成果转化率。形成农业科研、教育、推广三位一体的农业科技服务网络和可持续的农业科技服务体系。重点扶持三块石国家级现代农业园区等科技实验、示范区，带动示范乡镇、示范村和示范户，形成完善的科技示范体系。围绕资源的精深加工，鼓励、扶持企业增强自主创新能力，发展以企业为主体的科技创新体系；加强与农业科研院所和大专院校的横向联合，促进现代农业项目的对接与引进，扶持民营农业科研组织发展，建立农业企业科研中心，扶持民营农业企业的技术创新和科技进步。

五、壮大推动现代农业加快发展的人才队伍

强化现代农业技术服务体系建设，完善责任农技推广制度；强化现代农业的管理人才建设，培养和引进农业产品营销、企业管理等方面的人才；强化乡土人才培养。现代特色农业最终要依靠千家万户的群众，深入实施农民素质工程，着力提高农民发展现代农业的能力。

1. 加强农业职业教育，大力培养培训新型职业农民。推动职业学校与现代高效农业示范园区、农业产业化龙头企业联合互动，逐步形成规模庞大的新型职业农民队伍。

2. 加大财政资金投入，建立稳定的培训经费保障制度，打造多形式、多层次高素质的新型职业农民培育队伍，促进现代农业经营体系健康发展。

3. 加大我市农业科研院所和农业特产学校的建设力度，培养急需的现代农业各类专业人才。推行产学研用联合培养，增强人才培养的适应性和针对性。探索"订单培养""校企共建"等方式，为基层农技推广机构、农业企业和农民合作社等培养专业技术人才。依托涉农院校，采取本土化就业"直通车"办法，定向招收培养乡镇农技推广紧缺专业技术人才。

4. 鼓励扶持各类农业科技人员领办或创办科技型农业企业、引智项目，开发科技型农产品，不断发展壮大科技型农业企业家队伍和科技人才队伍。鼓励支持大中专毕业生进入农村创业就业，探索将职业农业资格认证与农业扶持政策挂钩的办法和途径。

六、大力发展现代农业科技龙头企业和专业合作社

1. 大力发展现代农业专业合作组织。以现代农业的主导产业为支撑，以资产为纽带，高起点、高标准培育农村专业合作社，建立"优势产业＋龙头企业＋合作社＋农户"的产业化经营模式，提高农民组织化程度，促进土地等农业生产资料的适度规模化经营，为培育特色主导产业创造条件。围绕专业合作组织培育农产品品牌，建设特色农产品生产基地。整合各级、各类资金，重点向专业合作组织倾斜，加大对专业合作组织服务和扶持力度。

2. 建立健全对现代农业科技企业的政策扶持体系。每年发展 10 家以上的现代农业科技龙头企业、专业合作社作，筛选出具备国家高新技术企业认定条件的企业，为企业在申报过程中提供服务，使企业尽快获得国家高新技术企业

认定。

3. 加强对农业科技企业的宣传、指导和培训工作。利用各种媒体开展农业科技龙头企业、专业合作社宣传工作，充分调动企业参与培育工程的积极性，不断扩大现代农业科技龙头企业、专业合作社影响力。每年不定期的举办申报科技计划项目培训班，培训企业 30 家以上。对符合申报条件的科技型企业，进行一对一、点对点的指导，进一步提高企业的科技创新意识。不定期组织开展现代农业科技龙头企业、专业合作社负责人和科技研发人员进行培训，参观学习，不断激发企业的创新创造活力，推动科技惠农、科技强农，促进我市现代特色农业快速发展。

七、推进农业信息化进程，提高现代农业产品的营销水平

坚持以市场需求为导向，注重农产品品牌建设，完善流通体系，搭建营销平台，逐步建立稳定的农产品销售渠道和网络，增强我市农产品市场竞争力和占有率。建立完善农业物联网公共服务平台，推进传感技术、二维码标志等信息技术，在农业生产、加工、流通和质量安全管理系统中的应用。加强农业示范园区信息管理平台、智慧旅游信息服务平台建设，优先在现代农业园区开展农业物联网标准化建设工作。

八、加大现代农业项目的招商引资力度

针对我市现代农业的发展规划和产业布局，加强现代特色农业项目的运作，完善招商引资的考核和激励机制。重点选择一批项目，精心包装一批项目，适时推出一批项目，积极引进一批项目，加大招商引资力度，加强项目资金的统筹协调，集中投入到有规模、有前景、有龙头企业带动的重点优势特色农业产业上。完善以招商引资为重点的抚顺市经济信息网，进行网上招商，全面推行以商招商和委托中介机构招商的招商方式，定期选派优秀干部到发达地区挂职招商，重点引进农业资源深加工项目。

九、扩大我市现代农业特色产品的外贸出口

鼓励、扶持现有的外贸出口农业龙头企业加快发展，培育外贸出口骨干企业；加大扶持和服务力度，加快碳化木产品、绿色蔬菜等出口产品基地建设；坚持以质取胜、科技兴贸方针，重点鼓励、扶持、引进农业资源深加工产品出口企业，优化农业产品出口结构，加快外贸出口从初级产品和原材料向精深加工产品转化。

第 三 篇

培育新经济增长点

第九章　抚顺培育工业新兴产业新经济增长点

提要：新兴产业是引领未来经济发展的战略"引擎"和决定性因素。这里的"新兴产业"主要指第二产业的新兴产业。本章针对我市有发展潜力的工业新兴产业进行了专题研究。首先为了增强发展工业新兴产业的信心，对我市所具有的良好产业和技术基础进行了概述，对我市工业新兴产业发展所面临的问题进行了分析，提出了抚顺培育工业新兴产业新经济增长点的基本思路，总结概述了抚顺培育工业新兴产业的重点领域，提出了抚顺培育工业新兴产业新经济增长点的政策建议。

新兴产业是引领未来经济发展的战略"引擎"和决定性因素，是经济发展"调结构、转方式"的生力军。目前，抚顺正处于后工业化和高城市化发展阶段，培育战略性工业新兴产业是我市实现资源型城市转型的必然选择，也是抢抓发展机遇、抢占竞争制高点，推动抚顺经济可持续发展的战略举措。为把握好历史机遇，进一步加快抚顺战略性工业新兴产业的发展，辽宁省作为老工业基地，已经确立了包括智能装备制造、新能源、新材料、信息产业、节能环保和高技术服务业等九大新兴产业。抚顺如何在这九大新兴产业中扬长避短地发展自己的优势工业新兴产业，是一个急待研究和解决的重大课题。

第一节　抚顺工业新兴产业的发展现状和面临的问题

近年来，抚顺工业新兴产业有了一定的发展，出现了特色日益明显，结构不断优化的良好发展态势。抚顺工业新兴产业正在成为我市经济结构调整的强大动力，其主要呈现以下几个特点。一是产业集聚初步形成。智能装备制造、新能源、新材料、节能环保等新兴产业集中在"两城一带"，逐步形成了工业新兴产业集中区域。二是重点领域初具规模。我市工业新兴产业在智能装备制造、新能源、新材料、节能环保等重点新兴产业领域已经初具规模，投资规模不断扩大，产业链条不断延伸，创新人才不断涌现。新能源重点分布在油母页岩炼油和发电等领域；新材料重点分布在化工新材料和高性能纤维材料等领域。三是重点企业带动作用初步显现。在我市工业新兴产业加快发展中，加大对重点企业的扶持、培育力度，一批重点企业规模不断壮大，经济效益稳步增加，有力地带动了全市工业新兴产业的发展。四是技术研发和品牌建设初见成效。我市工业新兴产业企业加大对创新能力的建设，有重点地推进科技项目攻关，走自主创新之路。拥有省级企业技术中心和研发机构的企业，重点围绕智能装备制造、化工新材料等关键技术，进行产学研合作和联合攻关，以技术的率先突破带动工业新兴产业的领先发展。

一、抚顺工业新兴产业的发展现状

1. 抚顺石油化工传统产业优势为新材料新兴产业发展奠定了基础。近年来，抚顺石油化工传统产业得到了优化升级，为发展新材料新兴产业奠定了人才、技术和资源基础。（1）石油化工传统产业优势为新材料新兴产业的发展奠定了雄厚基础。抚顺"千万吨炼油、百万吨乙烯"项目，为石油化工及其产业链延伸创造了条件。为进一步实施石油化工精深加工发展战略，东洲区建设了占地面积 42.77 平方千米的抚顺石化新城，重点发展精细化工产业和化工新材料新兴产业，并形成了高新区、海新工业园区和兰山精细化工产业园三个化工园区。抚顺在现有原油一次、二次年加工能力均为 1000 万吨的基础上，发展到年炼油加工能力 1150 万吨，年乙烯生产能力 100 万吨，以此形成年产石蜡100 万吨、润滑油基础油 50 万吨、烷基苯 30 万吨、合成树脂 140 万吨的四个世界级石化原料生产基地，以及催化剂、表面活性剂、黏合剂三个国家级化工产品生产基地，为化工新材料新兴产业的发展奠定了雄厚资源基础。（2）依托石化资源和人才技术优势，建设化工新材料新兴产业基地。充分发挥了"千万吨炼油、百万吨乙烯"大项目的牵动作用，加快石化工业结构战略性调整，积极推进石油化工和精细化工协调发展，与国内外大企业、研究院和大学等进行产学研联合，组建了抚顺精细化工应用技术研究院，并正式获批为国家精细化工产业化基地。重点建设了四个产业集群：有机化工、新材料、精细化工、橡塑蜡深加工产业集群。七个产业基地：有机化工原料、精细化工产品、合成树脂、合成橡胶、合成洗涤剂、合成新材料和特种蜡产业基地。打造了十个产业链条，用以奠定全国一流的石油化工新材料产业基地。（3）化工新材料新兴产业项目建设已有一定基础。一是在抚顺石化新城建设了聚苯硫醚改性塑料项目，包括聚乙烯蜡、聚丙烯蜡、氧化蜡、合成蜡等特种石蜡加工项目；阻聚剂项目，己 1.6—己二醇系列项目（包括 1.6—己二醇装置、环戊醇装置、1.4—环己烷己二酸二甲酯装置、二甲醚装置、半导体过程化学品、新型高性能材料热塑性聚酰亚胺等项目）。二是在石化产业区建设了复合材料、裂解 C5、异戊橡胶、碳材料等项目。三是在兰山精细化工园区建设了编织袋、高纯乙腈、聚丙烯酰胺等项目。四是在海新工业园区建设了 C5 深加工系列、石油树脂等项目。五是建筑材料行业的产品创新有了新发展，达到了年产水泥 400 万吨产量，创新产品不断增多。（4）依托石化产业延伸条件，建设高性能纤维材料新兴产业基地。以引进先进技术，增强自主创新能力为支撑，建设了抚顺高性能纤维材料上下游一体化新兴产业基地。高性能纤维材料产业基地规划用地 1500 公顷，建设高性能纤维原丝产能 39000 吨，高性能纤维 13000 吨，预浸料 360 万平方米。同时，建设了高性能纤维研发中心，包括技术研发中心、装备研发中心、工程研发中心、辅助材料研发中心、情报中心及国家重点实验室等。目前，国内著名企业方泰精密碳材料有限公司、奇隆化工有限公司、伊科思新材料有限公司、辽宁昆泰特种纤维有限公司等成为基地重点企业。

2. 先进装备制造业基地的建立，推动了抚顺智能装备制造新兴产业的快速发展。（1）抚顺依托传统装备制造业基础和人才技术优势，建设了智能装备制造业基地。我市装备装备制造业已形成了工程机械、煤矿安全装备、石化及输变电装备、汽车配件和高端智能装备产业等五大产业集群。在液压履带挖掘机、起重机、建筑塔吊、高空作业车工程机械制造，高压、超高压电瓷电器输变电设备制造，高效节能换热器、高温高压反应器炼化设备制造，以及大功率煤矿电机、矿用安全自救防护产品制造四大基地的基础上，培育了磁电选矿、冶金机械、汽车钣金冲制零部件制造三个新兴产业的产品系列。建立了机器人和现代印刷两个产业基地。涌现出山推抚起、隆基电磁、欧柏丽电器等一批行业龙头企业，为智能装备制造新兴产业发展奠定了基础。（2）冶金配件、环保设备等产业也有了很大进步。一是冶金行业有了很大进步，建成了汽车用钢、模具钢、军工，以及高技术领域特种合金、螺纹钢、铝和钛深加工六大国家级精品基地。二是石化新城环保设备产业园区的 C5 深加工系列和石油树脂生产等项目推动了环保设备产业的发展。三是汽车配件、塑料产业也有了一定的发展。这些产业的发展都为工业新兴产业配套打下了基础。

3. 循环经济发展有效地推动了抚顺节能环保和新能源新兴产业的发展。抚顺矿业集团被国家列为第一批循环经济试点企业；中油抚顺石化公司、抚顺新钢铁有限公司被省列为循环经济试点企业，抚顺循环经济的发展，有效地推动了抚顺节能环保和新能源新兴产业的发展。（1）循环经济为接续与替代产业项目发展开辟了新的资源能源。我市余热、可燃气体几乎全部得到综合利用。如钢铁企业高炉煤气发电、油母页岩发电、水泥厂纯低温余热发电、矿业集团低热值瓦斯发电、方大集团煅后焦余热利用等，年节约标准煤 20 余万吨。每年回收固体废物 1500 多万吨。年处理油母页岩 1200 万吨，处理冶炼钢渣 50 万吨，粉煤灰、炉渣 100 多万吨，脱硫石膏 50 多万吨，这些都用于生产水泥、空心砖、石膏板等。（2）循环经济推动了相关产业链条的延长和产业优化升级。一是石油化工行业。紧紧抓住集约度高的优势资源，构筑和拉长了八大门类产品链，即催化剂、炭黑、洗涤品、医药中间体、胶粘剂、聚丙烯酰胺、涂料、农药等。二是冶金行业。围绕国防、航空、航天、航海等产业需求，提供了高性能高附加值的高温合金材料。三是装备制造产业。正在构建"四大设备"装备产业集群，逐步发展"五大新兴产业"，以提高产品精深加工及配套能力，发挥产业集聚效应。四是轻化工行业。发挥地区资源比较优势，培育食品、农产品深加工、塑料制品、木制品、蜡制品等行业发展深加工产品。五是围绕油母页岩资源和采煤过程中剥离的页岩进行了炼油和发电，页岩废渣生产水泥、烧结砖、复合肥，为周边地区生产、生活供暖等。抚矿东露天矿的开发，为页岩炼油和发电提供了每年 45 万吨的原料；抚矿页岩炼油厂和页岩炼油胜利实验厂的建立，使页岩油年产量已达到 50 万吨。不仅稳居世界页岩油产量第一的位子，而且也使抚顺成为油母页岩综合利用示范基地；抚矿煤矸石和油母页岩热电厂年发电 33 亿千瓦时以上，总供热面积 1500 万平方米等，有效地促进了节能环保和新能源等新兴产业的发展。（3）新能源和节能环保高新技术得到了有效推广，有效地节约了能源，降低了能耗，减少了环境污染，提高了经济效益和社会效益。一是在居住建筑供热计量改造工程、节能建筑、太阳能光热、光电等高新技术采用方面取得了很大成效。二是辽宁森能再生能源有限公司在红透山镇建设年产 10 万 t/a 生物质秸秆颗粒燃料项目，生物质固化颗粒燃料开发和推广使用，取得了重大生态环境效益。三是在节能燃煤锅炉推广、拆除供热小锅炉并实现集中供热等方面取了成效，大大改善了供热效果，改善了空气质量。同时，还采取水源热泵技术，利用污水余热采暖，取代了传统燃煤锅炉供暖，节能效果十分明显。四是在多地建设了污水处理厂，减少大量污染物的排放，对保护大伙房等饮用水源地水质具有重要意义。循环经济的发展有效地促进了抚顺新能源新兴产业的应用和发展。

4. "两城一带"成为抚顺工业新兴产业发展的重要平台。"两城一带"是西部的沈抚新城、东部的石化新城和南环公路铁路沿线产业带。其不仅有效地拓宽了抚顺城市发展的空间，推进了城镇化建设，而且也成了工业新兴产业发展的重要平台。（1）抚顺石化新城为新材料新兴产业提供了重要发展平台。抚顺石化新城组建了高新技术产业区、海新工业园区、兰山精细化工产业园、环保设备产业园区和塑料产业园区，并以石化产业区为核心，以有机化工、新材料、精细化工、合成橡胶、塑料石蜡深加工为主导产业，建设新材料新兴产业基地。（2）沈抚新城为智能装备制造新兴产业发展提供了广阔空间。沈抚新城定位在以先进能源装备制造业为主导，引进国内外知名品牌，着重发展工程机械装备、煤矿机械及安全装备、新型汽车配套装备、石化电力及输变电装备、冶金及特种金属材料等五大产业集群，建设国家先进能源装备制造业基地，为发展智能装备制造新兴产业奠定了雄厚人才技术装备基础。（3）抚顺南环经济产业带为工业新兴产业发展提供了重要支撑平台和配套能力。南环经济产业带是以抚顺市南环公路为依托，沿途涉及抚顺县、东洲区、高新区、望花区四个县区，以及兰山乡、拉古乡、碾盘乡、千金乡、塔峪镇五个乡镇，东西长约40千米，区域面积320平方千米，并与沈抚新城接壤，将各个工业园区串联起来，形成相互辐射、相互配套、相互促进的经济长廊，是发展工业新兴产业的重要平台。一是兰山产业区，重点以发展化工、冶金、机械制造为主。二是胜利产业区，主要是发展与大乙烯协作配套的产品，充分利用抚顺石化在高分子材料、石蜡、润滑油和表面活性剂四个方面的原材料优势，进行深加工，延伸产业链。三是页岩及页岩油加工园区，可利用我市丰富的油母页岩资源，以发电、炼油、供暖、建材、页岩油深加工为主，加快发展油母页岩综合利用，建成世界一流、产业聚集、生态环保的油母页岩资源深加工基地。四是塔峪产业区，抚顺矿业集团油母页岩热电厂和深加工，以及百万吨造纸厂是该园区的支柱性项目。五是拉古工业园区，结合新钢铁、罕王集团、钛业公司等搬迁改造工程，实现冶金产品的集中加工的冶金工业板块。通过南环经济产业带的发展，与工业新兴产业核心区配套，有效地推动了抚顺工业新兴产业的发展。

二、抚顺工业新兴产业面临的问题

近年来，抚顺战略性工业新兴产业发展已经起步，随着国家及周边地区加大对工业新兴产业发展的重视程度和扶持力度，我市与先进地区的差距有越来越大的趋势，而我市工业新兴产业发展又面临着一些突出困难和问题。

1. 工业新兴产业发展规划尚在起步期，推进发展的组织体系和政策体系还未完全形成。（1）缺乏完善的科学规划指导。我市在发展工业新兴产业的规划方面还不适应发展的需要，对战略性工业新兴产业的发展方向，政府和企业都还不是很明确，缺乏科学的发展规划进行指导，也缺少政府和企业各自新兴产业发展规划互相协调配合的完整指导体系。（2）对工业新兴产业的组织管理部门还比较分散。一方面政府在发挥其经济调节职能作用方面的经验还不是很足；另一方面，政府在确定重点扶持工业新兴产业时，对一些有发展潜力的工业新兴产业的重视和支持还不是很够，尤其是对许多陌生的工业新兴产业还存在畏难情绪，甚至想都不敢去想，不断地错过培育我市工业新兴产业的机遇。
（3）产业政策扶持力度有待进一步加大。

2. 推动工业新兴产业的高层次创新型人才紧缺。从我市工业新兴产业的发展现状来看，高层次、复合型的技术带头人，以及技能型人才严重不足，人才培养、利用和引进不充分，使工业新兴产业缺乏智力支撑，缺乏技术创新的动力，造成自主创新能力不强，拥有自主知识产权的企业不多。虽然一些高新技术企业吸引了一批科技人才，但由于缺乏良好的用人机制，造成了很难留住高级人才的局面。

3. 工业新兴产业规模偏小，产业集聚度低，对经济增长贡献份额不高。我市工业新兴产业在国民经济中所占份额明显偏低，对经济结构优化、产业升级的带动作用不强。在工业新兴产业方面，应用和消费国内外的现有工业新兴产业的商品成果情况较多，而在工业新兴产业商品生产领域发展有限，占经济总量的比重偏小。虽然在智能装备制造、新能源、新材料等新兴产业领域有发展亮点，但产业规模小，产业聚集度不够，产业集群内企业合作不足，对整个行业的带动能力不强。同时，我市工业新兴产业的企业数量少，龙头企业少，产业集聚度不高，关联性不强，产业链不长，企业在行业中缺少知名度，工业新兴产业对全市经济的影响力有待进一步提高。

4. 企业创新能力弱，缺乏核心技术支撑，科技成果转化率低。（1）缺乏技术创新机制，企业缺乏核心竞争力。因为企业技术创新有高风险，许多企业宁愿维持生产产品利润不高的现状，也不愿意冒风险进行工业新兴产业的产品开发。（2）企业对核心技术的科研经费投入少。企业技术创新能力不足，以企业为主体的技术开发创新体系建设进展迟缓，自主知识产权缺乏。这除了有政府给予的税收优惠政策不够的原因以外，企业技术创新研发经费投入不多，研发装备落后、技术人才不足的状况尚未根本改变，特别是技术领军人才更为稀缺。企业科技开发基本处于对引进技术的消化、应用阶段，自主创新能力较弱，核心技术支撑薄弱。（3）缺乏科技成果转化机构。政策体系尚需完善，有效的"产学研"结合机制急待形成，工业新兴产业科技成果与产业之间转化衔接尚需加强，科技成果的转化率还相当低。（4）大部分企业主要从事组装加工的工作，精深加工少，对技术引进消化吸收不强，向其他产业进行技术扩散能力较弱。

5. 工业新兴产业多元化投融资体系尚未形成。抚顺尚未形成符合工业新兴产业发展特点的投融资体系。工业新兴产业投融资渠道单一，投资体制不健全，利用资本市场筹集资金发展工业新兴产业这一方面几乎空白，缺少工业新兴产业的创业投融资机制。一方面，由于工业新兴产业投资风险大，回收期长，银行存在惜贷现象；另一方面，民间资本对高新技术进行直接投资的热情不高，从而使工业新兴产业难以获得基本的资金支持，虽然其产品有广阔市场，但因资金短缺，不能迅速扩大生产规模，往往错失良机。究其原因：（1）工业新兴产业投资体制尚不健全，融资渠道单一。（2）政府投入资金不足，支持重点不突出。抚顺每年用于支持工业新兴产业高技术研发和产业化的资金严重不足，加上引导扶持力度有限，难以引导工业新兴产业实现突破。（3）大多数科研机构没有能力自我投入，而企业科技投入的积极性又不高，使工业新兴产业的产品开发资金短缺，政府提供的科研经费又杯水车薪。（4）企业之间项目、资金缺少沟通平台和途径进行有效对接，导致双方信息沟通不畅，有项目的企业缺乏资金，有资金的企业找不到项目。（5）人们对工业新兴产业的信心不足，不愿投资。所有这些原因，都严重阻碍了我市工业新兴产业的高新技术研发和成果转化的步伐。

第二节　抚顺培育工业新兴产业新经济增长点的思路

一、抚顺发展工业新兴产业的指导思想和基本原则

1. 抚顺培育工业新兴产业新经济增长点的指导思想。紧紧抓住抚顺老工业基地转型振兴的重大历史机遇，充分利用"两城一带"发展工业新兴产业的重要平台，坚持"培育和开发创新相结合，以点带面，做大做强"的方针，围绕"引进战略投资、应用高新技术和延伸产业链、发展新兴产业"三个关键环节，全面提升工业新兴产业的自主创新能力，重点培育一批技术含量高、市场前景广阔、具有自主知识产权的核心工业新兴产业的产品群，鼓励一批支撑性强、牵动力大、影响面广的骨干企业进入工业新兴产业行业，扶持一批配套协作能力强、产品特色突出的中小企业，建设一批创新能力强、机制灵活的研发平台，形成一批产业链条完善、工业新兴产业集群优势突出的产业基地，推进工业新兴产业向规模化、集群化、高端化方向发展，努力将工业新兴产业培育成为抚顺重要的新经济增长点，引领抚顺经济转型、结构调整、产业升级的发展方向。

2. 抚顺培育工业新兴产业新经济增长点的基本原则。（1）市场运作与政府推动相结合的原则。以企业为主体，以科技为支撑，充分发挥市场在资源配置中的基础性作用，推动科技创新。充分发挥政府的宏观政策引导和支持作用，形成合力推进工业新兴产业发展的机制和格局，营造有利于工业新兴产业

抚顺经济发展探索

发展的良好环境。（2）全面推进与重点突破相结合的原则。结合抚顺具有一定工业新兴产业发展的潜在优势，突出重点，合理布局，把握节奏，有序推进，在最有基础、最有条件的新能源、新材料、智能装备制造、节能环保等新兴产业领域率先突破。（3）坚持自主创新和技术引进相结合的原则。迎合工业新兴产业发展的特点与发展趋势，加快引进工业新兴产业的先进适用技术，强化对工业新兴产业技术的消化、吸收、再创新和研发应用，深化产学研合作机制，努力掌握一批具有自主知识产权的工业新兴产业的核心技术和关键技术，增强工业新兴产业自主创新能力，促进科技与经济结合，以创新驱动促进抚顺工业新兴产业发展。（4）坚持发展工业新兴产业与提升传统工业产业相结合的原则。按照成长性、创新性、带动性和发挥比较优势的要求，大力培育和发展抚顺的工业新兴产业，使之成为经济社会发展的主导力量。积极推进工业新兴产业与传统工业产业融合，用工业新兴产业和高新技术改造提升传统工业产业，促进产业结构优化升级。（5）坚持国家产业政策导向与发挥抚顺特色优势产业相结合的原则。充分发挥各种特色工业产业集聚区的产业基础、资源及创新要素集聚等比较优势，进一步强化我市"两城一带"发展工业新兴产业区域平台功能的作用，着力培育工业新兴产业集群。（6）坚持重点突破和整体提升相结合的原则。集中力量扶持发展一批重点工业新兴产业项目和企业，并取得一定的先发优势，以此带动相关配套产业发展，努力在新材料、新能源、智能制造装备、节能环保等新兴产业领域取得突破，进而提升抚顺工业新兴产业领域发展的整体水平。

二、抚顺培育工业新兴产业新经济增长点的发展目标

到 2020 年，抚顺工业新兴产业产值在 2015 年的基础上翻一番，重要工业新兴产业领域研发投入占销售收入比例达到 5％以上。工业新兴产业聚集区初具规模，突破 20 项具有重大支撑和引领作用的关键技术，实施 20 个技术水平国内领先、国际先进的产业化项目，重要工业新兴产业领域研发投入占销售收入比例达到 8％以上，使工业新兴产业成为抚顺重要的新经济增长点。

1. 规模不断壮大。到 2020 年，全市工业新兴产业年均增长速度 20％以上，基本形成特色鲜明、技术先进、附加值高、拉动力大的工业新兴产业体系。

2. 技术创新能力不断提高。到 2020 年，关键核心领域的重点产品技术水平和市场占有率达到国内领先水平，拥有一批具有自主知识产权的核心技术，形成较为完备的技术创新体系。

3. 产业结构渐趋合理。到 2020 年，新兴产业工业总产值达到全市工业总产值的 15%～20%。产品结构特色明显，品牌战略效应充分显现，培育 20 个以上省级名牌产品。企业结构得到优化，培育形成一批主营业务突出、市场占有率高、具有较强影响力的从事工业新兴产业的大企业。

4. 工业新兴产业发展活力不断增强。建立健全工业新兴产业发展的政策支撑体系和服务协调机制。体制和机制适应工业新兴产业发展要求，使工业新兴产业的发展载体与工业新兴产业的发展速度和质量明显提升。

三、抚顺培育工业新兴产业新经济增长点的发展格局

推动抚顺工业新兴产业新经济增长点发展，要做到立足优势、高端布局、创新引领、重点突破。

1. 积极发展智能装备产业。以沈阳溯元智能装备、辽宁格瑞机器人等重点企业为引领，培育和壮大特种机器人、自动化成套设备、重要基础零部件、芯片智能测控装置等产业。加快机器人数字化车间、机器人智能制造体验中心和国家级机器人检测中心建设，打造机器人智能制造装备产业集群。

2. 大力培育新材料产业。以抚顺特钢、辽宁国瑞新材料、恒德磁业等重点企业为引领，加快升级改造步伐，重点发展高品质特殊钢、新型合金材料、碳纤维及新型碳材料、稀土永磁材料、芳纶、聚碳酸酯、改性工程塑料、特种石墨粉、稀土新材料等高附加值、高技术含量的新材料。

3. 鼓励发展节能环保产业。以辽宁莱柯倍耳环保节能等企业为引领，重点培育发展高效节能环保材料、设备、技术研发，以及节能环保服务为一体的综合性节能环保产业，积极引进产业滤布、高温拉丝、永磁电机、东北大学滤料研发中心等项目，力争在过滤材料、节能电机等领域取得重大突破。

4. 加快发展新能源产业。以沈阳森源艾思特福汽车、辽宁森源力奥新能源电动车等企业为引领，加快发展新能源汽车和与其相配套的制造业。大力支持发展垃圾处理余热发电、秸秆综合利用、热电联产等再制造与资源循环利用产业，优先发展水能、太阳能、生物质能等可再生能源和新能源产业。

5. 支持发展信息产业。以罕王微电子等重点企业为引领，加快拓展信息产业，培育物联网及新一代新兴网络装备，软件和服务外包，物联网技术及设备等产业，研发智能化感知终端设备、新型电力电子器件及系统等核心技术，发展片式化、微型化、绿色化新型元器件。

第三节　抚顺培育工业新兴产业新经济增长点的重点

抚顺工业经济要实现高速和可持续发展，必须要两条腿走路：一条腿是发展资源深加工；另一条腿就是要大力发展工业新兴产业。参照辽宁省选择的工业新兴产业范围，从抚顺市实际出发，按照"突出特色、发挥优势、重点突破、注重实效"的原则，初步选择已有一定发展基础的"新材料、智能装备制造、新能源、节能环保"等重点产业，作为抚顺全力培育的工业战略性新兴产业，同时兼顾对其他种类的工业新兴产业进行培育和开发。

一、集中力量发展新材料新兴产业

1. 重点发展化工新材料产业。（1）利用中石化的原材料发展化工新材料产业。以抚顺石化"千万吨炼油、百万吨乙烯"工程为依托，以石化产品深加工和精细化工为主体，以基础原料、新型材料及特种化学品为特色，建设精深加工体系，形成具有循环经济特色的上下游一体化，及资源配置生态化的石油化工园区，实现资源的深加工，为乙烯衍生物生产提供丰富的原料，发展高分子材料、表面活性剂原料、石蜡和基础油、基本有机化工原料等，并以这些基础原材料大力发展化工新材料产业。（2）利用产业集群平台发展化工新材料产业。抚顺高新区产业发展总体上要形成 4 个产业集群、7 个生产基地和 10 个产业链。4 个产业集群是：有机化工产业集群、新材料产业集群、精细化工产业集群、橡塑蜡产业集群。7 个生产基地是：有机化工生产基地、精细化工生产基地、合成树脂生产基地、合成橡胶生产基地、合成洗涤剂生产基地、合成新材料生产基地、特种蜡生产基地。10 个产业链是：环氧乙烷/乙二醇产业链、丙烯产业链、C4 产业链、C5 产业链、C9 产业链、芳烃产业链、石蜡产业链、合成树脂产业链、合成洗涤剂产业链、重油综合利用产业链。通过产业链的延伸，实现资源精深加工，推动新材料产业发展。（3）通过化工新材料产业的发展，优化石油化工下游产业的产品结构，建设一批石油化工精深加工项目。抚顺高新区主要以优化下游产业结构为主，建设一批石油化工精深加工项目。利用中油抚顺石化公司合成树脂及其他专用树脂，建设聚乙烯、聚丙烯管材、型材等系列产品加工项目。利用中油抚顺石化公司的 C4、C5 烯烃资源，生产合成橡胶产品，进一步加工生产轮胎、电缆等制品。通过延长产业链，建设抚顺石蜡深加工基地、橡胶深加工基地和塑料后加工基地。以中油抚顺石化公司合成洗涤剂厂为中心，建设表面活性剂生产基地、催化剂和化工助剂生产基地。这些项目建成后，抚顺高新区将基本形成石油化工下游产业产品结构的优化区。

2. 积极探索和培育金属、节能、复合、环保等其他新材料产业的发展。（1）以抚顺冶金新材料基地为依托，积极培育和开发先进金属新材料产业。以金属新材料为重点，发展重大技术装备用的特种钢铁材料，飞机、火车等用特种铝型材，钛及钛合金、镍及镍合金、镁及镁合金、铜合金、汽车工业用铸造铝合金。围绕国防、航空、航天、航海等产业需求，提供高性能高附加值的高温合金材料。（2）积极开发先进复合材料。以抚顺高科技纤维材料产业基地为依托，打造上下游一体化的高性能纤维产业链，工程塑料及塑料合金产业集群，重点发展以高分子材料和无机非金属材料为原料的复合材料，以及纤维材料等新兴产业产品。（3）努力探索和培育纳米材料、先进陶瓷材料、膜材料等新兴材料产业。（4）积极培育和开发节能新材料产业。努力开发和引进电极、电解质、隔膜等关键材料，正极材料、电解液、隔膜、导电剂、黏合剂等关键材料，氢氧化镍正极、储氢合金负极、隔膜纸等关键材料，为新能源和节能产业发展提供优质材料。（5）努力开发环保材料。重点培育和开发膜材料与膜组件、耐高温耐腐蚀袋式除尘材料、高效生物填料、专用催化剂、防渗材料等环保材料。

3. 培育和壮大新材料新兴产业重点工程。（1）抚顺钛业招商合作项目。（2）新宾石墨研发工程。（3）新宾水性环保装饰胶。

二、重点发展智能装备制造新兴产业

依托"两城一带"产业发展平台，在现有装备制造业基础上，逐步实现由生产普通装备向生产特种装备转变，由生产低档装备向生产高档智能装备升级，由生产重型装备向生产轻型精密智能装备转变。以提高抚顺智能装备制造业自主创新能力和企业核心竞争力为重点，着力建设企业为主体的技术创新体系，提升大型铸锻件、基础元器件和关键零部件，以及加工辅具基础配套水平，促进抚顺智能装备制造业快速发展。构建以沈抚新城智能装备制造业新兴产业聚集区为重点，各区县产业基地不断发展壮大配套的智能装备制造新兴产业发展新格局，使抚顺成为具有核心技术研发能力，技术结构合理，产品竞争力强，综合技术实力强的智能装备制造业基地。

1. 大力培育和开发新能源智能装备制造关键技术装备。以抚顺能源装备制造业基地为依托，继续加大对工程机械、煤矿装备、汽车配套、石化及输变电等四大产业集群的建设力度，努力提升液压履带挖掘机、起重机、建筑塔吊、高空作业车工程机械制造，高压、超高压电瓷电器输变电设备制造；高效节能换热器、高温高压反应器炼化设备制造，以及大功率煤矿电机、矿用安全自救防护等产品的科技含量、附加值和智能化水平，继续培育开发磁电选矿、冶金机械、汽车钣金冲制零部件制造等三个智能装备制造新兴产业的产品系列。

2. 努力培育和研制开发其他智能装备制造业。（1）大力培育机器人装备制造业。积极培育微机电系统芯片、地质灾害智能分析与预警装置、井控防喷预警系统、智能矿山和智能交通项目等产品系列。（2）大力培育开发和引进智能节能环保产业关键技术装备。重点引进并创新油母页岩炼油和发电设备，以及风能和太阳能装备为代表的新能源装备技术。以太阳能下游产品为重点，开发利用太阳能绿色环保型设备产品。（3）努力培育并研制开发可替代进口的集成电路关键设备、电子元器件生产设备等新产品。（4）积极培育并开发石油化工和煤化工智能设备。（5）努力探索并培育以液压、气动、密封为特色的智能装备制造业零部件发展。（6）积极培育并开发石油化工和煤化工智能设备。

3. 培育并壮大智能装备制造业的重点工程。（1）沈阳百高机器人、辽宁格瑞机器人。（2）森源科技超特高压电气设备，辽宁圣莱特石化蒸汽加热炉制造，辽宁天安矿井钻探设备，森源新能源汽车、智能搬运车，沈阳格泰克数控机床，巨人数控机床，石化应用抑爆器、防爆车。（3）蓝光永磁项目二期，欧柏丽二期，东工冶金3D打印材料及装备技改。（4）辽宁抚叉工业车辆有限公司消防机器人。（5）抚顺海洲机械有限公司刹车盘制造机器人。

三、大力发展新能源新兴产业

优化抚顺能源结构，积极发展清洁能源和可再生能源，加快新能源技术研发和应用，提高新能源消费比重，构筑并完善稳定、经济、清洁、安全的能源供应体系，把抚顺建设成为在国内具有重要影响的新型能源产业基地。

1. 大力发展现代煤化工产业。煤化工成本只相当于石油化工成本的一半，利润空间比石油化工的利润空间要大一倍。抚顺具有发展煤化工产业得天独厚的优势。要努力发展甲醇、二甲醚等醇醚燃料，开发精细煤化工产品等。

2. 继续大力发展抚顺矿业集团的油母页岩炼油、发电、供热和能源循环利用。继续开发煤层气这种煤炭的伴生资源，煤层气是一种比常规的能源更具有清洁、高效、安全的新型能源，具有广泛的综合利用前景。抚顺还有开发煤层气的很大潜力，进行规模化开发利用有很大的市场前景。

3. 努力探索培育太阳能新兴产业发展新途径，填补抚顺产业空白。太阳能产业在抚顺还处于认识阶段，但这又是一个新兴朝阳产业，是我们必须要重视和发展的新兴产业，我们要在引进光伏发电技术的基础上，大力开发光伏发电新兴产业。现在我市已与先进的江苏等在太阳能产业发展上相距很远,但通过引进和仿制基础上的创新也是能抢占一定市场份额的。因此,要制定优惠政策,支持太阳能光伏发电等新兴能源产业的发展。要重视太阳能光伏产业的发展动向,积极做好这项产业的招商引资和自主研发工作。要积极对太阳能热水器、真空集热管、太阳能电池组件、光伏发电系统、太阳能照明系统、太阳能交通灯、温屏节能玻璃、太阳能一体化建筑等光电产业,进行招商引进和培育开发,并在抚顺规划建设光伏发电示范基地,通过发展无污染的太阳能等新能源,实现新能源替代。

4. 努力培育并开发生物质发电。在抚顺郊区,探索并开发垃圾发电、秸秆直燃发电、沼气发电和供热供气工程。同时,重点构建集引进、科研、孵化、生产、示范于一体的新能源产业格局。

5. 培育并壮大新能源产业新兴产业的重点工程。(1)城东西部新建 1 座垃圾处理厂。(2)抚矿集团油页岩综合利用、技术升级改造、自主研发工艺技术产业化。(3)清原德青源沼气与有机肥厂。

四、积极培育信息新兴产业的发展

积极推进信息化与工业化加速融合,用新兴产业改造传统产业,提高工业数字化、智能化水平。通过引进应用、消化吸收和再创新,重点对集成电路、数字视听、通信、光电、基础电子、软件等信息产业进行培育探索,填补抚顺在诸多信息领域技术上的空白。

1. 积极培育并开发电子信息产业。努力培育并开发芯片、数字视听、网络及通信、新型电子元器件等类型的产品。

2. 努力培育并开发通信产业。与沈阳通信产业基地合作,重点培育并探索移动通信网络终端及核心设备,以及下一代宽带互联网络设备,推动新一代宽带无线接入技术在重点领域的引进和应用。

3. 积极培育并开发光电产业。与国内外的光电大型企业合作,特别是与大连、营口光电产业基地合作,培育和衔接光电材料上中下游产业链。

4. 努力培育并开发软件产业。重点培育并探索嵌入式软件、基础软件、系统集成等产品的开发,提高用信息技术改造提升传统产业的水平和能力,大力支持软件服务外包业务。

5. 积极培育并壮大电子信息产业新兴产业的重点工程。(1)抚顺联邦电子镭射导光板、商业显示器。(2)抚顺县集成电路。

五、积极发展节能环保新兴产业

抚顺要把加强环境保护、推进节能减排、发展循环经济与培育节能环保产业有机结合起来，依托重点节能工程、水污染治理工程、重点行业二氧化硫治理，实施一批节能环保产业项目，培育一批节能环保产业的企业。

1. 努力开发节能、节水关键技术装备，并积极引进和应用。引进推广并努力开发节水工艺技术，燃煤工业锅炉节能技术，余热余能利用技术和装备，以及节电技术和装备。积极引进并开发以电机节电器、通用节电器、通用变频器为主的节能产品，和以高效节能电动机、高效风机、高效传动系统、节能变压器等为主的节能机电装备，以及以热流计、照度计、量热仪等为主的节能监测专用设备。

2. 积极培育并开发环保产业关键技术和装备。引进并注重研发水污染防治技术、空气污染防治技术，固体废物处理技术，噪声与振动控制、声源控制和低噪声技术、电磁污染控制、光污染控制，以及电磁辐射安全防护等技术。

3. 积极培育并研发循环经济关键技术和装备。（1）继续推进抚顺钢铁企业高炉煤气发电、水泥厂纯低温余热发电、矿业集团低热值瓦斯发电、方大集团煅后焦余热利用，并围绕油母页岩资源和采煤过程中剥离的页岩，加大油页岩炼油、油页岩发电、页岩废渣生产水泥、烧结砖、复合肥，并为周边地区生产、生活供暖等循环经济的发展。（2）在石油化工方面，通过循环经济构筑，拉长催化剂、炭黑、洗涤品、医药中间体、胶黏剂、聚丙烯酰胺、涂料、农药等八大门类产品链。（3）在轻化工方面，发挥地区资源比较优势，培育食品、农产品深加工、塑料制品、木制品、蜡制品等行业发展深加工产品，提供节约安全的轻化工产品系列。（4）加快推广并开发建筑材料综合利用技术，着力提高废旧物品回收利用技术水平，引进消化吸收生活垃圾发电和生产水泥新技术，研究开发尾矿、矿渣等综合利用技术。

4. 培育和壮大节能环保新兴产业的重点工程。（1）抚顺中油星月再生资源加工。（2）望花新型节能建筑材料。（3）抚顺鑫胜缘再生资源加工。（4）辽宁莱柯倍耳环保节能。

第四节　抚顺推动工业新兴产业发展的政策建议

随着抚顺老工业基地转型振兴工作的深入开展，发展工业新兴产业也必然要提升到抚顺经济发展战略的层面。包括特殊高技术人才、关键技术、能源资源基础、产业平台、产业链体系、土地、市场需求、制造成本等在内的新兴产业发展的基本支撑要素都需要进行有效地聚集。同时，有效的领导机制、各项法规政策的扶持体系、金融投资体系、雄厚的基础设施和完善的服务体系等，都对工业新兴产业的快速发展至关重要。因此，如何为培育抚顺工业新兴产业新经济增长点创造这些良好的有利条件，也就成为政府的一个很重要的工作了。

一、加强组织领导，建立推进新兴产业发展的工作机制

1. 建立工业新兴产业发展工作领导机制。为推动工业新兴产业发展，政府要建立工业新兴产业发展工作联席会议制度，负责全市工业新兴产业发展的全面工作，协调处理发展过程中遇到的各类困难和问题。各区县要按照总体部署，建立健全相应工作协调机制，进一步明确具体目标和责任。市有关部门要按照职责分工，切实负起责任，落实各项政策，全力加以推进。

2. 完善并修订《抚顺市新兴产业发展指导目录》，以此作为确认工业新兴产业和企业享受有关优惠政策的依据。加强对工业新兴产业发展的战略研究，进一步明确抚顺工业新兴产业的发展方向、思路、目标和重点，把工业新兴产业发展提升到重要的战略地位来予以重视发展，参考辽宁省已出台的《新兴产业指导目录》，结合抚顺实际，研究出台《抚顺市新兴产业指导目录》，每两年对《抚顺市新兴产业指导目录》进行修订，作为确认工业新兴产业和企业享受有关优惠政策的依据。我市进入工业新兴产业的企业，要结合《辽宁省新兴产业指导目录》对相关企业和产品的要求，积极争取享受国家、省鼓励发展新兴产业的有关优惠政策。符合《抚顺市新兴产业指导目录》的企业和产品，优先享受国家、省、市鼓励发展产业的有关政策。抚顺确定的智能装备制造、新材料、新能源和节能环保等新兴产业，可作为我市重点培育的新兴产业。制定扶持的政策措施，同时，根据抚顺工业新兴产业发展情况，各县区要结合各自的产业发展基础和优势，找准新兴产业培育方向，明确定位，科学布局，避免分散投入和低水平重复建设。

3. 完善统计指标体系，加强绩效考核工作。加强工业新兴产业的统计工作，建立准确反映我市工业新兴产业发展状况的统计指标体系和统计制度，全方位、科学统计全市工业新兴产业的有关数据，为完善加快工业新兴产业发展的政策措施提供重要依据。同时，将工业新兴产业发展纳入市政府对各区县政府工作绩效考核指标体系，加强对各区县工业新兴产业基地和项目建设情况的考核。

4. 加强宣传引导。综合运用专家讲座、政策解读会、形势分析会等多种形式，大力宣传发展工业新兴产业对加快我市工业转型升级的重大战略意义，总结推广一批工业新兴产业项目示范工程，在全市上下形成合力扶持工业新兴产业发展的良好氛围，引导更多的社会资金投入到工业新兴产业。

二、高起点规划、高水平建设工业新兴产业发展平台

1. 提高土地等生产要素对工业新兴产业基地和新兴产业项目建设的供给力度。辽宁省已提高土地等生产要素对新兴产业发展的支持力度，也即各市新增建设用地指标主要应用于新兴产业基地和新兴产业项目建设。我市要利用好这一土地优惠政策，为推动工业新兴产业发展创造条件。

2. 高起点规划、高水平建设工业新兴产业专业园区。我市要以"两城一带"为工业新兴产业发展的重要平台，建立专门的新兴产业发展园区，高起点规划，高水平建设，强化管理服务，打造一流的软硬件环境，吸引承接更多新兴产业的相关企业进入专业园区发展，提高新兴产业集中度。支持标准化厂房、公共服务平台建设，为新兴产业发展提供载体服务，把新兴产业园区打造成为以新兴产业为主导，特色鲜明、功能完备的发展平台。

3. 为工业新兴产业发展创造良好的发展环境。建立重大项目绿色通道，实行外商投资重大项目协调制度，努力构筑服务高地、项目洼地和资金洼地，提高服务质量和工作效率，促进各类资源向工业新兴产业基地集聚。在市场准入、财政支持、政府采购等方面，对战略性新兴产业给予更加宽松的发展环境和更加优惠的扶持政策，扶持传统产业的企业投资新兴产业，对于符合产业政策导向、技术水平先进、产出效益良好、符合节能环保要求的优质新兴产业项目，在水、电、气等基础要素供给方面更要优先保障。

三、大力推进"政产学研金"合作，创新科技研发协作配套的体制机制

1. 要高度重视政府、企业、高校、科研院所、金融机构和用户单位的合作，形成"产学研"合作配套的高新技术研究开发企业。要结合工业新兴产业发展的科技需求，突出政府主导，主动为"产学研金"合作牵线搭桥，提高"产学研金"合作的组织化程度，吸引高科技成果和高技术人才进入合作平台，推动企业与高等院校、科研单位组建"产学研"战略联盟，努力培育针对装备制造、碳纤维、新材料、精细化工等领域的高新技术研发企业，共同致力于项目攻关、成果转化和产业化协作，增强抚顺工业新兴产业的自主创新能力。

2. 营造企业间配套协作和自主创新的政策环境，增强企业的自主创新能力。进一步强化企业先进技术的研发和应用，突出企业的主体地位，支持企业建立研发中心，引导各类创新要素加速向企业集聚，占领技术制高点，加大对

新兴产业核心技术和关键技术的攻关力度，加快开发具有自主知识产权的主导产品和核心技术，培育企业核心竞争力。

3. 建立完备的科技创新公共服务平台，推动工业新兴产业发展。充分发挥好沈抚新城 4.4 万平方米的科技创新公共服务中心的作用。通过服务中心的研发设计平台、加工平台、检验检测标准平台、技术交流交易平台、产品展示展销平台、企业孵化平台、中介服务平台、人才培养平台等 8 个功能服务平台，推动工业新兴产业发展。

4. 建立完备的信息化公共服务平台，为工业新兴产业发展提供信息服务。加快推进工业新兴产业信息化为重点的企业信息化服务平台建设，突出对工业新兴产业发展趋势动态、技术、人才和主导产品的信息咨询服务，满足各方面对新兴产业公共信息的需要。

四、强化人才支撑，为工业新兴产业发展奠定决定性基础

新兴产业发展的关键因素在人才。产业的层次取决于人才的层次，高端产业要依靠高素质人才支撑。要积极引进海外高层次科技创新领军人才，培养、培训一批中高级专业技术人员和实用技术人才，为工业新兴产业发展提供人才智力支撑。

1. 注重引进高端人才，特别是那些拥有自主知识产权成果的人才。有什么样的人才，就能发展什么样的产业。通过引进一个领军人才、一个创新团队，发展一个乃至一批高科技企业，进而带动一个新兴产业成长。鼓励支持企业引进掌握核心技术、具有持续研发能力并能承担重大科技攻关任务的高层次创新创业人才，为优秀人才的脱颖而出创造机会和环境。以提供研发资金、创业资金、投资入股、资金补助、提供人才公寓等优惠条件，吸引一批掌握新兴产业前沿技术的人才来抚顺建立综合性的新兴产业研发生产基地，并有效激发我市企业家投资新兴产业的研发和生产。

2. 加强工业新兴产业人才队伍的建设。与高校联合，培养造就一批具有战略眼光、创新意识、现代经营管理水平和社会责任感的创新型企业家。鼓励企业通过委培、定向等方式与院校联合培养专业技术人才和技术工人。辽宁省已支持高等院校和科研机构设立新学科和新专业，成立重点实验室和研发机构，培养新兴产业发展所需的各类人才，我市要对相关新兴产业急需人才进行就业合同订购。

3. 打造创新人才培养和引进服务平台。依托行业重点骨干企业，对接高等院校、科研院所，加快建设一批新型产业工程技术研究机构。深化产学研合作，鼓励企业与高校院所建立"校企联盟"等多种合作载体，联合承担人才培养和引进。

五、加大对工业新兴产业项目的招商引资力度

1. 加大招商引资力度，培育工业新兴产业领军企业。抓好和谋划一批有利于推动抚顺战略性新兴产业发展的高技术项目，筹建新兴产业重大项目动态储备库，每年编制新兴产业重大项目年度计划，加大招商引资力度，集中力量抓好新兴产业项目建设，重点协调服务和推进一批对全市工业转型升级具有重大推进作用的新兴产业规划项目。根据国家、省、市的新兴产业规划投资重点，加强与上级有关部门的联系和沟通，努力争取上级更多的资金支持。

2. 进一步建立健全招商引资机制建设。设立工业新兴产业招商引资服务机构，建立项目引进、协调、服务、考核机制，引进战略投资者，加强与国内外知名大企业的协作配套，全力推进优势资本向发展新兴产业的企业集中，大力引进跨国公司、中央企业和周边大型知名企业，引进新兴产业项目，力争一批重大新兴产业项目落户抚顺，使之尽快形成气候，产生效益，拉动相关产业的发展。

六、建立支持工业新兴产业发展的多元化投融资体系

新兴产业具有高技术、高投入、高风险、高产出的特点，因而要进一步优化投融资环境，筹措工业新兴产业发展资金，鼓励优势企业和民间资本进入新兴产业，推进投资主体的多元化。

1. 政府通过优惠政策进行扶持。政府要从财政政策优惠、改进服务等方面，出台一系列专门支持新兴产业发展的扶持政策，用于支持科技成果转化。在政策优惠上，通过信贷、用地、税收、进出口、政府采购等政策对新兴产业项目予以扶持，以现代服务理念，营造更加灵活、更加宽松的发展环境，促进抚顺工业新兴产业平稳健康发展。

2. 设立政府工业新兴产业发展专项资金。工业新兴产业发展专项资金由市财政安排、县区财政配套，主要以补助、贴息等方式重点支持新兴产业园区、核心企业、重点项目，以及引资项目的建设和发展，以解决科技型中小企业发展和新兴产业项目建设的资金困难。

3. 设立工业新兴产业创业风险投资基金。辽宁省已多渠道筹措资金，建立 20 亿元的新兴产业创业投资引导基金，用以吸引各方资金 500~1000 亿元，并在省内建立 50 只左右创业投资基金，用于支持新兴产业发展，我市要积极与之争取和对接，争取辽宁省创业投资引导基金的支持，用于支持抚顺新兴产业发展。同时，我市也要建立新兴产业创业风险投资基金，并加大扶持和补助

力度，力争培育一批本地风险投资机构，吸引一批市外风险投资机构落户抚顺。由政府性投资公司牵头，引导大企业、大资本共同建立，主要以低息贷款、金融担保、先参股后退股的方式，扶持新兴产业项目创业初期发展。

4.建立工业新兴产业项目贷款风险补偿机制，以政府补贴等形式，鼓励金融机构开展投资新兴产业的业务。加大对新兴产业项目贷款担保的财政补助力度。地方商业银行在总贷款规模中，划出一定比例的资金，用于支持新兴产业发展。争取辽宁省中小企业信用担保中心对符合条件的新兴产业企业贷款优先提供的担保。

5.积极利用资本市场进行融资。选择若干家投资回报率高的项目发行企业债券，积极推进若干家业绩良好的新兴产业的企业上市融资，鼓励新兴产业的企业到海外资本市场融资。抚顺永茂在新加坡上市，已为抚顺企业树立了榜样。

第十章　抚顺加快培育电子商务
产业新经济增长点

提要： 电子商务作为战略性新兴产业和重要的新经济增长点，对于提升抚顺经济实力和竞争力具有重要的战略意义。本章按照理论与实际相结合的方法，对电子商务的基本常识和未来发展趋势做了简要概述，论述了抚顺面对"要么电商、要么无商"急需发展电子商务产业的重要意义，总结了电子商务产业发展势头较好的杭州、深圳、成都三大城市的基本经验和做法，并对抚顺电子商务发展的现状、存在的问题、机遇和挑战等进行了分析，探讨了抚顺电子商务产业的发展思路、主要任务和发展重点等问题，提出了抚顺推动电子商务产业发展的若干保障措施。

抚顺正处于新一轮跨越式发展的重要战略机遇期，大力发展电子商务，发挥电子商务在创新企业生产经营模式、提高产业组织效率、激发市场活力、优化资源配置、带动新兴服务业发展中的积极作用，能够极大地助推抚顺城市转型升级。抚顺市政府工作报告中明确提出要："加快电子商务产业的提速发展，争取抚顺成为全国电子商务产业试点市，沈抚新城成为全省电子商务产业基地"。因此，为了促进抚顺电子商务产业实现跨越式发展，实现实体经济营销方式的转型升级，推动抚顺产品走向国内外，保证抚顺经济稳定快速健康发展，有必要结合我市实际，研究这一关系抚顺未来经济发展的重要课题。

第一节　电子商务知识概述和先进地区发展经验

电子商务作为现代服务业中的重要产业，有"朝阳产业、绿色产业"之称，具有"三高""三新"的特点。"三高"，即高人力资本含量、高技术含量和高附加值；"三新"是指新技术、新业态、新方式。人流、物流、资金流、信息流"四流合一"，是对电子商务核心价值链的概括。电子商务产业具有市场全球化、交易连续化、成本低廉化、资源集约化等优势。

一、"电子商务"的定义、主要模式和五大优势

1. "电子商务"的定义。电子商务通常是指在全球各地广泛的商业贸易活动中，在互联网开放的网络环境下，基于浏览器和服务器的应用方式，买卖双方不谋面地进行各种商贸活动，实现消费者的网上购物、商户之间的网上交易、在线电子支付，以及各种商务活动、交易活动、金融活动和相关的综合服务活动的一种新型的商贸经销运营模式。

"电子"是指技术平台，是一种手段；而"商务"则是核心和目的，一切的手段最终都为目的而服务的。电子商务运营过程可以概括为三个方面：信息服务、交易和支付。主要内容包括电子商情广告，电子选购订货和交易，电子交易凭证的交换，电子支付与结算，以及销售、市场调查分析，财务核算、售后的网上服务等。参与电子商务的实体有四类：顾客（个人消费者或企业集团）、商户（包括销售商、制造商、储运商）、银行（包括发卡行、收单行）和认证中心。

2. 电子商务运营的五种主要模式。（1）商家（泛指企业）对商家的电子商务（B2B）模式，即企业与企业之间通过互联网进行产品、服务及信息的交换。这种类型是电子商务的主流，也是企业面临激烈竞争，改善竞争条件，创立竞争优势的主要方法，比如阿里巴巴、慧聪网、买卖网、环球资源等大型交易平台。（2）企业对一般消费者（B2C）模式，比如亚马逊、卓越网、6688等平台和生产企业自建独立的平台。B2C 模式是我国最早产生的电子商务模式，以 8848 网上商城正式运营为标志。B2C 模式，即企业通过互联网为消费者提供一个新型的购物环境——网上商店，消费者通过网络在网上购物、在网上支付。（3）消费者对消费者（C2C）模式。C2C 商务平台就是通过为买卖双方提供一个在线交易平台，使卖方可以主动提供商品上网拍卖，而买方可以自行选择商品进行竞价，比如易趣、淘宝、当当等平台。 （4）企业对政府（B2G）模式。B2G 模式主要针对的是政府系统公共物品的采购，而政府采购一般主要是针对有独立法人地位的企业。（5）企业对经销商的（B2M）电子商务模式。B2M 电子商务模式所针对的客户群是该企业、该产品的销售者或者为其工作者，而不是最终消费者。企业通过网络平台发布该企业的产品或者服务，职业经理人通过网络获取该企业的产品或者服务信息，并且为该企业提供产品销售或者提供企业服务，企业通过经理人的服务达到销售产品或获得服务的目的。职业经理人通过为企业提供服务而获取佣金。B2M 电子商务模式与前四种传统电子商务模式相比有了巨大的改进，即前四种传统电子商务模式的特点是商品或服务的买家和卖家都只能是网民，而 B2M 模式能将网络上的

商品和服务信息完全地走到线下。以中国市场为例，传统电子商务网站面对的只能是 1.4 亿网民，而 B2M 模式面对的则是 14 亿的中国公民。

3. 电子商务的五大优势。电子商务将传统的商务流程电子化、数字化。一方面以电子流代替实物流，可以大量减少人力、物力，降低成本；另一方面突破了时间和空间的限制，使得交易活动可以在任何时间、任何地点进行，从而大大提高了效率。(1) 电子商务具有开放性和全球性的特点，为企业创造了更多的贸易机会。互联网跨越国界，穿越时空，可以便于各类资讯信息的沟通。(2) 电子商务提高了中小企业的竞争能力。使企业可以以相近的成本进入全球电子化市场，使得中小企业有可能拥有和大企业一样的信息资源。(3) 电子商务重新定义了传统的商贸流通模式。现代商铺主要费用是门市店铺的租金，由于减少了中间环节，特别是有的商户通过小门市或在家里经营，可以减少甚至没有门市店铺的租金负担，使得生产者和消费者的直接交易成为可能，从而在一定程度上改变了整个商品的经销方式。(4) 破除了时空的壁垒又提供丰富的信息资源，为各种社会经济要素的重新组合提供了更多的可能。这将影响到区域社会的经济布局和结构。(5) 具有互动性。通过互联网，商家之间可以直接交流、谈判、签合同，消费者也可以把自己的反馈建议反映到企业或商家的网站，而企业或商家则要根据消费者的反馈及时调查产品种类及服务品质，做到良性互动。

总之，在"以销定产"的过剩经济时代，以互联网为依托的电子技术平台为传统商务活动提供了一个无比广阔的发展空间，它突破地域和时间限制，使处于不同地区的人们自由地传递信息，互通有无，开展贸易，它的快捷、高效率，自由和交换的低成本，都成为电子商务的优越之处，是传统营销方式所无法比拟的。

二、电子商务产业未来的发展趋势

据权威预测，中国电子商务在未来的五年，还会以每年百分之二十几的速度增长，并且具有十一大发展趋势。其关键词是：移动化，平台化，三、四、五线城市，物联网，社交购物，O2O，云服务，大数据，精准化营销，个性化服务和微商。

1. 移动购物。到 2017 年，手机用户就已超过了计算机用户，即电子商务将来的主战场在移动设备上。移动用户的特点是购买的频次更高、更零碎，购买的高峰在晚上和节假日。移动购物正在计算机电子商务领域发生革命性变化，要做好准备迎接这场新的革命。

2. 平台化。现在大的电商都开始建设自己的平台。因为有平台，可以利用全社会的资源增加自己商品的丰富度，增加自己的服务和地理覆盖。

3. 电子商务正在向三、四、五线城市渗透。随着一、二线城市网购渗透率接近饱和，电商城镇化布局将成为电商企业发展的重点，三、四、五线城市，乡镇等地区将成为电商"渠道下沉"的主战场，同时电商在三、四、五线欠发达地区可以更大的发挥其优势，缩小三、四、五线城市，乡镇与一、二线城市的消费差距。谁先抢占了三、四线城市，谁将在未来的竞争中占据更大的优势。

4. 物联网。芯片植入任何的物品里面，任何物品状态的变化可以引起其他相关物品的状态变化，即物联网将把所有的零售、物流和最后的生产全部结合起来。

5. 社交购物。人们希望听到亲人、朋友、意见领袖的意见，并把其意见作为参考。社交购物可以让大家在社交网络上面更加精准的去为顾客营销，更个性化的为顾客服务。

6. O2O。传统零售往线上走，电子商务往线下走，最后是 O2O 的融合，为顾客提供多渠道，以及更大的便利。

7. 云服务和电子商务解决方案。大量电子商务企业发展了很多的能力，这些能力包括物流的能力，营销的能力，系统的能力，各种各样为商家、为供应商、为合作伙伴提供电子商务解决方案的能力，即电商把自己研发出来的，为电子商务本身提供的能力，提供给全社会，以发挥最大效率。

8. 大数据的应用。电子商务的盈利模式正在逐渐升级。低级的盈利模式是靠商品的差价。未来的盈利模式：一是为供应商商品做营销，做到返点所带来的盈利。二是靠平台盈利，有了流量、顾客，收取平台使用费和佣金提高自己的盈利能力。三是靠金融能力盈利，为供应商、商家提供各种各样的金融服务。四是靠数据盈利，有大量电子商务顾客行为数据，利用这个数据充分产生它的价值，这个能力也是为电子商务盈利的最高层次。

9. 电商平台发展趋势。（1）京东和天猫这样的开放平台会继续向线下渗透发展，移动端将成为主战场。（2）传统零售业会从线下向线上持续反攻，O2O 平台构建将成为重点。（3）智能硬件的发展，物联网发展所积累的大数据形成新的电商平台。

10. 电子商务发展的三大趋势。（1）从低价高频电商向高价低频电商延伸。（2）垂直电商会继续倒下一批。（3）从标品实物电商向个性服务电商延伸。

11. 微信朋友圈电子商务异军突起，方兴未艾。特别是对于个体经商和小微企业，微信朋友圈电子商务正在成为重要的商品销售和服务平台。

三、抚顺加快发展电子商务产业的重要意义

电子商务是信息时代网络化的新型营销方式，是对传统商务的重大变革。随着信息技术的进步和互联网的普及，抚顺电子商务产业有了一定的发展，加快电子商务产业发展是当前我市扩大居民消费，吸纳国内外的消费力，保持经济增长动力的有效手段，是提高商品流通效率，转变经济发展方式的必然要求，是提高城市综合经济实力和核心竞争力的重要抓手。发展电子商务产业有利于缓解我市长期以来消费力或财富"出多进少"的被动局面。

近年来，电子商务已经进入快速成长和发展期。但辽宁省电子商务市场交易规模在全国占比只有 3.2％，电子商务产业的增速也低于全国 15％以上，我省网商的发展水平与广东、浙江、上海等沿海省份差距较大，发展指数仅接近广东省的三分之一，不及浙江与上海的二分之一。辽宁省电子商务发展整体水平低于我省实体经济在全国的位次。

抚顺电子商务发展与国内可类比的先进城市相比，还存在很大差距。以福建省的泉州市为例，2016 年，泉州市电子商务交易额为 2609 亿元，而抚顺 2016 年电子商务交易额才达到 240 亿元。与深圳、杭州、上海等电子商务产业发达城市就更加没有可比性了。面对电子商务发达地区的严峻挑战，抚顺要转变传统的"等客上门"的实体店营销观念，接受电子商务这种信息时代方便快捷高效率并可以把销售触角直接插进国内外有需求的客户那里的营销方式挑战，不仅要集中全力广泛普及电子商务，而且还必须通过加快"线上与线下"相结合的营销方式，让日渐衰落的传统商贸业和工农企业等早日摆脱困境。

同时，我们也必须认识到，像抚顺这样的思想观念转变比较慢的地区的民众，对电子商务的认知度和认可度总体还有待提高，急需通过政府的大力宣传和推动才能有效地促使人们尽快转变营销观念，并掌握电子商务的基本操作技能。政府要更大力地推动电子商务平台的建设，为企业和商户提供电子商务营销平台。

总之，全市上下要充分认识加快电子商务产业发展的重要性和紧迫性，高度重视，积极引导，研究措施，扎实推进，促进我市有形市场和无形市场良性互动发展。

四、先进城市电子商务产业发展的主要经验

杭州、深圳、成都是我国电子商务产业发展势头较好的三大城市，其经验值得借鉴。

1. 杭州市。杭州市委市政府高度重视电子商务产业发展，并将其作为推动区域发展的战略性支柱产业之一，进行了大力扶持和引导。杭州市委市政府通过建设杭州电子商务产业园，设立电子商务企业发展专项资金，实施产业各项优惠政策，推进电子商务核心企业驱动计划，使电子商务产业成为杭州一个新的经济增长点。杭州市统计局公布数据显示，杭州目前集聚了全国三分之一的互联网公司，包括生意宝、阿里巴巴、淘宝网、中国机械网、中国服装网等电子商务网站。中国电子商务的成交额有三分之二在杭州创造。电子商务的应用和推广方面杭州也走在全国的前列。

2. 深圳市。深圳市从 2004 年就启动了电子商务产业发展计划，并设立市政府专项资金，引导和支持企业加大信息化建设力度。深圳市 2004 年财政资助企业信息化重点项目资金 7000 万元，拉动企业在信息化投入 6.04 亿元，财政资金对企业信息化投入的拉动比达到 1：9.7。同时，加快建设以福田国际电子商务产业园为旗舰，龙岗和龙华电子商务园为两翼的电子商务产业基地，引导电子商务龙头企业创新发展，推进 PT37 网首创的产业集群生态链垂直循环营销模式，成为中国电子商务产业的新高地。

3. 成都市。自入选"国家电子商务示范城市"后，成都市进一步加快电子商务产业的发展速度，着力打造全国移动电子商务应用和产业中心、全球电子商务西部运营中心和全球电子商务支撑服务产业中心。借"三产联动"之力与"圈层融合"之势，科学布局电子商务服务业，优化电子商务服务业生态体系，通过连续三年财政设立电子商务发展资金，其规模从 600 万元扩大到5000 万元；通过加快建设青羊工业总部基地电子商务园、营造优良电商服务业生态体系等系列举措，正在逐步形成以一圈层电子商务服务产业链为核心，二圈层面向先进制造业发展生产性电子商务服务，三圈层针对农业和旅游业推进特色行业电子商务服务的基本格局，成为西部地区吸引大型电子商务企业落户最多的城市。成都市正逐步迈向中国 IT 产业"第四极"。

从这三市的领先发展中可以发现，其在产业发展中格局不同，但却有共同点和经验值得我们学习和借鉴。启示一：政府重视，对电子商务产业发展制定明确目标，整体规划，统筹推进。启示二：理念创新，积极推进电子商务产业园建设，助推产业集群发展。启示三：优化环境，加快配套设施建设的同时，出台专业化产业扶持政策，设立产业资金。启示四：引导核心龙头企业带动产业整体快速发展。上述经验在抚顺发展电子商务产业中值得我们学习和借鉴。

第二节 抚顺电子商务发展现状

电子商务产业已成为经济发展的"倍增器"、产业升级的"助推器"，是当今最前沿、最活跃、影响最广泛的战略性新兴产业，在转变经济增长方式，推动产业转型升级，促进流通现代化中发挥着重要作用。电子商务产业也是提振内需、扩大消费、促进就业的重要途径之一，发展电子商务产业是大势所趋。抚顺高度重视电子商务发展工作，将其作为新经济增长点进行培育，将其作为推进城市转型振兴、结构调整和发展新兴产业的重要内容，并取得了长足进展。

一、抚顺电子商务产业的发展现状

抚顺市高度重视电子商务发展，并将其作为加快现代服务业发展的重点突破产业。沈抚新城电子商务中心的崛起，标志着我市电子商务进入到加快发展时期。

1. 抚顺在发展现代服务业的系列文件中明确了以电子商务等六大服务业态为发展重点。抚顺市政府编制了《抚顺电子商务产业发展规划》，确定了以沈抚新城为电子商务产业发展集聚区，明确了发展电子商务产业的重点工作任务，以集聚区电子商务产业发展项目建设为引领，促进生产要素向集聚区配置。同时，强调了要加强督导考核，并将电子商务产业发展的主要经济指标列入绩效考评指标。

2. 电子商务交易额快速增长。2016 年，抚顺电子商务交易额达到 240 亿元，增长了 15.6％，网络零售额达到 20 亿元，增长了 11.1％；第三方交易平台逐步发展壮大，网络零售市场交易规模不断扩大，未来发展潜力巨大。

3. 各具特色的电子商务网站相继开设。目前，抚顺共有各类网站 100 余家。其中，机械设备类 35 家，化工类 23 家，食品类 7 家，建筑建材类 9 家和综合类 26 家；沈阳卓华商务有限公司、中国琥珀网、沈阳福顺宝科技有限公司和中国特产网等多家电商企业的电子商务平台建设成效显著；拥有省级电子商务集聚示范区 1 个、省级电子商务示范企业 1 个，省级服务业区域领军企业 3 家，国家级电子商务进农村综合示范县 1 个。

4. 抚顺电子商务产业集聚效应显现。我市已形成了沈抚新城信息服务集聚区、望花东北网贸港等电子商务集聚区。卓华集团在我市成立了电子商务公司，开发了电商网站"欢乐同城购"和手机移动客户端"同城生活圈"，实现了"线上线下相结合"的新兴互联网业态，推动了电子商务新理念转化为实际应用成果。同时，我市还建设了电子商务大厦，组建了电商企业联盟；大商抚顺集团、今日装饰城、万达等一批大型商贸企业，加快服务功能提升，积极创新传统营销模式。我市电子商务企业正在快速成长，都在努力成为抚顺电子商务产业发展的龙头企业。

5. 电子商务平台建设进一步推进。目前，我市已建成抚顺北方化工网、天津抚顺贵金属交易所、宏鼎商贸煤炭交易平台、东北特产网、网贸国际等一批大宗商品电子商务交易平台，并全部投入运营。购物、文化、旅游、医疗等多领域的电子商务平台进一步发展完善。

6. 开辟电子商务销售新渠道，抚顺网上商城蓬勃发展。卓华电子商务开办了抚顺特色馆，首批引进了7家网商，并进驻沃尔玛旗下"1号店"；卓华集团"欢乐同城购"、大商抚顺集团、今日装饰城等开办"O2O"网上商城，将集团实体店所销售的服装、百货、家饰"摆"到网上商城进行网上销售；"吃喝玩乐0413"网站规模不断扩大，品牌效应凸显，一大批实体店实现了线上线下融合发展。

7. 向上争取资金支持，为电子商务产业发展提供支持。充分把握并利用新一轮东北振兴和全省加快电子商务产业发展的机遇，争取资金支持了电子商务、现代物流、小微商贸等方向的几十个项目。

8. 加大宣传力度，营造了加快发展电子商务产业的良好氛围。我市加大电子商务集聚区的宣传力度，高起点、大手笔突出电子商务发展的宣传报道，通过包括专访、实地采访、系列报道等多形式的媒体报道加大力度，把电子商务作为城市转型、结构调整的重要举措进行了宣传。

9. 建立了全市电子商务统计体系。我市建立了较为全面、科学、系统的电子商务统计体系，包括电子商务工作概况表、电商平台建设情况统计表、电子商务产业园区建设情况统计表和大宗商品交易平台建设统计表。针对电商企业不同的性质、业务范围、发展阶段、发展特点等，科学设定了标志性指标，并实现季度统计，跟踪督导，探寻产业发展动态和规律，为我市电子商务工作相关决策提供科学依据。

二、抚顺电子商务产业发展中存在的问题

虽然抚顺电子商务发展规模不断壮大，但与我市现代服务业发展水平和经济社会发展要求相比还有较大差距。从总体上看，抚顺电子商务还处在培育阶段。

1. 电子商务发展的制度环境还不完善。我市电子商务产业发展还刚刚起步，发展规模不大，推进电子商务发展的体制机制有待健全，投融资环境有待改善，公共服务和市场监管力度有待增强，全社会对电子商务的认识有待进一步提高，对网络空间的经济活动规律有待进一步探索，电子商务应用领域有待进一步拓展。

2. 电商企业和电商服务企业普遍存在"小、散、弱"现象。我市大部分电子商务平台还处在初步运营和培育发展期，应用程度不广，区域覆盖面小，辐射性差，中小企业电子商务应用水平有待提高。电子商务园区规模还不是很大，能引领产业链协同发展的电子商务平台和龙头企业数量较少，难以有效地形成市场竞争力和适合产业发展的上下游产业链，一定程度上这些问题都成为我市电子商务产业的发展瓶颈。同时，第三方电子商务平台与公共服务有待提升。我市电子商务企业自建平台开展电子商务的比较多，而为其他企业开展电子商务提供平台服务的还比较少，特别是缺乏大型的、国内知名的公共电子商务平台，电子商务公共配套服务还需要加大引进和建设的力度。

3. 缺乏明晰的电子商务产业发展详细规划。我市缺少对电子商务产业的统筹详细规划，在建设电子商务特色产业园、产业核心企业、加快产业集群发展方面尚显不足。特别是围绕电子商务发展的电商企业、配套物流、信息安全、统计监测、金融服务、广告设计等产业，还没有形成比较科学完善的发展体系。抚顺市急需制订电子商务产业发展总体规划来统筹指导全市电子商务产业的未来发展。

4. 运用电子商务技术改造传统服务业的步伐不快。（1）电子商务对传统交通运输业的影响。主要表现在：网络购物和网上交易改变了传统实地交易的模式，改变了传统交通运输的原有方式，实现了实时监控和追踪，简化了物流配送过程，实现了产业上游和下游的高效链接。同时，电子商务所带动的快递业务的迅速扩展，也推动了物流业的发展。（2）电子商务对传统销售业的影响。主要表现在：电子商务可以降低成本，突破时间和地域的限制，可以利用多媒体对产品和服务进行全方位的展示，消费者可以通过个人喜好辨别理性购买。较传统营销模式得到了更多消费者的广泛认可，目前电子商务对传统商铺的冲击愈加明显，"提袋消费"已经出现明显下滑。（3）电子商务对传统服务业价格体系的影响。主要表现在：网络销售具有成本低、展示全面、快速便捷、没有时空限制、选择范围广的明显特征和优势，进行广告宣传的费用低，可以使得企业集中精力和财力对产品进行升级和提升，网络销售成本低使得产品和服务价格降低。传统销售面临管理层次复杂、运作成本高、宣传费用高、库存容易积压、门市店铺租金负担过重等诸多问题，其产品和服务价格较网络销售偏高。对此，我市相当一部分企业对此缺乏足够的认识，还习惯于传统的

"等客上门"的商业运营模式，面对电子商务的巨大冲击手足无措，怨天尤人。这部分企业尚未大力发展电子商务，这就使得电子商务对促进传统生产经营模式创新发展的作用尚未充分发挥，对所在行业发展电子商务的示范性、带动性还不够，对经济转型和价值创造的贡献潜力尚未充分显现，使得企业跟不上现代互联网时代新型商业模式发展的步伐。

5. 对运用电子商务的软硬件投入不足，缺乏普及网上经营的基本物质条件。网站建设步伐不快，在推进电子商务产业发展上缺乏有效的投融资机制，投融资的思路不宽，抓的力度也不够。由于缺乏大项目拉动和龙头企业，电子商务产业规模小，后劲不足。

6. 缺乏市级专项资金扶持。由于本级财政没有电子商务产业发展的专项扶持资金，缺乏对电子商务项目的牵动与引导作用，难以有针对性地培育产业核心企业。

7. 人才缺乏，培训和普及电子商务应用技术的力度不够。目前，无论是大中型企业，还是小微企业或是个体工商户，由于多是年龄大并知识落后，跟不上信息化时代发展的二十世纪五十、六十、七十年代的人员主持企业，触网并实现网上经营需要一个重新学习的过程。我市尚缺乏大规模、大范围的电子商务知识技能的广泛培训，而此项工作也是当前推动抚顺电子商务产业发展的前提条件和当务之急。

8. 统计与监测评价工作有待加强。我市对电子商务普及率、交易占比、电子商务企业规模、类别、数量、营业指标、就业人数等底数还不是很清。同时，我市电子商务标准体系建设处于起步阶段。

9. 跨境电商型电子商务还处于萌芽状态。我市的电商产业、电子商务平台，更多的是围绕国内消费市场和内贸进行的，与国外市场的电商交易还基本处于尝试的萌芽状态。

三、抚顺电子商务产业发展面临的机遇

随着我国工业化、信息化、城镇化和农业现代化，以及市场化和国际化的深入发展，电子商务产业迎来了加速发展的战略机遇期。抚顺电子商务发展既面临难得的发展机遇，也面临诸多挑战。正确分析发展形势，就是要增强机遇意识和忧患意识，科学把握发展规律，大胆创新发展思路，奋力推进抚顺电子商务产业发展并实现新的突破。

1. 全国范围内的电子商务的加速发展有利于提升抚顺电子商务水平。自2009 年以来，包括网络购物在内的电子商务发展迅速，成为拉动消费需求、优化消费结构的重要途径，成为引领营销方式变革的重要推动力。北京、上

海、杭州、深圳等地已成为国内发展电子商务的领军城市，中西部的武汉、成都、重庆也在大力扶持电子商务发展。目前，中国市场已成为世界上最大的电子商务市场，并且伴随着城市化水平的提升和随之而来的购买力的扩大，电子商务、搜索、网络广告将迎来黄金时期。这些都为抚顺加速发展电子商务产业创造了新的机遇。

2. 企业经济转型升级迫切需要进一步发挥电子商务在创新营销模式的作用。企业依靠电子商务来提高产业组织效率、激发市场活力、优化资源配置、带动新兴服务业发展，能够推动产业结构调整，拉动市场需求，创造新的经济增长动力。

3. 消费观念的变革给电子商务产业发展带来新空间。加快发展电子商务，可以促进城乡一体化的便民服务体系发展，更好地满足居民多样化、个性化的消费需求和对美好生活的新期待，能够带动生产生活方式的转变和相关服务业的发展，优化就业结构，缓解就业压力。

4. 抚顺经济的持续健康发展有利于不断拓展抚顺电子商务发展空间。目前，国内一些知名电子商务企业看好抚顺的区位、交通、人才、市场优势，以及沈抚新城作为电子商务产业化的聚集区和先导区等政策叠加的机遇，为抚顺加速发展电子商务产业带来了新的动力。

5. "智慧抚顺"建设有利于加速抚顺电子商务产业发展跨上新台阶。伴随着云计算、物联网、新一代移动技术的迅速发展，电子商务技术更加成熟，形式更加多样。实施电子商务行动，推动技术创新与商业模式创新的紧密结合，是抚顺智慧城市建设的重要组成部分，而智慧城市的建设又将促使电子商务的应用不断向广度和深度发展。抚顺在未来将大力实施信息化领先发展和带动战略，建设以数字化、网络化、智能化为主要特征的智慧城市，这必然为抚顺电子商务的发展带来难得契机。智慧城市的创建，将有力地推动网络基础设施建设，促进工业化和信息化的共同发展，为电子商务发展创造更加有利的基础环境。

四、抚顺电子商务产业发展面临的挑战

电子商务产业随着电脑的不断普及，通过网络购物消费，已越来越成为广大中青年消费者购物的新常态。其对店铺门市等传统服务业的冲击力是巨大的，特别是对"提袋消费"的冲击几乎是毁灭性的。从 2012 年下半年开始，其电子商务购物消费的增长速度开始超出了人们的想象。2014 年"双 11"，一天电商交易额是 571 亿元，到 2016 年的"双 11"，一天电商交易额就已达到 1695.4 亿元。线上线下的价格非常透明，线下的店铺门市一点竞争优势没有了。因此，从线下转移到线上是人们消费的一种大趋势。作为传统商贸业，经电商冲击后，以后的提袋销售额可能会降低到 20％，而餐饮等非提袋消费会占到 80％，即商场变成饭店游乐场所将是一种发展趋势。因此，就必须要迎接传统营销方式向电子商务转型升级的挑战。

1. 营销理念的转变更新、电子商务知识的普及，是电子商务产业发展面临的重要挑战。随着电子商务与企业经营管理方式的融合度越来越高，要求其以电子商务主导产品销售的新型经营模式从观念转变、知识普及、人才培训、信息技术等方面进行快速转型的难度比较大。电子商务基础设施平台建设初期需要大量的政府投资，将给政府财政和电子商务企业带来一定压力，对创新建设、运营模式并保持电子商务产业的可持续发展提出更高要求。

2. 电子商务在快速发展的同时，也进入了"淘汰赛"阶段。抚顺在发展电子商务方面起步较晚，面临诸多不利因素，如一些单位和企业对发展电子商务的认识不够高；电子商务企业数量少，规模小，竞争力弱，缺乏龙头企业；多数行业网站仍处于信息发布等初级阶段，行业电子商务服务单一；传统工商企业有资金，但缺乏人才和市场的支持；新兴电子商务企业有人才，但缺乏资金和环境的支持，物流配套等问题也日益凸显，成为电子商务发展的障碍。这些都是抚顺加速电子商务产业发展必须应对的挑战。

3. 区域竞争给抚顺电子商务发展带来新挑战。目前，全国各省市高度重视电子商务发展并加大了扶持力度，我市电子商务产业发展将处于前有标兵、后有追兵的竞争态势。从抚顺自身看，我市的"石油化工、装备制造、农业土特产品"等众多产品需要国内外商家购买消费，这就给我市电子商务产业发展奠定了坚实的产业基础和消费基础。但区域竞争和互相争夺市场的挑战也随之而来。如何把抚顺的现有众多商品和潜在待开发商品通过电子商务平台卖到全国各地，而不是抚顺的消费者光花钱买外地商品流失财富变穷。这是对抚顺的一个严峻挑战。

4. 电子商务对传统服务业带来巨大的冲击和挑战。随着物联网、云计算、智能服务的迅猛发展，为传统服务业的发展带来了前所未有的冲击和挑战。电子商务正迅猛地绞杀着传统零售业，网购一旦占到零售总额的 5％，就会越过该临界点，呈现爆发之势，并开始产生全局影响。有人曾预言：十年之后再不做电子商务，将无商可务。面对线上销售带来的压力，传统企业线下市场逐渐陷入"要么电商，要么无商"的困境。电子商务正在以浪潮式的速度迅速占领传统商铺的市场，传统批发零售业面临着前所未有的挑战，提袋消费出现了明显的下降。发展电子商务产业改造、提升传统服务业已经成为大势所趋。（1）互联网时代之电子商务给传统服务业带来了巨大冲击。随着电子商务之 B2B

和 B2C 商业模式被广泛接受和迅速普及，彻底改变和颠覆了传统的批发零售模式。不仅使零售业打破时空限制，而且也创造了新型的零供关系。电子商务使得线上线下同步结合，越来越多的传统服务行业面临转型。新型的电子商务经营模式，对于传统服务业已成为优化升级的基本要素和重要支撑。（2）移动时代给传统服务业带来了进一步的冲击和挑战。随着技术的跨越式创新，智能手机的全面普及，移动互联网成为电子商务产业发展的第二次浪潮。随着各种新型的移动网络应用不断涌现，广泛渗透到人们的衣食住行各个领域，包括网络购物、团购、美食、生活资讯、地图、旅行、电影等，为消费者提供无处不在、无时不在的服务。这种便捷高效的移动网络服务模式，强有力地向传统服务产业渗透，是争夺上班族消费群体的最有力武器，给传统服务业带来了极大冲击和挑战，迫使并推动传统服务业必须适应生存环境而进行转型升级。

第三节　抚顺推动电子商务发展的基本思路

近几年，抚顺市规划建设了电子商务产业园区，引进建设了一批重点电商企业，建设运营了一批交易平台和网站，专业起点较高，发展势头良好，作用初步显现。特别是新一轮东北老工业基地振兴战略的实施，为电子商务发展提供了重大机遇。我市电子商务要充分利用地域特色和产业资源，发挥现有电子商务产业的基础和优势，向资源化、规模化、专业化、智能化方向发展，全力打造和培育电子商务产业新的经济增长点。

一、抚顺推动电子商务发展的指导思想和基本原则

1. 指导思想。抚顺要以加快经济转型升级为目标，紧紧抓住新一轮振兴东北老工业基地战略实施的机遇，围绕结构调整和产业升级，突出电子商务在加快装备制造业转型升级、改造传统服务业、促进现代服务业发展和惠及民生等方面的重要作用，着力构建覆盖和影响周边区域的电子商务市场体系，着力发展区域互联网、移动互联网等新型电子商务，优化电子商务产业链，加快培育电子商务企业和电商平台，以普及和深化电子商务应用为重点，深化电子商务与实体经济的有机融合，推动电子商务在各领域的广泛应用，加快新一代网络技术的应用步伐，完善电子商务功能和配套服务体系，提高电子商务物流配送效率，推动电子商务实现总量快速扩张，健全配套政策体系，推动电子商务产业集聚发展，加快电子商务产业基地建设，全面提升电子商务发展水平，力争把我市打造成为区域电子商务产业基地。

2. 基本原则。(1) 坚持政府推动与企业主导相结合。在遵循市场经济规律和电子商务产业自身发展要求的基础上，充分发挥政府在统筹规划、宏观调控、政策导向、组织推进、产业政策、服务管理等方面的引导支持作用，完善管理体制，创建有利于电子商务发展的制度环境，综合运用政策、服务、资金等多种手段推进抚顺电子商务发展。加强信息基础设施建设，提高信息化服务质量，建立政府与企业的良性互动机制，发挥企业在电子商务发展中的主体作用，促进电子商务与电子政务协调发展。（2）坚持突出重点与全面发展相结合。一是重点推进以沈抚新城为示范标杆，坚持以石油化工、装备制造、传统商贸业等骨干行业，及其重点企业和信息化基础较好的企业优先发展，围绕重点企业、重点项目规划和建设电商集聚区，大力推进电子商务产业基地、集聚区建设，带动抚顺电子商务全面发展。二是加强电子商务与传统产业融合发展，坚持网络经济与实体经济紧密结合发展的主流方向，全面拓展电子商务在抚顺各领域、各个行业和各个区域全方位渗透和应用，分阶段、分层次、有步骤组织实施，推动电子商务健康有序发展，推动电子商务全面融入经济社会发展过程中。(3) 坚持创新驱动与功能提升相结合。着力创新，注重实效，积极建设抚顺特色电商交易平台，提升企业电商服务功能和产业覆盖率。促进信用、安全、支付、物流等支撑体系逐步健全和完善，加强组织服务、人才培养、创新机制、规范标准等保障系统的建设，为电子商务协调、快速发展提供良好的综合环境。推动电子商务应用、服务、技术和集成创新，着重提高电子商务创新发展能力。立足需求导向，坚持务实创新，选准切入点，注重应用性和实效性。(4) 坚持示范带动与普遍提升相结合。以示范企业带动全行业开展电子商务，以示范基地带动电子商务服务功能聚集，以创建电子商务示范区带动电子商务应用深化发展。(5) 服务惠及民生，促进社会文明进步。注重电子商务为百姓生活提供便利，并结合电子商务转变人们的消费习惯、消费理念和生活模式，通过电子商务产业的快速发展推动抚顺经济社会的文明进步。

二、抚顺推动电子商务产业发展的目标

1. 抚顺电子商务产业发展的总体目标。大力发展以第三方电子商务交易平台、服务平台为代表的电子商务服务业。大力实施商标战略，在电子商务交易服务、技术服务和外包服务等领域培育一批电子商务著名商标企业，形成产业集群发展。同时，通过建立健全电子商务发展的体制机制，完善鼓励电子商务发展的政策措施，探索实践电子商务发展的创新举措，制定规范电子商务发展的政策法规，努力把电子商务产业打造成为抚顺重要的战略性新兴产业和重要的新经济增长点。

229

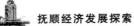

到 2020 年，基本建成全市电子商务应用水平显著提升、应用领域更加宽泛、辐射带动作用明显增强的电子商务城市，把抚顺打造成电子商务规模领先的产业发展基地，创新创业引领的人才培育集聚基地，发展环境更加优良的示范基地。（1）建立电子商务产业集聚区。在抚顺三县四区创建七个要素集聚、政策创新、产业集中度高的电子商务产业集聚区，引进 20 家国内百强电子商务企业，培育 50 家在国内有一定影响力的本地电子商务企业。（2）利用电子商务加快传统产业转型升级。运用电子商务手段不断探索新型贸易和供应链模式，加速电子商务与石油化工、装备制造、农副产品加工等产业融合发展，推动电子商务在全市各个行业的广泛应用。推动 100％规模以上企业、85％以上中小微企业和个体经营者应用电子商务，促进城市基层社区服务和电子商务产业的融合。（3）培养和吸引电子商务高层次人才，加快电子商务应用技能面向社会的全面培训。加强电子商务专业人才培育和引进，通过与大型网络公司合作，在大中专院校及科研院所设置电子商务专业，推动企业电子商务培训体系建设，全面进行电子商务应用技能的培训普及教育，构建电子商务发展梯次型人才队伍，建设一批实践基地，重点推动领军人才和优秀团队的集聚，促进电子商务领域创业并带动就业。（4）健全电子商务支撑保障体系。建立较为完善的电子商务信用服务、安全服务、网上支付、物流配送等支撑体系，地方性规范和标准体系基本形成，发展电子商务的秩序和环境良好。

2. 抚顺推动电子商务产业发展的预期目标。（1）到 2020 年，实现电子商务在全市经济社会各领域的广泛应用，成为产业规模和影响力在国内知名、省内领先的产业基地，走出一条符合抚顺实际、领跑东北区域电子商务的发展道路，成为全国重要的电子商务产业基地。（2）到 2020 年，全市电子商务交易额突破 2000 亿元，网络零售额达到 200 亿元。（3）到 2020 年，全市培养电子商务专业复合型人才 4000 人左右，培训电子商务应用技术人才 8000 人左右。面向社会培训电子商务基本应用技能人员 5 万人。（4）到 2020 年，全市电子商务从业人员和与此相关的服务人员达到 10 万人。

3. 抚顺推动电子商务产业发展的具体目标。（1）重点落实好《关于全市服务业发展的工作报告》中对电子商务产业发展做出的重要部署，以及落实《抚顺市电子商务发展规划》，积极发挥电子商务发展领导小组协调作用，明确发展思路，加快电子商务普及，推进重点工作，推进与国内大型网商合作，积极整合电子商务资源，不断扩大抚顺电子商务体量，力争进入国家级电子商务示范城市。（2）推动电子商务应用与服务水平显著提高。大力推进抚顺装备制造业、传统商贸流通业、现代服务业等支柱产业的电子商务应用，积极推进电子商务带动传统产业转型升级。（3）形成良好的电子商务生态环境。通过优化行政管理体制，完善政策法规及电子商务市场规范，创新电子商务发展模式、增强技术创新能力等系列举措，呈现电子商务应用、产业和环境协调发展的良好格局，实现公民网络消费意识明显增强，服务于民生的电子商务公共服务体系基本建成，全社会普遍享受电子商务发展带来的实惠与便利，形成良好的电子商务政策，创新和发展的生态环境。

第四节　抚顺电子商务产业发展的任务和重点

促进"电子商务与实体经济"之间实现相互促进融合，将电子商务这种方便快捷高效率的商贸交易方式融入各产业之中，并通过实施电子商务跨越式发展战略，争创国家级电子商务示范市。

一、抚顺电子商务产业发展的主要任务

为了推动电子商务的快速发展，我市要积极建设门户网站，加快建设电商集聚园区，培育电子商务交易平台，培植电商龙头企业，增强物流业对电商的保障作用，推动中小微企业触网，为创建国家级电子商务示范市创造条件。

1. 培育和建设电子商务网站和电商交易平台。（1）积极培育并建设各行各业的门户网站和综合性网站。政府要加大扶持力度，加强对各行各业门户网站和综合性网站建设的指导和政策扶持，建立健全电子交易和信息发布网络平台，鼓励国内外资本进入我市开展电子商务，鼓励通信运营商、软件供应商、系统集成商、信息服务商和电子商务服务企业面向我市企事业单位和政府部门，提供网站建设、网站推广、网上贸易、咨询策划、项目孵化、技术支持、运营推广、营销策划、客服管理、销售数据分析等电子商务应用服务，降低电子商务建设和应用成本，促进电子商务外包服务标准化、规范化发展。积极支持 B2B、B2C 等各类大型电子商务平台发展，建设辐射全市的一站式、专业型、综合型、实体与网络平台相结合的电子商务公共服务平台，培育和建设第三方电子商务服务平台。（2）鼓励电子商务网站的合作和集聚。一是鼓励和引导现有电子商务网站不断完善，并以市场取向逐步扩大合作或进行整合，最终形成以贸易为主的全市统一的电子商务总平台。二是鼓励定位合理、运作规范、发展潜力大、影响力强的行业门户网站对相关网络资源进行整合，提高集聚度，使其成为行业信息发布中心和价格发布中心。（3）加快发展抚顺特色产品的电子商务网络零售平台。结合我市的特色产品及服务优势，依托现有及在建的产业集群和产业园区，着力在抚顺装备制造业、旅游业、特色农产品等优

势产业领域建设若干个在国内领先、特色鲜明、定位清晰、差异化发展的大型网络零售平台，加速推广我市优势产品和特色服务。（4）鼓励大型企业电子商务平台向社会开放，引导现有行业信息服务平台向集交易、支付和信息服务于一体的电子商务平台发展。

2. 加快建设电子商务集聚园区。按照政府推动、企业参与、市场运作的共建机制，集聚国内外的优质电子商务企业，培育有较强企业推广、融资担保、招聘培训、物流仓储、孵化培育等公共服务功能的特色集聚园区，扶持电子商务重点企业和示范企业的发展，形成集聚发展效应。（1）加快建设沈抚新城信息服务集聚区。位于沈抚新城规划面积 2.8 平方千米的电子商务产业园区，可以以亿丰东北品牌中心 4000 平方米电子商务中心和卓华电子商务智慧谷为基地和基础，以新兴产业、工业品、商贸、物流、总部大厦为载体，加快招商引入国内知名电商大企业。（2）加快建设抚顺现代网贸物流集聚区。位于望花区规划面积 5.5 平方千米的现代网贸物流集聚园区，可以以网络数字贸易港为核心，依托电子商务大厦、北厚仓储物流园和引进的国内外知名物流公司等为载体，重点发展 IBM 云中心、电商网贸、网货制造、信息服务及金融服务等，打造成为辐射东北地区，集智慧物联、物流仓储、电子商务和生活配套四大产业于一体的现代化电子商务物流基地。（3）培育特色电子商务集聚园区。在我市的三县四区各选择具有特色产品或农副产品生产基地的一个街道、乡镇，各选取两个社区或村屯进行电子商务集聚园区的试点和培育，让电子商务这种节能环保的无烟朝阳产业在抚顺全市遍地开花，结出丰硕成果，推动抚顺独具特色的产品经销国内外。

3. 培育大宗商品现货交易平台和"O2O"模式网上商城。（1）培育十个超百亿元规模的大宗商品现货交易平台。建设一批具有信息展示、电子交易、电子结算、贸易融资、通关物流、中介服务等功能的电子商务贸易平台。通过兼并联合、企业上市、政策支持等多种方式，打造一批十亿元级、百亿元级的大型电子商务交易平台，以沈抚新城宏鼎商贸煤炭交易平台、武汉中媒文化传媒有限公司的东北特产网、抚顺网贸国际等平台为重点，整合抚顺的铁矿石、钢铁、装备制造、煤炭、石油化工及相关制品等大宗商品线下资源，引进大宗商品交易公司，打造大宗商品电商交易平台。同时，以同益实业集团为龙头，在石化新城建立石油、化工制品电子商务平台。以沈抚新城旅游为龙头建设辽宁智慧旅游电子商务平台。（2）培育 20 家超亿元规模的"O2O"模式网上商城。积极扩充网络销售渠道，增加销售品种，提升网络零售额，做好物流配送等配套服务。重点培育亿丰东北五金、卓华商业、大商抚顺集团、中国琥珀网、今日装饰城、万达广场、中国供销东北商贸城、兴隆摩尔世界等 20 家以上网上交易平台，高起点发展电子商务网络零售，实现网络、仓储物流、配送等一条龙服务，实现线上线下融合发展。

4. 培育和引进示范企业和电商企业。（1）培育超10个以上示范企业。重点培育沈抚新城电子商务中心、东北网贸港、卓华电子商务智慧谷、中国供销东北商贸城、大商抚顺集团、今日装饰城、兴隆摩尔世界、福顺宝科技有限公司、辽宁宝鼎商贸煤炭有限公司、武汉传媒中国特产网等超10个电子商务示范企业。（2）引进100家电商企业及服务电商企业。以电子商务集聚区为主要载体，引进国际、国内知名电商企业，建设电商产业园、本地供应商中心、智能物流中心等，带动形成垂直专业型电商平台；重点引进互联网金融、大宗商品交易、仓储物流、软件开发、广告设计、人才培训等电子商务服务企业，完善电子商务服务产业链条。

5. 推动物流业对抚顺电子商务产业发展的支撑保障作用。不断完善与电子商务相配套的物流配送体系。重点加快重大物流项目建设，整合公共物流信息平台，积极探索物联网的应用，为我市电子商务发展提供相适应的物流配送功能。（1）编制抚顺物流发展规划，统筹物流基础设施建设，提升仓储配送能力。加快引进和培育一批具备综合配送能力的骨干物流企业，鼓励发展城乡综合配送网络，充分运用运输管理系统（TMS）、全球定位系统（GPS）、地理信息系统（GIS）、仓储管理系统（WMS）等信息化管理手段，提高物流效率、降低物流成本。（2）政府要主导物流电子商务服务平台的整合与构建。与企业主动建设网上支付体系不同，物流体系的完善需要政府的大力推动。通过整合我市的物流资源，建立物流公共信息平台是目前的重要任务。因此，要建立现代物流公共信息平台，利用政策优势，以及硬件建设、软件服务优势，推动电子商务产业发展。（3）培育10个电子商务物流示范企业发展。围绕抚顺大型电子商务集聚区、工业产业集群、商贸大型专业批发市场，培育一批电商物流企业，为电商企业、制造企业、物流商贸企业提供专业化电商物流服务。重点推进裕民物流、荣昌物流、同益物流、双旗物流、华丰运输物流、万通物流、鸿雁物流、大商物流、亿丰物流、豪德物流等电子商务物流示范企业。（4）完善物流保障。推动我市物流资源共享和信息互联互通，建立公共物流信息平台。鼓励物流企业运用先进的信息和装备技术，进一步提高物流的速度和效率。加强工商企业物流信息系统建设，实现与物流企业信息互联互通。培育形成一批具有核心竞争力、在国内有较大影响的第三方物流企业，为我市电子商务产业发展提供有力支撑和保障。

6. 推动中小微企业结合自身特色应用电子商务促进企业发展。（1）充分发挥通信运营商和信息服务商的作用，制定优惠政策，积极推进和扶持面向中小微企业的公共服务平台建设，吸引国内知名电子商务企业来抚顺设立机构，为我市中小微企业开展电子商务建设提供服务。（2）鼓励中小微企业运用第三方电子商务平台开拓国内外市场，开展在线采购、产品销售等生产经营活动，开拓国内外市场。（3）加大面向中小微企业应用电子商务的技术支持和人才培训服务力度，鼓励中小微企业探索电子商务创新模式，发展新兴电子商务应用。

7. 创建国家级电子商务示范市。（1）认真落实国家、辽宁省对电子商务的各项扶持政策，以项目为中心，积极申报国家电子商务专项资金和重点项目建设资金。（2）抓好卓华、家和美等电商项目建设，争创辽宁省级电商示范企业。（3）利用电子商务发展资金，鼓励扶持第三方电子商务平台建设。以沈抚新城信息服务集聚区和抚顺现代网贸物流集聚区为主体，以遍布全市的各类电子商务平台为支撑，培育电子商务龙头企业，配套电子商务服务，整合全市电子商务资源。（4）做好相关配套工作，加大研发和推广电子商务创新技术的力度，不断加强信息基础设施和交易保障设施建设，进一步建立和健全电子商务统计制度，积极创建抚顺电子商务示范试点城市。

二、抚顺电子商务产业发展的重点领域

推进电子商务在抚顺各重点领域的广泛应用，有利于通过这些先导示范带头作用促进电子商务在我市各行各业的覆盖率和渗透率。因此，集中力量在全市推动工业、农业，以及传统商贸业、旅游业、文化产业、社区服务业和其他重要领域的电子商务化，对于加快推广电子商务的应用具有重要意义。

1. 重点推动电子商务在工业企业购销上的广泛应用。（1）鼓励全市工业企业搭建以产业链为基础，以供应链管理为重点的电子商务平台，实现采购、生产、销售全流程电子商务。鼓励中小工业企业通过第三方零售平台开设网络旗舰店、专卖店等网络零售终端，开展网络零售、网上订货和洽谈签约等业务。培育和引进专业化网络销售企业承接传统工业企业电子商务业务。（2）推进电子商务 B2B 模式在我市煤油电钢铝等大宗商品市场的应用，实现线上交易与线下交易相结合。依托"两钢一铝一石油一矿业"的优势，开展大宗商品电子商务平台建设，实现大宗商品市场交易数字化和网络多元化，运用电子商务加快对现有商品交易市场进行整合和提升，改变多、散、小的现状，切实转变市场交易方式。（3）重点支持传统装备制造业发展电子商务。推动我市装备制造企业加大对电子商务的投入，增强产供销协同运作能力。积极开展工程机械、炼化设备、输变电设备、矿用装备制造及其他五个行业的电子商务活动，重点推进海城石油机械集团的"买卖城工业品跨境电商平台项目"，打造全国最专业的对俄电商交易平台，培育发展面向全市制造业企业基于电子商务的供应链服务。支持我市有影响力的制造商，利用电子商务带动产业链上下游企业协同联动，提高物品可得率和资金周转率，降低平均库存水平和物流总成本。鼓励大型装备制造骨干企业发展总集成、总承包、工业设计、检验检测、产品研发、专业维修等制造业外包服务的电子商务。

2. 重点推进抚顺现代农业的电子商务化，推动农民致富。（1）积极服务"三农"，加强网上购销对接和农业信息基础设施建设。网络是农村电子商务产业发展的前提和基础。只有当农民可以方便、价廉地用上互联网时，农村电子商务才能真正发挥作用。推进农家店和农产品现代流通工程信息化建设，建立农业企业 ERP 系统和物联网系统，推动农业电子商务平台与农业产业化基地、农产品营销大户、大型超市、大型餐饮连锁企业对接，建立电子化交易平台，推广"企业电子商务平台＋中介组织信息服务＋农户"模式，建立统一高效的农产品流通公共信息平台，使之成为农产品食品安全、信息汇集、供需对接和价格发布的中心。（2）农产品物流是农村发展电子商务产业的瓶颈。农村多处于偏僻山区并且购买力有限，加大补贴力度发展农村物流是解决农村电子商务发展并把具有抚顺特色的农副产品卖出去的前提条件。（3）加大培训农民网络技能的力度。农民的文化素质整体偏低，信息技术、网络知识较难掌握，普及培训农民掌握现代电子商务技能尤为重要。可充分发挥现有远程卫星教学网络平台和各种农村远程教育渠道，以及政府到农村办培训班等方式，不断提高农民的网络知识和电子商务营销农产品的技能，推动农民致富。（4）融合涉农电子商务企业、农产品批发市场等线下资源，拓展农产品网上销售渠道。实施"农村电子商务综合平台"项目建设，结合农村"千村百乡"流通实体网点建设，发展面向广大农民的网络零售平台，充分发挥电子商务在农村社会化服务中的作用，打造为农民服务的村屯基层电子商务。组织 1 个试点县、2 个农产品批发市场、建设 100 个农产品商务信息服务站点，开展农产品商务信息进农村、进市场试点工作，拓宽农产品购销渠道。（5）打造抚顺农村特色农副产品电子商务交易平台。加快以卓华电子商务公司为中心打造的辽宁特色馆平台建设，积极促进中国供销中药材网和中国中药材交易所落户沈抚新城。重点推动中草药、林蛙、食用菌、山野菜、山货野果、有机杂粮、寒富苹果、水果酒、无公害鸡蛋、粮食、油料、蔬菜等，以及对其精深加工的 300 多种土特农副产品的 B2B、B2C 电子商务交易平台建设，打响抚顺土特农业产品品牌。不断扩大东北网贸港产业园区的农产品线下体验馆和线上交易平台运营规模。（6）重视农产品标准化建设。对农产品进行标准化管理，解决农产品的标准化问题，通过电子商务销售渠道做到农产品的有效推销。

3. 重点加快传统商贸业的电子商务化。（1）促进我市传统商贸业与电子商务融合发展。应用电子商务促进传统商贸流通企业转型升级。以我市各大商业零售企业的销售平台为依托，推进传统贸易与电子贸易、展览展示与贸易促进相融合的国内外贸易平台建设，积极推进全市各区县的中央商业区信息化平台建设，支持商场超市建设网上商城。（2）大力培育电子商务代运营公司，推动抚顺传统服务零售业走到线上。我市传统零售业触网的不顺，需要电商代运营企业助推。一是通过发展电商代运营公司推动传统零售企业触网可以降低成本并快速启动网络零售业务。二是电商代运营企业可帮助传统零售企业降低触网风险和试错成本。代运营公司通常会同时服务多家客户，有较多执行资源，比如策划、设计、售前、售后等，可以消化活动对企业运营带来的压力。三是电商代运营企业因为拿货、备库存、垫付营销费用等，可以使触网企业降低财务成本，提高资金使用率。人员、现金成本、仓储物流、营销推广、开票，这几个方面代运营公司都可很好地支持传统商贸企业在低成本条件下迅速走到线上。（3）积极推进 B2C 模式在全市大中型商业企业的应用。鼓励大中型批发市场的商户依托电商平台开展网上销售、咨询、采购等商务活动，通过掌握消费者在线购物需求和行为模式，推动大中型连锁企业建立基于电子商务的新型流通业态，发挥其供应链资源和品牌优势，从而提高竞争力。（4）积极转变零售业流通经营方式。通过建设网上超市、网上百货店、网上专卖店、网上大卖场等，实现电子商务与现代连锁业的有机结合，深化电子商务在邮购、直销等其他无店铺销售中的应用。加快建设"O2O"模式网上商城，大商抚顺集团借助"天狗网"移动电商平台和卓华"欢乐同城购"，做好引导和带动作用，不断扩大网上商城规模；今日装饰城的"今日商城"作为本土培育起来的网上商城，要加快推进我市线上商城建设；推进亿丰东北家居建材村网上商城上线运营。同时，还要推进大型批发市场、市级商圈和特色商业街开展网上推介宣传和商品交易活动。（5）积极转变中小零售企业和服务企业的流通经营方式。建立以互联网，特别是移动互联网为基础，以手机、笔记本电脑为用户终端，以社区为区域基础的高效、互动、本地化的 O2O 商业模式。（6）支持大学生、个体从业者通过电子商务平台创业，壮大我市电商队伍。（7）推进餐饮、酒店、农家乐、美发美容、娱乐等网络消费的发展。

4. 重点推动旅游业的电子商务化。（1）发展旅游电子商务服务，创建旅游电子商务公共服务品牌。以抚顺的历史之旅、生态休闲、红色记忆、乡村民俗等四大特色旅游产品，以及启运之旅、生态之旅、休闲之旅等十条精品旅游线为依托，充分发挥旅游、节庆、会展等特色，开展旅游电子商务服务，逐步建立与特色旅游资源整合配套，具备在线交易功能的旅游行业管理和旅游业务应用系统，突出抚顺地方特色和优势，大力发展旅游业 B2B 及 B2C 电子商务，积极通过电子商务平台开展旅游交通、住宿、餐饮、票务、纪念品、信息等商务服务，逐步实现与国内外旅游行业电子商务的接轨。加快高湾旅游服务中心开发线上服务平台建设。（2）积极打造"互联网＋呼叫中心"的旅游新业态积极发展在票务预定系统、分销渠道、客户关系管理和支付手段等方面应用电子商务。（3）支持建设境内外信息资源丰富、服务便捷的品牌旅游专业平台。鼓励旅游电子商务网站向专业化、个性化和国际化方向发展。促进面向社会的旅游信息共享和服务，基本建立信息全面及时、服务渠道多元化的抚顺旅游信息公共服务体系。（4）建立包含"食、住、行、游、购、娱"旅游六要素的资源数据库和电子商务平台，通过旅游景点、宾馆酒店、出租车等推广抚顺旅游商品和特色产品。

5. 重点推动社区服务业的电子商务化。以服务社区为目标，提升社区信息化服务水平，运用电子商务手段整合全市家政服务、居家养老等各类民生服务资源，融合社区代购、家政服务、医疗卫生、社会保障、教育培训、公共缴费等服务项目，构建直观互动、方便快捷、规范可靠的公共服务电子商务平台，实现传统家政服务向现代家庭服务模式的转变，全面提升抚顺社区服务品质和公共服务保障能力。推进卓华集团打造的东北首家社区商业"身边购"系统，实现"五千米电商便民生活圈"运转。打造赢恒 365 再生资源公共服务平台，实现电商在再生资源回收行业的应用。

6. 重点推进文化产业的电子商务化。积极推动文化领域电子商务的发展。结合文化事业的改革，扩大网络视频、网络音乐、网络游戏、网络图书、移动多媒体等市场营销规模，推进各类文化用品网上销售。积极发展动漫游戏产业。推广发展集电视媒体、数字出版、网络购物、产品直销于一体的商业模式，促进文化配送平台的发展。

7. 拓展电子商务的应用领域，加快电子商务向我市其他领域的覆盖和渗透。（1）推动电子商务向教育、医疗、会展、服务贸易、数字出版等领域拓展，大力发展网上展会、网络教育、网上医院、网上菜市场等电子商务的应用。（2）加快包括移动电子商务、社交网络商务等新兴电子商务的推广应用。（3）加强电子政务平台在不同行政职能部门的运用，鼓励企业更多地通过电子政务平台进行相关行政审批信息申报，如电子报税报关，企业网上年检等。（4）加快推动物联网及云计算技术在电子商务中的广泛应用。鼓励电子商务运营商与物联网企业加强对接，提高电子商务智能化水平。（5）支持电子商务运营商与通信运营商、增值业务提供商和金融服务机构的对接，拓宽新兴电子商务覆盖面。（6）鼓励行业龙头企业、行业协会或农村经济合作组织搭建行业电子商务平台，增进企业间协作关系，聚合行业资源，增强企业群体的综合竞争力。发挥行业协会等社会中介组织的作用，结合行业特点，研究制定行业电子商务标准和规范。（7）发展面向消费者的电子商务应用。鼓励新闻媒体、银行、运营商等国有公共服务企业发挥各自资源优势和在公共服务领域的影响力，合作搭建面向消费者的电子商务公共平台，提升电子商务公众普及率和扩大应用规模。

第五节　抚顺推动电子商务产业发展的保障措施

为实现到 2020 年把我市打造成为全国先进的区域电子商务产业基地的目标，抚顺需要采取一些行之有效的推动电子商务产业提速发展的措施。

一、构建抚顺电子商务产业强有力的推进机制

1. 充分发挥抚顺电子商务发展领导小组的统筹协调推动作用。强化商务主管部门对全市电子商务发展的宏观指导作用，协调解决电子商务产业发展中遇到的重大问题，并完善部门间协调配合机制，形成政府相关部门的工作合力，及时解决出现的新情况、新问题。沈抚新城等园区做好项目前期准备，对电子商务产业园引进重大项目按照重大项目"一企一策"原则，制定个性化政策，并报领导小组会议审议通过后执行。增强对全市商务电子产业发展过程的跟踪、监测和调研，及时协调解决发展过程中出现的难点、热点问题。

2. 由领导小组办公室牵头组建抚顺市电子商务产业促进会或协会，以此作为电子商务产业交流服务平台。制定行业协会推动电子商务提速发展的系列相关配套政策，支持中介组织提供电子商务政策与技术咨询服务，开展国内外电子商务学术与科研交流，帮助电子商务企业解决实际困难和问题。鼓励建立电子商务专家咨询机制，发挥电子商务专家的指导与咨询作用。

二、加强对电子商务的研究和宣传推广

1. 加强对电子商务发展战略和政策研究。支持抚顺市服务委、抚顺市社会科学院、抚顺石油化工大学等科研院所和院校，加强对电子商务如何提速发展问题的对策研究。做好我市电子商务产业发展的总体规划和完善修订工作。加快研究制定抚顺电子商务产业的项目发展导向目录，引导资金投向电子商务的短板领域。

2. 加强对外合作交流与对内宣传推广。（1）加强与国内外有关部门、机

构和企业在电子商务领域的交流与合作。密切跟踪国内外电子商务的发展动态、建立与国内外电子商务企业、研究机构的交流与合作机制，认真学习和借鉴电子商务发展的先进经验和发展模式，推动我市电子商务快速发展。（2）加大电子商务基本知识和技能的宣传和普及力度。充分利用各种媒体，多途径、多形式地加大对电子商务基本常识和操作技能的宣传普及培训力度，举办电子商务发展相关论坛、电子商务行业博览会等活动，形成有利于电子商务发展的氛围，引导广大企业和消费者充分认识开展电子商务对扩大商品营销和改善居民生活等方面的重要意义，增强企业和公众的电子商务应用意识，提高全社会电子商务应用能力，宣传推广电子商务重点企业和示范企业的典型经验。

3. 强化电子商务产业发展的区域合作与互联互通。加强与周边其他省市、地区在电子商务技术人才交流、信息技术共享、信息产品开发等多方面的对接合作与互联互通，建立健全跨区域合作新机制，优化整合区域信息技术和信息基础设施优势资源，为加快区域经济发展注入新动力。

三、招商引资，规划引导和政策扶持电子商务产业发展

以电子商务企业的招商引资为重点，以项目为支撑，下大力气引进一批国内外品牌电子商务领军企业，培育一批龙头骨干企业，孵化一批中小初创企业，加快在谈项目的推进力度，不断扩充和壮大我市电商资源规模。

1. 认真贯彻落实政府《关于进一步加快发展服务业的若干政策规定》中有关推动电子商务产业提速发展的政策措施，明确时间表和路线图，全力推进，确保阶段性工作目标和规划目标的完成。

2. 支持电子商务企业集聚发展。以沈抚新城电子商务产业园为核心，搭建电子商务公共技术服务平台和公共信息服务平台，建设具有产业特色的电子商务创业孵化园，对电商企业给予用地等方面的支持。支持电子商务企业开展业务流程整合和服务外包工作，培育优势品牌企业。

3. 保障电子商务产业项目建设资金供应和融资渠道畅通。按照"政府主导、社会参与、市场运作"的方针，建立多元化多渠道投资保障体系，保障资金供给能力，鼓励各类担保资金向电子商务倾斜，通过贷款贴息等方式支持电子商务的发展。政府发挥财政资金政策的作用，通过搭建融资平台，支持各类金融机构、风险投资基金与电子商务企业进行资本对接，拓宽电子商务企业融资渠道，解决其成长过程中"融资难"的问题。

四、建立支持抚顺电子商务产业提速发展的财政专项资金

政府要加强引导性资金的注入，以解决电子商务产业发展资金不足的问

题。为此，要实行积极的财政支持政策，设立电子商务产业发展基金。建议市级财政每年安排 1000 万元作为推动我市电子商务产业提速发展的专项资金，三县四区特别是沈抚新城电子商务园区，可根据电子商务产业园区和项目的实际需要，制定相应的扶持政策，设立电子商务产业发展的专项配套资金。针对推动抚顺电子商务有如"网络零售品牌的培育、发展电子商务平台"等需要提速发展的方面，从政策上给予扶持和奖励。

1. 培育网络零售品牌。对注册地及结算地在抚顺地区的网络零售品牌，年网上销售额超过 1500 万元的，给予每家一次性奖励 10 万元；对年网上销售额超过 5000 万元的网络零售品牌企业总部或结算地入抚顺的，根据落地时间，前 5 家分别给予一次性奖励 10 万元。

2. 大力发展电子商务平台。支持供应链采供销协同平台发展，对注册地或结算地在抚顺的大宗商品供应链电子商务平台和专业市场建设电子商务平台，年交易额超过 1 亿元的，给予每家一次性奖励 25 万元；对结算地在抚顺的垂直类电子商务平台年交易额超过 5000 万元、平台年流量省内排名前 2 名的，给予每家一次性奖励 25 万元。

3. 加快电子商务集聚区发展。重点支持沈抚新城电子商务园区创建电子商务示范试点城市。获批"电子商务示范试点城市"给予一次性奖励 50 万元；重点推进沈抚新城电子商务园区配套建设，对入驻电子商务企业超过 40 家的，给予 15 万元奖励；重点在三县四区培育 7 个电商镇和 14 个电商村或社区，被认定的一批特色凸显的"电商镇"和"电商村或社区"，分别给予 5 万元和 3 万元的奖励。

4. 支持抱团开展网络营销。龙头企业组织品牌企业抱团对接国内外知名电子商务平台，拓展网上市场成效显著的，给予最高 5 万元补助；行业协会、龙头企业组织本地企业抱团在国内外著名的第三方电子商务平台开设特色展馆和专区的，给予最高 10 万元补助。

5. 完善跨境电子商务服务配套。安排 30 万元用于支持建设电子商务公共服务平台。

6. 培育电子商务服务业。安排 50 万元支持为电子商务企业提供平台开发、分销应用、数据挖掘、拍摄服务等外包服务的服务企业，对年服务合同总金额超过 300 万元的，最高给予每家一次性奖励 10 万元；安排 50 万元用于培育一批专业化代运营企业，对代运营电子商务企业总部或结算地落户抚顺，帮助抚顺企业实现网上销售额超 5000 万元的，给予 10 万元奖励；对抚顺本地的代运营电子商务企业，帮助本地企业实现网上销售额超 3000 万元的，给予 10 万元奖励。

7. 健全电子商务支撑体系。制定配套政策措施，完善电子商务政策和标准规范体系，安排 50 万元重点支持第三方电子商务物流仓储建设，对于国内先进的分拨系统、分拣设备采购更新等技术改造，按采购金额的 5% 补助，最高给予补助 15 万元。

8. 加强电子商务人才培养。安排 30 万元支持电子商务精细化管理培训、电子商务主题沙龙、"走进标杆企业"活动和电商企业家访谈等活动；开展市级电子商务领军人物、创业青年评选活动，分别给予一次性奖励 3 万元和 2 万元。

五、通过培养和引进紧缺人才的方式为电子商务发展提供人才保障

1. 抓好电子商务产业招商引智工作。吸引电子商务产业高端型、应用型、紧缺型等精英人才来抚创业。采取直接引进和间接引进相结合的办法，坚持"不为我有、只为我用"的原则，积极推进在国内外有较大影响力的具有创新思维和运营管理经验的优秀团队为我市电子商务发展壮大提供智力支持。

2. 构建人才引进、人才培养和人才使用的有效激励机制。针对电子商务人才的创新创业需求，对我市引进的电子商务企业高级管理人才、高端营运人才、核心技术人才，根据年度上缴个人所得税地方留成部分给予相应奖励。制定相关人才政策，为电子商务高层次人才提供住房保障、子女教育、就业、创业等方面配套服务政策，探索建立电子商务专业人才资质评定、职业资格分级等评价体系。

3. 构建多元化电子商务人才培养培训体系，培养适应电子商务技术快速发展的各类专业人才。加强与国内外高校合作，重视在职培训培养电子商务企业的经营管理人才、信息网络技术人才。以现有教育资源和培训基地为载体，支持行业协会、有资质的社会培训机构或企业开展电子商务应用的高管培训和基础应用培训，不断拓宽人才培训渠道和规模，为行业发展培养更多的专业人才。

4. 加大电子商务知识普及教育的力度。重视电子商务学科建设，支持在高等教育机构优化电子商务教学科目，支持校企合作创建电子商务创新基地和实践基地，开展面向企业和市民的电子商务培训，利用互联网、报纸、交通电台广播普及电子商务知识。(1) 以甲骨文公司与抚顺职业技术学院合作项目为基础打造互联网高端人才培养基地。(2) 以与卓华智慧电商谷入驻企业签约的百度营销大学、淘宝大学为载体，建立电子商务培训基地，开展用户体验、新媒体认知、营销模式变革等相关业务培训，开设电子商务软件开发、营销、管理专业课程，为行业发展培养应用型人才。(3) 以抚顺智慧城为基地，实施

"电商云"培训计划。

六、建立推动电子商务产业发展的督导考核体系

1. 建立完善的电子商务行业信用评价体系。建立抚顺电子商务企业数据库和信用数据库,开展企业信用评价、信用认证服务,实施对电子商务企业的信用监管。强化电子商务数据的质量和应用,提升电子商务统计监测、分析的科学化水平。建立重点电子商务企业和园区运行监测统计信息发布制度,研究制定电子商务产业统计指标体系,规范电子商务统计工作。

2. 将电子商务主要任务指标纳入年度市政府绩效考核体系。电子商务发展领导小组办公室要会同市政府督查部门定期对电子商务相关工作任务进行督查考核,鼓励先进,鞭策落后,形成电子商务跨越式发展的良好态势和氛围。

第十一章 抚顺推动应急产业新经济增长点发展

提要： 应急产业是国家的战略性新兴产业。抚顺建立国家应急装备制造产业示范基地有着得天独厚的产业基础和各方面的优越条件。本章对抚顺建立国家应急装备制造产业示范基地的成熟条件进行了分析，找出了抚顺建立国家应急装备制造产业示范基地需要解决的一系列问题，探讨了抚顺建立国家应急装备制造产业示范基地的基本思路和重点任务，提出了抚顺推动建立国家应急装备制造产业示范基地的对策建议。

2015年8月，按照《国家应急产业示范基地管理办法（试行）》的要求，由工业和信息化部办公厅、发展改革委办公厅和科技部办公厅联合下发通知，开展了首批国家应急产业示范基地申报工作。抚顺市领导在会见中国地震应急救援中心专家时，地震专家曲国胜建议抚顺，"要着手发展应急产业，申报国家应急产业示范基地"。市领导希望中国地震应急救援中心在应急产业发展方面，给予抚顺更多的技术指导，帮助抚顺申报国家应急产业示范基地，努力把应急产业培育成抚顺新的经济增长点。因此，抚顺依托已有的应急装备制造产业雄厚基础，创造条件推动抚顺建立国家应急装备制造产业示范基地，则是一项非常重要的战略任务。

第一节 抚顺建立国家应急产业基地的条件和存在的问题

一、抚顺建立国家应急装备制造产业基地的条件已经成熟

抚顺建立国家应急装备制造产业示范基地有着得天独厚的产业基础和各方面的优越条件。抚顺曾是煤炭生产和煤矿装备制造的重要产业基地。沈抚新城充分利用煤矿安全装备在国内产业竞争优势突出，具有国际竞争力的优势，形成了一个以产、学、研、检测一体化为特色的煤矿安全装备产业园区，使煤矿

装备产业成为沈抚新城投资额最大、引进项目最多的产业园区。

1. 抚顺建立国家应急装备制造产业示范基地已具备申报条件。围绕申报国家应急产业示范基地的工作,抚顺需要按照《国家应急产业示范基地管理办法(试行)》要求开展申报资料的准备工作。(1)抚顺建立应急装备制造产业示范基地具备主体申报条件。《办法》第二条提出"示范基地是对应急技术研发、应急产品制造和应急服务发展具有示范、支撑和带动作用且产业特色鲜明的依法设立的各类开发区、工业园区(聚集区),以及国家规划重点布局的产业发展区域。管理主体是地方政府或政府派出机构"。抚顺应急装备制造产业园区,设在抚顺市沈抚新城经济开发区,具备这一主体申报条件。(2)抚顺所要建立的应急装备制造产业示范基地属于专业类示范基地。《办法》第三条提出"示范基地分为专业类和综合类。专业示范基地集中发展某一应急产业领域且具有为突发事件处置提供保障的能力;综合示范基地集中发展两个以上应急产业领域且具有为跨省级行政区域处置重大突发事件提供综合保障的能力"。专业类示范基地突出对产业基础好、市场前景广、创新能力强的支持,在关键领域重点布局,实现从应急产品研发生产、应急生产能力储备到应急服务提供的全产业链发展,达到突破应急技术瓶颈、引领应急产业发展的目的。根据以上要求,抚顺申报"国家应急装备制造产业示范基地"符合"专业类示范基地"的要求。

2. 抚顺建立国家应急装备制造产业示范基地已具有雄厚的产业基础。经过多年的发展,抚顺依托在应急装备制造、产业智能化等方面的积淀和底蕴,使应急装备制造产业规模快速扩大,应急装备产品、技术和服务呈现不断成熟发展的态势,一批高水平煤矿安全装备、安全检测等先进装备发展已形成规模和系列,应急装备制造产业支撑保障能力不断增强。(1)抚顺依托传统装备制造业基础,在沈抚新城建设了应急装备制造产业园区。在沈抚新城产业区的"五大产业集群"中,煤矿装备产业集群已经成为沈抚新城第一大产业,促进了集群区域品牌的形成,并形成了应急产业创新平台、检测及质量标准平台、仓储物流平台、展销平台,从而形成了一个现代化的产、学、研一体化的应急装备制造产业园区。目前,沈抚新城应急产业生产企业达到25家,生产出监测预警、处置救援、技能培训、应急服务类产品300多种,年销售收入25亿元。有应急相关的国家级研究所2个,国家级实验室2个。辽宁省消防总队战勤保障基地项目已启动建设。在汶川地震、北京奥运会、"神州"载人航天等方面都提供过相应的应急装备和服务,还有森林消防车、反恐突击车等应急产品在突发事件中都发挥了积极作用。现在抚顺已经形成了国家煤矿安全生产监测装备、煤矿重大灾害防治装备、煤矿救护和个体防护装备、煤矿抢险救灾及井下安全通信装备、煤矿装备主机及配套产品生产基地。（2）抚顺应急装备制造企业的产品种类繁多。一是抚顺煤矿电机制造有限公司已发展成为全国最大的专业生产矿用三相异步隔爆电动机的厂家。二是辽宁天安矿山科技有限公司生产的具有世界先进水平的特大型可靠智能化接卸动筛跳汰机，具有目前世界上最大的跳汰面积和处理量。三是抚顺隆基电磁科技有限公司成为亚洲规模最大的磁性选矿装备供应商。四是辽宁电机集团有限公司在沈阳和抚顺两地共有5个生产基地，主营生产煤矿机械设备、矿灯、安全仪器仪表、洗选设备及配件等。五是抚顺市新科安全装备制造有限公司主要从事煤矿、化工、石油、航空、船舶、地铁、消防等行业安全防护装备的开发设计加工制造和生产经营。自主研制的隔绝式正压氧气呼吸器，经几十家矿山救援基地和救护大队的使用验证而得到高度赞扬。六是抚顺华腾防护装备制造有限公司是生产正压式人体防护服、防毒衣、耐高温服、隔热服、潜水装备、防毒面具，以及各种有毒气体监测报警仪等安全防护装备的专业制造厂家。七是沈抚新城还成立了"沈抚新城机器人应用技术研究院"，以哈工大、中科院沈阳自动化研究所为代表的8家国内知名机器人科研院所，共同致力于沈抚新城机器人产业的快速发展。其中包括防爆机器人、自动充填机器人、喷涂机器人、消防机器人等应急产业项目已经在沈抚新城研发试制、开工建设投产。这些企业的自主创新能力、设计制造和技术装备水平均处于国内外先进水平，产业整体竞争力和对全市经济发展的支撑作用日益增强。

3. 沈阳研究院为抚顺建立国家应急装备制造产业示范基地形成了科技研发的重要支撑。中国煤炭科工集团沈阳研究院（原抚顺煤科院），作为抚顺应急煤炭装备制造产业园区中的龙头企业，是我国煤炭行业建立最早的主要从事煤矿安全技术研究和产品开发的大型科研机构，具备"矿山安全技术研究、新产品研发与生产、安全产品检验检测、安全技术项目评价"四大主体研发和检验评价功能。煤矿安全标准化技术委员会、中国煤炭学会安全专业委员会、火灾防治专业委员会等6个专业委员会均挂靠在这家研究院。每年研发拥有核心技术的新产品多达十几种。由该院研发的救生舱及避难硐室系列装备等为代表的一大批应急安全装备在矿山预防和救援中广泛应用，使该企业在行业的领军地位日益彰显。同时，在其实验基地，还有国家煤矿防爆安全产品质量监督检验中心电器检验室和防爆检验室。作为国家级的检测单位，每年来该院办理检测业务的企业就达1500多家，品种多达7500种。目前，从检验手段、检验能力和检验设备入手，该院新建了电器、防爆、仪器仪表、电缆和提升运输等四个具有国内先进水平的检验室，充分发挥了检测检验优势，为安全装备产业园区提供了从项目研发、技术咨询、产品检测到产业孵化的一条龙公共服务平台。

4. 抚顺建立国家应急装备制造产业示范基地具备了较强的人才优势。为了使应急装备制造产业集群有较强的发展后劲，园区内从事煤矿安全装备产业生产、研发的很多企业都与辽宁工程技术大学开展了人才输送、培养及培训的合作。由沈阳研究院与辽宁石油化工大学联合组建的"顺华能源学院"，通过院校优势互补，为煤炭工业培养急需的专业人才。经过几年的办学，顺华能源学校目前拥有在校生4千余人，毕业生的就业率达90%。沈阳研究院是列入国家计划内招生的硕士研究生培养单位，是安全工程博士研究生培养单位，是国家人事部批准的博士后科研工作站。此外，我市还对引进的相关高层次人才，争取列入辽宁省"十百千"人才工程，给予一定的经费资助和生活补助，对贡献突出者给予一定的奖励。人才的保证，为抚顺建立国家应急装备制造产业示范基地提供了最重要的智力支撑。

5. 形成了应急装备制造业的产学研合作机制。近年来，抚顺市通过采取"内引外联、广泛合作，专业推进"的办法，大力实施"引智引才"和产学研合作机制的创新工程，强化了科技创新平台建设，有力地推动了应急装备制造业公共科技创新平台和专业化创新平台的建设。为了给企业发展提供长效的科技支撑，隆基磁电等企业分别与大学合作建立了企业技术中心、研发中心、博士后工作站等。在召开的抚顺市产学研合作大会上，与沈阳研究院联合抚顺矿业集团、东北大学等建立了煤矿安全装备产业技术创新联盟，确保了应急装备制造业的持续发展和不断创新。煤矿安全装备产业正在形成完整的产、学、研、检测体系，从整机到零部件，各企业分工协作，这条产业链日趋走向完整和成熟，形成了一个特色区域经济带。2011年，抚顺市被授予中国产学研合作创新示范基地。

6. 抚顺应急装备制造产业发展的软硬环境获得了有效改善。（1）构建了应急装备制造企业聚集的洼地。我市对应急装备制造产业的招商引资给予了极大支持，在行政审批、财政管理等方面给予企业充分的自主权，为项目落地开辟了绿色通道，并对产业布局进行了科学规划，构建了应急装备制造企业聚集的洼地，促进了相关企业集团化进程和集群化发展。（2）出台优惠政策，优化发展环境。为了鼓励应急装备制造业的发展，抚顺在资源配置、人才引进、贷款融资等方面给予了倾斜，提出了"非高莫入""非新莫入"的要求，并推出18项优惠政策。（3）以科技扶助政策推动公共服务改善。为了给企业提供技术创新、科技成果孵化及转化、科研服务等公共服务平台，对入驻基地的省级以上研发机构，或由权威专家领衔的重点实验室给予10～30万元项目启动资金，并按实验室设备或工程建设投入，每100万元提供100平方米实验室，并且 3 年内免收房屋租金和物业管理费。对新投资兴建的应急装备制造业研发机构和生产企业，给予土地、税收等方面的政策扶持，每年从市区两级财政列支专项资金，支持科技服务平台建设和企业研发新产品，进行科技成果转化。

7. 为抚顺应急装备制造产业园区搭建了抚顺市公共研发服务平台。依托沈阳研究院的基础条件，加大力度进行了公共研发服务平台建设，建设了应急装备制造产业基地研发检测孵化公共服务平台，使技术、资金、设备、人才、管理、服务等影响企业发展的要素资源实现了共享、协作、提升，通过建立煤矿安全装备先进核心技术研发、检测检验体系和高新技术企业的孵化平台，整合这些影响企业发展的要素资源，搭建公共交流和服务的平台，构建以技术为核心的企业发展联盟，实现了资源的有效共享，形成了产品的上下游配套的产业集群效应。

8. 国内外应急装备制造业龙头企业正在向抚顺应急装备制造产业园区集中。针对煤矿安全产业园区的发展，陆续有多个具有国际、国内先进技术水平的工业装备生产制造项目和国内知名的科研院所落户基地。例如，佳木斯电机股份有限公司的防爆电机项目、中国煤炭科工集团的煤矿液压支架项目和温州帮科的煤矿瓦斯稀释器项目等一批具有国际领先技术的新项目、新企业陆续进入基地。

总之，为了适应我国面临的公共安全形势和人民群众不断增长的安全需求，以及随着抚顺应急装备制造产业发展力量的不断壮大，抚顺打造"国家应急装备制造产业示范基地"的条件已日渐成熟。

二、抚顺建立国家应急装备制造产业基地需要解决的问题

抚顺应急装备制造产业的产业地位初步确立，但尚需巩固现有基础，延长产业链条，提高市场覆盖率和企业核心竞争力。

1. 抚顺应急装备制造业政策扶持力度有待进一步加大。政府还缺乏完善的对应急装备制造业发展的政策支持体系，一些推动应急装备制造业发展的具体规章制度还有待进一步完善。同时，对中小应急企业创新扶持力度有待加强。具体表现在：一是缺乏系统性，全市缺乏宏观规划，应急装备制造产业尚缺乏系统性政策引导进行有效整合；二是缺乏操作性，有些政策停留在一般化的要求提倡上，缺乏具体的实施细则和配套措施；三是缺乏导向性，政府的产业政策偏重引导，缺乏对应急产业企业的经济利益、行为保障等激励性的配套措施。

2. 抚顺建立国家应急装备制造产业基地的高层次创新型人才缺乏。从我市应急装备制造产业的发展现状来看，高层次、复合型的技术带头人和技能型人才缺乏，企业人才培养、利用和引进不充分，造成自主创新能力有限，拥有自主知识产权的企业不多。虽然一些应急装备制造高新技术企业吸引了一批科技人才，但因各种原因也流失很多，高级技工严重短缺。人才缺乏的主要原因包括紧邻省会沈阳导致城市吸引力不足，薪资水平低，发展和晋升空间狭窄，工业区周边生活配套尚未完善，高校和科研机构等人才培育机构较少，创新创业软环境欠佳等。

3. 应急装备产品市场不成熟。对应急装备产品推广不足，对市场整体培育开发不够，主要表现为三个脱节。（1）供求脱节。应急装备产品生产企业普遍反映，除了军队、武警、公安等少量用户外，应急产品需求主体不明确，找不到有效用户，无法进行有目的的生产；一些政府用户虽然有需求，但不知道按照什么样的产品目录和标准进行储备、配置，不知道企业能够提供什么样的应急产品。（2）产、学、研脱节。政府、企业、院校与科研机构间缺乏有效的沟通协调机制，每年大量投入形成的应急装备科研成果往往被束之高阁，没有及时转化为现实产品。（3）资源共享脱节。政府开展了应急管理信息平台体系建设，但是应急装备产品生产企业、应急资源部门、高危产业、受灾地区信息难以共享，数据库建设滞后于硬件发展。地区与部门间、军地间、政企间，应急装备产品、应急装备储备能力缺乏共享，导致供需之间脱节。

4. 应急装备制造企业自主创新能力弱，缺乏核心技术支撑，科技成果转化率低。（1）缺乏技术创新机制，应急装备制造企业缺乏核心竞争力。企业技术创新因为有高风险，许多企业宁愿维持生产利润并不很高产品的现状，也不愿意冒风险进行开发新产品。（2）应急装备制造企业对核心技术的科研经费投入少。企业技术创新能力不足，以企业为主体的技术开发创新体系建设进展迟缓，自主知识产权缺乏。企业技术创新研发经费投入不多，研发装备落后、技术人才不足的状况尚需改变。（3）科技成果转化机构的作用尚没有充分发挥。有效的产、学、研结合机制亟待完善，应急装备制造业科技成果与产业之间转化衔接尚需加强。（4）自主创新能力不强，应急装备技术改造较慢。政府和应急装备制造企业投资强度低，用于新产品、新工艺和新技术的研发投入不足，缺乏竞争力强的新产品和名牌产品。一些技术装备虽实现了国内制造，但未掌握核心技术，可靠性等技术指标与国外先进水平相比仍有差距。

5. 应急装备制造产业多元化投融资体系尚未形成。抚顺尚未形成符合应急装备制造业发展特点的投融资体系。应急装备制造业投融资渠道单一，投资体制不健全，利用资本市场筹集资金发展应急装备制造业的企业稀少，缺少应急装备制造业的创业投融资机制。

6. 应急企业间协作配合差，产业链条不紧密。应急装备制造业属于组装式工业，需要上下链条相关企业高度协作。抚顺各应急装备制造企业配套能力差，系列化生产能力不高，在市场竞争中各自为战，无法形成聚集效应和相互配套。

第二节　抚顺建立国家应急产业示范基地的基本思路

为贯彻落实《国务院办公厅关于加快应急产业发展的意见》和抚顺市制定出台的《关于加快应急产业发展的实施意见》，我市全力支持在沈抚新城创建国家级矿山石化应急产业示范基地，建设国家应急响应与灾害应对教育培训中心和国际应急安全体验城，努力把应急产业培育成抚顺新的经济增长点，并为打造国家应急装备制造产业示范基地奠定基础，现就建立国家应急装备制造产业示范基地的基本思路做以下探讨。

1. 指导思想。以"创新、协调、绿色、开放、共享"的发展理念统领我市应急装备制造产业基地建设全局，以信息化为引领，走科技含量高、资源消耗低、环境保护好、人力资源优势得到充分发挥的应急装备制造产业发展道路；以自主创新为动力，着力推进应急装备制造重大项目建设，以建立国家应急装备制造产业示范基地为目标，以提高应急装备制造业水平和延长应急产业链条为主攻方向，发挥我市应急装备制造产业的比较优势，用高新技术和先进适用技术改造和提升核心应急装备制造企业，做大做强应急装备制造龙头企业，培育扶持自主品牌，发展高端应急装备制造业；加大技术开发投入力度，提高技术引进、消化、吸收和创新能力，提高技术装备的设计、制造和成套水平；围绕应急装备制造产业链条的完善和延伸，形成专业化生产、区域性协作、社会化配套的应急装备制造产业发展新格局，把抚顺建成重要的国家应急装备制造产业示范基地。

2. 基本原则。(1) 坚持智能融合，创新发展，建设高端高质高效应急装备制造产业基地，促进可持续发展的原则。(2) 坚持自主创新，"两化融合"，促进抚顺应急装备制造产业优化升级，促进技术进步的原则。(3) 坚持政府导向、市场运作、龙头整合的原则。(4) 坚持自力更生与争取上级支持相结合的原则。(5) 坚持服务拓展，协同发展的原则。(6) 坚持生态优先，绿色发展的原则。

3. 总体思路。(1) 用好政策，建设基地。以应急装备制造业基地建设为突破口，以各类应急装备制造企业为载体，以经济利益为驱动，以政府配置为主导，围绕智能应急装备制造业、应急装备制造服务业，融合互联网技术，扶持培育本地应急装备制造高新企业，全面对接国内外优质应急装备制造产业资源，推动抚顺应急装备制造企业和各类现代服务业向沈抚新城应急装备制造业基地集聚。（2）增加产品品种，形成产业链。积极主动招商引资，延伸应急装备制造产业链条、扩大产业规模。通过增加应急装备产品品种、改善应急装备质量、完善应急服务网络、提升应急服务水平的方式，加快提升抚顺应急装备制造产业基地的辐射能力，将应急装备制造业的上下游产业联结成为完整的产业系统，实现应急装备生产、工程建设、技术研发、服务支持等活动的专业化、规模化与一体化。（3）加大研发力度，推动技术创新。大力提升应急装备制造产业的创新能力，支持优势应急装备制造企业建立着眼于核心、共性、重大关键技术原始创新和集成创新的高水平研发机构。（4）加快服务平台建设，提高组织化程度。大力推进抚顺应急装备制造产业的信息平台建设，鼓励在基地形成以优势企业为核心，相关主体参与的高端共性技术平台，推动应急装备制造产业技术创新联盟建设，提高产、学、研结合的组织化程度，打造一支一流的科研开发队伍，造就一支既具备科技知识又掌握现代管理的复合型科技企业家队伍。（5）加快服务创新，促进各要素向应急产业基地集聚。加快推进抚顺应急装备制造产业的服务创新、管理创新和商业模式创新，引导和鼓励高水平人才、技术、资金、信息等要素及相关主体向应急装备制造产业基地集聚，形成具有抚顺特色的应急装备制造产业基地。

4. 发展目标。到 2020 年，将我市应急装备制造产业基地建成产业集聚度比较高、产品结构比较合理、产品技术比较先进、应急装备制造特色比较明显、综合实力在国内外有较大影响的国家应急装备制造产业示范基地。（1）应急装备制造产业发展目标。把沈抚新城打造成国家煤矿安全生产监测装备、煤矿重大灾害防治装备、煤矿救护和个体防护装备、煤矿抢险救灾及井下通信装备、煤矿装备主机及配套产品生产的重要基地，并在煤矿应急智能机器人、煤矿应急监测预警智能系统、应急自救绳缆产品等方面突破关键技术，发展一批"专精特新"中小应急装备制造企业，研发一批在国内外有影响的应急装备制造产业的名牌产品，构建集煤矿应急装备产品研发、生产、交易展示、仓储物流、培训实操、创客中心等六大功能为一体的产业链，完善我市应急装备制造产业体系，实现总产值 400 亿元以上。（2）应急装备制造服务业发展目标。到 2020 年，抚顺市应急装备制造服务业产业规模将达到 30 亿元，应急装备制造服务业的服务对象数量是 2015 年的三倍，科技服务业基本成型，拥有一批国内顶级的检验检测中心，形成装备制造配套物流链条，并形成较为成熟的金融服务业，完善互联网技术对于应急装备制造产业的支持。（3）发展应急装备制造产业的企业规模和数量目标。到 2020 年，我市应急装备制造业规模以上企业要超过50家，拥有3家具有世界影响力的应急装备制造企业集团，2家能够引领世界应急装备制造业技术发展、拥有自主知识产权的国际品牌产品，培育和扶持8～10个年销售收入过10亿元的龙头企业。（4）应急装备制造企业创新能力目标。到2020年，形成完备高效的产、学、研、用相结合的高端应急装备制造技术创新体系，骨干企业研发经费投入占销售收入比例超过10%，科技人才引进和培养力度进一步加大，企业科技人员占比不少于8%；具有知识产权的高端应急装备制造产品和知名品牌数量较2015年翻一番。建成1家国家级应急装备制造技术中心、3家省级应急装备制造技术中心、5家市级应急装备制造技术中心，形成一批具有知识产权的高端应急装备产品和知名品牌，培养一批具有国际视野的科技领军人才，初步形成以市场为导向，以应急装备制造企业为主体，产、学、研相结合的应急装备制造产业技术创新体系。（5）应急装备制造企业竞争力提升目标。煤矿安全设备制造优势在全国领先，技术水平进入世界先进行列，拥有自主知识产权产品的国内外市场份额显著提高。到2020年，形成3家在装备细分产业进入国内前十的大企业。（6）应急装备制造产业项目招商目标。加大招商引资力度，加快项目建设，壮大应急装备制造产业集群，每年引进应急装备制造产业项目15个以上，投资额达到50亿元以上。

第三节　抚顺建立国家应急产业示范基地的重点任务

抚顺应急装备制造产业基地建设的重点任务，就是依托应急产业基础、科研优势和区位优势，以沈抚新城的煤矿安全装备产业集群为核心，以其他四大产业集群为配套，重点围绕监测预警、预防防护、处置救援、应急服务四个重点方向，大力发展应急装备制造产业。同时，完善公共服务、投融资、仓储物流、培训演练、应急体验等应急产业服务体系，在沈抚新城建成国家应急装备制造产业示范基地、国家应急响应与灾害应对教育培训中心和国际应急安全体验城，成为国家区域性减灾储备和应急管理服务中心。

1. 加快培育和建设沈抚新城应急装备制造产业基地。（1）加快基地建设，促进应急装备制造产业集聚发展。根据我市煤矿安全装备制造有较好产业基础的特点，结合国家应急战略性新兴产业发展需要，以沈抚新城现有煤矿安全装备产业集群为依托，布局建立应急装备制造产业基地。围绕应急装备研发和制造大企业、大集团，发展中小应急装备制造企业产业群，促进沈抚新城已形成基础的煤矿安全装备等应急产业发展框架的完善。各中小应急装备制造企业要突出特色，以专业化、标准化、批量化为目标，与研发和制造大企业、大集团建立起长期稳定的战略合作伙伴关系。（2）加快发展煤矿机械及安全装备产业集群。争取煤矿产业基地一期厂区2016年底建成投产，二期项目开工，使煤矿产业基地成为摆放各类应急装备制造新建项目的重要平台。重点发展煤矿安全装备，依托主要企业包括煤炭科学研究院沈阳分院、普利达电机、华瑞安全仪器、天安矿山科技等研发和制造企业，形成防爆电机、液压支架、安全救生救护装备、煤磁选设备等主导产品体系，成为国家煤矿安全生产监测装备、煤矿重大灾害防治装备、煤矿救护和个体防护装备、煤矿采掘主机及配套产品等研发和生产制造基地。

2. 丰富应急产品，夯实应急装备制造产业基地发展基础。（1）煤矿应急装备领域重点研发中高端产品。重点发展煤矿救援装备等应急产品，形成涵盖预防防护、处置救援、应急服务等全方位的应急装备产业体系。支持企业生产矿山安全等安全灾害监测预警应急检测装备。引导企业开发应急救援人员防护、矿山和危险化学品安全避险、特殊工种保护等产品。推动以沈阳研究院投资的避难仓项目、天安矿山科技有限公司投资的国际煤机项目为代表的煤矿安全装备产业集群，发挥应急产业的规模集聚效应。（2）推进应急装备制造技术创新，加快应急装备新产品、新技术研发。依托应急煤矿安全产业技术创新联盟，充分发挥高等院校、科研院所和重点企业技术中心的资源和技术优势，在关键技术、基础材料、技术标准、专利保护、成果转化等方面广泛合作，构建产、学、研、用相结合的应急装备产品创新体系。对接国家科技计划专项和基金，建立应急装备制造产业工程技术中心和重点实验室，推动跨部门、跨行业的协同创新平台建设，在煤矿安全防护用品和材料等领域形成领先的技术优势。鼓励应急装备制造企业研发市场需求大、附加值高的应急装备新产品。（3）发展绿色环保应急装备制造产业。联合抚顺本地环保相关产业，完善环保应急装备产业链。出台相应政策，鼓励环保型应急装备产品的发展。（4）煤矿安全设备发展重点。围绕抚顺煤矿安全设备领域，着重发展矿山支固产品、矿山机械、磁选机、除铁器、安全检测仪器、救生救护装备、消防器材等装备。重点关注控制程序、模块电路与自动监控的使用，结构形式多样化，设备规模大型化，并强调低能耗与环保材料的使用。一是矿山安全机械重点关注磨机与浮选机的大型化，结合计算机及电控技术提高设备自动化程度，并强调低能耗与环保材料的使用，零部件便于处理回收。二是磁选机重点关注控制程序、模块电路与自动监控的使用，结构形式多样化，设备规模大型化。三是除铁器重点发展精细除铁、高磁场强度与磁场梯度除铁器、节能降耗、控制自动化及新型电磁除铁器电源。（5）重点推动沈抚新城应急机器人产业发展。依托沈抚新

252

城机器人应用技术研究院，紧盯机器人国际巨头企业和国内主流厂商，力争引进知名企业 2 家。重点推进防爆机器人、消防机器人、自动充填机器人、喷涂机器人等应急产业项目的研发试制和建设投产。

3. 建立应急装备制造产业研发检测孵化公共服务平台。依托沈阳研究院的基础条件，建立应急煤矿安全装备研发检测孵化公共服务平台，整合影响企业发展的要素资源，搭建公共交流和服务的平台，构建以技术为核心的企业发展联盟，实现资源的有效共享，形成产品的上下游配套的产业集群效应可通过资源整合、引进嫁接和高水平的运作，构建一个高层次的中介服务体系和制度框架，使技术、资金、设备、人才、管理、服务等影响企业发展要素资源，实现共享、协作、提升，为技术服务中心的服务对象通往产、学、研、银行、风险投资等领域建立起广泛渠道和网络，从而推动应急装备制造产业基地产业层次的提升和产业链完整，使公共服务平台成为沈抚新城周边地区应急煤矿安全装备制造业的技术中心、产业培育中心、知识产权交易中心、人才成长的摇篮和创业的基地，最终把技术服务打造成一种以咨询和中介为根本手段的高级智能服务产业。在公共服务平台成为煤矿安全装备高新技术产品孵化基地的基础上，使科技创新能力和产业规模成为应急装备制造产业基地加快发展的重要引擎，推动煤矿安全装备突飞猛进的发展，为我国煤矿安全提供重要的技术支撑。

4. 推进应急装备制造生产性服务业发展。积极培育集成服务商、工程承包服务商，整体解决方案和制造专家服务系统等，鼓励企业从加工、组装向研发、售后服务延伸，提高服务在应急装备制造价值链中的比重。（1）在应急装备研发设计及系统集成方面，充分发挥沈阳研究院在煤矿安全技术研究和产品开发的优势，重点在矿山安全技术研究、新产品研发与生产、安全产品检验检测、安全技术项目评价四大主体方面提供应急装备技术开发、产品开发、实验及检测等方面的生产性服务。（2）在应急装备工程总包方面，重点发展应急设备成套、项目管理、工程咨询、工程设计、工程招标、工程监理等生产性服务。（3）在应急装备仓储物流方面，实施供应链管理优化，建设区域物流中心，重点发展应急装备仓储、运输、货运代理、包装、装卸、搬运、流通加工、配送、信息处理等生产性服务。（4）在应急装备售后服务方面，重点发展应急安装调试、维修保养、配件提供、设备改造、人员培训、调换退赔和报废回收等生产性服务。（5）在应急装备回收再制造方面，重点发展应急设备翻新再制造技术，建立应急设备回收服务体系，降低制造成本和消耗。（6）在应急装备制造专业化服务体系方面，重点发展为应急装备制造企业提供共性技术研究、质量监督、试验检测、认证、标准、信息、成果转化、电子商务、技术培训等咨询服务和技术共享服务的专业化服务机构。

5. 加快发展应急装备制造服务业。（1）大力发展应急装备制造科技服务。充分发挥沈抚新城及周边院校现有载体优势，加大招引各类应急研发机构、重点实验室、工程技术研究中心的力度，支持引进大学研发机构和企业科研机构，支持开展行业共性技术研究和服务。大力发展知识密集、高附加值的高端应急装备制造科技服务，建设研发机构和企业的对接平台，着力打造沈抚新城应急装备制造科技服务集聚区。（2）加快发展对应急装备制造产业的金融服务。加快我市金融服务业发展，积极争取信贷政策，大力发展科技金融业和创业投资、风险投资，满足我市应急装备制造产业发展的多元化投融资需求，形成金融服务对应急装备制造产业加快发展的重要支撑作用。（3）大力发展周边配套物流服务业。对接沈抚新城应急装备制造物流发展需求，积极促进物流企业与应急装备制造企业的沟通合作，形成以应急装备零部件配套物流、整机配套物流为主体，电子商务为支撑的抚顺市应急装备制造物流产业体系，建成物流、监管等综合信息共享和应用服务体系，提升物流服务能力和服务效率。（4）建立应急装备制造产业创客中心和培训演练中心。建立煤矿应急装备使用救援培训演练中心，面向煤矿开展应急安全体验、应急救援培训、应急演练等活动，普及应急安全知识，为应急装备使用救援工作培训专业人才，为广大煤矿提供开展应急演练的氛围和场所，培育应急装备制造市场更大的需求。

6. 实施应急装备制造业标准化与质量控制提升工程。（1）加强应急装备制造业标准化工作。发挥中国煤矿安全标准化技术委员会挂靠在沈阳研究院的优势，以加强应急产品标准化工作为突破口，以高端应急装备制造业提供技术标准支撑，提升应急装备制造业重点行业、重点企业和重点产品采标达标水平。加快应急装备制造业重点领域标准的制订、修订步伐，加大采用国际标准和国外先进标准的力度。从沈抚新城应急装备制造业产业基地入手，实现应急装备制造业上下游产品标准对接，保证标准要求的协调性和一致性，以稳定提高产品质量为基础，保护和改善高端应急装备产品的国内国际形象。（2）实施应急装备制造产品安全质量控制提升工程。沈阳研究院实验基地作为国家级的检测单位，要充分发挥国家煤矿防爆安全产品质量监督检验中心电器检验室、防爆检验室等作用，继续扩大检测品种和范围，从检验手段、检验能力和检验设备入手，使在电器、防爆、仪器仪表、电缆和提升运输四个方面达到国内先进水平的基础上争创国际先进水平。充分发挥检测检验优势，为应急安全装备制造产业基地提供从项目研发、技术咨询、产品检测到产业孵化的一条龙公共服务平台。

7. 实施应急装备制造业信息化整体提升工程。现代信息化服务可以为应急装备制造产业提供网络技术服务等支持，在以信息化推动工业化的过程中发挥重要的作用。因此，要重点发展信息化控制，加快应急装备智能化进程，大力推进信息技术在应急装备制造产业的应用，提升抚顺市应急装备制造信息服务发展水平。尤其是在国家"中国制造2025"的大背景之下，加快煤矿安全装备智能化的进程，利用现代信息技术，以沈抚新城应急装备制造产业为载体，推动应急装备制造信息服务与应急装备制造业的融合发展。加快信息技术在应急装备制造业各个环节的推广应用，引导和推广计算机集成设计制造系统、协同制造、网络化集成制造、绿色制造、精益生产等先进制造模式，积极应用数字技术改造工艺技术和生产装备，提高产品质量和专业化加工水平，提升应急装备制造过程的信息化、自动化、智能化水平。

第四节　抚顺推动建立国家应急产业示范基地的对策建议

示范基地是推动应急产业发展的重要载体和平台，国家出台扶持应急产业发展的政策措施将优先应用于示范基地。《办法》第十五条提出，工业和信息化部、发展改革委、科技部通过现有渠道对示范基地给予支持，优先推荐示范基地的应急产品、技术和服务，引导各类资源向示范基地聚集。在此基础上，针对示范基地建设和发展中需要由中央层面支持的事项，将积极协调相关部门予以推动解决。需要强调的是，示范基地建设的主体是地方政府，应当统筹安排一定引导资金支持示范基地的建设和发展。

随着国家应急产业政策的实施，依托抚顺现有应急装备制造产业的基础和优势，提高应急装备制造产业的发展规模和水平，已提升到抚顺经济发展战略的层面。包括应急装备制造业特殊高技术人才、关键技术、产业平台产业链体系、土地、市场需求等应急装备制造业发展的基本支撑要素，都需要向沈抚新城应急装备制造产业基地进行有效地聚集。同时，有效的领导机制、各项法规政策的扶持体系、金融投资体系、雄厚的基础设施和完善的服务体系等，都对应急装备制造产业的快速发展至关重要。因此，如何为抚顺的应急装备制造业快速发展创造这些良好的有利条件，也就成了政府的一个非常重要的工作。

1.高起点规划、高水平建设抚顺应急装备制造产业基地。（1）提高土地等生产要素对应急装备制造业基地和项目建设的供给力度。通过整合沈抚新城现有应急产业用地，引进和发展高新技术应急装备制造企业。随着沈抚新城煤矿产业基地一期厂区的建成和二期项目的开工，使煤矿产业基地成为摆放各类应急装备制造新建项目的重要平台。要充分利用这一基地平台进行应急装备制造产业项目的招商和引进。（2）努力建设好沈抚新城应急装备制造产业基地。我市要以沈抚新城为应急装备制造业发展的重要平台，高起点规划，高水平建设，强化管理服务，打造一流的软硬件环境，吸引承接更多应急装备制造产业的相关企业进入基地发展，提升应急装备制造产业的集中度。支持标准化厂房、公共服务平台建设，为应急装备制造业发展提供载体服务，把应急装备制造业基地打造成为以应急装备制造业为主导，特色鲜明、功能完备的发展平台。（3）构建要素保障体系，为应急装备制造业发展创造良好的发展环境。一是构建要素保障体系。加强应急装备制造产业基地基础设施建设，强化资金、水、电、气、交通、通信等要素保障，积极推进高端应急装备制造业重点投资储备项目的规划定点、征地、环评等前期工作，简化项目审批程序，提高办事效率，促进项目早日落地。二是为应急装备制造产业发展创造良好的发展环境。要进一步转变政府职能，减少审批事项，简化审批程序，强化协调服务。要建立重大应急项目绿色通道，实行外商投资重大项目协调制度，努力构筑服务高地、项目洼地和资金洼地，促进各类应急装备制造行业向沈抚新城应急装备制造业基地集聚。在市场准入、财政支持、政府采购等方面，对应急装备制造业给予更加宽松的发展环境和更加优惠的扶持政策，对于符合应急产业政策导向、技术水平先进、产出效益良好、符合节能环保要求的优质应急装备制造业项目，在基础要素供给方面要优先保障。

2. 强化人才支撑，为应急装备制造业发展奠定决定性基础。人才是一切产业发展的保证。（1）注重引进高端人才，特别是那些拥有自主知识产权成果的人才。通过引进领军人才、创新团队，发展一批应急高科技企业。鼓励和支持企业引进掌握核心技术、具有持续研发能力并能承担重大科技攻关任务的高层次创新创业人才。以提供研发资金、创业资金、投资入股、资金补助、提供人才公寓等优惠条件，吸引一批掌握应急装备制造业前沿技术的人才来抚顺加入应急装备制造业研发生产基地的建设。（2）加强应急装备制造业人才队伍的建设。继续与辽宁工程技术大学开展人才输送和培养及培训的合作；扩大沈阳研究院与辽宁石油化工大学联合组建的"顺华能源学院"的适用专业招生规模，通过院校优势互补，为应急装备制造产业培养急需的专业人才。发挥沈阳研究院列入国家计划内招生硕士研究生培养单位、安全工程博士研究生培养单位，以及被列国家人事部批准的博士后科研工作站的优势，继续批量培养应急装备制造产业的高端人才，为应急装备制造产业基地建设提供全方位的智力支撑。

3. 制订鼓励应急装备制造产业科技创新的政策措施。（1）加大对创新主体扶持力度。鼓励对创新型项目的引进孵化与本地高新技术企业的培育扶持，在协助筹集启动资金、减免办公场所租金、提供人才落户便利、给予科技经费支持等方面为企业进行技术创新与产品创新提供支持，在现行扶持政策基础上适当增加扶持力度。紧密对接中央、辽宁省和抚顺市的政策资源，积极推动落实企业研发费用加计扣除、高新技术企业税收优惠、技术转让所得减免所得税、允许企业加速研究开发仪器设备折旧、科技开发用品免征进口税收、对环保节能等项目的税收优惠政策，用足各级科技投融资政策，鼓励科技金融产品创新，促进科技成果资本化、产业化。优化财政科技经费投入结构，并向龙头企业、初创企业、高新企业重点倾斜。重点支持企业建设本地或异地工程技术中心、博士工作站、研究实验室等机构，增强企业创新能力，促进企业提升核心竞争力。（2）加大对创新成果奖励力度。对应急装备高技术企业取得的创新成果，对科研带头人与骨干研发人员给予荣誉与物质奖励，同时重点推荐申报国家各级科技进步奖项。对于获得国家级科技进步奖项的创新成果，给予特殊奖励。（3）加快创新创业平台和载体建设。推进抚顺创新型孵化器和创新创业平台建设，支持孵化器围绕应急产业，推动具有国际先进水平和产业引领作用的科技成果转化和产业化。根据科技成果转化项目的来源，入驻企业的数量、质量和融资情况，产业聚集效果，以及企业承担国家、辽宁省和抚顺市重大应急装备产业项目等情况，给予资金支持。

4. 加大对高端应急装备制造产业项目的招商引资力度，推进一批重大项目的落地建设。（1）加大招商引资力度，培育应急装备制造业领军企业。抓好和谋划一批有利于推动抚顺应急装备制造业发展的高技术项目，建立重大项目动态储备库，每年编制装备制造业重大项目年度计划，加大招商引资力度，集中力量抓好应急装备制造业项目建设。重点协调服务和推进一批对全市工业转型升级具有重大推进作用的应急装备制造业规划项目。根据国家和省市的应急装备制造业规划投资重点，加强与上级有关部门的联系与沟通，努力争取上级更多的项目资金支持。（2）进一步健全招商引资机制。设立应急装备制造业招商引资服务机构，建立项目引进、协调、服务、考核机制，引进战略投资者，加强与国内外知名应急大企业的协作配套，全力推进优势资本向发展应急装备制造业的企业集中，大力引进跨国公司、中央企业和周边大型知名应急企业及其重点项目，使之尽快形成气候，产生效益，拉动相关产业的发展。（3）创新招商引资模式。主动加强与国内外应急装备制造产业发达地区的经济交流和技术合作，大力推行小分队招商、委托招商、驻地招商、亲情招商等新型招商方式，提高招商引资效率。根据产业链的薄弱环节，注重"补链招商"，延伸应急产业链，引进关联配套产业，制定目标招商区域，设立招商机构或招商总代理，对引进成功项目按投资额度的一定比例进行奖励；综合运用定向招商、股权招商、以商招商和以企招商等招商方式，实现招商引资的重大突破。

5. 建立支持应急装备制造业发展的多元化投融资体系。（1）政府通过优惠政策进行扶持。政府要从财政政策优惠、改进服务等方面，出台一系列专门支持应急装备制造业发展的扶持政策，用于支持科技成果转化。在政策优惠上，通过信贷、用地、税收、政府采购等政策对应急装备制造业项目予以扶持。对应急装备制造业的重点产品、重点企业、重点项目和围绕应急装备制造业建设进行产业转移的项目，要积极落实已出台的相关优惠政策予以扶持。要积极争取国家发展应急装备制造业的支持资金。（2）设立政府应急装备制造产业发展专项资金发挥引导作用。应急装备制造业发展专项资金由市财政安排、沈抚新城财政配套，主要以补助、贴息等方式重点支持应急装备制造业基地、核心企业、重点项目及引资项目的建设和发展，包括重大关键技术研发、重大产业创新发展工程、重大创新成果产业化、重大应用示范工程、创新能力建设、创新型人才的引进与培养等。同时，专项资金可用于高端创新人才在传统应急装备改造升级的扶持，用于支持企业在异地建立应急产业研发中心、分支机构或异地技术合作。（3）积极利用资本市场进行融资。选择若干家投资回报率高的项目发行企业债券，积极推进业绩良好的应急装备制造业的企业上市融资，继续创造条件支持抚顺隆基电磁科技有限公司争取早一批次上市融资，鼓励应急装备制造业企业到海外资本市场融资。（4）建立融资信息交流平台。建立针对我市应急装备制造产业发展的融资信息交流平台，发布企业融资、租赁、贷款，以及任何其他资本合作方式的需求信息，使异地的资金方可随时了解抚顺应急企业的融资及合作需求，筹措发展资金，消除企业资金瓶颈。（5）建立多元化贷款供给体系。设立针对应急装备制造产业集群发展的专项贷款，为企业提供充足的、具有一定优惠条件的信贷资金；大力发展科技银行等区域性中小金融机构，积极培育小额贷款公司等，为中小应急企业提供小额、量多、面广的个性化、差异化借贷服务。（6）健全多层次融资担保体系。为解决企业融资过程中担保难和抵押难的问题，完善以政策性信用担保为主体、商业担保和互助担保相互支持的多层次担保体系。由抚顺市和沈抚新城共同出资，成立针对重点产业发展的贷款担保基金，探索制订贷款担保基金制度。针对某些处在产业链关键环节的初创性应急企业，政府为之提供信用担保，帮助企业获得金融机构的贷款。加强对专利、商标权、版权等无形资产的评估能力，大力发展知识产权质押融资担保模式。政府、担保公司及银行合作，针对重点应急产业设立一定额度的资金池，为轻资产、重科技的中小企业增信，解决其融资难问题。

6. 努力提高抚顺应急装备制造业标准化水平。（1）形成以沈阳研究院为主体的多元化标准化组织领导工作机制。（2）加快"班组标准化"和"企业文化标准化"建设，健全我市应急装备制造业标准化体系。（3）建立激励机制和监督机制，强化政府优惠奖励政策的导向作用。（4）实行应急装备制造产业全员培训和专业培训相结合，把标准化专业人员的培训纳入抚顺人才发展战略规划之中。（5）应急装备制造企业要成为标准研制和实施的主体，以适应用户需求多样化要求。（6）建立我市应急装备制造业标准化信息咨询服务体系。

第十二章　抚顺培育生产生活物流总部四大新经济增长点

提要：生产性服务业、生活性服务业、总部经济、现代物流业是现代服务业中的重要业态。生产性服务业是经济转型升级的"中场发动机"，是实现创新驱动的"火车头"。生活性服务业能有效地促进就业再就业改善民生，能够留住本地和吸引外地的消费力增强本地经济的活力。推动总部经济发展，可以充分发挥其能调动诸多生产要素聚集流动和强大的向周围辐射扩散形成产业链的重要功能和作用。现代物流业在"以销定产"的过剩经济条件下，是促进国内外商品在各地区互通有无，并推动经济发展的重要推动力。本章分四节分别对生产性服务业、生活性服务业、总部经济、现代物流业这四大新经济增长点的发展现状和存在的问题进行了分析，探讨了推动这四大经济增长点发展的基本思路和发展重点，提出了推动这四大经济增长点加快发展的政策建议。

第一节　抚顺培育生产性服务业新经济增长点

生产性服务业已经成为西方发达国家经济结构中增长最快的部门，而在中国则处于进一步探讨和加快发展阶段。伴随着对外开放的日益扩大，随着经济转型和结构调整的逐步推进和不断深入，生产性服务业已经成为经济转型的"中场发动机"，是实现创新驱动的"火车头"，是制造业走向新一轮振兴的"起跳板"。抚顺加快生产性服务业的发展，对于加快产业结构的优化升级，推动现代服务业新型业态的建立，增加就业，推动经济增长和抚顺老工业基地转型振兴具有十分重要的意义。

一、抚顺生产性服务业发展现状

1. 政府高度重视生产性服务业发展。我市为促进生产性服务业企业分立工作，制定了《抚顺市工业企业生产性服务业分立工作实施方案》，对符合条件的企业实行简易征收、等额返还等优惠政策，扶持企业下一步发展。

2. 大型企业生产性服务业分立工作全面启动。按照《国务院关于加快发展生产性服务业促进产业结构调整升级的指导意见》规定的分类要求。抚顺已有 57 户工业企业实行分立，分立出生产性服务业企业 68 户。抚矿集团将科技研发中心、集团采购和销售业务、物流系统、供暖、医疗等分立经营。中国人民解放军六四零九工厂将技术开发业务分立，煤矿电机制造公司拟将运输、修理业务分立，泰和煤炭公司拟将运输、矿井维修业务分立等。

3. 生产性服务业随着现代服务业的发展逐渐壮大。我市服务业增加值占到地区生产总值的 38.43%，生产性服务业的规模也呈现出了逐年扩大的趋势。如沈抚新城科技金融服务中心，将打造成全国首家产业金融服务平台和"一带一路"石油领域园区建设项目权威发布平台；形成区域信息流、资金流、产业金融政策、企业总部汇聚中心，具备整合辽宁乃至全国制造资源承接国际产业园区项目能力。

二、抚顺生产性服务业发展面临的问题

1. 制造业产业链更多注重实体产品生产。物质材料消耗占成本比重大，与产品制造相关的研发、市场销售服务、外购信息服务等占全部支出的比重较小。特别是生产性服务业所包括的科技知识技能服务业，科技研发、检验检测、科技中介服务、研究与咨询、投资咨询、技术转让、资产评估、信息服务、法律服务、产权交易、外贸代理等多项为工业生产实行全方位配套服务的业态发展相对缓慢。

2. 生产性服务业内部行业发展不均衡，结构比重不均衡。从生产性服务业的整体来看，抚顺生产性服务业总量和发展规模偏小，从内部结构来看，各业态发展也不够均衡。

3. 生产性服务业发展慢于制造业。抚顺在推动现代制造业发展方面取得了明显的成就，但是与之紧密相关的生产性服务业培育却显得不足，服务产业化水平显得较低，企业的服务外包意识不强，许多服务还是通过内设机构或者下属子公司来提供，严重制约了生产性服务业发展的空间。

4. 生产性服务业人力资源不足。生产性服务业尤其是知识密集型服务业，对人员的专业素质要求很高，高层次、专业化人才短缺。

三、抚顺培育生产性服务业新经济增长的重点行业

推动抚顺生产性服务业的快速发展，可以重点发展研发设计、信息技术服务、节能环保服务、检验检测认证、商务咨询、售后服务等重点领域。

1. 研发设计。围绕抚顺现代产业体系建设及产业升级发展的需要，积极开展研发设计服务，逐步形成功能社会化、经营产业化、管理现代化的研发设计服务体系。（1）推进研发服务平台和公共服务平台建设。突出抓好科技创新建设，着力引进研发总部及工程中心，支持企业组建专业化、开放型的行业技术中心、企业工程技术中心、重点实验室等研发服务平台，促进工业企业与工业设计机构合作。（2）建立完善的产、学、研、用相结合的研发设计体系。围绕抚顺现代煤化工、高端装备制造、新能源、新材料等重点产业领域，充分发挥政府引导作用，鼓励和引导科研院所、大专院校面向社会承接科研、设计项目，构建以实验室、工程中心、重点产业集聚区为关键环节的创新链，健全以企业为主体，以市场为导向，以现代信息技术为支撑，产、学、研、用紧密结合的研发设计体系。

2. 信息技术服务。（1）发展新型信息技术服务。发挥云计算、大数据等现代信息技术的促进作用，推动制造业的智能化、柔性化和服务化，拓展更多云服务领域；不断创新面向专业领域的信息服务方式，推动信息技术服务与制造业的深度融合。积极发展软件设计，加大对 IC 设计的支持力度，提高信息技术咨询设计、集成实施、运行维护、测试评估和信息安全服务水平。（2）加快信息基础设施建设。大力推进政府门户网站系统、OA 办公系统、网上审批系统、电子印章系统和城乡应急联动管理系统等部门管理服务系统建设。

3. 节能环保服务。要围绕抚顺矿山地质灾害治理及生态综合治理，大力开展全社会节能减排、生态修复、环境保护等专业化服务。（1）大力发展节能服务业。积极打造节能服务平台，为中小用能单位进行用能诊断，提供节能咨询服务；鼓励具有一定规模和有实力的节能服务公司联合重组，拓展服务领域，增强竞争力；完善第三方节能服务体系，培育一批从事能源审计、节能评估等专业化服务机构。（2）大力发展环保服务业。适应我市燃煤电厂烟气超低排放和冶金、建材等行业节能减排要求，支持组建专业化节能环保服务公司，提升节能环保综合服务能力；培育一批以污水垃圾处理、脱硫脱硝、除尘、生态修复、环境监测等为重点的专业化环保设施设计、建设和持证运营企业；发展环保中介服务，培育环境综合服务龙头企业；建立完善再生资源回收体系和废弃物逆向物流交易平台。

4. 检验检测认证。（1）提升专业服务质量。在金融、物流和信息服务等重点生产性服务领域，全面实施服务质量国家标准，重点提升外包服务、检验检测、售后服务、信用评价、认证许可等专业服务质量，促进生产性服务业与先进制造业融合。（2）建立健全检验检测体系。推进相关技术机构资源整合，优化检验检测资源配置，建设社会公共检测平台和检测资源共享平台；发展面向安全监管、公共服务、设计开发全过程的分析、测试、计量、检验等服务；

加强先进重大装备、新材料、新能源汽车等领域的第三方检验检测服务，加快发展药品、医疗器械、农产品质量安全、食品安全等技术保障服务，发展在线检测，完善检验检测技术支撑。推动建立区域性检验检测互认机制，最大程度帮助抚顺企业实现产品检测本地化。

5. 商务咨询。（1）引导商务咨询集聚发展。适应对外开放新形势，培育和引入商务咨询企业和机构，围绕商务咨询龙头企业和优势企业建立商务咨询服务集聚区，提升商务咨询服务的规模化水平，提高商务咨询业的集中度和服务水平。（2）拓展商务咨询服务领域。大力发展战略规划、营销策划、市场调查、管理咨询等提升产业发展素质的咨询服务，积极发展资产评估、会计、审计、税务、商法、勘察设计、工程咨询等专业咨询服务。发展信息技术咨询服务，开展咨询设计、集成实施、运行维护、测试评估、应用系统解决方案和信息安全服务。

6. 售后服务。售后服务搞得好不好，直接关系着企业的市场综合竞争力。要积极发展专业化和社会化的售后服务，着力增强服务功能，健全服务网络，提升服务质量，完善服务体系。（1）完善产品"三包"制度。推动产品配送、安装调试、以旧换新等售后服务发展，积极运用互联网、物联网、大数据等信息技术，发展远程检测诊断、运营维护、技术支持等售后服务业态，鼓励开展设备监理、维护、修理和运行等全生命周期服务。（2）建立健全售后服务网络体系。推动建立完善售后服务信息管理系统，加强为生产企业、消费者和售后服务从业人员搭建售后信息交流平台，提升售后服务水平。积极发展第三方维护维修服务，支持具备条件的企业内设机构向服务于社会的专业维护维修公司转变。

四、抚顺推动生产性服务业新经济增长点发展的建议

1. 构建促进生产性服务业发展的体制与机制环境。（1）打造发展生产性服务业的良好税收环境。政府可对重点生产性服务行业实施税收优惠。例如，允许制造企业在购买注入专利等高端生产性服务业时，按一定的比例抵扣进项税项额，以鼓励这些服务项目从制造业企业中分立出来，促进生产性服务业发展。（2）设立生产性服务业发展的专项引导基金。设立制造企业服务化发展引导基金，用于影响大、带动作用强，具有示范作用的制造业服务化过程，对于大型制造业企业的重点服务化项目给予补息或贴息。设立制造业企业服务剥离发展引导基金，重点扶持大型制造业企业服务活动外置形成的生产性服务集聚区。（3）承接产业转移，推进产业开放发展。一是积极引进和承接国内外先进制造或服务企业外包的业务流程，与其建立战略合作关系；鼓励投资向战略性新兴产业、高新技术产业和现代服务业转移。二是将一些业务流程转移到具有科技和经济优势的外省市，借此获取关键知识、技术和专业人才，提升服务制造业的素质。重点支持主导产业和新兴产业龙头企业到省外或境外，建立或兼并企业、研发机构，参与经济发达地区的产业和研发分工。

2. 积极推进研发设计服务业。围绕抚顺现代产业体系建设，以及产业升级发展的需要，积极推进研发设计服务的进一步发展，逐步形成功能社会化、管理现代化和经营产业化的研发设计服务体系。重点抓好抚顺科技创新建设，积极引导有资质有实力的企业引进研发总部及工程中心，支持企业组建专业化、开放型的各类技术中心和重点实验室等研发服务平台，鼓励并促进工业企业与工业设计机构合作。

3. 推动生产性服务业发展方式创新。（1）提升自主创新能力。加大研发投入，引进和培养研发人才、经营管理人才，鼓励企业通过海外研发增强自主创新能力。（2）支持新兴服务业发展，引导生产性服务业企业升级。注意发展促进科技成果产业化，提高生产性服务企业的专业化程度，增加服务的技术含量和附加值，引导生产性服务业实现升级发展。（3）鼓励生产性服务企业向价值链高端发展。鼓励具备条件的工业企业重点围绕提高研发创新和系统集成能力，发展市场调研、产品设计、技术开发、系统控制等业务。加快发展专业化设计及相关定制、加工服务，建立健全重大技术装备第三方认证制度。围绕市场营销和品牌服务，发展现代销售体系，增强产业链上、下游企业协同能力。（4）实现生产性服务业与制造业的互动发展。通过实行"主辅分离"，推进企业内置服务的剥离，从而实现市场社会化的运营。鼓励企业将非核心价值环节外包、出售或剥离出去，由专门的生产性服务企业承担，形成制造业与生产性服务业分工的格局，以促进生产社会分工专业化和精细化，推动生产性服务业快速发展。（5）培育产业集群，推进生产性服务业集聚区建设。抚顺应按照区域发展总体战略和功能分区规划，引导生产性服务业在制造业、现代农业基地等区域集中，实现集聚发展和规模效益。此外，还要立足于我市自身的区位优势和特色，依托现有工业基础，发展以产业链为核心的专业生产性服务区。

第二节　抚顺培育生活性服务业新经济增长点

生活性服务业是满足居民基本消费需求、改善民生、提高居民生活品质和提升城市功能的重要行业。生活性服务业主要包括社区服务业、健康保健服务业、家政服务业、养老服务业、心理咨询服务业、房产中介服务业、法律服务业等诸多服务业态。加快培育和推动生活性服务业新经济增长点的发展，是抚顺现阶段产业结构调整的重点，也是拓展抚顺市场发展空间，提高居民生活品质，扩大就业再就业，促进抚顺老工业基地转型振兴的重要举措。

一、抚顺生活性服务业发展中存在的问题

抚顺生活性服务业虽有一定发展，但速度还不是很快，尤其是农村生活性服务业还处于萌芽状态。

1. 生活性服务业整体发展水平有待提高。抚顺生活性服务业尚未出台总体规划和专项规划，且缺乏有效政策支持。抚顺生活性服务业企业普遍体量较小、产业雷同、竞争力弱，资源分散、同质化发展的现象比较突出，且市场化程度偏低，产业链条没有形成。社区服务、健康保健服务等新兴业态布局分散，小规模经营为主，行业缺少规模企业和知名品牌，集聚功能和产业带动能力尚未呈现。同时，受到收入水平的制约，生活性服务业很难有大的突破。

2. 生活性服务业结构不合理，农村生活性服务业亟须加强。目前，我市家庭服务、咨询服务、健康医疗、社区服务等业态明显滞后，且行业发展创新意识较差。同时，抚顺城乡生活性服务业发展不平衡，农村生活性服务业发展明显滞后于城市，健康保健服务、心理咨询服务、法律服务等服务水平和质量明显不能满足农村居民的生活需求，在一些乡村这些方面的服务行业更是处于空白。

3. 人才短缺矛盾凸显。抚顺生活性服务业核心竞争力不强，深层次的原因就是缺少人才的智力支撑。这表现在生活性服务业从人员整体素质偏低，专业人才严重缺乏，尤其是科技创新、中介咨询、法律咨询等知识密集型高端人才十分匮乏。同时，生活性服务业人才的培养、引进力度还不够，专业人才的存量和增量都不适应生活性服务业发展的需要。

4. 生活性服务企业融资难题依然突出。我市生活性服务业企业大多注册资本规模小、固定资产投资少，在办理银行贷款时存在难以提供固定资产抵押或抵押物不足的情况，往往要以企业主个人财产进行抵押，筹融资非常困难，这一点在法律服务、中介咨询业表现尤为突出，该类行业的核心价值是无形资产，既缺乏能够有效抵押的不动产，又面临着知识产权抵押制度不完备的窘境。同时，我市中小企业贷款担保公司等融资机构资金规模偏小，而且审批程序严格，在为生活性服务业企业融资方面发挥的作用较为有限。

二、抚顺培育生活性服务业新经济增长点的思路

1. 推动抚顺生活性服务业新经济增长点发展的指导思想。立足本地区人口的消费力，并同时吸引外省市的消费力，广泛拓展生活性服务业市场空间，以大众性生活服务业态发展为基础，特色生活服务业态为重点，坚持多元化协调发展，扩大生活性服务供给与引导生活性服务消费，积极培育心理咨询、健康保健等生活性服务新业态，建立业态健全完整的生活性服务业体系，增强生活性服务业对抚顺城市转型的推动作用。

2. 发展目标。抚顺要重点面向物质生活和精神生活消费发展生活性服务业。形成开放包容、诚实守信的生活性服务业发展环境。生活性服务业的规模化、市场化水平明显提升，龙头企业和知名品牌明显增加。重点发展面向新兴消费热点的个性化服务和提升生活性服务业产业链条。在养老、保健、咨询等特色领域创建国家级服务业集聚发展示范区。

3. 发展方式。（1）三产联动。抚顺生活性服务业发展要与三产相互渗透，实现融合发展。鼓励工业分离出生活性服务业发展，依托特色农业发展休闲农业，支持生活性服务企业的业态创新，培育具有特色的生活性服务业功能集聚区，提升生活性服务业面向需求、凝聚需求、创造需求、引领需求的能力。（2）生态资源联动。抚顺生活性服务业发展需要立足生态资源特色优势。坚持培育发展休闲和消费联动资源战略。要把抚顺优质的生态资源由资源优势转为消费优势，以融合发展理念发展健康养老保健业态，实现生态与产业发展结合，生态与社会民生结合，加快推动生活性服务业的特色业态快速发展。

三、抚顺培育生活性服务业新经济增长点的重点任务

抚顺要把握生活性服务业发展趋势，立足便捷的区位交通优势和丰富的生态资源优势，面向新兴消费热点，重点培育休闲养老服务、家庭服务、健康保健服务、社区服务、家庭服务等为主的生活性消费体系，不断满足人民群众多层次、多样化的物质和精神生活需要。

1. 重点打造多层次的家庭服务业体系。（1）积极推动常规家庭服务业发展。实施家庭服务业企业家成长工程和市场培育工程，积极引导行业协会和公共服务平台发挥引领作用，加快促进家庭服务业信息化、市场化、产业化和社会化，努力健全以家政服务、家庭养老服务、病患陪护服务等为重点的家庭服务业体系，增强家庭服务业惠及民生、促进就业、扩大消费和提升抚顺城乡居民生活质量等功能和作用。要鼓励家政公司等服务实体深入开展面向家庭的新型服务。（2）大力发展家庭外派委托业务。要面向家庭大力发展住家保姆、家

庭管理、家庭日常保洁、家庭烹饪、家庭卫生、园艺、宠物饲养等家庭事务管理服务，以及搬家、接送、装饰、庆典等家庭外派委托业务。（3）积极发展智力密集型专业特色服务。要面向家庭特殊需求，发展月嫂、育儿师、家庭教师、家庭医生、心理医师、家庭理财师、家庭顾问、家庭咨询师等智力密集型专业特色服务。（4）鼓励和扶持各类人员创办家庭服务企业。抚顺要进一步落实小额担保贷款政策，积极为创办家庭服务企业的创业人员开展创业意识引导、水平测评、专家指导、项目遴选、风险评估、贷款发放等创业一条龙服务，对符合政策申领条件、开办家庭服务项目的创业者，提供无息贷款或少息贷款，努力扶持家庭服务业发展壮大。

2. 大力促进健康保健培训服务业快速发展。以吸引沈阳经济区和本地消费力为着力点，加快发展生态健康保健培训服务业。（1）重点培育多元化的健康保健服务业态。鼓励发展以个性化健康检测评估、健康咨询服务、营养保健指导、健身美容、中医药养生保健等非医疗健康保健服务业。支持国内外著名健康保健服务机构在我市设立分支机构、连锁加盟店，或与公立医疗机构合作，创新健康保健服务管理模式和经营业态。抚顺市依托文化生态资源，规划建设一批集养生保健、康复治疗、休闲娱乐、健康体检等复合型健康服务功能区，打造健康保健服务品牌，吸引抚顺周边的消费者。（2）推进健康医疗服务改革进程，着力打造沈阳经济区特色医疗保健服务中心。鼓励抚顺医疗保健机构与省内知名医疗保健机构进行合作，支持其在抚顺设立分支医疗保健机构，使抚顺逐步成为沈阳经济区重要的医疗保健休养度假基地。（3）推动生活健康服务业跨区域发展，打造生活健康服务中心。抚顺要加强特色化或中高端生活健康行业建设，积极发展整形美容机构、亚健康调理机构、心理健康疗养机构，打造健康抚顺城市名片。抚顺以创建智慧城市为契机，打造发展智慧健康服务业，重点发展远程监护、远程健康咨询等。鼓励民间资本投资，发展个性化健康检查评估、私人医生、健身服务、健康调理等第三方健康服务业，建立东北地区具有影响力的私人健康服务中心，健康市场调查与咨询中心等。（4）支持医、教、研一体化发展，努力打造特色化健康培训基地。抚顺要加快推进医护人才多点执业，探索沈抚两城市间医护人才区域内流动机制，与沈阳品牌医疗院所合作共建医疗服务教学实习基地、县乡医疗人才实习基地，加快构建医、教、研一体化平台。支持和鼓励社会力量举办健康服务业职业院校和培训机构，建设健康服务教育与实训于一体，辐射省内的健康职业教育基地。

3. 重点增强养老产业多样化供给能力，做精做优养老产业。（1）建设"医养疗康"一体化的养老新基地。抓住国家加快发展养老服务业的政策机遇，面向沈阳经济区快速增长的健康养老需求，立足山水林田的自然景观，以公建民营、民建公补的模式，着力提升多层次、多样化的健康养老服务供给，优先发展社区养老、智慧医疗、健康养老、医疗保健、养生度假等，积极打造健康养老知名品牌及特殊产业集聚区和基地，加快形成健康养老产业的核心竞争力和品牌影响力。（2）积极完善社会养老服务体系。逐步建立以居家养老为基础，以社区养老为依托，以机构养老为支撑的社会养老服务体系。社会化养老是一个社会性的系统工程，不能孤立地发展社会化养老，应在坚持以人为本的基础上，与扩大内需联系起来。从环境、管理、收费和性质等方面对养老机构进行分级、分类，实现科学化管理。对于低收入的高龄、失能和空巢独居老人，逐步完善养老服务补贴制度。（3）坚持城乡一体化发展养老服务。开展本土养老服务，在农村建立微型养老机构，使老人养老离家不离土，离家不离村。搞好美好乡村建设是乡村养老的前提。依靠阳光、空气、空间等自然资源环境，在农村尝试城乡一体的养老模式，挖掘开发农村敬老院的养老潜力，初步在广大农村建立旅游、养老、医疗三位一体的养老服务体系。逐步形成抚顺市农村养老机构开放发展、城市养老机构向农村扩展的互动局面。（4）加快旅游、养老、医疗融合发展。将养老安居作为一种消费方式，通过社会化、市场化手段来探索老年产业的发展，建立一个政府倡导、股份合作、市场运作、产权明晰、转让灵活、保障健全的，新型旅游、养老、医疗为一体的综合型产业。（5）鼓励养老机构连锁经营。鼓励我市养老产业辐射全市的各个养老机构，把各自独立经营的服务网点联结起来，使养老机构之间相互协作，通过协议的方式进行联营，实现养老资源优化调配和共享。（6）探索"候鸟式"养老服务。目前，冬天飞到海南过冬，夏天飞回东北避暑的"候鸟"式养老方式已经兴起。我市立足山水林田生态资源，依托北部生态养生经济带等优势，建设拓展乡村养老模式。我市的养老机构可以与海南等地的养老机构或者旅游机构建立合作伙伴关系，实现养老机构的对接。构建"候鸟"养老服务平台，对接并满足外城市的老年人来抚顺休闲度假、旅游观光、医疗治病、养老等需求。

4. 推进社区服务业创新发展。完善社区配套服务功能。实行城市管理重心下移，使社区行使管理、服务、教育、监督、协调职能，发挥社区在社会救助、老龄服务、社会治安、环境卫生、劳动就业、计划生育、婚姻家庭等方面的作用。例如，建设一批规模大、信息化水平较高的综合性社区服务机构，整合、改造一批现有社区服务机构和设施，逐步形成以区级社区服务中心为龙头，以街道社区服务中心为主体，以居委会社区服务站为依托的社区服务设施体系。

四、抚顺培育生活性服务业新经济增长点的保障措施

抚顺要通过有力政策措施，推动生活性服务业体系建立，推动生活性服务业各业态全面协调健康快速发展。

1. 以市场为导向，营造适应生活性服务业发展的外部环境。（1）明确把生活性服务业作为新的经济增长点来进行科学规划。科学编制抚顺市生活性服务业发展总体规划，统筹考虑生活性服务业区域发展布局和业态分工。认真贯彻落实国务院、省政府关于生活性服务业发展的系列文件，从财政、土地、税收等方面加大对生活性服务业重点业态的扶持力度。（2）建立统一领导、综合协调、分工负责、上下互动的生活性服务业推进机制。（3）拓展多元化投融资渠道，满足生活性服务业企业多样化的融资需求。（4）加强生活性服务业信息平台建设。以服务抚顺居民生活为主体功能定位，加快建设特色鲜明、功能互补、集约高效的生活性服务业信息服务平台。

2. 建立生活性服务业的人才培养开发机制。加强对生活性服务业从业人员岗位培训，提高其素质及专业资质。有计划地在高等院校和中等职校增设生活性服务业的短缺专业，培养急需的中高级管理人才和专业技术人员。积极引进重点开发投资项目的人才及团队，推动我市短板生活服务业态快速发展。

3. 构建生活服务业多元化的培训服务体系。大力发展职业培训服务产业，广泛开展城乡培训教育，整合各类职业培训资源，引入行业组织等参与开展职业培训项目，为居民提供家庭服务、社区教育、养老保健、幼儿教育等职业技能的职业服务，建立家庭、养老、健康、社区教育、幼儿教育等生活性服务示范性培训基地或体验基地，推动生活性服务业整体水平提高。

第三节　抚顺培育总部经济新经济增长点

近年来，总部经济蓬勃发展，已经成为各地加快经济发展的重要牵动力。总部经济作为各行各业发展的组织者和指挥部，以其可以充分调动诸多生产要素聚集流动，并具有强大的向周围辐射扩散形成产业链的功能和作用，能够产生强劲的服务需求，带动并促进相关制造业、现代服务业、金融业等产业快速发展。随着抚顺沈抚新城、石化新城两个经济增长极在逐步发挥其先导示范的带头作用，抚顺已经初步具备了发展总部经济新增长点的基础条件、区位优势和政策软硬环境。因此，抚顺要想抢得新一轮发展先机，就必须采取超常规的

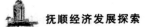

举措，借鉴先进省市经验，结合抚顺地方实际，大力支持和引进总部企业，推动总部经济新经济增长点的快速发展。

一、抚顺总部经济发展现状

1. 沈抚新城总部经济发展的先导示范效应明显。沈抚新城作为抚顺改革发展的先导示范区，在培育总部经济新经济增长点方面已走出了重要一步。沈抚新城着力推进了商贸、旅游、电子商务、金融、物流"五位一体"的服务业集聚区的总部建设，吸引高端服务业总部入驻，已取得了初步成效。(1) 综合型总部发展势头良好。一是印双杰超市入驻、曼陀山商务宾馆营业，同城生活广场、迪卡侬品牌运动超市、大商新玛特超市、亿丰家具建材村百家工厂店营业额逐渐上升。二是丰远丛林欢乐世界、冠翔冰雪大世界、辽沈战役实景再现景区、皇家海洋世界等，现年接待游客 600 万人次，旅游收入实现 61 亿元。三是电子商务总部发展异军突起。已经完成"一中心、四基地"的空间布局，即沈抚新城电子商务中心、"智慧电商谷"电商基地、"买卖城"跨境电商基地、居然之家亿丰东北家居建材村 O2O 项目基地和高湾旅游服务 O2O 基地，并且引进了电商企业 50 余家。沈抚新城被确立为辽宁省升级电子商务集聚示范区。(2) 金融型总部初建规模。辽宁方大融资租赁公司获得商务部十点企业资格。以海油金融大厦为依托的沈抚新城科技金融中心建设实施方案启动，另有新注册成立聚立基金管理有限公司、一家全国性的保险股份有限公司启动申报程序。区域性的电力交易中心、金融资产交易所等项目在进一步洽谈。(3) 物流总部集聚效应显现。沈抚新城现有抚顺大驿站物流园区，辽宁兴和医药有限公司建立的医药配送中心，东风风神物流和抚顺烟草物流仓储中心，抚顺长德现代商贸物流城等物流园区初步形成了集聚效应。

2. 顺城区总部经济发展势头良好。顺城区积极抓住恒大广场、兴隆摩尔、印象新城、亿程中央广场新建百万平方米写字楼的有利契机，积极吸引全国高新技术企业总部、上市公司总部、大型民营企业总部和大型外贸企业总部，以及国内外大企业大集团的研发中心、销售中心、采购中心、营运中心或者分支机构入驻集聚。

3. 东洲区总部经济发展特色明显。(1) 石油化工精深加工总部园区集聚能力强劲。石化新城共有落地工业项目 129 个，全力打造石化产业和高性能纤维总部基地，重点建设高新技术产业开发区、兰山工业园区、海新工业园区。(2) 物流总部园区形成规模。已发展了荣昌、同益、双旗、永强、威鹏等五个物流总部园区。同时，推进了同益物流园区、畅通物流、双旗物流、佳合绿源物流等项目建设。(3) 建设生态旅游总部经济区。环绕大伙房水库，依托山水

270

资源优势，构建生态体系，开发旅游资源，建设千亩河滩地公园，开发萨尔浒风景区、元帅林风景区，建成 180 平方千米的大伙房水库生态旅游风景区。

4. 新抚区总部经济发挥了商贸优势。（1）中央特色商贸圈总部经济优势明显。中央特色商贸圈作为辽宁省的省级服务业示范集聚区，服务业企业包括个体工商户共有 18100 户，形成了万达现代商圈、浙商小商品家居商圈、百货大楼传统商圈。中央金街、西五街琥珀等街区成为亮点。商贸业从业人员达到 10 万人以上。（2）电子商务总部经济。卓誉商城是"互联网＋"模式下的本土电子商务企业。天狗网依托大商抚顺商场优势，采取线下线上共同发展。智众软件和万恒集团共同打造了"家制造"电子商务平台。众源物流智能化网站建设、超市配货智能化都在快速发展。（3）东部榆林市场集群总部发展了各类专业化市场。（4）南环中部产业集群总部园区逐步壮大。再生资源产业园区和食品工业园区等相继建立。

5. 望花区总部经济发展。（1）电子商务总部发展迅速。目前，望花区电子商务总部拥有个体网商 3000 余户，其中 90％集中在生活服务行业，9％为生产服务类，1％为工业企业。电子商务服务大厦、电子商务平台网贸国际、今日商城，电子商务合作伙伴达 11 个。（2）新兴产业总部经济发展潜力大。高端装备制造、机器人等智能制造，"互联网＋"协同制造，高品质特殊钢，新型轻合金材料，稀土功能材料，稀有金属材料，先进高分子材料，先进陶瓷和特种玻璃，新能源汽车等都有很大发展潜力。

6. 新宾县，清原县和抚顺县的旅游总部经济、特色农业总部经济等均发展势头良好。新宾县的特色旅游业发展潜力巨大，清原县被商务部正式批复为全国电子商务进农村综合示范县。抚顺县的城郊型特色农业为市区服务成为重要经济增长点。

二、抚顺培育总部经济新经济增长点的优势

1. 抚顺培育总部经济新经济增长点的意义和效应。总部经济理论是指，某区域由于特有的优势资源吸引企业总部集群布局，形成总部集聚效应，并通过"总部—制造基地"功能链条辐射带动生产制造基地所在区域发展，实现不同区域分工协作、资源优化配置的一种经济形态。总部经济有集约性、层次性、延展性、辐射性和共赢性等五个特点。根据总部经济理论，欠发达地区如能跻身总部经济价值链的制造和现代服务业基地环节，对当地经济和社会的发展将产生重要而积极的影响。总部经济能够为欠发达城市带来五种效应：税收贡献效应、产业乘数效应、消费带动效应、劳动就业效应和社会资本效应。抚顺作为欠发达地区，充分利用沈阳中心城市结构升级的机遇，承接其制造业基

地转移，大力发展现代服务业，形成抚顺地方特色的比较优势的产业集群，增强加工配套和服务能力，是从欠发达走向发达成熟的重要路径。

2. 抚顺发展总部经济的优势。（1）发展战略布局优势。抚顺实施了"两城两带一区"的发展战略，特别是沈抚新城、石化新城两个带动全市经济快速增长的经济增长极，对于培育总部经济新经济增长点具有得天独厚的优势，进而对于辐射并带动东部生态区、南环产业带、浑河景观带及县域经济全面发展具有重要意义。（2）产业优势。沈抚新城产业区重点发展的智能装备、工程机械产业集群，形成了与煤矿装备、汽车配套、石化及输变电等产业协调发展的格局，山推机械、煤炭研究院、抚挖重工等国内知名企业陆续建成。石化新城依托"千万吨炼油、百万吨乙烯"项目，大力发展石油化工产业。目前，石化新城在打造化工及精细化工产业基地方面，已具备较为突出的产业和原料优势。近年来，随着方泰精密碳材料公司、青岛伊科思公司、抚顺齐隆化工等一大批承接化工原料的龙头企业入驻，石化新城产业集群初具规模。这些优势产业，都为培育总部经济新经济增长点奠定了招商引资的基础。（3）科教优势。辽宁石油化工大学、抚顺职业技术学院、沈阳工学院、沈阳农业大学科学技术学院等，构筑了职业教育和高等教育互补的教育体系，为区域发展提供了人才保证和智力支持。（4）政策优势。抚顺对入驻我市的总部经济企业，和对于洽谈、筹建期的重点招商引资企业，以及部分商贸、物流等便于异地经营的企业，为其提供了良好的政策优惠支持、物业服务支持的企业集群住所。（5）资源要素优势。因土地、环境等诸多因素影响，我国许多发达地区出现了产业梯度转移的趋势，总部与制造基地分离或企业外迁，各城市因消费人口众多，必有的市场发展空间，也为电子商务、物流业、生产性服务业和生活性服务业等现代服务业培育总部经济新经济增长点提供了发展机会。抚顺中心城区、周边县区及开发区土地、房产、生产要素成本价格较低，总部经济发展所需要配套的基础设施和人居环境等较好，性价比极高，可以给包括总部企业在内的各类组织的生产经营，以及个人生活减轻成本压力。

三、抚顺总部经济发展面临的问题和挑战

1. 发展理念滞后。对总部经济相关理论认识不足，将总部经济片面理解为地产经济。同时，一些县区因发展相对落后，对培育总部经济新经济增长点有畏难情绪。

2. 体制机制欠缺。总部经济管理体制和机制尚不健全。同时，总部经济统计工作还处于初级阶段，总部经济信息资源掌握手段不多，难以及时把握引进总部动态情况，影响整体工作开展。

3. 企业竞争力不强。知名的大企业地区总部入驻不多。全市现有大型以上总部企业中，已引进或拟入驻的总部多为地区性分支机构，知名大企业地区总部或核心机构数量相对较少，特别是世界 500 强、国内 500 强总部企业极少。本土总部企业总体规模偏小，盈利能力较弱，与发达地区仍然存在巨大差距。同时，总部项目资源储备不足，总部招商联络渠道不宽。

4. 周边地区的激烈竞争。近年来，省内城市中心城区及周边地区竞相提出吸引企业总部入驻、发展总部经济的战略，区域竞争愈加激烈。例如，沈阳凭借省会优势，以和平区、沈河区等区为先导发展综合性总部；以浑南区、于洪区、沈北新区等区为支撑发展职能型总部；以新民市、辽中县等周边县突出发展特色产业总部集聚地。大连市则把高新区定位为本市 IT 产业研发中心的集聚地，全市形成了人民路商务区、星海湾金融商务区、七贤岭总部经济区等总部集聚区；在入驻大连的总部企业中，内资与外资总部企业数量分别为 71 家和 44 家，其中世界 500 强企业总部 38 家。这些地区总部经济发展规模都不小，而且对总部经济发展的政策扶持力度很大，既与抚顺形成了有力竞争，又为抚顺提供了先进经验。

四、抚顺培育总部经济新经济增长点的思路

1. 抚顺培育总部经济新经济增长点的指导思想。以转变经济发展方式为主线，促进现代服务业和装备制造业融合并进，市场主导与政府扶持相结合，引进外来企业总部和培育本地企业总部相结合，科学转移劳动密集型、资源依赖型等中间生产环节，把战略决策、科技研发、投资管理、营销等高级形态的经济要素留在抚顺，整体提高全市经济资源的配置效率，把抚顺建设成特色优势产业总部集聚地，创意研发和商贸物流高地，引导总部在外的辽宁籍、抚顺籍企业回归。

2. 抚顺培育总部经济新经济增长点的指导原则。（1）坚持政府引导与市场主导相结合的原则。既要充分发挥政府在规划引导、政策激励、平台搭建等方面的积极作用，又要积极调动企业主体的积极性，以市场化运作的思路推进企业总部项目建设。（2）坚持总部经济与产业优化相结合的原则。发展总部经济不能脱离抚顺的产业特征，要形成总部经济与抚顺特色产业的联动效应，形成产业调整与总部经济联动发展、相互促进的新格局。（3）坚持引进总部与培育总部相结合的原则。既要吸引国内外企业总部、地区总部，以及研发中心、设计中心、营销中心等落户我市，又要培育自己的总部企业，重点扶持培育一批发展前景好、潜力大、具备企业总部和生产加工基地分离的抚顺企业总部做大做强。（4）坚持总部经济与城市发展相结合的原则。要把企业总部基地建设

与沈抚新城和石化新城建设有机结合，走高标准、高品位和高档次的集约型发展之路，着力营造良好的基础设施和商务环境。

3. 抚顺培育总部经济新经济增长点需要采用的发展模式。根据我市功能布局和发展现状，要加快布局"双核两城两带"总部经济发展格局。即以中央商圈、河北商圈为核心的综合型总部集聚区，沈抚新城、石化新城、南环产业带为重点的制造业总部集聚区，沈抚新城为依托的物流总部集聚区，及与其他总部集聚区配套的金融总部集聚区。（1）综合型总部经济模式。鼓励国内外企业在我市设立综合型总部，重点引进与我市优势产业相关联的、在本行业处于较为领先的公司来我市设立区域性综合型总部，重点鼓励我市优势企业以资产并购、成立控股公司等方式设立综合型总部。（2）物流总部经济模式。鼓励国内外企业在我市设立物流总部，开展物流链管理、需求预测和结算等服务。鼓励国内外大型企业设立企业物流总部，积极引进大型物流企业在我市设立区域性总部。支持国际大型物流总部企业在我市设立信息服务、物流配送、仓储等职能性总部。（3）研发总部经济模式。鼓励国内外企业在我市设立研发总部，进行研发活动、研发战略决策、研发资源配置和研发业绩管理。围绕新能源汽车、装备制造、新材料、机电、电子信息等产业领域，突出引进各类高校及与其科研机构相衔接的独立研发中心，鼓励内外资企业生产管理与研发活动相分离，力争形成区域性研发总部集聚区。（4）金融型总部经济模式。主要是银行、证券公司、基金管理公司、保险公司、信托投资公司等区域性总部。要重点鼓励银行、证券公司、基金管理公司、保险公司、信托投资公司等金融机构设立分公司，以及直接隶属于法人机构并单独设立的业务总部、营运总部、资金中心等地区金融总部。

五、抚顺培育总部经济新经济增长点的保障措施

1. 改善总部经济发展环境。（1）发展总部配套服务业，助推引进各种总部。大力改善商务环境，支持培育本土品牌中介机构发展壮大，积极引进国内外著名中介机构落户，以独资、合资、合作等形式来抚设立机构，并立足对接各总部经济的发展方向和需求，重点集聚和壮大法律服务、战略咨询、投融资咨询、会计评估、工程咨询、广告策划、公共关系、贸易代理等多种商务服务机构，加快发展金融后台、工程研发设计、数据处理、人力资源管理、财务管理、客户服务和教育培训等外包业务，构建种类齐全、运作规范、接轨国际的商务服务体系，推动总部经济新经济增长点发展。（2）建立完善的服务总部经济发展的信息体系。加快建立统一规范、科学完备的服务业统计调查制度，以及总部经济信息共享和考核激励机制，完善服务业统计体系尤其是总部经济统计体系建设。完善引进总部项目目标考核体系，建立引进总部纳税奖励激励机制。加强对总部经济企业的调研和指导，了解我市总部经济运行中存在问题，提出更有针对性的发展建议，促进总部经济良好运行。（3）优化配套服务及环境。一是提升行政服务质量。充分发挥行政审批服务中心作用，进一步精简行政许可项目审批环节和审批时间，提高行政服务效率。实施项目跟踪服务机制，经认定的总部企业纳入重点便利服务名单，重大企业总部项目纳入绿色通道服务范围，建立企业服务质量跟踪检查制度。强化服务沟通机制，定期举办政府与企业间的各种形式的座谈会、沙龙、论坛和俱乐部活动，加强政企联动和沟通。二是营造良好法治环境。强化文明执法，维护市场经济秩序，确保公平、公正的自由竞争环境。加大对发展总部经济的宣传力度，形成有利于总部经济发展的良好舆论氛围。

2. 加大政策扶持力度。（1）加大财政扶持力度。在贯彻落实上级有关政策措施的基础上，借鉴其他省市的做法，切实制定引导和鼓励总部经济发展的优惠政策。建议在产业发展引导资金中设立总部经济专项扶持资金，引导总部企业做大做强。对于在抚顺新注册设立，并经认定的总部企业按注册资金比例给予一次性落户奖励；对当年财政税收和经济增长有突出贡献的总部企业给予表彰和奖励；对经批准实施就地建造总部大楼的企业，以及在抚顺异地建造总部大楼的企业给予一次性补助，以降低企业初次投入成本，对在区内购置或租赁办公用房的总部企业，根据不同类型和标准也给予相应的补助。（2）采取灵活融资政策。大力支持总部企业利用资本市场进行融资，协调解决总部企业在境内外上市融资过程中的问题。引入优秀中介服务企业，改善上市服务，加快总部企业及其所属优质企业上市融资步伐。积极发挥政企、银企合作平台作用，推动抚顺金融机构加大对总部企业资金扶持。同时，鼓励有条件的总部企业设立产业投资基金，引导总部企业通过资产重组、合资合作、上市融资、发行债券等多种方式，拓宽融资渠道。（3）实施积极的土地政策。确定年度总部企业用地计划，并争取纳入市级土地储备计划，对已纳入年度土地供应计划的总部企业用地，积极做好协调工作，合理设定出让条件，以公开出让方式优先保障总部企业办公用地。探索实施灵活用地年限和出让金收取方式，根据总部企业发展需要，准予在法律规定的年限内合理确定用地年限，经批准分期缴纳土地出让金。（4）强化人才培育工作。对总部企业吸纳高端人才、行业紧缺人才和专业技能人才实行优先保证，并为其提供生活居住、家属工作、子女就学、医疗保障等方面的便利服务。完善高层次人才需求信息发布机制，完善柔性引才机制，加大对总部企业所需高层次人才的培养资助力度。

3. 各县区推动总部经济应采取的具体措施。借鉴沈抚新城推动总部经济新经济增长点发展的经验，应注重采取的政策措施。（1）全力推动对总部经济发展有重要推动作用的重点项目建设，充分发挥大企业总部的示范辐射扩散拉动相关产业发展的作用。积极引进一批优秀企业和重大项目，利用抚顺市及东北的产业资源优势筑巢引凤，开展一对一、点对点的招商引资推介工作，不断扩充总部经济规模。（2）搞好基础设施配套建设，为总部企业落户创造条件。对入驻总部企业免租并提供办公资源等优惠，实行税费补贴政策。加快物流基础设施的建设，加快推进跨境电商保税物流园建设，满足电商物流需要。（3）各县区要注重把沈抚新城的总部企业引入本县区建立分部。各县区除了对外招商引入总部重点项目外，还要充分利用沈抚新城总部经济发展的优势，把沈抚新城的总部企业引入本县区建立分部，特别是对于三县偏远地区尤为重要。例如电子商务、农村生产性服务业、农村生活性服务业、现代物流业等现代服务业，只要有特产、有消费人口等，就都有一定的市场发展空间。（4）重视各类实用人才培养。建立互联网等各类人才培养基地，比如把落户在沈抚新城的甲骨文互联网培训总部引入我市其他县区建立分培训部，进行电子商务基本知识和技能的普及性培训，引进电商企业，引进电子商务软件开发、营销、管理人才。采用诸如此类的借鸡下蛋的方式，可以加速培训和引进各类人才。（5）搭建融资平台，拓展融资渠道。

第四节　抚顺培育现代物流业新经济增长点

随着市场经济的发展，物流业已由过去的末端行业，上升为引导生产、促进消费的先导行业。现代物流业是以现代运输业为重点，以信息技术为支撑，以现代制造业和商业为基础，集系统化、信息化、仓储现代化为一体的综合性产业。加快发展现代物流业，既是培育新的经济增长点，调整经济结构的重要内容和紧迫任务，而且也是推动制造业优化升级的重要抓手；不仅是提升区域经济竞争力的重要途径，而且也是提升人民群众生活水平和质量，促进经济社会又好又快发展的客观需要。因此，加快抚顺现代物流产业发展，对推动抚顺与国内外的商品互通有无，增强抚顺经济活力具有重要的意义。

一、抚顺现代物流业发展的现状

近年来，抚顺通过不断整合物流资源，加快载体建设，优化物流环境，健全交通基础设施，综合交通运输体系已初步形成，物流业发展的基础条件也日趋完备。目前，我市正利用现代信息技术和现代物流组织方式提高现有物流企业发展水平；依托各类工业产业集群和服务业集聚区，培育发展第三方物流园区；积极推进城乡共同配送体系建设。此外，我市还积极创建省级物流园区和省级物流示范企业，全市物流业呈现出良好的发展态势，对国民经济的拉动作用逐步提高。

1. 抚顺物流业的发展规模。抚顺物流业（交通、仓储和邮政业）实现增加值占全市服务业增加值总量及 GDP 的比重逐步上升，成为服务业 14 个产业分类中仅次于批发零售业的第二大产业，经济地位突出。货物运输能力明显提升，道路运输在全市综合运输体系中占主导地位，为区域经济建设和社会发展提供了有力保障。

2. 物流业的仓储条件。抚顺城区共有 8 个货运交易市场，占地面积近 11 万平方米，可容纳 600 余辆车进场交易。尤其是质达、荣昌、吉正、同益等 4 个危险运输车辆专用停车场的启用，对解决城区危险品运输起到至关重要的作用。抚顺还推进和组织实施了亿丰、石化、荣昌等物流园区，榆林物流产业园区、裕民生活资料物流园区、长德现代商贸物流城等重点物流业项目建设，相继建设了占地面积 8 万平方米，建筑面积 6.8 万平方米的华山物流中心、顺城区的裕民物流园区和东洲区的荣昌物流园区，此外还为大乙烯生产固体产品建设了大型仓储库房及 2.5 万平方米的大型停车场。

3. 沈抚新城物流集聚效应明显。沈抚新城现有物流项目 6 个，初步形成集聚效应。其中，占地 240 亩的抚顺大驿站物流园区已投入使用，共有 20 余家物流企业入驻；亿丰物流一期标准大型库房 10 幢，办公楼 1 幢，仓储区面积 5 万余平已投入使用；辽宁兴和医药有限公司投资 2 亿元建设的医药配送中心项目，东风风神物流项目和抚顺烟草物流仓储中心项目，豪德集团总投资约 100 亿元的抚顺长德现代商贸物流城项目等对加快我市物流业发展都起到了重要的推动作用。

4. 物流业发展的交通优势显现。经过多年的改造和建设，抚顺已形成借助沈阳桃仙空港，依托沈吉高速公路，凭借城市四通八达交通干线和铁路的立体交通网络。特别是沈抚同城化的建设，推进了全市交通业的大发展，规划建设的沈抚四大通道，加速了沈抚半小时交通圈形成，为我市现代物流业的发展提供了极为优越的交通条件。

5. 物流业监管得到加强。建立流通领域重点商品质量动态监管手册《抚顺市工商局流通领域重点商品动态监管手册》，实现监管到位。做好 59 家市场监测企业数据上报和分析工作，重点抓好全市 40 家重点商贸流通企业和 60 家具有发展潜力的商贸流通企业数据统计工作。目前，重要商品信息已标注 21973 户，占到全部商户的 96.3%，有效保障了动态监管档案的建立。

二、影响抚顺现代物流业发展的因素

抚顺物流业总体上处于传统初级物流向现代物流发展的转型阶段,其初级阶段中存在的一些突出问题在全市物流业发展中均有体现。抚顺物流业还处于传统仓储运输业向现代物流业过渡的起步阶段,物流资源利用率较低,物流成本较高,物流企业的经营业态、组织方式、管理水平及信息化程度还不能完全满足工商企业对物流的需求。物流业基础设施滞后、技术装备落后、信息化水平低、物流标准化体系尚未建立、物流产业发展政策不配套,制约了我市对外开放、招商引资及社会经济发展。

1. 物流服务水平较低。多数企业服务内容仍停留在仓储、运输、搬运上,很少有物流企业能够做到提供综合性的物流服务,现代物流服务的功能尚不能得到很好的发挥。物流服务的硬件和软件与电子商务要求提供的高效率低成本的现代物流服务还有较大的差距,信息收集、加工、处理、运用能力、物流的专门知识,物流的统筹策划和精细化组织与管理能力都明显不足。我市的物流企业,除少数几家公司能提供简单货物仓储和运输外,其他基本上都是为车主提供货源信息服务,收取信息费的中介式经营。

2. 大型物流园区相对缺少。裕民、荣昌、华山等物流园区和基地,其经营规模与省政府提出的要求标准尚有较大差距。物流企业大都呈现不集中、零散分布状况,区域、空间的布局也需进一步的完善整合。

3. 物流业的组织化和规模化程度低。虽然各种运输方式比较齐全,但总量不足,相互之间的配套性、兼容性较差,系统功能不强,综合性货运枢纽发展缓慢,多式联运网络尚未形成。同时,缺少统一的规划和协调,物流管理分散,物流整体效益较差。

4. 物流信息建设落后,专业化经营水平低。抚顺大多数从事物流服务的企业物流信息建设落后,专业化经营水平较低,物流服务企业规模偏小,多数仍停留在货物代理、仓储、库存管理、搬运和干线运输等,而在流通加工、物流信息服务、库存管理、物流成本控制等增值服务方面,尤其在物流方案设计和全程物流服务等更高层次的服务方面还没有全面展开。

5. 现代物流业人才缺乏。现代物流业是深入到国民经济方方面面的巨大系统,是一个跨国界、跨地区、跨行业、跨部门的创新产业,具有多学科性、交叉性、边缘性和综合性的特点。这就要求物流专业人才培养必须具有多层次性,以适应经济发展和社会进步对物流人才的需求。目前,我市物流和配送领域的人才短缺,尤其是高层管理人才的缺乏,已成为物流和配送业发展的障碍。

三、抚顺加快现代物流业新经济增长点发展的对策

抚顺加快现代物流业发展，要采取相应的推动抚顺物流业快速发展的措施。

1. 加强以物流信息服务平台为重点的物流信息化建设。（1）推进企业物流管理信息化建设。加快企业物流信息系统建设，积极引导、鼓励物流企业运用电子信息技术改造传统物流产业，提升其信息技术的应用水平，实现物流管理网络集成化和智能化，推进企业物流管理信息化。扶持上下游企业之间信息交流，以及信息共享的网络建设和管理创新。（2）加速物流相关政府部门的信息化建设。建立公共数据交换平台，实现互联互通、信息共享。积极开发、应用并整合面向社会的基础性、公益性物流信息资源，全面提升政府部门对现代物流的指挥和监控能力。（3）搞好公共物流信息平台建设。积极推进全社会物流信息资源的开发利用，支持运输配载、跟踪追溯、库存监控等有实际需求、具备可持续发展前景的物流信息平台发展，鼓励各类平台创新运营服务模式，全面提高物流企业、物流活动的信息化水平。

2. 引导和推动物流业发展模式创新。（1）加快多式联运设施建设。构建能力匹配的集疏运通道，配备现代化的中转设施，建立多式联运信息平台。发挥交通物流优势，构建与铁路、机场和公路货运站能力匹配的公路集疏运网络系统，推动公路、铁路、航空运输无缝对接，构建多式联运物流体系。（2）实现制造业物流与供应链管理的对接。立足抚顺石油化工、装备制造等企业需求，支持建设与制造业企业紧密配套、有效衔接的仓储配送设施和物流信息平台。鼓励各类产业聚集区域和功能区配套建设公共外仓，引进第三方物流企业。鼓励传统运输、仓储企业向供应链上下游延伸服务，建设第三方供应链管理平台，为制造业企业提供供应链计划、采购物流、入厂物流、交付物流、回收物流、供应链金融和信息追溯等集成服务。（3）积极推进现代物流设施建设和城乡物流配送工程。一是形成重点品种农产品物流集散中心，提升批发市场等重要节点的冷链设施水平，完善冷链物流网络。二是加快完善城乡配送网络体系。统筹规划、合理布局物流园区、配送中心、末端配送网点等三级配送节点，搭建城市配送公共服务平台，积极推进县、乡、村消费品和农资配送网络体系建设。三是进一步发挥邮政及供销合作社的网络和服务优势，促进我市农村商品的双向流通。四是发展智能物流基础设施，支持农村、社区、学校的物流快递公共取送点建设。（4）加强物流技术与商业模式融合创新，强化对战略性新兴产业及商贸、会展等关联产业物流配套服务能力。发展高端产品物流业务，打造高端产品区域分拨中心，有效降低进出口货物成本。（5）创新物流金

融服务模式。一是搭建物流业融资平台。二是创新物流业融资模式。三是完善物流企业融资担保机制。四是拓宽物流业融资渠道。

3. 加快物流园区建设和培育大型物流企业。(1)加快抚顺物流园区的建设和集聚。在严格符合土地利用总体规划、城市总体规划的前提下,按照节约、集约用地的原则,加快整合与合理布局物流园区,推进物流园区水、电、路、通信设施和多式联运设施建设,加快现代化立体仓库和信息平台建设,完善周边公路、铁路配套,推广使用甩挂运输等先进运输方式和智能化管理技术,完善物流园区管理体制,提升管理和服务水平。结合区位特点和物流需求,发展货运枢纽型、生产服务型、商贸服务型和综合服务型物流园区,以及农产品、农资、钢铁、煤炭、汽车、医药、出版物、冷链、危险货物运输、快递等专业类物流园区,发挥物流园区的示范带动作用。重点抓好货运枢纽和配送中心物流园区建设。配套建设一批区县级特色物流园区,依托物流园区组建产品配送中心,在重要交通枢纽、产业集聚区周边布局物流节点设施群,发挥其支撑能力强、辐射范围广、附加价值高的示范带动效应。集中合理布局仓储设施,提高仓库利用率,推进仓储网络化、产业化、社会化进程。(2)积极引进和培育一批具有影响力的大型物流企业集团。要高度重视大型流通企业培育工作,采取有效措施,选择一批成长快、竞争力强、运作规范的物流企业在资金和政策等方面予以重点扶持,使其尽快做大做强,发挥其示范和带动作用,打造品牌物流企业旗帜;引导中小物流企业在资产、信息和业务方面进行整合,鼓励市场经济条件下的并购重组;加大对市重点流通企业政策支持力度,进一步提升流通企业竞争力。组织和支持抚顺亿丰、石化、荣昌、裕民生活资料等物流园区,以及榆林物流产业园区、长德现代商贸物流等重点物流业项目建设。选择一批发展现代物流的优势企业晋升为省现代物流示范企业,并创新龙头物流企业运营模式,通过兼并联合、资产重组、功能剥离等方式做大做强。(3)培育物流总部企业。构建和完善以总部型物流集团企业为主导,中小物流企业专业化配套、集群化发展的新型产业组织结构。政府通过制定和落实优惠政策,广泛对外招商引资,吸引国际知名物流企业和国内大型物流企业在我市设立总部或者分支机构,鼓励外来企业参与本地物流企业重组,鼓励本地物流企业与国内外大型物流企业开展多种形式的合作,通过引进资金和人才,创新管理方式和方法,培育和发展一批管理先进、竞争力强的现代物流集团企业,形成物流企业总部集群。围绕中国民营物流企业100强、国家5A级物流企业等国内外大型知名物流企业,鼓励其在我市设立采购中心、区域分拨中心、分包中心和配送中心等职能总部或分支机构。

4. 积极培育第三方物流企业发展。第三方物流企业是现代物流业重要市场主体，其发展程度代表物流业总体发展水平。要通过引进、培育等方式，大力促进第三方物流企业发展，鼓励现有运输、仓储、货代等传统物流企业功能整合和业务延伸，不断提升一体化服务水平，加快向现代物流企业转型。（1）积极引进国内外第三方物流企业。要新引进一批国内外第三方物流企业，带动和提升我市物流业的现代管理水平。（2）培育一批第三方物流龙头企业。鼓励本地一批传统物流企业，利用自身设施和服务网络优势，与国内外知名物流企业开展广泛的合资合作，提升管理水平，成为本土的现代第三方物流企业。（3）从工业企业内部和批发市场中分离出一批第三方物流企业。积极引导企业调整经营组织结构，剥离低效物流部门，制定优惠政策，鼓励专业化物流企业向专业化、社会化方向发展，采取积极有效的措施增强物流供给能力。鼓励从事运输、仓储、货运代理和批发配送等业务的企业，延伸服务范围和领域，使其逐渐成为部分或全程物流服务供应者。推进大型工商企业通过改革和企业重组等措施，逐步实行物流业务从生产中分离出来，面向社会开展物流服务，形成第三方物流企业。（4）鼓励第三方物流企业加快发展。鼓励、支持民营企业以独资、参股、控股、联营等方式，参与物流领域的投资与经营，培育一批实力雄厚、拥有著名品牌的大型物流企业。

5. 创建良好环境，支持物流业发展。（1）从软环境入手，制定优惠政策，加强监管。市财政可以通过积极争取上级资金，采取补贴、贴息等方式，重点支持物流园区基础设施、重点物流产业和信息化项目建设；对经确认的重点物流项目建设用地予以优惠的政策扶持。（2）改善环境，加强管理。规范全市物流业发展，改善市场环境，研究制定物流企业标准和等级认定，开展市场调查和物流企业规模排序等工作。

6. 积极培养和引进现代物流人才。鼓励我市有条件的院校增设物流相关专业，广泛开展物流职业教育，培养物流管理专业的专科生；引导企业、行业组织及民办教育机构开展多层次的物流培训和教育工作，制定引进物流人才的各种激励政策，吸引从业人员进行信息交流，提高物流从业人员的专业素质和技能。

第十三章　抚顺电商平台推动
各经济增长点发展

提要：搭建电子商务营销平台是推动电子商务产业加速发展的前提条件，可为各经济增长点提供快捷方便的营销渠道，有利于促进各经济增长点的培育和成长。本章对抚顺电商平台发展的现状和存在的问题进行了分析，探讨了抚顺打造电子商务平台的基本思路和重点任务，提出了抚顺打造电商平台推动各经济增长点加快发展的保障措施。

电子商务平台是一种为企业或个人提供网上交易洽谈的平台，是协调整合信息流、货物流、资金流，使其关联、有序、高效流动的重要场所。搭建电子商务平台，是推动电子商务产业加速发展的重要前提条件。在抚顺市十五届人大五次会议上，市领导在《抚顺市政府工作报告》中提出要"加大力度打造电商平台"的工作任务。因此，为了促进抚顺电子商务产业实现跨越式发展，实现实体经济营销方式的加快转型升级，推动抚顺产品走向国内外，有必要结合我市实际，研究这一关系推动抚顺电子商务产业加快发展的重要课题，以便为有关部门制订相关推动发展的政策措施提供决策参考。

第一节　抚顺电商平台的发展现状和存在的问题

一、抚顺电子商务平台的发展现状

抚顺高度重视搭建电子商务平台，并将其作为加快电子商务产业发展的突破口，因而各具特色的电子商务网站相继开设。大宗商品交易、工业企业销售及供应链管理、名优特农产品、旅游综合服务、"OTO"商城等五大电商平台初具规模。目前，我市共有各类网站 100 余家。其中，机械设备类 35 家，化工类 23 家，食品类 7 家，建筑建材类 9 家和综合类 26 家。

1. 抚顺在发展电子商务产业的系列文件中把搭建电子商务平台放在重要

位置。为了给搭建电子商务平台创造条件，我市形成了沈抚新城信息服务集聚区、望花东北网贸港等电子商务集聚区，并以集聚区的电子商务平台建设项目为引领，建设电子商务大厦和组建电商企业联盟，促进国内外大中型电子商务网站在集聚区建设电商平台。同时，我市不断优化软硬环境，采取直接引进和柔性引进相结合的办法，吸引电子商务产业高端型、应用型、紧缺型等精英人才来抚顺创业；通过学校间联合办学、网站互动协作等方式，集政府机关、教育部门、培训机构、电商企业为一体，大规模开展人才、技术培训，年培训规模在千人以上；下大力气引进一批优秀电商企业和电商重大项目，加快在谈电商项目的推进力度，培养扶持原创型电商项目，不断扩充电商资源规模，为搭建各个领域的电商平台创造条件。

2. 电子商务平台建设进一步推进。随着沈抚新城电子商务产业基地的崛起，亿丰东北品牌中心"O2O"商城、东北网贸港、卓华集团电子商务、沈阳福顺宝科技有限公司等大项目相继落户抚顺，标志着我市电子商务平台建设进入到加快发展时期。目前，抚顺北方化工网、天津抚顺贵金属交易所、宏鼎商贸煤炭交易平台、东北特产网、网贸国际、中国琥珀网、东北亚钢铁网、福顺宝"消费养老保障卡"、首华（辽宁）农产品商务运营平台等一批大宗商品电子商务交易平台已投入运营。卓华集团"欢乐同城购"、抚顺特色馆、"今日商城"、"天狗网"等"O2O"网上商城规模不断扩大。购物、文化、旅游、医疗等多领域的电子商务平台进一步发展完善。同时，第五届东北亚（抚顺）互联网及电商大会期间，我市签订了深圳腾讯"智慧城市"、首华大宗商品交易中心、智慧新宾、互联网小镇、抚顺沈抚新城电子商务两化融合平台建设、区域化电商发展服务平台，及源家园（望花）体验中心等6个项目协议。这些项目将在农产品交易、电商服务平台建设、电子商务集聚区建设、满族文化传播、智慧教育、智慧党建、智慧旅游，以及工业企业互联网应用等领域带动抚顺经济转型升级。

3. 第三方交易平台逐步发展壮大，网络零售市场交易规模不断扩大。沈阳卓华商务有限公司开发了电商网站"欢乐同城购"和手机移动客户端"同城生活圈"。"欢乐同城购"B2C电子商城、"同城生活圈"APP、智慧WIFI等一系列技术，整合线下商业实体资源，建设"线上付款、线下体验"的"OTO"电商新模式，并开办了抚顺特色馆，首批引进7家网商，进驻沃尔玛旗下"1号店"，大商抚顺集团、今日装饰城等开办"O2O"网上商城，将集团实体店所销售的服装、百货、家饰"摆"到网上商城进行网上销售，实现了"线上线下相结合"的新兴互联网业态，这些都推动了电子商务新理念转化为了实际应用成果；"吃喝玩乐0413"网站规模不断扩大，品牌效应凸显；今日装饰城建设"今日商城"网站,实现线下体验、线上交易的家居购物新享受,一大批实体店实现了线上线下融合发展。

4. 抚顺五大电商平台初具规模。我市加快电子商务平台建设,鼓励本土网购公司加快发展,促进新城网店、快递等相关产业发展。我市建设了大宗商品交易平台、工业企业销售及供应链管理电商平台、名优特农产品电商平台、旅游综合服务平台、"OTO"商城等五大平台。(1)大宗商品交易平台。以宏鼎商贸煤炭交易平台为载体,进一步挖掘线下资源,完善服务,并在此基础上复制模式,整合抚顺的铁矿石、钢铁、煤炭、石油及相关制品等大宗商品线下资源,引进大宗商品交易公司,打造"中国沈抚大宗商品电商交易平台"。(2)工业企业销售及供应链管理电商平台。以"沈抚新城创业服务平台"为基础,进一步整合产业区企业资源,改进管理与服务,探索盈利模式,适时引入社会资本,实行公司化运作,建成功能完备、区域内有绝对影响力的工业企业销售及供应链管理电商平台。(3)名优特农产品电商平台。以武汉中媒文化传媒有限公司的东北特产网、沈阳袂神电子商务有限公司的琥珀销售网络等为基础,培育扶持名优特农产品企业、农特产品批发市场等线下资源,拓展农特产品网上销售渠道,建设名优特农产品电子商务销售平台。(4)旅游综合服务平台。以沈抚新城自身旅游资源为基础,利用政府性综合服务平台的公信力和影响力,整合本地区景区、旅行社、餐饮、住宿、导游等资源,提供应急医疗、救护、交通、投诉、建议等服务,打造沈抚新城旅游服务平台,提供个性化、无欺诈旅游服务,提升区域旅游综合服务水平。待模式成熟后,逐步整合景区现有的线上服务平台,成为本地区有影响力的在线旅游入口。(5)"OTO"商城。以居然之家·上亿东北五金建材村、卓华商业、大商新玛特等商业项目为基础,积极引导和支持网上交易平台建设和推广,让互联网成为商业交易的前台,实现线下线上融合发展,建成规范化仓储、配送、服务与管理于一体的"OTO"基地;以卓华集团打造的社区"OTO"项目"同城生活圈"为试点,鼓励和推广社区电商"OTO"平台建设;鼓励开发移动网络销售平台。

5. 沈抚新城电子商务中心入驻52家企业。自沈抚新城电子商务中心暨抚顺市电子商务中心投入使用以来,已注册企业52家。(1)17家重点企业入驻到抚顺市电子商务中心。目前,溯元智能装备有限公司、民之谷农业开发有限公司、沈阳翊豪网络科技有限公司、辽宁众能环境服务有限公司、辽宁城际交通基础设施投资有限公司、东北亚物流网、沈阳卓华电子商务有限公司、智慧电商谷管理有限公司、辽宁无限穿越新媒体有限公司、重庆云展科技、沈阳浩联通信设备管理公司等重点企业已入驻到抚顺市电子商务中心。(2)"智慧电商谷"文化电商产业园已成为抚顺电子商务产业发展的加速器。百度营销大学、沈阳辽一网、辽宁无限穿越新媒体等电商服务企业首批签约入驻"智慧电商谷"文化电商产业园，结成法人联合体，构建起由电商教育平台、电商营销平台、电商技术平台、电商代运营平台、电商投融资平台组成的完整的电商服务链条。目前，"智慧电商谷"已初步整合成了一个强大的第三方电商服务平台，面向传统产业提供电商升级服务。其负责运营的抚顺特色电商馆项目，现已与全市20多家特色农产品企业对接，形成具备线上、线下双重支付功能的智慧城市市民卡项目。（3）买卖城对俄跨境电商平台、中国飞龙网、"福顺宝"等项目取得了长足进展。（4）天湖啤酒互联网升级项目、抚顺寒富苹果全媒体互联网推广项目、星品汇、抚顺卓誉电子商务有限公司、辽宁博莱得科技发展有限公司、"3W咖啡"、香港豪德集团的商贸物流城项目、沈阳陌越智能产业园等项目正在运作。

6.东北网贸港产业园区成为望花区西部电子商务集聚区的重点项目。2014年8月，东北网贸港产业园区建立了"网贸国际"智慧分销平台并开始运营。该平台可通过API接口与淘宝网、京东、苏宁易购等知名电子商务平台进行数据交互，致力于打造一个网络分销平台，同时还引进了全球核心技术——IBM国际智能标准仓的管理系统，为网商提供智慧仓储平台，通过领先的物联网解决方案、精细化仓储运营模式，实现电子商务、国际采购、仓储、物流的无缝对接。目前，"网贸国际"分销平台已与抚顺琥珀纸业、富硒生物科技等40余家企业开展合作，实行百余种商品的线上销售、线下展示。

总之，抚顺依托引进的诸多电商项目和电商加速器平台，以抚顺的旅游、装备制造产业等优势资源为基础，进行统筹整合，不断强化社区网等"最后一千米"建设，力争把电商资源、资金池留在抚顺，支持地方经济发展，推动传统产业的转型升级。

二、抚顺电子商务平台建设存在的问题

虽然抚顺市电子商务平台发展规模不断壮大，但与我市电子商务产业的发展要求还有较大差距。从总体上看，还处在培育阶段。

1.电子商务平台发展的制度环境还不完善。我市电子商务平台发展还刚刚起步，发展规模不大，推进电子商务平台发展的体制机制有待健全，对电子商务平台的重要性认识还不足，电子商务平台应用领域还需要进一步拓展。

2.电商平台存在"小、散、弱"现象。我市大部分电子商务平台还处在初步运营和培育发展期，应用程度不广，区域覆盖面小，辐射性差。电子商务园区只有两个，能引领产业链协同发展的电子商务平台和龙头企业数量较少，一定程度上成了我市电子商务产业发展的瓶颈。同时，第三方电子商务平台与

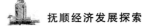

公共服务平台还有待提升。我市电子商务企业自建平台开展电子商务的比较多，而为其他企业开展电子商务提供平台服务的还比较少，特别是缺乏大型的、国内知名的公共电子商务平台，电子商务公共服务平台还需要加大引进和建设力度。

3. 对建设电子商务平台的软硬件投入不足。网站建设步伐不快，在推进电子商务平台发展上缺乏有效的投融资机制，投融资的思路不宽。

4. 缺乏市级专项资金扶持电商平台发展。由于市级财政没有电子商务平台建设专项扶持资金，缺乏对电子商务平台建设项目的牵动与引导作用，难以有针对性地培育电商核心平台。

5. 建设电商平台缺乏高级人才，对加快建立电子商务平台形成制约。

第二节　抚顺打造电子商务平台的基本思路

近几年，我市规划建设了电子商务产业园区，引进建设了一批重点电商企业，建设运营了一批电商交易平台和网站，专业起点较高，发展势头良好，作用初步显现。但我市电子商务平台建设还要向资源化、规模化、专业化、智能化方向加快发展，全力打造电子商务平台新高地，通过电商平台的辐射带动作用，推动我市电子商务产业快速发展。

一、抚顺推动电子商务平台发展的指导思想和基本原则

1. 抚顺推动电子商务平台发展的指导思想。在加快抚顺电子商务产业发展过程中，以发展电商平台为突破口，通过电商平台的带动作用普及电子商务应用，推动电子商务产业集聚发展，加快电子商务产业基地建设，把我市打造成为区域电子商务平台建设的重要基地。

2. 抚顺推动电子商务平台发展的基本原则。（1）坚持政府内引外联推动与企业主导相结合。发挥我市电子商务产业发展领导小组在推动电商平台建设的作用，优化政策环境，加强信息基础设施建设，通过各级政府内引外联的招商引资，建立与企业主导的良性互动机制，推动抚顺电子商务平台加快发展。（2）坚持电商平台集聚发展与点面驱动相结合。在沈抚新城和望花区两大电商集聚园区的基础上，围绕入驻我市的电商平台重点企业，规划其他县区的电商集聚园区建设，推动传统产业加快利用电商平台的步伐，推动三县农副产品通过电商平台进行销售，促进各县区的电子商务的普及和应用。（3）坚持创新驱动与功能提升相结合。积极建设抚顺特色电商交易平台，提升企业电商服务功

能和产业覆盖率。

二、抚顺推动电子商务平台发展的目标

1. 抚顺推动电子商务平台发展的总体目标：大力发展以第三方电子商务交易平台、服务平台为代表的电子商务服务业。到 2020 年，把抚顺打造成电子商务平台规模领先的产业发展基地，创新创业引领的人才培育集聚基地。

2. 建立电子商务平台产业集聚园区。在抚顺三县四区两城创建九个电商平台集聚区，引进 20 家国内百强电子商务平台或网站，培育 50 家在国内有一定影响力的本地电子商务平台。其中包括 2 家以上移动电子商务交易平台，培育 2 至 3 家国内有影响力的电子商务平台品牌。到 2020 年，实现电子商务平台对全市经济社会各领域的广泛引领，成为在国内知名、省内领先的电商平台集聚区。

3. 培育 10 个超百亿元规模的大宗商品现货交易平台。（1）以沈抚新城宏鼎商贸煤炭交易平台、武汉中媒文化传媒有限公司的东北特产网、抚顺网贸国际等平台为重点，整合抚顺的铁矿石、钢铁、装备制造、煤炭、石油化工及相关制品等大宗商品线下资源，引进大宗商品交易公司，打造大宗商品电商交易平台。（2）以同益实业集团为龙头，在石化新城建立石油、化工制品电子商务平台。（3）以沈抚新城旅游为龙头建设辽宁智慧旅游电子商务平台。

4. 培育 20 家以上网上交易平台。培育 20 家以上超亿元规模的"O2O"模式网上商城。重点培育亿丰东北五金、卓华商业、大商抚顺集团、中国琥珀网、今日装饰城、万达广场、中国供销东北商贸城、兴隆摩尔世界等 20 家以上网上交易平台，高起点发展电子商务网络零售，实现网络、仓储物流、配送等一条龙服务，实现线上线下融合发展。

5. 培育 10 个以上示范企业。重点培育沈抚新城电子商务中心、东北网贸港、卓华智慧电商谷、中国供销东北商贸城、大商抚顺集团、今日装饰城、兴隆摩尔世界、福顺宝科技有限公司、辽宁宝鼎商贸煤炭有限公司、武汉传媒中国特产网等 10 个电子商务示范企业。

6. 引进 100 家电商企业及服务电商企业。以电子商务集聚区为主要载体，引进国际、国内知名电商企业，建设电商产业园、本地供应商中心、智能物流中心等，带动形成垂直专业型电商平台。

7. 建立涉农电商平台。融合涉农电子商务企业、农产品批发市场等线下资源，拓展农产品网上销售渠道组织 1 个试点县、2 个农产品批发市场、建设100 个农产品商务信息服务站点，开展农产品商务信息进农村、进市场试点工作，拓宽农产品购销渠道。

第三节　抚顺打造电子商务平台的重点任务

一、抚顺打造电子商务平台的主要任务

加快建设电子商务平台，可以使企业和商家充分利用电商平台提供的网络基础设施、支付平台、安全平台、管理平台等共享资源，有效地、低成本地开展自己的商业活动。为此，抚顺就要突出重点，加快抚顺电商集聚园区建设、积极推动各类门户网站的建设、培育电子商务交易平台，为我市创建国家级电子商务示范市创造条件。

1. 加快建设两个电子商务集聚园区，为搭建电商平台创造条件。按照政府推动、企业参与、市场运作的共建机制，集聚国内外的优质电子商务企业，培育有较强企业推广、融资担保、招聘培训、物流仓储、孵化培育等公共服务功能的特色集聚园区，扶持电子商务重点企业和示范企业的发展，形成集聚发展效应，为搭建电商平台创造条件。（1）加快沈抚新城电商平台集聚区和望花东北网贸港等电子商务平台集聚区建设，为搭建各门类电子商务平台创造软硬环境。以集聚区的电子商务平台建设项目为引领，建设电子商务大厦和组建电商企业联盟，促进国内外大中型电子商务网站在集聚区建设电商平台。（2）培育引进电商平台建设的龙头企业。培育和引进一批技术先进、商业模式新、规模大、资源整合力强、辐射范围广的电商平台标杆企业。吸引国内外大型电子商务企业总部、区域总部、技术创新中心、服务中心和运营中心落户抚顺。

2. 积极培育和建设各行各业的门户网站和综合性网站。政府要加大扶持力度，加强对各行各业门户网站和综合性网站建设的指导和政策扶持，建立健全电子交易和信息发布网络平台，鼓励国内外资本进入我市开展电子商务，鼓励通信运营商、软件供应商、系统集成商、信息服务商和电子商务服务企业，面向我市企事业单位和政府部门提供网站建设、网站推广、网上贸易、咨询策划、项目孵化、技术支持、运营推广、营销策划、客服管理、销售数据分析等电子商务应用服务，降低电子商务建设和应用成本，促进电子商务外包服务标准化、规范化发展。积极支持 B2B、B2C 等各类大型电子商务平台发展，建设辐射全市的一站式、专业型、综合性、实体与网络平台相结合的电子商务公共服务平台，培育和建设第三方电子商务服务平台。

3. 鼓励抚顺各电子商务网站的合作。（1）鼓励和引导现有电子商务网站不断完善，并以市场取向逐步扩大合作或进行整合，最终形成以贸易为主的全

市统一的电子商务总平台。(2) 鼓励定位合理、运作规范、发展潜力大、影响力强的行业门户网站对相关网络资源进行整合，提高集聚度，使其成为行业信息发布中心和价格发布中心。

4. 加快发展抚顺特色产品的电子商务网络零售平台。(1) 打造抚顺特色工业和第三产业交易平台。结合我市的特色产品及服务优势，依托现有及在建的产业集群和产业园区，着力在抚顺装备制造业、旅游业等优势产业领域建设若干个在国内领先、特色鲜明、定位清晰、差异化发展的大型网络零售平台，加速推广我市优势产品和特色服务。(2) 打造抚顺农村特色农副产品电子商务交易平台。发挥卓华电子商务公司打造的辽宁特色馆平台作用，实现抚顺80％本地农副土特色产品企业进入。积极促进中国供销中药材网，以及中国中药材交易所落户沈抚新城。重点推动中草药、林蛙、食用菌、山野菜、山货野果、有机杂粮、寒富苹果、水果酒、无公害鸡蛋、粮食、油料、蔬菜等，以及对其精深加工的 300 多种土特农副产品的 B2B、B2C 电子商务交易平台建设，打响抚顺土特农业产品品牌。不断扩大东北网贸港产业园区的农产品线下体验馆和线上交易平台运营规模。

5. 培育十个超百亿元规模的大宗商品现货交易平台。建设一批具有信息展示、电子交易、电子结算、贸易融资、通关物流、中介服务等功能的电子商务贸易平台。通过兼并联合、企业上市、政策支持等多种方式，打造一批十亿元级、百亿元级的大型电子商务交易平台。以沈抚新城宏鼎商贸煤炭交易平台、武汉中媒文化传媒有限公司的东北特产网、抚顺网贸国际等平台为重点，整合抚顺的铁矿石、钢铁、装备制造、煤炭、石油化工及相关制品等大宗商品线下资源，引进大宗商品交易公司，打造大宗商品电商交易平台。同时，以同益实业集团为龙头，在石化新城建立石油、化工制品电子商务平台。以沈抚新城旅游为龙头建设辽宁智慧旅游电子商务平台。

二、抚顺打造电子商务平台的重点领域

1. 打造中小企业云服务平台。鼓励大型互联网企业和基础电信企业，利用技术优势和产业整合能力，以沈抚新城电商基地为载体，运用大数据、云计算等信息化手段，建设中小企业公共云服务平台，为小微企业提供找得着、用得起、有保障的服务，有效促进小微企业创业创新。

2. 支持第三方大数据平台建设。面向中小制造企业提供精准营销、互联网金融等生产性服务。推进工业大数据集成应用，支持和鼓励行业骨干企业在工业生产经营过程中应用大数据技术，提升生产制造、供应链管理、产品营销及服务等环节的智能决策水平。

3. 建立抚顺跨境电商综合服务平台。构建符合国际贸易通行规则，具有抚顺特色的跨境贸易配套政策、标准规范和服务准则，建设"平台模式多元化、业务容量规模化、服务内容丰富化"的跨境电商综合服务平台，逐步形成抚顺"跨境进口、跨境出口、供应链金融"三位一体的跨境电商综合服务体系。

4. 推进抚顺农村电子商务平台建设，打造智慧农业综合服务平台。（1）建立抚顺市农村电商数据库，拓展市、县两级农村电子商务公共服务平台的建设。建立农特产品网上促销体系，推进农村电子商务服务网点和物流体系建设，实现抚顺农村电商网点县、乡、村三级全覆盖，推进特色馆和产业带，以及市县电商平台建设。（2）打造抚顺智慧农业综合服务平台。整合全市涉农信息资源，构建集政务服务、生产应急指挥、物联网应用服务、病虫害预测预警、在线咨询与智能诊断、质量安全追溯、农产品供求信息服务等为一体的智慧农业综合服务平台，有效推进农业生产经营管理的智慧应用。通过移动互联网为农民提供政策、科技、市场、保险等生产信息服务。

5. 建设抚顺电子商务产品质量监管平台。完善网络商品交易监管机制，推进电子商务可信交易环境建设，创新打造电子商务产品质量监管服务平台，通过风险监测、网上抽查、源头追溯、属地查处、信用管理等措施，建设抚顺电子商务产品质量监管平台。

6. 建立抚顺网络金融平台。建成互联网产权交易平台，推进互联网金融云服务平台建设；引导和规范互联网金融交易平台和服务平台发展，推动互联网金融后台企业运用互联网、大数据、云计算等信息技术循序改造传统金融业务流程，加快推动传统金融信息化建设进程，促进基于金融大数据的信息消费和信用惠民服务业发展。

7. 构建抚顺智慧物流服务平台。依托国家交通运输物流公共信息、辽宁省电子信息等政府平台，构建抚顺智慧物流服务平台。支持企业搭建各类跨行业、跨区域的智慧物流服务平台，实现智慧物流服务平台建设的多元化。建设深度感知智能仓储系统，提高货物调度效率和仓储运管水平。制定标准化数据传输格式和接口，实现服务平台与行业管理等部门信息系统的有效对接、信息共享。

8. 加快抚顺城市管理网络平台建设。（1）加快抚顺城市综合管理平台建设。推进城市管理网络化，建立以互联网、地理信息系统为基础的城市管理综合平台，建立城市设施运行在线管控、实时预警和故障报告机制，向市民提供公共资源及其使用情况信息。在沈抚新城等地开展区域性综合平台试点，并总结推广至全市，力争在十三五期间建成市级城市综合管理平台。（2）打造抚顺智慧城管日常运行管理平台、公共服务与互动平台、应急指挥平台、政策研究分析平台，全面、动态、准确地监测城市管理运行状态。推进城市管理信息融合与数据资源共享，通过多种智能移动终端无障碍接入，向市民提供集便民服务、宣传引导、预警预告、信息互动等功能为一体的智慧城管应用服务。

9. 优化抚顺综合交通指挥平台。（1）建立抚顺综合交通指挥平台。通过应用互联网和新一代信息技术，建立综合交通指挥平台，接入整合市公交、长运等单位的客流信息，以及车站周边的实时停车数据、路段车速状况和高速公路车流量等信息，整合相关视频资源和 GPS 数据资源，建成抚顺市综合交通指挥中心。（2）建设抚顺公共停车信息平台。采集实时停车泊位信息，发布停车诱导动态信息，提升城市交通管理的数字化、智能化、精准化水平。

10. 加快抚顺教育网络信息平台建设与应用。发挥互联网优势，通过"校校通""班班通""人人通""家校通""政校通"等教育网络信息平台，实现学校管理基础数据的规范统一，为教师培训研究、学生网上学习和市民终身教育提供便捷的远程服务。

11. 打造抚顺医疗保健网络平台。（1）打造抚顺智慧医疗信息平台。完善市和区县两级卫生信息平台，健全人口、电子健康档案和电子病历三大基础数据库，实现全市居民电子健康档案在医疗机构间的信息互联互通和数据共享。建立市级卫生数据交换平台，实现医疗信息在医院、养老机构、社区等不同单位之间的联通共享。发展基于互联网的医疗卫生服务，支持第三方机构建设医学影像、健康档案、检验报告、电子病历等医疗信息共享服务平台。（2）建设抚顺医、养、护一体化运营平台。以社区养老为基础，搭建养老信息服务网络平台，提供护理看护、健康管理、康复照料等居家养老服务。推进医、养、护一体化智慧健康服务数据库建设，开发面向广大城乡居民的健康服务系统，培育基于移动医疗数据采集和健康评估的医、养、护一体化服务新模式。加快推广基于移动互联网的便携式体检、紧急呼叫监控等设备，支持智能健康产品创新和应用，提高养老服务水平。

12. 建设抚顺智慧旅游一体化平台。深化移动互联网在抚顺旅游公共服务、管理、营销等方面的应用，重点开发移动终端应用，实现全过程、互动式的旅游体验，提升景点配套服务效率，开发游客消费潜力。利用文化遗产挖掘数字旅游资源，向公众进行跨时空展示。

13. 建设抚顺能源互联服务平台。通过互联网技术，依托大数据、云计算，建立能源生产运行监测、管理和调度信息公共服务网络，加强能源产业链上下游企业的信息对接和生产消费智能化。建立提供水、电、气、热等能源服务的综合能源生产控制中心，通过企业与用户供需互助互补，全方位有效降低

抚顺经济发展探索

区域能耗水平。

14. 完善抚顺信用平台建设。加强社会信用体系建设步伐，推动政府部门、公用事业单位的信用信息归集和共享，完善自然人和法人两大信用信息数据库。建立信用信息发布和公示机制，向社会公众开通公共信用信息查询服务。

第四节　抚顺打造电子商务平台的保障措施

为实现到 2020 年把我市打造成为全国先进的区域电子商务产业基地的目标，我市需要采取一些行之有效的保障措施推动电子商务平台建设提速发展。

一、充分发挥电子商务领导小组在打造电商平台的积极引领作用

充分发挥抚顺市电子商务领导小组和各县区电子商务领导小组在打造电子商务平台的积极引领作用。电子商务参与各方都有自己的优势资源。搭建电商平台的过程，就是各方组合与应用资源的过程。在政府的牵头下，通过政策措施推动各方资源进行有效整合，能够共同做好一个区域电子商务平台。因此，我市就要强化电子商务产业主管部门对全市电子商务平台建设的宏观指导推动作用，并协调解决电商平台建设中遇到的问题，完善部门间协调配合机制，形成政府相关部门的工作合力，及时解决出现的新情况、新问题。对引进电商平台项目，可由沈抚新城等园区做好项目前期准备，按照项目"一企一策"原则，制定个性化政策，推动电商平台加快建设。

二、为搭建电商平台创造良好的软硬环境

1. 招商引资，规划引导和政策扶持电子商务平台发展。电商平台建设是电子商务产业发展的重要组成部分。要以电子商务平台的招商引资为重点，下大力气引进一批国内外品牌电子商务领军企业，培育一批龙头骨干网站，不断扩充和壮大我市电商平台资源规模。

2. 认真落实国家、辽宁省对电子商务平台建设的各项扶持政策，以平台建设项目为中心，积极申报国家电子商务平台建设项目的专项资金和重点项目建设资金。

3. 利用电子商务发展资金，鼓励扶持第三方电子商务平台建设。以沈抚新城信息服务集聚区和抚顺现代网贸物流集聚区为主体，以遍布全市的各类电子商务平台为支撑，培育电子商务龙头企业，配套电子商务服务，整合全市电

292

子商务资源。

4. 做好相关配套工作，加大研发和推广电子商务创新技术的力度、不断加强信息基础设施和交易保障设施建设，为搭建电商平台创造良好的信息技术基础条件。

5. 鼓励大型企业电子商务平台向社会开放，引导现有行业信息服务平台向集交易、支付和信息服务于一体的电子商务平台发展。

三、保障电子商务平台建设资金供应和融资渠道畅通

按照"政府主导、社会参与、市场运作"的方针，建立多元化多渠道投资保障体系，保障资金供给能力，鼓励各类担保资金向电子商务平台建设倾斜，通过贷款贴息等方式支持电子商务平台的建设。政府发挥财政资金政策的作用，通过搭建融资平台，支持各类金融机构、风险投资基金与电子商务企业进行资本对接，拓宽电子商务平台建设的融资渠道。

四、建立支持抚顺电子商务平台提速发展的财政专项资金

政府要加强引导性资金的注入，以解决电子商务平台建设资金不足的问题。为此，我市要实行积极的财政支持政策，设立电子商务平台发展基金。建议市级财政每年可安排一定数额的电子商务平台提速发展专项资金，三县四区特别是沈抚新城电子商务园区，也可根据电子商务平台建设项目的实际需要，从财政政策上给予扶持和奖励。

1. 大力发展电子商务平台。支持供应链采供销协同平台发展，对注册地或结算地在抚顺的大宗商品供应链电子商务平台和专业市场建设电子商务平台，且年交易额超过 1 亿元的，给予每家一次性奖励 25 万元；对结算地在抚顺的垂直类电子商务平台，年交易额超过 5000 万元，且平台年流量省内排名前 2 名的，给予每家一次性奖励 25 万元。

2. 培育电子商务服务平台建设。安排 50 万元支持为电子商务企业提供平台开发、分销应用、数据挖掘、拍摄服务等外包服务的服务企业，对年服务合同总金额超过 300 万元的，最高给予每家一次性奖励 10 万元；安排 50 万元用于培育一批专业化代运营企业，对代运营电子商务企业总部或结算地落户抚顺，帮助抚顺企业实现网上销售额超 5000 万元的，给予 10 万元奖励。对抚顺本地的代运营电子商务企业，帮助本地企业实现网上销售额超 3000 万元的，给予 10 万元奖励。

五、通过培养和引进紧缺人才为电商平台发展提供人才保障

吸引电子商务平台建设方面的高端型、应用型、紧缺型等精英人才来抚创业。积极推进在国内外有较大影响力的具有创新思维和运营管理经验的优秀团队为我市电子商务平台建设提供智力支持。引进电子商务平台运营和管理的高级管理人才、高端运营人才、核心技术人才。

六、推进抚顺电子商务平台的社会服务体系建设

一个完整的电子商务平台的建设需要安全认证、电子支付等众多的专业性服务来支撑，而这些专业化的共性服务，很难依靠电子商务平台单独建设来完成电子商务的在线交易、电子支付、贸易金融、跨境货物跟踪、政府业务等贸易全流程服务。因此，必须推进技术服务体系建设，充分利用地区教育、科研和技术资源，鼓励和推动高等院校、科研院所、电信运营商、软件供应商、系统集成商，开展信息技术的应用研究和业务转型，致力于对企业电子商务平台建设的技术支持，着力解决电子商务平台应用中的技术问题，如电子商务交易技术、加密与电子认证、系统集成、网络安全技术等，降低电子商务平台建设成本。

七、推进各类电子商务平台的广泛有效应用

运用各种途径大力宣传，扩大电子商务平台的影响力。将各种电商平台的服务特点和优势广泛宣传，重点介绍到企业，鼓励、引导和支持企业根据产品特性合理选择和运用各种第三方电子商务平台，企业可以利用电商平台发布产品和服务信息、供求信息、联系方式等拓宽交易渠道。

第 四 篇
城乡基础设施建设

第十四章　抚顺城镇化建设为各经济增长点提供发展平台

提要： 城镇化对产业化发展具有重要的促进作用，产业化发展对城镇化建设具有支撑作用，城镇化和产业化融合发展可以解决"三农"问题，并有效地促进市域经济快速发展。本章在论述了城镇化与产业化发展的相互促进关系的同时，对抚顺城镇化建设的现状和存在的问题进行了分析，探讨了抚顺城镇化建设的指导思想、基本原则、规划层次、总体目标与空间布局，以及加快城镇化与产业化融合发展等问题，并提出了城镇化建设带动产业发展的政策建议。同时，专题对沈抚新城和石化新城的城镇化建设情况进行了介绍，并深入探讨了两城积极为诸多经济增长点提供发展平台的问题。

城镇化是人类社会发展的客观趋势，是现代化的必由之路。推进城镇化建设是解决农业、农村、农民问题的重要途径，是推动区域协调发展的有利支撑，是扩大内需和促进产业升级的重要抓手，对全面建成小康社会、加快推进社会主义现代化具有重大现实意义和深远历史意义。党的十八大将新型城镇化确定为未来 10 年到 20 年中国经济增长的重要引擎。城镇化发展需要第二产业、第三产业同时推进。构建融现代农业、现代制造业、现代服务业为一体的城镇化产业体系，切实转变城镇化发展方式，从根本上防止城镇空壳化和有城无业现象，有效地向城镇转移农业人口，能够实现以人为核心的新型城镇化建设目标。

第一节　城镇化与产业化发展的相互促进关系

在城镇化与产业发展的关系问题上，产业发展的集群效应一直是城镇化的重要依托和不可或缺的推动力。实践证明，很多中小城镇的形成都是建立在某些产业发展基础上的。因此，充分理解城镇化与产业化的协调互动作用就具有更重要的现实意义了。

一、产业化发展对新型城镇化的支撑作用

目前，我国不仅处于工业现代化和产业集群化的高峰期，而且也处于推动新型城镇化发展的加速期。这二者之间是相辅相成、相得益彰、相互推动的关系。按照城镇化发展理论，产业化为城镇化提供了就业机会，以及资金与物质基础，特别是工业化对城镇人口、生产要素的集聚作用，已经成为城镇化形成的人口聚集和就业的依托；而城镇化又在一定程度上为各产业的快速发展，特别是工业化提供了基础设施、人员就近就业、第三产业全面发展的重要平台，进而形成商品或财富生产、分配、交换、消费的良性循环，以及其合理演变过程。特别是新型城镇化达到一定发展阶段后所形成的工业化市场，将成为工业现代化与集群化向纵深发展的助推器。

1. 产业化的形成与发展能更好地解决城镇化过程中快速吸纳就业人口的问题。吸纳就业人口问题，是城镇化过程中非常重要的问题。没有各种产业支撑的稳定就业和人气，单纯发展房地产业的城镇化，只是空壳的城镇化。目前，我国许多新城单纯只发展房地产业，都成为了空城、鬼城。这就是没有产业化支撑的城镇化失败的教训。可以这样说，农民的城镇化涉及的不仅是其身份、地位的转变，农民到市民也只是一个身份的变更而已，比身份更重要的是，农民到城镇里是否可以找到安身立命的工作来维持这种身份的转变。没有就业收入，农民即使来到城镇，也是不可能买房长期居住的。也就是说，城镇化需要解决农民身份转换后的就业、社保、教育等一系列问题，但这些问题的解决都要依赖于产业化的支撑。根据以往经验，如果原来城镇有较好的产业发展基础，其城镇化过程进行的就比较顺利。较好的产业基础提供的并不只是资金，更重要的是产业对本地居民提供的就业机会及与之相关的医疗、保险等保障措施。而没有产业支撑的新城镇，在其城镇化过程中则多以空壳城镇化的方式难以为继。

2. 产业化发展可以有效地解决城镇化过程中的土地问题。产业化不仅可以有效地为城镇化吸纳人口和扩大消费需求，而且城镇化过程中土地问题的解决也要依赖于产业化发展的需求。因此，这就需要实现土地的节约集约利用，盘活城镇粗放的土地资源，给产业化发展提供用武之地。如果说城镇化是人类为方便生活聚集在一起互相帮助、互利共赢的追求结果，那么兴旺发达的各行各业的有效支撑，就是实现人类这个追求结果的有力手段。

二、城镇化对产业化发展具有重要的促进作用

城镇化是一个人口集聚的过程，是诸多因素共生演化发展的过程，是推进

人口集居、产业、生态环境、基础设施、政府服务等全面协调发展的过程，这就需要用科学理念来指导新型城镇化建设，加快推进新型城镇化高效、持续、健康发展。

城镇化发展都会对社会公共基础设施、市政设施、房地产、汽车等行业产生巨大需求，并对诸如钢材、水泥、能源、交通、运输等形成巨大需求，从而拉动相关产业发展。而且随着城镇化水平的不断提高，也会推动第三产业的快速发展。不仅城镇化的顺利推进需要产业化发展的支撑，而且建立在城镇化基础上的产业化，也会因城镇化对各种生产要素的聚集而有了快速发展的平台。

1. 城镇化对各种生产要素的集聚效应对产业化发展具有强大的支撑作用。从生产要素层面上讲，城镇化实现的是对人与各种资源两大生产要素的集聚效应。在城镇化对生产要素集聚的基础之上，产业的规模效应才能得以显现。（1）城镇化对人口的集聚和吸纳作用。城镇化对人口的集聚和吸纳，主要体现在各行各业的兴旺发达对就业人口的集聚和吸纳，以及相应地扩大消费市场。现代各种产业的发展越来越注重人力资源的发挥，城镇化对于人的集聚不仅在于对人在地域上的集聚，更重要的是对现代产业所需人才的集聚。人才的集聚也就支撑了各种产业的发展。同时，城镇化对人口的聚集还可以为各产业的发展提供多元化的消费市场。（2）对各种生产要素的集聚。城镇化对于各种生产要素的集聚，主要表现为对各产业发展所需土地、资金等生产要素的集聚。目前，产业发展的一个主要瓶颈就是土地资源短缺，在新增建设用地受到越来越严格控制的情况下，对存量土地的盘活、提高土地利用的集约度就成为挖潜产业用地的主要途径，而这正是城镇化发展的前提条件。因此，城镇化的集聚效应就成为产业化发展的一个平台式的助推器。

2. 城镇化可以促进各产业形成规模效益。城镇化能产生内外部经济效益，是因为城镇为大规模的商品生产和交换等创造了条件。城镇化为产业化发展提供了平台和依托，产业化通过对劳动人口的聚集，对高度专业化劳动力群体的形成提供了可能，并有利于知识技能的传播和信息的扩散，加上城镇具有的现代化基础设施，工业生产率随着城镇规模的扩大而大幅度提高，可以使企业产生规模效益。也就是说，一个产业群的形成不仅需要该产业内部的凝聚力，同时也需要宏观背景下工业化、城镇化所带来的外部环境的改善。

三、产业化发展是新型城镇化建设的关键

新型城镇化建设必须建立在坚实的实体经济基础之上，必须以产业为支撑，通过产业发展创造就业岗位，推进城镇化的发展。

1. 强化各城镇间的产业分工协作。充分发挥城镇资源禀赋与比较优势，

按照我市城镇协调发展战略布局，做好各城镇间产业分工与协作，培育城镇特色鲜明和具有较强竞争力的优势产业。加大资源整合力度，推进生产要素集聚，发展产业集群，提高产业集中度，打造区域性品牌。加强城镇大企业、大项目建设，提升企业规模竞争力。按照城镇间产业分工原则，特别是要增强城镇的产业承接能力，鼓励我市这种资源枯竭城市发展替代接续产业，逐步形成我市各城镇之间的优势互补、特色突出的产业发展格局，为构建科学的城镇发展体系奠定基础。与此同时，加大传统产业改造升级力度，培育壮大信息技术、生物、高端装备制造业及新能源汽车等新兴产业，减少资源能耗型产业，推进产业发展方式转变和产业内部结构调整。

2. 提升产业发展扩大就业。随着农业劳动生产率的提高和产业结构升级的不断深化，解决从农业和工业中转移出来的劳动力，以及新增就业人口的就业问题日益迫切。服务业，特别是以金融保险业、电子商务和信息产业、科研技术服务、文化体育和娱乐业、房地产业、租赁和商务服务业、居民社区服务业等为代表的现代服务业，不仅是衡量城镇化水平的重要指标，而且还可以有效解决劳动力人口就业问题。因此，就要营造有利于服务业发展的政策体制环境，着力推进现代服务业发展，提高城镇现代服务业的比重；推进城镇生产性服务业和生活性服务业发展，推进劳动密集型服务业与资本密集型及技术密集型服务业有机结合；引导以物流、金融、保险等为主的生产性服务业向中心城镇集聚，促进加工制造业和服务业融合，提高服务业水平；不断拓展服务业新业态、新领域，形成城镇化、工业化与服务业发展良性循环，提高产业化发展吸纳就业人口的能力。

3. 可以大力促进创业与中小企业发展。中小企业在解决就业过程中发挥着不可替代的重要作用。中小企业为城镇化发展提供了奠基产业的基础，是加快城镇化建设的重要依靠力量。同时，新型城镇化建设为创业者创办企业及壮大企业提供了良好契机，特别是为农村转移劳动力在城镇实现创业带来了机遇。在新型城镇化建设的推进下，农村转移劳动力将其打工期间所掌握的技能与当地资源相结合，创办企业，这不仅有助于产业梯度转移，实现产业布局优化，而且还能有效地拓展就业渠道，有助于解决农村转移人口就业和实现农民工市民化问题。因此，要鼓励农村转移劳动力，以及鼓励高校毕业生、城镇困难人员、退役军人到中小城镇创业。为有效促进创业活动开展及中小企业发展，要进一步优化创业环境及中小企业发展环境，完善有利于中小企业发展的法律法规，提供财税优惠政策，加大金融支持力度，突破创业融资瓶颈，优化城镇商业环境和完善基础设施建设，深化创业教育与培训，提升全民创业意识与创业能力，实现以创业带动就业，解决城镇人员的就业与居住问题。

四、城镇化和产业化融合发展可以解决"三农"问题

产业发展是推进城镇化发展的前提和基础，产城融合反过来也将促进新型城镇化的发展，"产城融合"模式是新型城镇化的发展方向。产城融合是指以城镇为依托，推动城镇基础设施建设和服务配套，以产业为载体，承接各产业的规模化发展，促进城镇、产业和人口合理融合在一起的良性互动有机整体，是一种推动经济可持续发展的模式。

1. 城镇化发展有利于转移农村剩余劳动力，解决"三农"问题。农民人均纯收入与城镇化水平紧密相关，城镇化水平越高，农民收入水平越高。因此，提高农民收入必须提高城镇化水平。城镇化的本质是把更多的农民转化为市民。加快县域城镇化进程，有利于充分发挥城镇在吸纳农村人口、扩大第二、第三产业就业门路的功能。同时，还能促进城市文明向农村辐射，形成以城带乡、城乡互动共进的发展格局。

2. 产业化为农村剩余劳动力向城镇转移就业找到了载体。通过农业生产经营现代化、规模化与集约化，农业现代化促使劳动生产率提高，大量农村剩余劳动力的出现，为城镇的工业和第三产业发展提供了充足的劳动力，也为向新型城镇转移大量人口提供了保证。尤其是在城镇大量应用先进的农产品加工技术，提升农产品深加工能力，延伸产业链条，可以有效地促进农业产业化发展，增加农产品附加值，提高农民收入，促进农业现代化与城镇化协调同步发展，并最终以产业化和城镇化的融合发展解决"三农"问题。

3. 以工业化引领城镇化可以加速产城融合发展。工业化是带动城镇化的动力，工业化的推进使三次产业结构中工业比重上升，农业人口向城镇聚集。坚持以工业化带动城镇化，实现产业聚集和人口聚集，能够促进产业和城镇融合发展。通过统筹规划、适度超前建设重大基础设施，能够持续改善发展保障条件。因此，要加快推进新型城镇化，重点发展中心县城，因地制宜建设特色小镇，有序推进农业转移人口市民化，走出一条产城融合、城乡一体、集约高效的新型城镇化道路。

五、新型城镇化可以有效促进县域经济发展

城镇化建设的速度、质量直接影响着县域经济的发展。两者之间存在着相互联系、相互促进的关系。

1. 新型城镇化发展对县域经济的发展具有重要的促进作用。推动城镇化进程，使产业化发展有了用武之地，可以带动工业和第三产业快速发展，壮大县域经济。欠发达地区与发达地区间的差异，主要是工业化和城镇化水平的差

距。由于工业化和城镇化水平低下，欠发达地区及其县域经济由传统农业社会向现代工业社会转变的进程相对滞后，人口居住相对分散，第二、第三产业就业门路少，县域居民特别是农民的收入水平相对较低。因此，我市要把城镇化建设作为促进城乡、区域协调发展的重大战略举措来抓。

2. 城镇化发展有利于加快第二、第三产业发展，扩大县域经济规模。城镇化是加快第二、第三产业发展的有效载体。推进城镇化可以推动县域经济产业结构、就业结构的调整，加快县域经济产业升级。通过扩大城镇规模，可以促使县域工业从分散逐步集中，形成聚集效应。第三产业的发展以一定规模人口的集聚为条件，推进城镇化进程，也必然会加快县域第三产业的发展。发展县域经济必然要坚持城镇化与工业化同步推进，充分发挥城镇化与工业化的互动效应，增强城镇在资源、人才、技术、产业、商品、信息和旅游的集聚功能及其带动作用，从而以城镇为平台，推动第二产业和第三产业的加快发展，促进县域经济不断走向现代化、规模化发展的轨道。

3. 县域经济的快速发展对城镇化发展具有重要的推动作用。县域经济快速发展，县域经济的 GDP 总量就会得到提高，财税收入就会增加，这有利于积累城镇建设资金。县域经济的快速发展，有利于城镇基础设施建设顺利进行，城镇居民良好的生活环境与招商引资的外部环境才能得到根本改善。

总之，城镇化与产业化发展是相互依存、相辅相成、互相促进的关系。城镇化的顺利进行不但离不开产业化发展的支撑，还可以为产业发展提供助力，集聚效应使城镇具有了很多产业功能。集聚经济效益，直接的劳动力、资源提供及多元化的消费市场，这些都成为产业化发展的有力支撑，从而推动了城镇各经济增长点脱颖而出。

第二节　抚顺城镇化建设的现状和总体发展思路

抚顺市作为一个典型的资源枯竭型工业城市，工业主导地位突出。2015年，抚顺市常住人口为 207.4 万人，城镇人口为 156.5 万人，城镇化率达到了75.5%，高于全国平均水平 30% 以上。虽然城镇化率很高，但是与新型城镇化的基本内涵比较，显然还有很大的差距。

一、抚顺城镇化建设的现状

抚顺市地处辽宁省东部，南接本溪，北临铁岭，东部与吉林省相邻，西部与沈阳接壤，总面积 11272 平方千米，全市下辖三县四区，共有 47 个乡镇。

目前，抚顺市城镇化建设处于高速发展时期，城镇化水平不断提高。

1.抚顺城乡一体化有了很大进展。为更好地推进城镇化建设，抚顺特别加强了小城镇的吸纳、集聚功能，积极推动农民向小城镇集中、产业向园区集中、土地向种田大户集中，发展了各具特色的工贸型、农贸型、工矿型、旅游型小镇。重点加强了清原镇、红透山镇、新宾镇、南杂木镇、永陵镇、石文镇、草市镇等中心镇建设。将城镇总体规划与土地利用总体规划，产业发展规划和重大基础设施建设规划有机结合起来，完成了城区和小城镇总体规划修编，打破城乡分割界限，实施统筹规划，充分利用城乡建设用地增减挂钩政策，加快了城中村改造步伐。

2.通过城镇的扩容提质，带动了农村经济和小城镇发展。以县城建设为中心，进一步强化清原县、新宾县、抚顺县三县县城的中心功能。重点建设文化体育、医疗卫生等公共设施，以及给排水、道路交通、燃气、供暖、园林绿化、垃圾处理等市政基础设施。提高公共财政向村镇建设投入比例，加大城市建设维护税、土地出让金等向乡村建设倾斜的力度，通过多种财政手段，引导资金投向基础设施，参与城镇化建设。充分发挥国家和省城镇建设补助资金的牵动作用，将资金的大部分用于重点镇的基础设施，比如道路、污水处理厂、给水等，推进了城乡基础设施一体化进程，人居环境得到了明显改善。涌现了一批基础设施较齐全、居住环境较好的小镇，如红透山镇、后安镇、永陵镇等。

3.促进产业集群向小城镇集聚。积极促进产业集群、特色产业、旅游产业向县城和重点小城镇集聚，推动工业化、园区化、产业化协调发展。（1）培育了工业主导产业。加快推进"清原县输变电配件产业集群"和"新宾县林木加工产业集群"建设步伐，引进或培育了一批牵动力强、关联度高、发展后劲足的产业项目，实现县域工业集聚发展。（2）推进农业产业化经营。按照"一村一业，一乡多业，县域全业，多点支撑"的农业发展战略要求，抚顺县重点打造以单片黑木耳等为主的食用菌产业；清原县重点打造了以林下参和龙胆草等为主的中药材产业；新宾县重点打造以香菇等为主的食用菌产业。推动主导产业适度向优势产业区集中，实现了食用菌、中药材两个山区特色产业向规模化发展。（3）大力发展了生态休闲文化旅游产业。着力整合旅游资源，全力打造特色旅游品牌。重点旅游项目的建设和完善，对周边地区乃至全市餐饮、住宿、交通，以及扩大就业再就业和增加农民收入起到了重要作用。

二、抚顺城镇化建设中存在的问题

抚顺城镇化建设虽然有了较大发展，但受自然禀赋、历史沿革、资金条件等因素制约，和先进地区比，抚顺城镇化建设中还存在一些矛盾和问题。

1. **城市基础设施欠账较大。**（1）采煤沉陷区对基础设施破坏严重。由于抚顺市资源逐步枯竭，市区内大中型工业企业改制搬迁，特别是采煤沉陷等诸多历史原因，形成了49.5平方千米的地质不稳定区域。区域内厂房损坏，居民住宅开裂倒塌，大面积良田被迫弃耕，此部分区域占城市建成区的45.3%以上。也由于上述原因，抚顺市基础设施危害严重。（2）城市道路基础差，道路失修、失养问题严重。（3）城市原有净水厂处理工艺陈旧不配套，易造成水质污染，同时配水管网老旧严重，影响供水水质和水量。（4）城市热源及热网系统滞后于城市建设步伐，供热管道老化、腐蚀、泄露、堵塞现象严重。（5）抚顺的燃气管网历史久远，管网堵塞严重威胁公众安全。这些都为抚顺城镇化建设带来了巨大压力。

2. **小城镇建设的基础设施项目所需资金缺口较大。**由于从县本级财政筹集城镇建设资金困难很大，造成县城、中心城镇和农村基础设施建设投入不足。同时，城建项目在征用地和环评过程中也存在一些困难和问题。

3. **农业产业化水平低，对农村城镇化建设支撑力度不足。**抚顺尽管农产品资源丰富，但大多数农产品的加工程度很低，多数农产品出售的还是原始产品，农产品附加值低，农产品加工业尚处在初级阶段。农业产业化水平低，城镇农产品加工业发展受到影响，无法对城镇化建设起到产业支撑作用。

4. **水资源保护政策限制了一些工业产业的发展。**为保护大伙房水库II类水质安全，辽宁省政府和抚顺市政府采取了一系列强制性限制措施，对工业企业实施了严格的环保措施，对林业实施更加严格的禁伐政策，对养殖业实施更严格的限制，对种植业提出更严格的减排要求，保护区封区管理后，居民户籍只出不进，停止一切户籍调入。保护区内还将停止新建房屋审批，禁止新建、改建、扩建任何建筑物及基础设施，包括农民住宅。与其他地区相比较，大伙房水库水资源保护客观上对抚顺市城镇化建设增大了额外成本，需要补偿资金支持，才能不影响抚顺市三县的产业发展、农民增收和城镇化建设。

5. **建设用地指标短缺，限制了城镇化建设的扩张。**由于抚顺市三县山多地少，且大部分属于基本农田，建设用地指标短缺，很大程度影响了县城和重点城镇项目用地的审批，致使一些项目，特别是重大项目在选址、土地报批、征地拆迁上难度不断增大。特别是随着煤矿的开采，采煤沉陷区扩大，两个露天矿及矸石山占城市建成区面积的45.3%，使原有的土地面积缩减，土地资源利用矛盾和建设用地缺乏问题越来越突出。沈抚新城、石化新城土地资源紧缺已严重制约两城建设的后续发展。

三、抚顺城镇化建设的指导思想和基本原则

1. 抚顺城镇化建设的指导思想。抚顺城镇化建设要全面落实新型城镇化要求，突出"以人为本，改善民生；四化同步，加快转型；区域一体，城乡统筹；生态发展，文化传承"的新型城镇化发展原则，探索以新型工业化为引领的四化同步模式，全面提升城市综合功能，形成具有地方文化特点、绿色低碳高效的城镇化和城镇建设模式，实现市域城乡统筹发展。

2. 抚顺城镇化建设的基本原则。（1）坚持统筹发展，遵循城乡公共服务均等化原则。要统筹城乡基础设施建设，推动城市基础设施向农村延伸，加快农田水利、农村饮水安全、农村公路、农村能源、农村信息网络等基础设施建设。统筹城乡社会事业发展，为城乡居民提供均等化的教育、医疗卫生、社会保障、文化等基本公共服务。（2）坚持环境保护的原则。高效利用和节约资源，保护生态环境，建设节地、节水、节能和环境友好的集约型城镇。（3）坚持城镇经济建设、文化建设和生态建设协调发展的原则。一是把提高工业化水平，促进社会经济发展作为考虑问题的出发点。二是要加强城镇的基础设施建设，增强和完善城镇功能。三是合理布局产业结构，因地制宜地发展特色产业。四是尊重城乡居民在城镇化中的主体地位，协调城市不同群体之间的利益关系，保障人民各项权益。（4）坚持制度创新的原则。要把解决符合条件的农业转移人口逐步在城镇就业和落户的问题作为推进城镇化的重要任务，放宽中小城市和城镇户籍限制。

四、抚顺城镇化建设的规划层次、总体目标与空间格局

1. 抚顺城镇化建设的三个规划层次。抚顺城镇化建设规划包括市域、城市规划区和中心城区三个层次。（1）抚顺市域是指抚顺市所辖三县四区，以及抚顺经济技术开发区（沈抚新城），市域总面积为 11271 平方千米。（2）城市规划区包括新抚区、顺城区、东洲区、望花区、抚顺经济技术开发区，以及大伙房水库水源二级保护区范围所涉及的乡镇，地域总面积约 1857 平方千米。（3）中心城区北至沈吉高速公路，南至南环路以南自然山体，西至抚顺与沈阳边界，东至大伙房水库二级保护区，中心城区总面积 486 平方千米。

2. 抚顺城镇化建设的总体目标。到 2020 年，力争成为"国家资源型城市及老工业基地的转型示范区"。2020 年后，抚顺城市将进入再生发展阶段，进一步打造"国家新型工业化及生态文明建设示范区"，使抚顺发展成为低碳宜业的国家产业基地、活力宜居的区域中心城市、生态宜游的文化旅游名城。

3. 抚顺城镇化的空间格局和城市性质。（1）抚顺城镇化的空间格局。"西

融沈阳、东拓腹地"，加快区域关系的重构，积极承载沈阳中心城市功能拓展，培育先进装备制造业和生产性服务业等高端产业；依托东部特色资源和西部消费市场，发展消费型产业；优化升级石化、冶金等原材料产业。改善就业岗位供给，提升城市综合品质，吸引高端人才流入。以沈抚同城化为突破口，积极引入外部动力。（2）城市性质。抚顺是国家新型工业化基地，是沈阳经济区的副中心城市，是以山水生态、历史文化、工业遗产为特色的旅游目的地城市。

4. 抚顺市市域城镇人口与中心城区城市规模。到 2020 年，抚顺市域常住总人口达到 230 万人，城镇化率达到 77%，城镇人口规模达到 177 万人。中心城区常住人口达到 150 万人，中心城区城市建设用地规模为 172.5 平方千米。

五、抚顺市域城镇化建设体系

1. 抚顺市域城镇空间布局。抚顺市规划形成"一区、三群、三轴"的市域城镇空间格局。（1）"一区"指抚顺都市区，主要包括新抚区、东洲区、望花区、顺城区、抚顺经济技术开发区和抚顺县大部分地区，是带动市域城乡发展的核心区域。（2）"三群"分别为清原小城镇组群，包括清原镇、英额门镇、湾甸子镇和大苏河乡。新宾小城镇组群，包括新宾镇、永陵镇、榆树乡和红升乡。南杂木小城镇组群，包括南杂木镇、红透山镇和南口前镇。（3）"三轴"分别为抚顺－清原城镇发展主轴、抚顺－新宾城镇发展主轴、抚顺－大四平城镇发展次轴。

2. 抚顺市域城镇中心体系。抚顺市规划城镇中心体系分为"市域主中心、市域次中心、重点镇、一般镇"四个等级。（1）一个主中心，即抚顺市中心城市。（2）三个次中心，即清原县城清原镇、新宾县城新宾镇和抚顺县城石文镇。（3）九个重点镇，即永陵镇、南杂木镇、红透山镇、救兵镇、后安镇、草市镇、拉古满族乡、兰山镇、大四平镇。（4）一般乡镇，包括章党镇、哈达镇、湾甸子镇、英额门镇、苇子峪镇、旺清门镇、南口前镇、马圈子乡、上马乡、峡河乡、海浪乡、汤图满族乡、木奇镇、平顶山镇、上夹河镇、红庙子乡、南山城镇、大孤家镇、夏家堡镇、北三家乡、土口子乡、救家宝乡、大苏河乡、枸乃甸乡等。

六、抚顺市域综合交通体系和城市基础设施服务体系

1. 抚顺市域综合交通体系。交通体系是城镇化建设的交换、交流、交往的连接纽带，推动建立完善的交通体系可以极大地推动城镇化建设步伐。（1）铁路。加强与沈阳核心城市的融合，提升改造沈吉线和苏抚线；建设南环铁路，实现抚顺城区铁路客货运分离组织；预留南杂木经新宾至长白山铁路线路。（2）公路。构筑以高速公路、国省干线为主骨架，以县乡公路相连接的布局合理、结构优化、等级优良、服务优质的市域公路网络体系。形成"两横三纵"高速公路格局。"两横"为沈吉高速公路、抚通高速，"三纵"为辽宁中部环线抚顺段高速公路、永桓高速、清原至新宾段高速公路。形成以中心城区为主，清原、新宾为次中心的市域客运枢纽布局，规划二级及以上汽车客运站6座，同时建设乡级客运站和农村客运班车乘降站。

2. 城市基础设施服务体系。城市公共基础设施服务体系是城镇化建设的骨架。因此，就要努力形成全市高效、安全的城市公共基础设施服务体系，协调好区域重大市政设施，建立城乡一体化的服务体系。（1）优先采用地表水源，保证城乡饮用水安全。全市集中供水普及率达到100%。（2）中心城区污水处理率达到98%以上，其他城镇污水处理率达到95%以上。（3）推动农村污水处理设施的建设，生活垃圾无害化处理率达到100%，加强固体废物、污水等资源化利用，建设垃圾焚烧厂等设施。（4）建设完善的能源供应系统，建设以热电联产为主的城镇供热系统，中心城区集中供热普及率达到90%。推动气化抚顺工程建设，全市居民生活气化率达到100%。（5）建立完善的信息交互平台与高效互联网系统，推动智能交通、智能电网、智慧社区的建设，强化现代物流系统发展。（6）建立综合防灾体系，提高城市应急能力。（7）提高城镇防洪设防及排涝标准，建立综合防洪排涝系统，建立由水系、绿地及人工设施构成的雨水排放与利用系统。（8）建设完善的消防、人防设施。

七、坚持多产业共同发展提升抚顺城镇化水平

抚顺进行城镇化建设，就要实现多元化运作，提升城镇化水平，带动工业化、信息化和农业产业化。

1. 产业多元化发展带动城镇化建设。从抚顺消费结构上看，物流进大于出，要改变这种被动局面，就必须大力发展第二、第三产业，引导各种产业和生产要素向城市集聚，实现城市产业结构的多元化。要大力发展壮大无污染、无公害的高新农产品加工业、餐饮服务业、商贸运输业；在交通便利的乡镇，要以商贸流通业、矿产开发业、加工增值业为重点，发展农产品购销业、兴办工业企业、石油下游产品加工企业；要以特色产业和旅游文化业为重点，多业并举，共同发展。

2. 抚顺城镇化建设向规模多元化方向发展。按照区域产业布局、城镇规模和人口分布，重点在7个县区和小城镇建设两方面下工夫，形成不同层次的城镇规模结构。（1）县区要围绕开发、旧城改造、基础设施升级等为重点，加大对外开放和招商引资力度，创新经营城市的理念，盘活城市国有资产，努力

实现城镇资产商品化、融资方式多元化、经营手段市场化、经营目的效益化。(2)以建设个性化现代城镇为目标,高标准搞好新一轮城镇总体规划修编,根据全市各个乡镇的区位现状,宜大则大,宜小则小,形成各具特色的多层次城镇发展模式;对人口众多、工业发达乡镇要超前谋划,建设一级示范小城镇;对交通便利、商贸活跃的乡镇要突出特色,发挥优势,建设资源开发型或商业贸易型小城镇;对资源丰富、地处偏远的乡镇要结合实际,挖掘资源,建设农产品加工型或旅游观光型的小城镇。

3. 抚顺城镇化建设扩展方式向多元化方向发展。实现城镇化要以城区的扩展为条件。扩展既包括地域的扩展,也包括人口、技术、生产要素的扩展。(1)扩展城镇区域。改善投资环境,积极引导和动员社会资本投资建设城镇和扩展新城区。旧城改造要坚持有利于节约城区占地的要求,在保持传统风貌的基础上,增加科技含量,提升城镇化建设水平。(2)扩展城镇人口。要把有一技之长的农民或农村剩余劳动力吸引到城镇中来,变农民为城镇市民。

4. 抚顺城镇化建设实现投资主体多元化。资金匮乏是制约抚顺市城镇建设的瓶颈。要通过建立多元化的城镇建设投融资体制,调动各方面的力量参与城镇化建设。(1)要建立"借钱、生钱、还钱"的新机制。(2)要盘活土地、基础设施和无形资产,对城镇的空间资源、自然资本及发展资金进行集聚重组,把城镇作为产业进行开发,以较小的投入获取最大的收益。(3)启动民间资金,重点投向城镇建设和城镇经营。

八、城镇化建设带动产业发展的政策建议

工业化是城镇化的基本动力,而城镇化又能利用城镇人口聚集、产业聚集和商品集散三大效应,增强城镇发展的吸纳、辐射和扩张功能。抚顺已进入城镇化深入发展的重要时期,把握好城镇化蕴含的巨大发展机遇,对抚顺经济社会发展具有重要意义。因此,要采取有力措施推动抚顺的城镇化建设。

1. 优化城镇空间布局,提高城镇化建设水平。依靠规划引导,积极推动沈抚新城和石化新城,以及各类小城镇成为带动抚顺发展的重要经济增长极。城镇建设要体现尊重自然、顺应自然、天人合一的理念,依托抚顺现有山水脉络等独特风格,让城市融入大自然。

2. 强化产业支撑,增强城镇化建设发展动力。以区位优势和资源优势为依托,积极培育发展各个城镇的主导产业、支柱产业、骨干龙头企业和产业集群,全面提高城镇经济发展的规模效应和集聚效应。建制镇、中心乡镇要发展资源开发型和劳动密集型相结合的产业,大力发展农村第二、第三产业。在大力发展商贸流通、餐饮服务、金融保险、现代物流、交通运输、信息咨询等服务业的同时，依托城镇，发展面向农村的服务业。（1）大力发展现代服务业。一是大力培育和引入生产性服务业。把现代产业体系的构建与城市核心竞争力的提升结合起来。推进先进制造业与生产性服务业的融合，发展工程装备配套服务、工业信息服务、电子商务产业、现代物流业、工业设计咨询服务等由制造业延伸形成的生产性服务业。二是对生活性服务业、社会服务业和公共服务业，主要是在扩大规模和范围的基础上，提高服务质量和水平，为转移农业人口提供就业机会，为人口城镇化提供保障。（2）积极调整工业内部结构。利用信息技术和先进适用技术改造传统产业；培育壮大节能环保、新一代信息技术、生物、高端装备制造产业等新兴产业。（3）加快发展现代农业。以工业理念推进农业现代化，推进农业产业化进程，提高农业生产效率，实现农业生产的规模化、工厂化、设施化和市场化发展，促进农业生产经营规模化与现代化，完善农业现代产业体系，保障城镇化、工业化与农业现代化协调同步，以农业的现代化筑牢城镇化、工业化的基础。

3. 积极推动农村人口向城镇转移，为新型城镇化建设提供人口支撑。城镇化建设的关键是农民变市民，这也是促进农村人口向城镇转移，加快城镇化进程的关键环节。要积极推进农业转移人口市民化，在充分尊重农民意愿的前提下，因地制宜制定具体办法，优先解决存量，有序引导增量。着力解决好进城务工人员的就业、安居、子女就学、社会保障、户籍等突出问题，逐步使进城落户农民真正变成市民，享有平等权益。

4. 提高城镇化建设用地利用效率。城镇建设用地要以盘活存量为主，不能无节制扩大建设用地。按照促进生产空间集约高效、生活空间宜居适度、生态空间山清水秀的总体要求，形成生产、生活、生态空间的合理结构。要减少工业用地，增加生活用地特别是居住用地，切实保护耕地、园地、菜地等农业空间，稳步推进土地制度改革。

5. 建立多元可持续的城镇化建设资金保障机制。要积极探索政府主导、中介参与、市场运作的路子，通过有限的财政资金引导，拓宽城乡建设资金筹措渠道。（1）建立财政投入稳定增长机制。财政要增加基础设施建设的投入力度，加大镇公益性设施建设的投入，将城市维护建设税、城市基础设施配套费等收入全部用于城镇基础设施和公共服务设施建设，土地出让收入扣除现行政策规定必须安排的支出后，主要用于城镇基础设施建设。（2）完善基础设施建设资金筹措机制。不断加大融资力度，提高融资能力，拓宽融资渠道，积极争取国家政策性银行、商业银行贷款。鼓励和引导企业、银行等民间资本进入基础设施、市政公用事业和政策性住房建设等行业领域，完善城市基础设施服务体系。

6. 推动居民消费升级，为新型城镇化建设提供消费力支撑。通过消费结构升级扩大内需，再通过扩大内需来拉动经济增长，推动城镇化建设。（1）通过消费结构升级拉动经济增长，为城镇化建设提供基础。目前，一轮以住房、汽车为热点的消费结构进一步升级活跃了一系列相关产业，大大地拓展了市场空间，使几十万元至上百万元的消费品进入了居民家庭，活跃了整个房地产和汽车及相关市场，逐渐成为新一轮经济增长的助推器。（2）通过消费结构升级促进经济结构调整，为城镇化建设提供新动力。抚顺现代服务业的大发展，将是经济结构变化的重要特征。现代服务业是一个吸纳新增就业人员最快的行业，将成为解决结构性失业和新增人员就业的主要途径。

7. 加强对城镇化的管理。城市规划要保持连续性，城市规划要由扩张性规划逐步转向限定性边界、优化空间结构的规划。培养一批专家型的城市管理干部，用科学态度、先进理念、专业知识，建设和管理城市。

第三节　沈抚新城为各经济增长点提供发展平台

沈抚新城的城镇化建设要围绕装备制造业，提升智能装备生产制造水平，重点建设南环产业带、拉古产业园区，打造科创企业集聚区，培育战略性新兴产业和发展高新技术产业，构建抚顺产业转型升级创新高地；围绕旅游、电子商务、金融服务等产业，打造抚顺现代服务业集聚区。

一、沈抚新城的城镇化建设概况

沈抚新城位于沈阳、抚顺两个大城市之间，总规划面积605.34平方千米。其中，沈阳市335.54平方千米；抚顺市258.8平方千米，由开发区230平方千米，以及抚顺县、顺城区、望花区等部分区域28.8平方千米组成，是沈阳经济区的中心区域，有良好的地理位置和优越的交通条件。沈抚人民的母亲河"浑河"贯穿城市中心，核心区两大湖泊成为城市重要景观，是文化旅游产业发展的黄金区域。

按照辽宁省政府批准的《沈抚连接带总体发展概念规划》要求，沈抚新城正逐步形成"一带三区"空间布局；沿浑河两岸构建滨河生态景观带；核心区占地10平方千米，建成实力雄厚的商务中心、金融中心、科技创新和现代物流中心；产业区占地20平方千米，建设"抚顺国家先进能源装备高新技术产业化基地"，提升重型装备及配件产业、石化电力装备产业、煤矿安全装备产业、汽车零部件产业集群竞争力；生态旅游区占地30平方千米，依托沈阳棋盘山风景区旅游资源，打造沈抚城际旅游黄金线路。此外，抚顺未来设计沈抚新城地区人口计划达到 70 万人，将建成一个功能完善，宜居、宜商、宜业的生态新城。

2016 年，辽宁省委、省政府决定建设沈抚新区，在沈阳和抚顺行政区划不变的基础上，采取"政府主导、市场运作、省市共建、以省为主"的开发建设模式，全力打造新一轮辽宁振兴重要增长极。为此，抚顺市委、市政府围绕沈抚新区抚顺周边区域制定了《沈抚新区抚顺增长极产业振兴发展纲要（2016－2030 年）》，将抚顺沈抚新城全部纳入规划范围。沈抚新城将作为沈抚新区建设的核心和项目建设的重要承载区，承担抚顺增长极的牵动和引领作用。

自 2007 年辽宁省委、省政府提出实施沈抚同城化战略以来，沈抚新城建设经历了从集中投资建设、大规模开发，到投资锐减和挖潜盘整的转变，特别是十二五期间，沈抚新城紧紧抓住沈抚同城化和东北老工业基地振兴的机遇，经济和社会事业取得了阶段性发展成就。

1. 综合实力不断增强。2016 年，沈抚新城全年实现地区生产总值 120 亿元，公共财政预算收入 7.7 亿元，外贸出口额 4400 万美元，规模以上工业产值 50 亿元，社会消费品零售额 15.4 亿元，商品房销售面积 14.8 万平方米。沈抚新城近五年固定资产投资累计达到 1235 亿元，累计开发面积 58 平方千米，城市人口达到 16 万人，一座充满活力和竞争力的生态城市初具规模。

2. 基础设施日臻完善。基础设施累计投资 95 亿元，形成主干道路 28 条；新建桥梁 14 座；铺设市政管网 1200 多千米；拉古水厂一期日供水能力 5 万吨工程竣工；新建变电所 6 座，新建、改建电力线路合计 68 千米；建成供暖换热站 74 座，供暖入网面积达到 760 万平方米；建成 5.9 千米浑河景观带，完成地标建筑生命之环、金凤湾、玉露潭和规划展示馆工程。

3. 工业经济持续发展。以能源装备制造为特点的主导产业迅速壮大，规模以上工业企业达到 215 家，装备制造产值占全市 85% 左右。规模以上工业企业总产值占全市比重达到四分之一，先后被列为"国家先进能源装备高新技术产业化基地""国家新型工业化产业示范基地""辽宁国家印刷产业基地"；"太平洋工业城"成为全省工业地产示范项目。

4. 创新能力逐步提高。2015 年，沈抚新城高新技术企业达到 25 家，工程技术研究中心 9 家，企业获批专利总数 895 项。科技人才总量已达到 1.4 万人，占区内从业总人数的 27.7%；初步建立机器人、现代印刷两个特色产业基地。

5. 现代服务业发展势头强劲。新建丰远丛林欢乐世界、温泉养生世界、辽沈战役实景再现景区等旅游项目，2015 年接待游客达 600 万人次，旅游收入达 61 亿元，获批省级旅游休闲集聚区。电子商务产业初步形成"一中心，四基地"的空间格局；建成海油金融大厦，抚顺市首家融资租赁公司入驻新城金融集聚区。

6. 城建工作初见成效。累计建设农民新区 117.3 万平方米，1.5 万户居民喜迁新居；街道管理体系不断完善，新建社区 12 个；新农合参合率达到 99.6%，参合农民全部实行大病医保统筹；构建了统筹城乡的普惠制就业服务体系，累计安置失地农民实名制就业 7000 多人。新组建沈抚新城公交巴士有限公司，公交营运线路 14 条，日均运送乘客 5 万人次。

7. 社会事业全面进步。新建沈抚新城实验学校等 7 所中小学；引进东北育才等优质教育资源，抚顺职业技术学院和抚顺师专迁入新城；完善了卫生医疗体系，实现乡镇卫生院和社区（村）卫生室全覆盖，"沈抚新城人民医院"晋升为二级综合医院；新建文化娱乐广场 11 个，居民健身场所 19 处，组织开展了沈抚新城冰雪节、焰火节、攀冰赛等大型活动。

8. 同城化建设取得新成果。辽宁省政府确定以沈抚新城建设为突破口，实施沈抚两市交通同城、户籍同城、基础设施同建、环境同治、金融同城、旅游同城、就业同城、教育同城和规划同城的"九项同城"工作；配合辽宁省住建厅完成了跨沈阳、抚顺两个片区的《沈抚新城总体规划》《沈抚新城基础设施专项规划》，新开通抚顺沈抚新城至沈阳龙之梦等四条城际客运专线；抚顺沈抚新城公交与沈阳浑南有轨电车 5 号线实现零距离换乘；沈阳新天地热源跨区域正式向高湾经济区供暖。

综上可以看出，沈抚新城在短时期内稳定高效健康可持续发展和较高的建设速度，为今后加快城镇化建设步伐打下了良好基础。

二、沈抚新城的城镇化建设规划定位

1. "一带三区"的基本规划。"一带"，即沿浑河两岸构建生态文化景观带；"三区"即核心区、生态文化区和工业产业区。"浑河景观带"，即沿浑河两岸建成美不胜收的堤路结合的带状文化公园，而核心区则承载着沈抚新城中央商务区功能，为产业发展提供有效支撑。核心区正逐步形成"一核、两轴、多组团"的空间形态。"一核"即核心区中心位置；"两轴"即滨水发展轴与城市核心功能轴共同形成的"T"形轴；"多组团"既多个公共服务及生态文化产业组团。同时，结合主要交通廊道与水系，精心构造生态缘地、水泊网络，形成良好的绿色生态界面。

2. 核心区。核心区重点发展商贸、金融、办公、会展和教育等现代综合文化产业，引入生产性服务业和从事专业化价值链外包创新型企业，强化资本投入，推进信息软件文化产业、金融地产商业服务等新兴服务产业发展；依托沈阳中心城市，大力发展物流产业，形成城际物流配送体系；引进商业地产投资，建设中高档生活居住区、五星级宾馆，打造休闲购物中心、产品展示中心和东北亚商贸城。100 万平方米的螺旋湖恢宏巨制，20 千米一线河景华丽铺陈，300 平方千米的天然氧吧，绿色生态景观与现代都市空间有机融合，打造成中国北方最大的山水之美与人文之润完美结合的"水城"。集教育、科研、商务、居住、文化产业集群于一体的花园式、生态型国际 CBD，功能完备的城市基础设施，一流先进的公共服务设施，将吸引 20 余万各界精英来此创业和工作，名企林立、人文荟萃，形成文化产业发达的核心区域。

3. 生态旅游文化产业区。按照总体发展规划，依托浑河北岸 300 平方千米的天然氧吧，有效利用棋盘山旅游资源的类型与组合特点，突出欧式风情、休闲度假、人文旅游特色，在新城高湾生态区建设抚顺旅游文化产业园区，并与沈阳棋盘山旅游文化产业园区实现融合，打造完善的生态旅游文化产业基础设施，规划建设科普文化休闲区、体育运动游乐区、温泉度假区、生态游憩区四大文化产业园区，打造集旅游观光、休闲健身娱乐和文化产品开发为一体的东北地区文化休闲娱乐中心。同时，高湾生态区不断把旅游范围扩大到核心区，把旅游景观从山林湖泊拓展到浑河之滨，把旅游活动从景观旅游转化到休闲度假，把旅游内涵从游憩自然提升到传承文化，推动文化产业占有重要比重。

沈抚新城在全面建设浑河北部高湾生态文化产业集聚区的同时，也根据南部装备基地的产业布局因地制宜地进行生态文化产业建设，对浑河、沈抚灌渠及产业区内大小河流实施规划建设，形成精心别致、情趣独特的水系景观；融合现代发展元素，充分体现自然与人文的有机连接与融合，形成环境优美、林水相映、布局科学、优雅闲逸的独特景致。

4. 工业产业区。按照基地产业规划，将重点发展重型装备及配件、石化电力装备、煤矿安全、汽车配件等先进装备制造产业，形成集群效应，使之成为拉动抚顺工业生产快速增长的引擎。基地建设将按照"一个中心、四大产业集群、六大企业服务平台"的基本构架组织实施。"一个中心"，即研发中心；"四大产业集群"，即重型装备及配件产业集群、石化电力装备产业集群、煤矿安全装备产业集群、汽车零部件产业集群；"六大企业服务平台"，即产业创新平台、检测及质量标准平台、仓储物流平台、投融资服务平台、基础制造平台、展销平台。

三、沈抚新城城镇化建设带动产业发展的总体目标

到 2020 年，沈抚新城城镇化建设规模达到 80 平方千米，人口规模达到 23 万人。地区生产总值、公共财政预算收入和固定资产投资额，分别占全市的 25％～33％。居民生活条件和环境得到全面改善。

1. 经济发展目标。到 2020 年，地区生产总值年均增长 8.5％；公共财政预算收入年均增长 10％，规模以上工业产值年均增长 8％，社会消费品零售总额年均增长 10％，外贸出口额年均增长 8％，固定资产投资累计达到 300 亿元。

2. 产业结构调整目标。企业自主创新能力增强，高新技术产业占工业增加值比重 40％以上；区内企业质量创新能力和自有品牌市场竞争力明显增强；三个产业比例由 2：78：20，调整为 2：73：25。

3. 生态环境改善目标。强化环境质量监管，保护生态资源；绿地覆盖率达到 47％，城市污水处理率达到 100％，城镇生活垃圾无害化处置率达到 80％以上，生活垃圾分类回收率达到 60％。

4. 人民生活提高目标。社会保障全覆盖，建立国民教育体系、科技创新体系、文化创新体系、全民健身和卫生医疗体系；城镇和农村居民收入率先达到小康水平，新城居民人均居住面积 40 平方米以上。

5. 城建工作目标。城市空间布局进一步优化，统筹道路交通、能源供给、城市公用等配套服务设施，建成智慧城市综合管理运营体系，增强城市服务功能，综合承载力和管理水平明显提高；加快农业转移人口市民化进程，到 2020 年，区域城市规模达到 80 平方千米，人口达到 23 万人，固定资产投资、地区生产总值、规模以上工业产值和财政收入，分别占全市的 25％以上；新增就业岗位 3 万个，年均增长 16％。

四、沈抚新城城镇化建设带动产业发展的主要任务

1. 推进沈抚同城化发展进程。全面落实辽宁省政府"十项同城"工作任务，力争成为国家同城化发展的先导试验区。实现规划同城、公共交通同城、环境治理同城、高端制造业同城、旅游业同城、物流业同城、就业服务同城、户籍金融同城、教育医疗同城和智慧城市同城。

2. 通过产业发展为沈抚新城城镇化建设提供支撑。以《中国制造 2025》为引领，坚持以智能制造为主攻方向，全面提高创新能力，全面提高制造业整体竞争力。（1）基础装备制造产业。调整优化基础装备制造产业，主要面向工程机械装备、煤矿机械及安全装备、石化及输变电装备，淘汰落后产能，同时，通过运用高新技术和先进适用技术进行智能升级和改造提升，开发新能源

汽车及零部件等重点领域，突显产业优势。（2）机器人和智能制造产业。加快沈抚新城机器人产业基地建设，以特种机器人、自动化成套设备、重要基础零部件、智能测控装置等为重点发展方向，加强产、学、研、用的协同创新，加快形成机器人本体、关键零部件、系统集成等机器人全产业链的生产制造体系。（3）现代印刷产业。加快建设沈抚新城现代印刷产业基地，突出绿色、创意主题，推进涵盖创意设计、出版发行、高档印品、印机制造、耗材、物流及销售市场等配套齐全的产业体系建设，逐步形成以出版发行产业为龙头，文化创意产业为支撑，包装印刷产业为重点的产业链。（4）应急装备产业。整合新城现有产业资源，延伸应急装备产业链，引进和培育一批技术研发与创新能力强、生产工艺与技术装备水平高、应急保障与快速反应体系完善的"龙头"骨干企业，建设一批具有影响力的技术创新中心和重点实验室，着力在监测预警、救援防护、危险化学品、安全避险、消防、生命搜索与营救等产品上有突破，力争成为国家应急产业示范基地。（5）军民融合产业。发挥新城现有军工配套企业带动作用，完善军民技术成果转化机制，建立军民融合的产业组织体系、管理体系和信息交流体系，集聚 50 家规模的军地企业，重点发展海洋船舶、特种车辆、电器电缆等产品，力争成为沈抚地区最大的军民融合产业区。

3. 沈抚新城城镇化建设带动现代服务产业发展。沈抚新城拓展创业发展空间，以旅游、金融、电商、商贸物流等现代服务产业为支撑，提升沈抚新城综合服务功能。（1）构建大旅游产业。整合生态区旅游产业，重点打造"六个版块"：以皇家海洋世界为主的海洋科普板块；以丰远温泉养生为主的温泉养生板块；以丰远丛林欢乐世界为主的儿童游乐板块；以辽沈战役景区为主的红色旅游板块；以宝泉山善缘寺为主的"宗教游"板块；以房车旅游基地为平台的自驾游板块。强化旅游配套功能，借助"互联网＋"提高服务水平。十三五末期，实现年接待国内外游客 1000 万人次，晋升为国家级旅游度假区。（2）加快发展现代商贸物流业。以卓华商业、亿丰家居建材中心等重点商贸企业为基础，重点发展现代商业、现代物流等产业，发展便民社区商圈；引入生产性服务业和从事专业化价值链外包创新型企业，强化资本投入，引进商业地产投资，建设星级宾馆。（3）建立新型产业金融集聚区。充分发挥海油集团金融大厦载体作用，通过引进银行、证券、信托、基金等各种业态，搭建"全品类、一站式"金融服务平台，产生产业、金融企业集聚效应。设立沈抚新城产业（创业）引导基金，引导金融服务企业集聚，引进各类新型金融企业，稳步推进股权融资、企业债券发行等新型融资方式，加快金融工具和金融产品的创新应用，形成产业金融充分融合且特色鲜明的新型产业金融集聚区。到 2020 年，累计引进金融和中介服务机构 100 家以上，引进 10 家以上区域性总部，金融产业增加值占第三产业增加值的比重达到 20％。（4）大力发展电子商务产业。结合自身产业基础与企业资源，重点打造"一体两翼"发展模式；建成集电商大厦、物流配送、呼叫中心、数据存储及云计算、第三方支付等内容为一体的电子商务综合体。整合辽沈企业资源，打造买卖城工业品跨境电商平台，建成功能完备、高效顺畅的工业企业销售及供应链管理电商体系。整合各运营主体产业资源及本地化的社交媒体群，打造东北最大的本地化生活服务运营商。到 2020 年，沈抚新城入驻电子商务企业达到 100 家，电子商务交易额实现 1000 亿元。（5）发展绿色房地产业。创新住宅产品，重点发展绿色、节能、智慧、养老等高品质住宅；积极消化存量房，探索以购置商品房的形式进行棚户区改造和旧区回迁安置；依托产业园区劳动力基数优势，搭建房地产企业和其他行业企业互动平台，建设开发和团购职工住宅；适时出台购房优惠政策，促进房产消费健康发展。

4. 提高生态环境质量，构建沈抚两市生态屏障。牢固树立尊重自然、顺应自然、保护自然的生态文明理念，以山脉、水系、浑河岸线为骨干，利用林地生态廊道、河流生态廊道和浑河岸带功能区，连通生态源地和生态节点，构建完善的沿河生态网架。因此，要加强保护与开发水资源，科学合理使用土地资源，加强保护树木植被资源，实施节能减排工程。

5. 推进沈抚新城域内农村的小城镇建设。除了沈抚新城主城区的城市化建设外，还要以美丽乡村建设为抓手，不断改善农村居住环境；以新型农业产业化为依托，优先发展生态休闲型、文化创意型和旅游型农业产业；鼓励农民参与农业产业化活动，拓宽农民增收渠道，持续增加农民收入；通过文化建设，改善村貌乡风，提高地区精神文明程度；通过基层组织建设，充分实现乡村民主化、规范化管理，建设新型美丽乡村；进一步完善农民新区服务功能，加快农村村屯向城市社区转型进程。

6. 加快沈抚新城的公共基础设施建设，完善和提高城市功能，塑造沈抚新城新形象。加快推进道路交通建设，整合推进热源建设，增强电水供给能力，建设智慧新城体系。

第四节　石化新城为各经济增长点提供发展平台

石化新城围绕石油化工业，拉长石油化工产业链，重点建设南环产业带高新技术产业开发区，提高精细化工自主创新能力，提升生产性服务业功能，将高新技术产业开发区建成国内著名的化工与精细化工产业园区。

一、抚顺石化新城的总体发展情况

抚顺石化新城位于抚顺市区东南部，面积 665 平方千米，区域内人口 34 万人。2005 年，"千万吨炼油、百万吨乙烯"项目开工建设，为石油化工及其产业链延伸创造了条件。此外，石化新城还组建了高新区和海新工业园区。2010 年抚顺市区划调整，又将毗邻的"兰山精细化工产业园"划归东洲区，使东洲区南部紧临"抚顺石化公司"形成了三个化工园区。随着沈阳经济区的成立，为发挥抚顺市石油化工原材料生产基地的优势，使之融入整个经济圈，抚顺市委、市政府决定成立"石化新城"，并确立了"以高新区为主导，兰山精细化工产业园、海新工业园区为补充"的资源共享、优势互补的发展格局。2011 年 6 月，石化新城被正式批复为辽宁省第 38 个新城，并纳入沈阳经济区新城新市镇发展规划。随着规划、环保、土地管理等市级管理权限下放到位，石化新城现已高标准完成总体规划方案，确立了南部工业区、中部商住区、东北部生态旅游区和北部现代农业区的功能定位。南部工业区包括高新技术产业开发区、兰山精细化工园区两个省级开发区。

多年来，石化新城紧抓机遇，以化工及精细化工为产业发展方向，围绕"大乙烯"项目，以高新技术产业园区等专业化工园区为载体进行后续深加工，形成了合成新材料、有机化工、精细化工、橡塑蜡等四大产业板块，并已基本实现了对"大乙烯"主要副产资源的承接。

1. 有效地发挥了石化炼化优势，延长了产业链。利用巨大的石化原料优势，以石化新城为平台，有效地延伸了塑料、橡胶、精细化工等下游相关产业的产业链，实现了由原料输出向高端产品输出的转变，使石化新城建设化工及精细化工产业集群的突出优势逐渐显现。

2. 产业发展规模已经形成。以"千万吨炼油、百万吨乙烯"为依托，抚顺石化新城后续深加工产业带暨南环产业带已具备了强劲的发展潜力和后劲。以上游原料资源深加工为出发点，规划建设的南环产业带起步区已基本建成；规划建设的有机化工、精细化工、合成新材料和橡塑蜡等四大产业集群已初具形象和规模。上下游一体化、产业链条不断延伸及产业集群化的发展格局已经形成。辽宁东方发电、大伙房水泥、天湖啤酒等产值超亿元企业达 41 户，工业经济占全市工业总量的 1/4，成为抚顺工业发展的中坚力量。

3. 利用人才优势，推动了石化新城的建设与发展。为支持国家级重点项目"千万吨炼油、百万吨乙烯"和园区建设，中石化抚顺石油化工研究院、辽宁石油化工大学、沈阳理工大学应用技术学院等科研院所和高校，每年都为园区输送充足的石化工程技术、经营管理等不同类型的人才。中国石油抚顺石化公司大批专业技术人员入驻产业园区，为园区企业提供了管理、技术和操作上的指导。

4. 园区基础设施建设不断完善，房地产开发快速发展，城市管理不断加强，为石化新城建设创造了良好条件和环境。（1）高新技术产业园区、青草沟环保设备产业园区、兰山精细化工园区路网、地面硬化绿化、管网、电力设施等基础设施和公用工程建设基本完成，高新区净水厂、污水处理厂、公共管廊等公用工程、联合消防中心建设已经完成，并投入使用，集中供热工程正在施工。（2）园区基础配套设施实行了公用工程一体化服务，实现了联合消防、集中供热、污水集中处理等。通信系统、铁路、公路、仓储物流条件不断完备。园区建有研发中心和检验维修服务中心，可为企业提供维修维护、网络服务、分析化验、产品研发、成果转化、科技企业孵化等服务，确保客商有效投资、高效回报。基础设施的日益完善，为石化新城经济持续健康发展奠定了坚实基础。（3）房地产开发快速发展。"海赋外滩""巴黎都市""丽景金湾"等18家房地产开发项目开工建设，五年来竣工面积达105万平方米，结束了石化新城没有高层建筑的历史。（4）城市管理不断加强，城乡环境综合治理进一步加强。

5. 现代服务业发展步伐加快。（1）生态旅游业格局基本形成。紫花岭生态风景区于2015年6月晋级国家级AAA景区，打造了主题为"紫气东来，生态东洲"的精品旅游线路，以紫花岭生态风景区为重点，建设"农家庄园吃住玩，体验农村生活"项目，开发了"生态东洲"一日游线路。（2）生活服务业格局已经形成。兴隆大家庭生活购物广场开业运营，大商东洲新玛特店、中惠时代广场建成，金丰园酒店、雍缘酒店的相继入驻，填补了东洲区大型购物广场和婚庆市场的空白。（3）新型服务业体系正在建立。广联达汽车销售园10个品牌4S店建成投入使用；锦州银行东洲支行、抚顺世华小额贷款有限公司等金融机构进驻东洲；荣昌物流服务规模不断扩大；沈东车检所投入使用，伦诚检测中心的建设填补了生产性服务业的空白。

经过多年的努力，抚顺石化新城石油化工新材料产业集群基本成型。截止到2015年，石化新城地区生产总值完成185亿元；规模以上工业总产值完成498亿元，公共财政预算收入完成17亿元；城镇居民可支配收入完成25160元。并被国家科技部命名为"国家级精细化工产业化基地"，被辽宁省政府确定为"辽宁碳纤维基地"；荣获"辽宁省示范产业集群"称号。

二、石化新城城镇化的总体发展目标

石化新城以"千万吨炼油、百万吨乙烯"国家重点项目为依托，以抚顺高新技术产业开发区、兰山精细化工园区、海新工业园、环保产业园为基地，逐步形成以精细化工、环保产业、石蜡橡胶深加工、建材、机械等为主导的产业集群。同时，以工业强城为主体，全力打造建设滨水景观为主，营造优雅、生态的滨水景观为辅的金融、商业、商住、文化中心的石化新城，形成集水上娱乐休闲、大型餐饮、特色餐厅、观光等为一体的复合、休闲、原生态的及独具特色的旅游生态区，从而拉动了抚顺石化新城旅游业乃至第三产业的全面发展。到 2020 年，石化新城地区生产总值和城镇居民可支配收入与 2010 年相比分别翻一番。

1. 促进经济结构明显优化。第三产业增加值占石化新城经济总量比重增加到 35％；民营经济工业产值占石化新城规模以上工业产值比重提高到 35％；城镇化率达到 85％；三次产业比例为 5∶60∶35。

2. 城乡生态环境明显改善。森林覆盖率达到 73.5％，城市绿化覆盖率达到 20％，人均公共绿地为 6 平方米；城市环境空气二级标准以上天数大于 240 天，城市污水集中处理率达到 95％，完成国家规定的主要污染物减排任务。

三、推进石化新城的城镇化建设

加强石化新城的吸纳、集聚功能，积极推进农民及产业向石化新城集中，强化产业支撑，实现以工促农、以城带乡新突破。重点打造碾盘、兰山两个具有特色的小城镇。

1. 抚顺石化新城城镇化建设的优势。（1）城镇化的地理优势。碾盘乡沿东洲河、浑河的"两河四岸"分布，处于城中有乡、乡中有城的有利位置，东洲区行政、商住、城市公共服务与碾盘乡高度融合，基础设施和社会服务完善，形成了典型的城中村。区域内有绥化路、东洲大街和青年路，区域外有南环路、城乡路、抚金线和正在建设中的中环高速路，路网基本建成，交通辐射范围优势明显。（2）城镇化的现状优势。2008 年以来，房地产开发项目建设区域主要集中在碾盘乡东洲村、龙凤村等 4 个村，与城市居民混居的村民陆续迁入新居，成为城市居民。2006 年，中石油抚顺石化公司"千万吨炼油、百万吨乙烯"项目开工建设，为了充分利用化工资源优势，省政府批复成立抚顺高新技术产业开发区，规划面积 42.77 平方千米，碾盘乡的碾盘村、张甸村等 9 个行政村被划入抚顺高新技术产业开发区规划区域内；而兰山新城已经基本建成，兰山乡工业城镇化建设已经具备条件。（3）城镇化的产业优势。在碾盘乡，房地产开发及传统服务业已经形成规模，围绕大伙房的山水资源，万家沟、新泰河地区形成了抚顺市农家乐休闲旅游集聚区。抚顺石化公司大乙烯、抚顺石化腈纶化工厂、醇醚化工厂、合成洗涤剂等一批国有大型化工企业集聚两乡地域。兰山精细化工园区已形成规模，并已有 50 余个工业项目落地。"千万吨炼油、百万吨乙烯"能够提供给下游 60 余种可供深加工利用的石油化工原料，其中石蜡为世界单地规模最大、质量最高，合成洗涤剂为亚洲最大；人力、原料资源丰富。

2. 大力拓展石化新城发展空间。逐步解决城区零散平房、危旧楼改造等居民安置问题。重点加快章党、新屯、龙搭地区改造，以及新太河、大小甲邦的开发建设，力争五年内城市功能、整体形象得到根本改善。加快兰山乡、哈达镇等农村特色村镇建设，形成兰山新城、下哈达村等多中心带动的城市布局，以及富于张力的城市形态，全面拉开发展框架。

3. 加快石化新城基础设施建设。坚持科学规划，推进重大基础设施建设，争取将甲邦大桥至 202 线、临江路东延等基础设施建设纳入抚顺市建设总体规划。加强城乡路网建设与改造，改造县、乡级公路及新建农村巷道工程 130 千米。到 2020 年，完成章党河河道及大伙房水源地直接入库河流的治理工程，完成 7 处小型灌区的续建配套与节水改造，完成 21 座泵站、3 座小型自来水厂建设维修任务，基本解决现有未治理易涝耕地的治理问题，为农业经济可持续发展提供灌溉保障。

4. 提升石化新城环境管理水平。加大综合治理力度，建立"拆、建、管"三位一体工作模式，全面完成城市住宅小区环境改造，实现农村城市管理，彻底改变脏、乱、差面貌。

四、加快石化新城工业产业发展为城镇化建设提供支撑

石化新城要全面贯彻落实"创东北石化新城，建生态宜居家园"的城镇化建设发展战略，紧紧抓住《国务院关于近期支持东北振兴若干重大政策举措的意见》（国发〔2014〕28 号）和央企与地方共建园区政策机遇，以石化产业为支柱，打造东北最大的石化新城。

1. 建设石化新城现代工业区，形成四大产业板块。以高新区、海新工业园、兰山精细化工园区等专业化工园区为载体，搭建后续产业链条发展平台。重点打造有机化工、精细化工、化工新材料、合成橡胶四大产业集群，全面打造国家级精细化工产业化基地和辽宁碳纤维基地。紧密结合抚顺高新区区位特点，面向国内外两种资源、两个市场，大力发展化工及精细化工产业，着力构建丙烯、碳四、碳五、碳九、芳烃、塑料深加工、橡胶深加工、石蜡深加工等八个产业链，完善以有机化工为龙头，合成新材料、精细化工、橡塑蜡深加工为一体，生产规模化、产品链紧密衔接的四大产业板块，形成石油树脂、湿法

炼胶、炼油催化剂、碳材料和精细化工五大产业基地。到 2020 年，建成产业特色突出、技术先进、功能设施完善、东北地区领先的石化产业园区。园区总投资规模达到 400 亿元，工业总产值达到 500 亿元（不含抚顺石化公司）。

2. 完善园区整体功能。加快推进土地开发、基础设施建设、公用工程一体化建设、配套服务项目建设。（1）完成张甸园区以北区域土地整合；完成张甸园区以南区域控制性详细规划、土地整理；完成碾盘园区二期区域土地整理；完成碾盘园区三期区域控制性详细规划和居民搬迁；完成新增用地区域道路、管网、电力、电信、管廊等基础设施、公用工程建设。（2）优化现有公用工程系统，完善给排水、供电、供汽、供氮等公用工程。（3）推进孵化基地、化工装备检验检测、石油化工产品检测公共服务平台等项目建设。（4）提高园区环境质量，完善园区绿化设施。

3. 拓展园区发展空间。通过央企与地方合作等多种形式，推进高新区拓展计划的实施，按照建设四大产业集群的总体目标，进一步优化用地结构和项目布局，为园区的拓展创造空间和环境。（1）以张甸园区为中心，向北优化和整理土地资源，释放张甸街道及其周边土地，满足抚顺石化公司深加工项目用地需求。（2）向南开发张甸园区二期，满足有机化工及精细化工项目用地需求，重点发展循环经济产业项目。（3）以碾盘园区一期为中心，向西开发碾盘园区二期，重点发展有机化工和精细化工产业。（4）向南开发碾盘园区三期，重点发展上下游加工联系紧密的精细化工、合成新材料产业。重点发展高纯度异丁烯、MMA、PMMA、聚异丁烯、丁基橡胶、乙丙橡胶、丁腈橡胶、环氧丙烷、顺酐、聚对苯二甲酸丁二醇酯、橡胶塑料石蜡深加工等项目。到 2020 年，计划新增开发和整理土地面积约 500 公顷。

4. 加快园区共建步伐，提升园区服务水平。（1）加快园区共建步伐，以 2015 年 3 月签订的"抚顺市政府与抚顺石化公司共建园区备忘录"为抓手，积极争取抚顺石化公司的支持，全力推进园区共建工作。完成公共管廊联通，解决集中供热，巩固和加强原料供给机制，全面实现管廊、供热、消防等公用工程一体化；通过混合所有制形式，推进石化公司与青岛伊科思液体炼胶合资项目，以及霍尼韦尔与中石油合资的炼油催化剂项目。同时，积极吸引社会资本参与小乙烯的合资、合作，最大限度地发挥小乙烯的生产能力。（2）提升园区服务水平。加强园区的创新服务能力建设，围绕主导产业建设配套的公共技术、风险投资、技术交易、创业培训等系列平台，为创新创业和产业集聚提供管理、技术、融资、法律、市场、人才、财务、政策等全方位、一条龙的支持服务。着力提升自主创新能力，支持企业通过上市融资、增资扩产、创建品牌等多种途径，提升规模档次，形成产业升级、企业生根、产品创牌的整体推进格局。

五、石化新城城镇化建设带动现代服务产业发展

大力发展生态旅游产业、电子商务产业、生产性服务业、物流业，推动传统服务业转型升级，打造抚顺养老产业中心，推动现代服务业发展提速，提升石化新城的综合服务水平。加大现代服务业集聚区重大项目建设的力度，实现服务业规模、结构和空间布局不断优化，积极发展特色农业。到2020年，服务业增加值达110亿元，服务业增加值占新城生产总值比重达35%以上。

1. 创新现代服务业发展模式。不断拓展服务业发展新领域，创新发展模式，推进现代服务业与先进制造业和现代农业相互支撑、联动发展；生产性服务业逐步向石油、精细化工、生物工程产业集群、电子商务集群、现代农业基地等区域集聚，实现规模效益和特色发展。到2020年建成营业收入超160亿元的现代服务业商贸集聚区1个；加快服务业内部行业之间相互融合，科学运用信息网络技术，大力发展电子商务及其配套产业，引导更多企业融入O2O运营模式，全面推进"互联网＋"发展。服务业内部结构进一步调整和优化，金融、现代物流、科技服务、信息技术服务、电子商务等生产性服务业增加值占服务业比重达到65%。

2. 不断发展壮大旅游产业，形成"一核三带多点"的旅游空间格局。"一核"是指，中心城区旅游综合服务核心。通过完善的文化、体育、休闲、生态等旅游业态，逐步完善周边一定区域内的旅游发展所需的综合服务功能。"三带"是指构建以紫花岭生态风景区为重点的萨尔浒、铁背山、元帅林、章党温泉、万家沟、三慧寺、白家店、兰山风情小镇等休闲度假旅游带；龙凤矿竖井、抚顺棚改纪实展、高新工业园区、章党镇抗日英雄纪念碑等为载体的工业遗址及红色记忆旅游带；围绕章党镇葡萄园采摘、碾盘乡萝卜坎香瓜、哈达镇上年草莓园采摘、兰山乡紫花岭千米采摘长廊及有机蔬菜采摘，打造东洲区农家体验旅游带。"多点"打造紫花岭生态风景区、紫花岭生态采摘长廊、抚顺十大风情小镇之一的兰山新城、萨尔浒（王杲山）风景区、元帅林风景区、铁背山界藩城、萨尔浒山萨尔浒城、万家花海等20处景点的城郊旅游休闲度假产业带，全面实现东洲旅游产品多样化、特色化和大众化，增强对中低端旅游市场的吸引力。到2020年，全区旅游接待人次突破800万人次，区内旅游业总收入突破130亿元，旅游产业增加值占全区GDP比重的10%以上。

3. 加速生产性服务业发展。利用国家资源型城市转型示范区建设的契机，发展采沉治理示范区的现代物流业，打造以"抚顺畅通商贸物流公司"为主的集仓储运输、生产资料市场集群为一体的城市物流港；重点培育具有城市配送

功能的商贸物流企业，构建"商贸物流企业—配送中心—末端配送网点"三级城市配送功能的商贸物流体系；依托石化产业集群，围绕石化特点，重点建设产业物流园区。以业务需求为引导，以实现供应链信息交换为核心，推动各相关部门和企业跨行业的交流与合作。

4. 推动生活性服务业品质不断提升。以"好运角商贸集聚区"为核心，重点发展以商贸商业、金融、保险、咨询、信息、文化等为特征的生活性服务业，升级传统商贸产业，扩大服务业规模和范围，提升服务质量及档次。

5. 强化农业产业对农村城镇化建设的支撑作用。紧紧围绕"强化农业基础地位，提高农业综合生产能力，提升农产品附加值，发展特色农业"目标，重点发展高效、集约的商品农业，融生产、生态、科教、旅游为一体，努力探索第一、第二、第三产业的深度融合方式。通过发展有机农业、特色农业、生态休闲农业等精品农业，进一步延伸农业产业链条，通过农业产业化发展为农村小城镇建设提供产业支撑。

第十五章　完善基础设施塑造 抚顺城市良好形象

提要： 基础设施建设对提升抚顺城市形象具有促进作用。本章从宏观角度探讨了城市基础设施作为城市形象的重要组成部分，对提升城市形象的促进作用问题，提出了塑造良好城市形象对城市基础设施建设的新要求，分析了城市基础设施建设对城市形象的影响因素，提出了加快建立适合抚顺城市形象的基础设施服务体系的基本思路。

第一节　基础设施建设是城市形象的重要组成部分

一、城市形象的内涵、特点、定位和作用

城市形象是一种资本，能够给城市带来高额、高效的回报。城市形象是一种品牌，它向世人展示城市的品位和层次。城市形象是一种象征，它会吸引人们的向往。城市形象是历史文化的沉积，更应当是对历史文化的弘扬，是现代化与优秀传统实现最佳结合的典范。建立起良好的城市形象，就是培植起财富之源，就是增强城市综合实力的基础。

1. 城市形象的概念。城市形象是指城市以其自然的地理环境、经济贸易水平、社会安全状况、市政基础设施，所形成的景观、商业、交通等公共设施的完善程度、法律制度、政府治理模式、历史文化传统，以及市民的价值观念、生活质量和行为方式等要素作用与社会公众并使社会公众形成对城市认知的印象总和。城市形象既是一种客观的社会存在，又是一种主观的社会评价。一方面是城市的内在素质和文化底蕴在外部形态上的外在表现；另一方面又是城市内外公众对城市的现状和未来发展趋势做出的总体的、抽象的、理性的概括和评价，并且公众的看法和评价将影响城市的生存与发展。进行城市形象设计，可以将城市整体的精神风貌等特质予以提炼、升华，塑造独特的城市形象，充分发挥城市功能，从根本上改变城市建设雷同化、一般化的倾向，推动

城市全面发展。

2. 城市形象的组成要素和特点。(1) 城市形象的组成要素包括,城市景观形象、功能形象、经济形象、文化形象、政府形象、市民形象、市容形象和城市潜能形象等若干子形象。其中,市政基础设施的建设水平,直接决定了城市功能、景观、市容面貌和城市潜能等发展程度和水平。城市形象的结构可简要概括为城市理念形象、城市行为形象、城市视觉形象,并且这三部分结构与城市形象的各子系统相互融合交叉。也就是说,城市形象具有综合性、相对稳定性、可变性、长期性、时代性、特色性、多样性、标志性、公益性等特征。(2) 城市形象的特点。城市形象以客观城市为对象,以人们的主观印象为途径,呈现以下几个方面的特点:综合性、差异性、主观性、标志性和公益性。

3. 城市形象的评价标准。(1) 良好的自然条件及其有效利用。自然条件包括美丽的河流、湖泊、喷泉、大公园、林地树丛、富有魅力的景观、洁净的空气、适宜的气温等。(2) 良好的市政基础设施,包括快捷便利的交通体系、配套的市政工程、杰出的建筑物、清晰的城市平面、宽广的林荫大道、美丽的广场、街道的艺术、富有魅力的景观等。(3) 丰富的文化传统及文化基础设施,包括著名的博物馆,负有盛名的学府,重要可见的历史遗迹,众多的图书馆、剧院,美丽的音乐厅,琳琅满目的商店橱窗,街道的艺术,大游乐场,多种参加游憩的机会等。

4. 城市形象的定位。在进行城市形象定位时,一定要实事求是,对城市的历史演变及其未来发展趋势进行详尽、客观、科学的分析研究,在此基础上进行准确定位。(1) 城市形象定位对城市形象塑造具有十分重要的意义。城市形象定位能够提高城市的知名度和美誉度,使城市获得更多的经济和政策支持;有助于城市整合各个方面资源打造品牌城市;有利于增强市民的凝聚力和自豪感,使市民在城市建设中更多地发挥聪明才智;还能够为公众提供差别化利益,通过定位向公众传递与众不同的信息,使城市的个性清楚地凸显在公众面前,从而引发他们的联想与支持。(2) 科学把握城市形象定位的基本原则,包括准确性原则、导向性原则、统一性原则、合法性原则。(3) 城市形象定位要抓住城市的特色。特色是城市过去和现在的浓缩,是物质实体和历史文化的提炼,是城市形象的精髓和灵魂,也是一个城市独特的优势。每个城市都有自己独特的地理环境、产业结构、民俗风情,政府能否把握并突出城市的特质,是城市形象定位成功与否的一个决定性因素。因此,政府要充分认识到城市特色的可贵,在城市形象定位中不能盲目仿效其他城市,而应以特色为旗帜,对城市的环境、历史地域条件、产业和民俗等特质做深入的研究,有所侧重地显示出强烈且鲜明的城市风格。

5. 城市形象在城市化过程中的意义和作用。一个城市的良好形象，被认知的范围越大、时间越久其价值就越高。政府通过城市形象的建设，能够提升城市各构成要素的整体效应，从而提高整座城市的品质和韵味，拓展城市的内聚力和竞争力。城市形象的建设与塑造，有着非常重要的社会意义和作用。良好的城市形象，不仅有利于形成凝聚力、有效地整合城市资源，而且还对城市人口、人才、资金和技术具有更大的吸纳力；不仅有利于增强城市产品的知名度，促进本市产品的外销，而且还有利于构建地域特色鲜明的人文体系，增强城市的对外交流和国际化。

二、城市基础设施的特性和作用

城市基础设施是城市赖以生存和发展的重要基础条件。随着城市规模的不断扩大，城市各项功能的不断演变和强化，以及城市居民对生活质量和环境质量要求的不断提高，作为城市经济社会活动载体的市政基础设施建设的作用显得日益重要。加深对城市基础设施特点和作用的认识，建设并管理好城市基础设施，对促进城市经济稳定健康地发展，对城市功能和质量的提高，以及城市形象的建设具有重要意义。

1. 城市基础设施的内涵。市政基础设施是既为物质生产，又为人民生活提供一般条件的公共设施，是城市赖以生存和发展的基础。市政基础设施可以分广义的概念和狭义的概念两类。本文涉及的市政基础设施是指狭义的市政基础设施，即工程性的基础设施。工程性的基础设施一般包括六个方面的内容。（1）城市能源系统，包括城市电力生产与输变电设施，煤制气、天然气、液化石油气的生产和供应设施，城市热能生产与集中供热设施等。（2）水源供水排水系统，包括水资源的开发利用设施，自来水的生产和供应设施，雨水排放和处理设施等。（3）交通运输系统，包括城市对内交通运输的道路、桥梁、公共交通场站设施，城市对外交通的航空、水运、公路、铁路等设施。（4）邮电通信系统，包括邮政、电讯、固定电话和移动电话、广播电视、互联网等设施。（5）城市生态环境保护系统，包括环境卫生和垃圾清运处理、环境监测保护、园林绿化等设施。（6）城市防灾系统，包括防火、防洪，防地震、防地面下沉、防风雪，以及人防战略等设施。城市基础设施中的各类设施，既相对独立又密切关联。

2. 城市基础设施的特点。市政基础设施作为城市赖以生存与发展的基础条件和系统工程，是城市立足的基础，是城市社会经济运转的骨架，是城市居民获得安全美好生活的物质前提，是城市建设的先行官，是城市生存发展的生命线。城市基础设施一般具有以下四个特点：（1）服务职能的同一性和公共性。构成城市基础设施的各部分，都具有同一职能，即服务职能。无论何种城市基础设施，其服务对象都是整个城市的社会生产和居民生活。公共性表现在：一是任何一项基础设施都是为城市所有部门、单位、企业和居民等整个城市提供社会化服务的；二是既为物质生产服务，又为居民生活服务，两者难以截然分开。（2）运转的系统性和协调性。市政基础设施是一个有机的综合系统，也是城市大系统中的一个子系统，其系统性和协调性，不仅通过显而易见的城市道路网、电网、自来水管网、煤气输配管网等各类设施自成体系的网络表现出来，而且表现为各个分类设施系统之间的密切联系，形成城市内部一个相对独立的系统。这个系统在其内部和同外界环境之间均需协调一致，才能正常良性地运转。（3）建设的超前性和形成的同步性。超前性包括：一是时间上的超前。所谓城市建设前期准备必须先做到"七通一平"，就是这个道理。二是容量上的超前。市政基础设施的能力应走在城市对其需要的前面。即城市道路埋设在地下的各种管线等有关工程量大，使用年限长，建成后不易移动的设施，应按城市一定时期内发展规划和总体要求一次建成，或按最终规划建设与预留。（4）效益的间接性和长期性。城市基础设施的建设和管理在于为整个城市经济的发展提供基础条件，促进城市经济和其他各项城市事业的发展，增进城市的总体效益。城市基础设施的投资效益和经营管理效果，往往表现为服务对象的效益提高，进而促进城市总体效益的提高。（5）对城市的聚集效应起决定作用。完善而良好的市政基础设施可以使城市各社会经济单位更好地分工协作加强联系，迅速传导着人流、物流和信息流，把城市地域内各社会经济要素紧密地聚合在一起，可以极大地提高城市所有部门的经济效益、社会效益和生态环境效益，并形成城市聚集效益和效应。

3. 城市基础设施的地位和作用。城市基础设施是实现城市经济效益、社会效益和环境效益相统一的必要条件，对城市经济的发展起着重要作用。（1）基础设施是城市赖以生存和发展的基本条件。（2）基础设施是城市经济正常运转的前提条件。城市基础设施中的很大一部分以社会方式直接参与生产企业的生产。城市基础设施中有一部分并不直接参与企业的生产活动，但也间接地影响企业经济效益，从而影响城市经济的正常运转。（3）基础设施是城市人民赖以生存和经济发展的重要基础。一个城市如果没有基础设施，或设施不能正常进行，这个城市就不可能具有竞争力。城市基础设施的建设和管理，与人民群众的生活息息相关，是城市社会经济发展的重要基础。（4）基础设施建设是适应城市化进程、坚持可持续发展战略的需要。从城市发展的历程看，城市一方面要容纳大部分经济和社会活动；另一方面又要消耗大量的资源和环境容量。城市之所以能吸引农村人口流入，主要是由于城市能够发挥生产要素集聚和增值效应，体现了社会的文明和进步。因此，城市化过程中必须始终坚持可持续发展战略，促进城市经济更加繁荣。

三、基础设施建设是城市形象的重要组成部分

一个城市竞争力是否强大，市政基础设施所造就的硬环境是其基石，也是塑造城市形象的基础性、标志性和感性的要素，是城市形象的重要组成部分。加强市政基础设施建设，营造符合生态要求的城市绿化系统、水系统、交通系统和环境综合治理系统，能够改善城市人居环境，有效地提升城市形象。

1. 城市形象是城市基础设施的外形和文化内涵的统一体。城市形象包括外形和内涵两个方面。城市外形具有直观性，就是它的外部形貌。例如，城市布局、街道、建筑物、基础设施，城市内住宅区、生产区、商业区的形貌状态及秩序，城市的交通运输状况和环境、卫生建设状况等，都是城市的外形，是城市形象的重要组成部分，这是人们可以直观看到的东西。城市的内涵则具有隐蔽性，是历史文化的沉积和弘扬。这种内涵对造就城市形象，树立城市优良形象，让外界对城市真正感兴趣，产生实实在在的感染力和吸引力方面，居于重要的地位。其中，城市基础设施建设的先进与否，对城市形象具有最直观的感觉。因此说，城市基础设施建设是城市形象的重要组成部分。

2. 城市基础设施建设要通过改变观念，树立品牌意识，引入新理念、新材料、新模式提高城市品位和提升城市形象。要根据城市规划的目标和民生要求，通过道路网建设，来解决城市交通拥挤问题和推动城市开发建设；通过建设和改造排水管网，解决环境污染问题，改善民生；加快环卫基础设施的建设工作，改善城市的空间环境和市民的生活环境质量；加大园林绿化建设工作力度，完善服务功能，推进绿化网建设，提高市民生活品位，实施城市夜景灯光工程，改变城市整体形象。

3. 把塑造城市形象与城市基础设施建设有机地结合起来。城市形象是社会公众（包括各个方面、各种群体、各个层次）对一个城市的一般认定和整体综合评价，它的实质是城市两个文明建设成果的有效结合和最具体的载体。城市良好形象，要通过市政基础设施来体现，要把两者有机地结合起来，这是提高城市形象的有效途径。因此，需要在总体上进行筹划，这就需要政府要明确良好城市形象与市政基础设施建设互动的指导思想、理论依据、城市形象定位、城市形象建设的内容步骤，以及所要采取的策略和措施等。

4. 合理进行城市形象定位，通过城市基础设施建设充分展示城市形象。城市形象定位是城市形象建设的目标基础，也是城市形象建设的方向。这就需要政府科学合理地进行城市形象定位，并将这种城市形象定位落实到市政基础

328

设施建设中，使城市形象战略和城市形象定位具体化、项目化，构造出由市政基础设施项目支撑的城市形象框架，以奠定良好的城市形象基础工作。

5. 文化基础设施是提升城市文化品位和形象的重要组成部分。文化是城市的灵魂，是城市综合竞争力的重要内容，也是城市发展的重要动力和支撑。加快城市文化基础设施建设，是传承城市文明和提升城市价值的需要，也是城市赢得发展先机的重要途径。这就需要政府要挖掘历史文化内涵，弘扬优秀历史文化，加强对城市整体风貌、文物古迹和古建筑的保护和利用，特别在旧城改造中，要注重文化的传承，保护好历史街巷、文化史迹；积极培育现代文化，把现代文明、历史文脉、自然特色融入建设中；在城市的广场、公园、车站、出入口，精心打造和建设一批与中心城区相适应的文化基础设施，营造城市文化景点，增加城市文化韵味，彰显城市的特色、风貌、精神追求和崭新形象。

第二节　提升城市形象对城市基础设施提出的新要求

提升城市形象，要通过完善市政基础设施来提高城市档次，只有按照"高起点规划、高标准建设、高效率管理"的新要求建设和管理，才能有效地提升城市形象。

一、城市形象对城市基础设施发展总体目标的要求

根据未来经济社会发展需要，确定城市基础设施建设的目标，就要努力构建具有适度超前规划设计、超前供应能力、超前技术水平的现代化市政基础设施，使城市展现出现代化、园林式、人居便利化的城市新面貌，符合城市形象对市政基础设施建设的新要求。具体目标要求：（1）城市自来水普及率达到100％。（2）城市污水回用率达到70％～80％。（3）建立健全公共交通道路和运输体系。（4）构建绿色环保的生态环境体系。（5）建设高标准的城市雨污水收集、排放、处理系统。（6）电网结构更加完善，加强与周边地区的电网联系，提高电网受电、供电能力，以及供电的安全性、可靠性。（7）中心城区居民燃气气化率达到98％。以天然气作为城市燃气主导气源，煤制气和液化石油气为辅助气源。（8）中心城区集中供热率达到90％，改善城市供热结构，提高能源利用效率，改善大气环境质量。（9）遵循减量化、资源化、无害化原则，进行生活垃圾分类收集、无害化综合处理，统一规划生活垃圾处理设施。

二、城市形象对城市基础设施建设的总体要求

1. 坚持"高起点、高标准、高品位、高水平"原则，打造市政基础设施的总体规划。市政基础设施总体规划，具有指导和规范城市建设的重要作用，不仅是城市管理的依据和总纲，而且也是提升城市形象的根本保证。城市形象的塑造，关键是规划。总体规划要吸取历史教训，汲取百家之长，要坚持高起点，高品位原则，使市政基础设施总体规划能够适应城市建设和发展的需要。总体规划要围绕城市形象定位进行，按照《城市规划法》确定的指导城市建设和发展的重要原则进行一体化规划设计，充分发挥规划在市政基础设施建设中的龙头作用。同时，搞好市政基础设施总体规划，也是为了形成更为合理的布局和发展框架，并通过人大以法律形式固定下来，依法加强总体规划的实施管理，使市政基础设施规划在树立城市良好形象中发挥重要作用。

2. 提升城市形象，构建科学完善的城市基础设施规划体系。（1）城市基础设施规划的内容主要包括：城市道路交通建设规划、给水工程规划、污水处理规划、环卫工程规划、燃气工程规划、园林绿化规划六个方面，并结合城市总体规划，提出市政基础设施建设发展目标，制订适应城市基础设施建设的发展战略方向，从而提出六个方面的主要任务、发展目标及重点建设项目安排。（2）完善城市基础设施工程的科学决策机制，对市政工程规划计划实行动态管理。市政要完善基础设施工程的论证制度，比如专家论证、市民参与等，通过征求意见、召开专题论证会和对外公示等形式，充分吸取多方意见，细化工程项目实施方案，提高科学决策水平。（3）严格按照总体规划要求，制定专项规划。市政编制各项专业规划，要超前谋划、周密考虑、精心设计，统筹做好水、电、气、公厕、停车场等与人民群众密切相关的民生工程建设的规划工作，同时，要加强各项规划的衔接，要按照专项规划服从综合性规划、下一层级规划符合上一层级规划的要求，加强各项规划编制之间的衔接，使各类规划既能充分发挥作用，又能形成合力。

3. 坚持城市基础设施规划编制的原则。（1）坚持多元统一发展原则。坚持保护与治理环境、经济效益、社会效益、环境效益统一的原则；坚持保护历史文化遗产和自然景观，突出民族传统和地方特色的原则；坚持保障城市安全和各项建设协调发展的原则；坚持合理用地、节约用地的原则。（2）坚持统筹规划、分步实施的原则。（3）坚持整体效益优化原则。遵循城市总体规划的布局、原则和规定，以促进经济社会整体快速发展为目的。（4）坚持可持续发展的原则。（5）坚持"以人为本"的原则。（6）坚持功能配套、适度超前、量力而行、重点推进的原则。（7）坚持区域资源共享原则。在规划内容上，不仅要注重中心城市的发展要求，还要从大城市观角度，从区域经济社会发展的总体思路上看待城市基础设施的规划。（8）坚持可操作性原则。规划的内容要充分体现实施的可能性和可行性，易于操作管理。（9）坚持依靠科技进步的原则。因地制宜地推进科技创新，开发先进适用的建筑施工技术。

4. 创新是基础设施建设，提高城市形象的重要手段。（1）创新城市基础设施信息系统。高新技术和现代化装备的引进，能够全面提升城市基础设施信息系统的发展水平，能够推进现代化通信系统建设，从业务、网络和终端等层面推动网络融合，实现向下一代网络的转型优化网络结构，从而提高网络性能，进而推进信息技术在市政基础设施上的广泛应用。（2）以科技创新为主线，全面提升城市基础设施建设和发展水平。现代城市的发展需要现代化的基础设施；建设现代化的基础设施需要以科技创新为主线，这就需要抚顺广泛吸收国内外先进的科学技术，广泛采用先进的、适用的装备，从而全面提升基础设施建设和发展水平。

5. 严格城市基础设施规划建设程序，加强城市基础设施管理。（1）严格城市基础设施规划建设程序。市政基础设施建设项目，必须按照程序组织建设：一是建设单位要在每年年底前，将下一年度市政基础设施建设计划向市政府做出专题报告，与年度城市重点项目建设统筹考虑和安排；二是建设单位按照基本建设程序办理项目手续；三是详细规划经批准后，组织建设单位到政府国土资源、建设等部门，办理用地、建设等手续；四是施工过程中，由建设部门进行勘察设计和施工质量的跟踪监督，确保工程质量；五是城市基础设施建设项目竣工后，政府规划、建设部门组织有关部门和单位进行竣工验收，验收合格的，方可交付使用。（2）加强城市基础设施的管理。政府要加大城管工作的力度，提高城市管理标准，强化行政主管部门的内部职能，整合城市管理资源，积极推行数字化管理，努力提高城市管理的信息化和现代化水平，形成城市管理快速反应机制。抚顺要按照"规范管理、优质服务"的要求，进一步加强城市市政、园林、供水、供气、公交等公用事业的管理，努力做到一流服务，群众满意。

6. 通过城市基础设施建设的方式，塑造城市个性和提高城市文化品位。（1）通过城市基础设施建设的方式塑造城市个性。城市没有了个性，就在事实上缺乏了"灵魂"。城市个性主要由它的形象体现，首先是由其外在形象体现出来。因此，城市一定要依据其所处区域，并根据城市发展需要，在吸收国内外建筑设计的精华的基础上，在重点区域规划建设一批地标性建筑群和城市综合体，着力打造一批能够展示和反映城市历史文化、自然特色、人文风情的城市景观，打造城市名片。只有塑造城市个性，才能展现城市的独特魅力和耳目一新的崭新形象。（2）通过城市基础设施建设的方式，提高城市文化品位。文化品位是现代城市之魂。通过市政基础设施建设的方式，展示城市的气氛、特征和灵魂，是提高城市文化品位和城市形象的重要方面。要根据城市文化建设的不可逆性和社会性的两个显著特征，坚持大视野、高起点培育城市文化，提高城市的文化品位，保护好历史文化遗产，建设起融现代化和优秀传统为一体的街道、住所、景观等基础设施，提升整个城市的文化品位和城市形象。

7. 强化城市基础设施建设过程中的指导和监督。（1）政府部门要强化对城市基础设施工程的指导。政府有关部门和单位，要加强在建设工程的现场管理、检查和指导，监督规划设计方案的实施。（2）强化对规划的复查和修改。政府部门要对市政基础设施进行复查，对配套设施不到位、规划不落实、标准不统一的，提出改建补建方案，经政府批准后，由组织建设单位按照缺什么补什么的原则进行完善。（3）强化规划的约束力。要严格实施城市规划，充分发挥规划对城市发展的引领和调控作用，强化规划的刚性约束，坚决克服规划与建设"两张皮"的现象，对违法建设行为要坚决予以纠正，使规划与建设无缝对接。

8. 强化城市基础设施的经常性维护。市政基础设施建成后，市政设施管理维护工作就显得尤为重要。设施能否安全、高效运行，直接关系到城市的正常运转；设施管护水平的高低也直接影响到市民的生活质量及城市形象。城市建设是"三分建、七分管"。努力提高市政基础设施管护水平，确保设施安全高效运行，实现城市功能的正常发挥，促进城市经济、社会等全面协调可持续发展，其重要性和必要性是不言而喻的。

三、城市形象对城市基础设施的具体要求

城市基础设施包括，城市的道路、供水、排水、供气、供电、邮政、通信、广播、电视、互联网、园林绿化、城市公园等基础设施。为此，市政基础设施在施工前一定要做好总体规划，在建设中做到步调一致，坚持"先规划、后建设，先地下、后地上"，以及相关各部门项目"同时审批、同时设计、同时施工、同时竣工验收"的原则，减少甚至避免市政基础设施建设中时常出现的既缩短使用寿命，造成资金浪费，又影响城市形象的现象。

1. 城市形象对环保环卫基础设施的新要求。（1）加大环境治理和保护力度。一是坚持从源头治理污染，保护、治理、建设三管齐下。把好引进关、补救关和建设关。严禁引进污染性建设生产项目，对污染项目治理整顿和重新改造，加大建设优良生态环境的投入，加大环保项目的基础设施建设力度。二是将循环经济、清洁生产、生态城市的理念贯穿到城市建设中。（2）加大城市环

境综合整治。一是强化宣传教育，提高市民意识。二是加大市政设施投入和管养，完善环卫设施。要确保城市道路路面平整畅通，强化公厕建设和维护。补齐破损、丢失雨污井盖，完善路灯设施，提升城市亮化水平。三是建立长效机制，提高规范化、制度化管理。逐步建立条块结合、责权统一城区管理长效机制，促进城市管理向常态化转变。（3）开展专项治理，拆除城市违法建筑。坚持拆管并重、拆教并重和拆建并重，重点对沿街和居民小区内群众反映强烈的违章建筑进行拆除清理。（4）加快老旧小区城市基础设施的改造，提升改造步伐。加快城市危旧房、棚户区、城中村改造等开发建设，开展道路整修、下水道疏通、楼道亮化、墙体粉刷和线缆整治等建设改造工作。（5）加强城市广告和"牛皮癣"的治理力度。一是加强对户外广告的管理。严把户外广告审批关，建立起政府主导、规范有序的户外广告管理体系。拆除违章广告牌、指路牌、灯箱、破旧不规范的门头店。二是加大对城市"牛皮癣"的治理力度，保持城市良好的观瞻形象。

2. 城市形象对园林绿化的新要求。（1）构建绿色环保的生态环境体系。要按照"大空间、大绿地、大水面"的城市特色要求，坚持政府组织、社会参与、突出重点、讲求实效的原则，以城市道路绿化为骨架，以庭院、小区绿化为基础，以公共绿地建设为重点，大力实施城市园林绿化景观建设，推动城市档次和品位不断提高，形成乔灌花合理搭配、点线面有机结合的城市大绿化格局，营造"三季有花、四季常绿"的优美城市环境。（2）不断加大资金投入。在政府投资为主的前提下，拓宽城市绿化融资渠道。一是通过招商引资建设绿地。二是通过建设项目附带绿地。三是通过社会参与认建绿地。（3）以绿化、亮化、净化、美化为内容，创造优美的城市形象。（4）抓好园林绿化管养，强化造型设计，提升园林绿化档次。要强化花灌木的造型设计，努力营造园林绿化特色，不断提升城市绿化品质，推动绿化示范社区、园林式小区创建。

3. 城市形象对道路交通运输设施的新要求。（1）城市形象对城市道路基础设施的新要求。构建协调高效的综合交通运输体系。优化城市内部路网结构，改造整治周边道路网，加强过境通道建设，促进城市之间的资源优势互补。建立高效的对外交通，通过高架桥建设，提升道路等级，破解老城与新城的交通瓶颈，使其成为展示城市形象和功能的一张名片。建立畅通的内部交通，加大城区道路改造升级，加快破损路面修复，对妨碍交通、有碍观瞻、影响通行的临时建筑、违章建筑、路障路阻坚决进行清理，对乱搭乱建、乱停乱放、乱泼乱倒、乱写乱画行为进行坚决纠正，形成循环往复、高效快捷的城市交通运输网络。（2）城市形象对公共交通设施的新要求。一是建立健全公共交通运输体系。要以提高综合公共运输服务功能为重点，形成纵横交错、畅通无阻的交通枢纽网络，建成以铁路、高速公路、桥梁为骨架，以城市主干路、快速通道、轨道交通为依托，布局协调、衔接顺畅、优势互补的公共交通运输体系。二是提升重点路段的形象。实施市区高架桥整体靓化工程，进行绿化、美化和桥面装饰；实施市区入城口改造提升工程，提升整体形象。三是通过畅通安全的交通秩序，树立城市良好形象。在重点道路、地段增设电子探头，充分发挥电子监控作用，提前发布预警信息，及时疏导指挥交通。四是加大交通配套设施建设力度。统一进行站牌更新升级，在站容方面，改造装修客运站及站前广场、候车厅，增设无障碍通道。在车容方面，更新、购置高、中档豪华客车，提高客车档次和标准。

4. 城市形象对邮电通信等市政基础设施的新要求。（1）加强邮电通信、广播电视、互联网等基础设施建设，提升城市信息传播能力。将邮政通信、广播电视、互联网等市政基础设施建设纳入城市基础设施建设规划，加快建设步伐。重点扶持城市落后区域的设施建设。（2）实现城市通信网络架线的"蛛网"落地，是清理城市上空黑色污染，提高城市形象的重要手段。城市上空越来越密集的线缆，被市民形象地称为"蛛网"。因此，要努力清除城市上空的黑色污染，对城市道路架空线缆落地实行统一规划、统一建设、统一管理、统一运营，实现城市上空的清晰简单，保证城市上空清洁的形象。（3）无线城市是改变城市人民生活的第五基础设施，对提升城市形象具有重要意义。无线城市是指利用多种无线接入技术，为整个城市提供随时、随地、随需的无线网络接入，并开发与政府工作、企业运行、群众生活密切相关的丰富无线信息化应用；是被称为继水、电、气、交通之后的城市第五基础设施。借助物联网等技术，无线城市可以为政府和行业用户提供城市信息化应用，能够提高政府的城市管理水平和城市各行业的生产效率。发展多种形式的宽带接入，可以推动有线、地面和卫星等各类数字广播电视的发展。应用光电传感、射频识别等技术可以扩展网络功能，发展并完善信息基础设施，从而稳步实现向下一代网络的转型，进而向"无线城市"方向努力。

5. 城市形象对污水、垃圾收集与处理设施的新要求。（1）强化水污染的治理。加强污水处理厂及配套管网的建设力度，从源头治污。实施"谁污染、谁治理，谁用水、谁花钱"的以水养水政策。拓宽融资渠道，鼓励和吸引社会资金和外资，投向中水回用项目的建设和运营。（2）不断提高垃圾处理水平。城市居民小区垃圾的收集主要实行袋装化收集，由居民用垃圾袋收集后，投放在垃圾收集点；道路垃圾实行人扫与机扫相结合的方式进行收集；垃圾清运主要由专业的垃圾清运车负责运输。（3）加大资金投入，出台垃圾处理收费标准，更新购置生活垃圾收集、运输相关设施和设备，提高垃圾处理能力。稳步推进垃圾中转站、垃圾处理厂、公厕、建设，以及垃圾运输车、垃圾收集车、果皮箱等设施的购置，努力提高市区生活垃圾清运效率，对垃圾进行分类无害化处理。重视并加强城市地下排水管网设施的改造和管护工作，提升地下管网排水能力。

6. 城市形象对水、电、气暖供应体系的新要求。水、电、气、暖的利用普及程度和消费水平，反映城市公用设施的配套能力和现代化水平，也是改善人民生活水平，提升城市形象的重要方面。（1）优化电力结构，保障能源供应。根据现代化城市的需要，我市需要彻底改变市区中低压配电网设备陈旧、安全可靠性差、供电可靠性低的状况，从而实现充足的生产生活用电需求。（2）完善供水系统，提高供水管网的保障能力。（3）保障城市供气。液化气供应规模和普及率的不断提高，既可以有效地提高城市市民的生活质量，又能有效地保护城市环境。（4）加强城市供暖网络建设，保障居民冬季取暖。

第三节　城市基础设施建设对城市形象的影响

影响城市形象的因素是多方面的，它涵盖物质文明、精神文明、政治文明和生态文明四大领域。但具体来说，主要是城市中的建筑构成、区域环境、道路交通、街道人居、园林绿化、公共设施、风景名胜、商业橱窗、广告灯光等相互间的互动关系。这些关系达到和谐统一则为美，能够给城市形象增添光彩，否则就会影响城市的良好形象。其中，城市基础设施所形成的城市景观，往往给人们更直观的城市形象记忆和印象，是影响城市良好形象的重要因素。

一、城市基础设施建设对城市形象的总体影响

1. 城市基础设施是制约城市居民生活质量的重要因素。城市基础设施具有为社会服务的性质，其服务对象不仅是生产，而且还有城市居民的生活，有些设施如防火、防洪、防震等还担负着保证城市安全的作用。为城市居民生活服务是城市基础设施一开始出现就具备的职能。城市居民生活质量的高低主要取决于国家经济的发展，取决于国家的综合国力及人均国民生产总值的水平，但城市基础设施的完善及良好与否，也对城市居民生活质量有重要影响。很难想象，一个现代化城市，没有了电力和燃气供应，居民的生活会出现什么样的情况。一个城市如果交通不畅、通信不灵、电力燃气供应不足、供排水能力低下等，就谈不上城市居民生活的高质量，最终城市将会因此而萎缩下去。相反，完善而良好的城市基础设施，可以为城市居民创造清洁、卫生、优美、舒

适的工作条件和生活环境，能够塑造良好的城市形象，从而提高城市居民的生活质量，增强城市居民对城市的向心力、凝聚力，进而促进城市经济社会的发展。良好的城市基础设施，既可使城市居民在生活上得到实惠并且直接感受，也可以使城市经济的持续发展获得推动力，其影响是潜在而深远的。

2. 城市基础设施总量不足与经济社会发展不相适应，对城市良好形象有重要影响。从投资比重看，一般来说，多数城市基础设施投资总量不到 GDP 的 2%。而据世界银行建议，发展中国家城市基础设施建设适应经济和社会发展的投资比重应占 GDP 的 5% 以上。从全国来看，由于市政基础设施投资总量不足，多数城市只能把财政安排的资金和部分外商投资，优先用于生产和生活急需的城市基础设施建设上。只有部分经济较发达城市已开始把重点转到了城市污水、园林绿化和环境综合整治建设上来。大部分现有城市供水和城市燃气的普及率相对较好，而城市道路、城市公共交通，以及事关城市公共环境质量的设施如城市污水处理、垃圾处理、园林绿化等总量明显不足。许多城市生活污水未经处理直接排入自然水体，造成绝大部分水体的严重污染；许多城市生活垃圾没有设施处理，堆放在城市郊外，形成垃圾包围城市，造成大面积农田和地下水污染；很多城市交通拥挤；多数城市及其周边的绿化水平很低，造成城市的热岛效应严重，生态环境效应不佳等。这些都使很多城市的人居环境跟不上人民生活水平日益提高的要求，影响了城市形象的改善。

3. 城市基础设施建设缺乏远景规划，基础设施配套跟不上，规划体系不完善对城市形象有重要影响。（1）基础设施的规划和建设因缺乏前瞻性、系统性、综合性，基础设施的网络功能发挥不出来影响城市形象。规划缺乏统筹管理，总体规划与专项规划、专项规划与专项规划之间缺乏统一协调，造成了相互脱节。规划工作程序不规范，没有按照发展定位提前做好相关规划，多为建设项目确定后再启动规划，制约了工程建设速度，导致工程多为小地块的零星建设，开发不具规模效应。（2）城市基础设施建设规划风格和路网结构规划不完善影响城市形象。道路设计标准不够，市区干线道路由于设计负载偏低，致使道路的使用年限缩短，维护管理成本增加，出现了路面下沉、龟裂等严重现象。同时，交通秩序的混乱拥堵等都对城市形象产生负面影响。（3）地下管网规划不周全，存在重复建设现象。经常出现今天填埋，明天又"开膛破肚"的怪圈；居民小区道路狭窄，通信、有线电视、用电线路等纵横交错，排水管网不足，污水横流，居住环境恶劣。

4. 城市基础设施建设和投资结构不合理影响城市整体形象。影响城市形象的因素包括：（1）区域城市基础设施建设和投资不平衡，新城华贵靓丽，旧城破旧不堪，影响城市的整体形象。（2）城市基础设施建设资金不足，影响城市形象的改善。城市基础设施建设需要大量的资金，从而影响到项目争取和实施。城市环保设施、公共厕所、休闲体育活动场地、停车场等市政设施，以及水、电、气、暖等设施也由于资金的不足建设严重滞后。用于城市基础设施建设的资金来源有限，社会资金投入基础设施建设较少，市场化的筹融资渠道单一，导致城市基础设施建设进展缓慢，延缓了城市形象的改善。(3) 城市基础设施管理体制改革滞后影响城市形象的改善。城市基础设施建设管理体制改革滞后，长期以来都是由政府投资建设与经营，是典型的投资单一化行业，造成政府包袱大，严重影响了城市建设的发展，制约了城市形象的改善。

5. 城市基础设施管理不到位影响城市形象。(1) 重量的扩张，轻质的提高。由于基础设施建设的长期滞后，工作的重点仍处在数量上适应发展需求，设施的服务质量不高，影响了城市功能的发挥和形象的改善。(2) 道路、排水设施管理力度不够。乱占、乱破、乱接现象严重，道路被破后修复质量不高，形成了长期隐患。特别是在抢修作业、管网铺设等过程中，施工单位各行其是，不按要求修复，经常出现路面、人行道反复沉降，使用不久即千疮百孔，严重损坏了城市形象。(3) 车辆停靠无序。随着各类车辆逐年增多，车辆停靠的问题日益突显，妨碍了交通。(4) 对破坏市政设施的行为处罚不到位。

6. 城市基础设施维护滞后对城市形象的影响。基础设施的使用维护与建设相比，在资金和管理方面偏弱。城市基础设施"重建设，轻养护"的现象比较普遍。不仅城市基础设施建设需要足够的资金投入，这些设施建成后的正常运转和维护也仍需要很大的资金投入来保证。

7. 建立健全保护市政基础设施的各项法规体系，对维护城市形象具有重要意义和作用。通过市政基础设施塑造城市形象是一项长期的全局性工作，应通过建立健全相应的法规、政策和制度体系来加以保证，必须明确坚持和提倡的行为，以及禁止的行为。即要按照城市形象建设的要求，对现有的法规、政策和制度进行清理，强化约束机制，使通过市政基础设施塑造城市形象的工作步入法制化、规范化、经常化的轨道。

二、各类城市基础设施对城市形象的影响

1. 城市环境卫生对城市形象的影响。(1) 占道经营是城市"脏、乱、差"的主要源头，严重影响城市形象。那些擅自占用城市道路设置集贸市场，摆摊设点、搭建临时建筑、堆物作业、排放残渣废液、焚烧物品，以及进行电焊和混凝土、砂浆搅拌作业等行为都严重影响城市形象。(2) 市容、市貌管理的好坏，对城市形象有重要影响。在建筑物、构筑物、树木和市政设施上，乱贴、乱写、乱画、乱刻、乱喷涂和乱扔废弃物，乱倒垃圾、渣土、污水、污油等不

良行为都严重影响城市良好形象。(3) 城市扬尘污染,影响城市空气质量。扬尘污染是城市大气污染的一大因素。因此,要对能产生扬尘,污染环境的行为进行规范和约束:一是房屋拆迁,以及市政、公用、道路等施工,应对施工区域实行封闭或隔离,并采取有效防尘措施。二是严禁抛撒建筑垃圾。三是施工工地运输车辆驶出工地前必须作除泥、除尘处理,严禁将泥土、尘土带出工地。四是运输沙、石、水泥、土方、垃圾等易产生扬尘的车辆,必须封盖严密,严禁撒漏。(4) 户外广告对城市形象具有重要影响。城市户外广告不仅是企业宣传自身形象或产品的载体,还与城市环境景观、人文景观密切相连,是城市市容和环境管理的重要组成部分。广告过多,显得杂乱,影响城市形象;广告过少,显得城市没有生气、萧条。文明、现代、有序、美观、明亮的户外广告,对构筑城市景观、美化市容市貌、烘托城市商业氛围、提升城市品牌形象、促进城市经济发展等都起着重要作用。因此,要鼓励应用新技术、新材料、高投入,营造更好的创意氛围。户外广告的表现要与城市建筑、城市环境、城市文化相协调,以创造性的设计、创意、制作户外广告来表现城市文化的竞争力。同时,那些与建筑、环境不协调的,前后重叠互相遮挡、粗制滥造、保养不当的户外广告,以及在桥梁或者路灯设施上,设置广告牌或者其他挂浮物,则会影响城市观瞻和形象。(5) 城市"牛皮癣"根治困难影响城市形象。随处可见的"牛皮癣"是城市管理最难解的顽症之一,它把城市搞成"大花脸",严重破坏了城市的脸面,损坏了城市形象。因此,要在公共场所设置便民信息发布栏,解决信息发布难的问题,实行疏堵结合的办法。

2. 园林绿化对城市形象的影响。(1) 园林绿化规划设计对城市形象的影响:一是许多城市绿地系统规划没有真正纳入城市总体规划和规划滞后;二是城市公共绿地布局不合理,防护绿地、生产绿地、风景林地规划布局不够合理,建设不到位,没有形成完整的有机系统。(2) 绿地建设对城市形象的影响。绿地建设对城市形象的影响因素:一是总体绿量不足,绿化覆盖率和绿地率不达标影响城市形象;二是城区间发展不平衡,城市区域之间绿化指标差距太大;三是城市道路绿化配套建设滞后,道路绿化率普及率不高;四是生产绿地苗圃建设滞后;五是城市公园绿地较少,分布不均,缺乏综合性公园;六是部分原有绿地景观功能不完善;七是部分单位庭院和居住区绿化指标不达标等都对城市形象具有不良影响。(3) 生态建设对城市形象的影响。影响因素:一是城市大环境绿化效果不明显,没有形成城乡一体的优良绿化环境;二是城市卫生、环保等防护绿地没有纳入城市规划,城市防护林、垃圾场、污水处理厂、工厂等专用防护林建设滞后;三是城市规划区内的河、湖、渠整治改造没有到位。(4) 园林绿化的组织管理需要改善:一是城市园林绿化的行业管理有待加强；二是园林施工及养护管理有待规范。

3. 城市环保设施建设对城市形象的影响。（1）污水处理能力低，水环境污染严重影响城市形象。由于污水处理能力不足，污水排放量逐年增加，以及排水系统不完善、合流制排水管道老化、多数分流制排水系统未真正分流等原因，致使大部分城市生活污水和部分工业废水直接排入江河，对城市饮用水水源及土地造成严重污染。（2）大气污染影响城市形象。工业、民用燃料造成了大气污染。（3）垃圾对环境的污染。垃圾收运的及时与否，不仅严重影响城市环境和形象，而且对水体和垃圾堆放地土地造成严重污染。生活垃圾和生产经营产生的垃圾，不按规定的时间、地点、方式倾倒，是造成环境污染的重要因素。（4）清扫与保洁管理的是否到位，对城市清洁形象具有重要影响。清扫保洁若达不到环境卫生质量标准，城市道路、桥梁、广场、交通始末站、停车场、集贸市场等不能实现全日保洁，会给城市的清洁形象带来负面影响。

4. 城市道路桥梁基础设施景观建设对城市形象的影响。（1）桥梁风格各异，未能体现地方特色影响城市形象。（2）道路附属设施神态各异影响城市形象。道路旁的候车亭、灯箱广告、路灯、道路标志标牌等各成系统，形式上、色彩上未作统一协调，并出现在空间上相互交叉，未能达到理想的规划意境，影响城市形象。（3）城市基础设施项目施工现场对城市形象的影响。工地围挡、保洁和扬尘防治工作做得好坏，对保持美观、整洁、清洁的城市观瞻形象具有重要影响。

第四节　加快建立适合抚顺城市形象的基础设施体系

城市基础设施的逐步配套和完善，对改善城市投资环境、提高经济效益、发挥城市经济核心区辐射功能等起着积极作用，尤其对房地产业、商业服务业，以及地方经济的快速增长有着明显的支撑和拉动作用。虽然抚顺处于快速城市化发展阶段，但城市基础设施总体水平仍然比较低，市政基础设施供给明显不足，从而制约了人民生活水平的提高和城市经济的持续稳定发展，城市基础设施相对滞后始终是抚顺城市形象改善面临的难题。

一、基础设施建设对提升抚顺城市形象做出重要贡献

1. 抚顺城市发展空间得到优化。抚顺按照"西进、北拓、南治、东优"区域空间布局，加快建设经济开发区和高新技术产业开发区，在此基础上，提出了以"两城两带"为发展重点的城镇化发展战略，加快了新城区和产业集聚

区建设，城市空间布局不断优化。城市发展新格局为未来抚顺快速发展提供了广阔空间，为市政基础设施提供了用武之地，为提升抚顺城市形象创造了条件。

2. 抚顺城市基础设施建设成果为城市良好形象增光添彩。近年来，抚顺道路建设取得新进展，人均道路面积增加2.5平方米，新建和改造新华桥、永济路立交桥等19座，实施"圈抚顺"工程，结束了无动车历史。全市污水处理率达到73.9%，自来水普及率达到94.6%，集中供热率达到85%，燃气普及率达到97.8%，管道燃气气化率达到50%，城市绿化覆盖率达到41.6%，人均公共绿地面积达到9.9平方米，生活垃圾无害化处理率达到100%。城市基础设施建设取得的重大进步，提升了抚顺城市形象。

3. 抚顺城乡生态环境明显改善提升了城市形象。"蓝天、绿水、青山"工程取得新成果，我市通过采取新建改造供热管网、拆除燃煤锅炉、购置清洁能源和新能源公交车辆、淘汰各种车辆、依法关闭或搬迁在水源保护区的企业等改善生态环境的措施，城市空气质量由全省第十三位上升到现在的第七位，宜居乡村建设走在全省前列；大伙房水库入库源头水质达到了国家一类水质标准；通过大规模植树造林，圆满完成了"国家级森林城市"创建工作。

4. 效果明显的城市形象建设。我市围绕"路通街美、功能齐全、天蓝水碧、景观宜人"的城市形象目标，确定了抓好城市路街、城市楼群、城市人文景观、城市交通、城市环保等方面的工作，使城市形象有了极大改观。（1）城市景观和街区面貌明显改观。广场和公园建设成效显著，城市景观建设出现可喜局面。既提高了城市的文化品位，也增加了城市景观。经过对城市主要街道、出入口的大规模建设和整治，城市街区面貌明显改观。（2）城市亮化、美化、绿化、净化程度提高。通过户外广告和夜景建设，城市的亮化、美化程度逐步提高。市区内公益广告质量提高，数量增多。清理城市及环城垃圾，治理污水、烟尘、噪音，使城市市容环境卫生大为改观，并使城市的绿化美化工作又上了一个新台阶。

二、构建基础设施建设新格局，为抚顺城市形象提升奠定基础

抚顺遵循"管建并举、管理为重，民生为本、安全为先"原则，进一步优化完善"枢纽型、功能性、网络化"城市基础设施体系，发展重心向"两城两带"倾斜，重大项目向重点发展区域聚焦。建设四通八达的对外交通和快速便捷的城市综合公共交通体系。加强现代化、大容量、综合性、国际化的通信网络建设。加强城市防洪建设，保证可靠的水源及能源供应，建设完善发达的水、电、气、暖等生命线工程。实现人工设施自然化，工程施工生态化，能源消费高级化，废物处理无害化，使污染源得到有效治理，环境污染和生态破坏得到基本控制，明显改善生态环境。

1. 建立适合抚顺形象的沈抚新城城市基础设施体系，实现沈阳与抚顺的基础设施一体化。沈抚新城作为沈抚同城化的切入点，按照国际水准规划建设新城，完成水系景观、生命之环，以及城市综合体和商住组团开发，建设有博大亲和力的生态宜居之城。同时，努力达成抚顺与沈阳的基础设施建设的一体化，搞好沈抚基础设施一体化的战略规划，通过基础设施的重新组合，促进一体化建设，为提升抚顺城市形象奠定基础设施的框架基础。

2. 建立适合抚顺形象的石化新城基础设施服务体系。石化新城作为抚顺优化和提升产业结构的重点，按照国际水准规划建设产业优势突出，生态环境优美，集商住、旅游、休闲、娱乐于一体的现代化新城。建设石化新城核心区，打造石化产业和高性能纤维基地，重点建设高新技术产业开发区、兰山工业园区、海新工业园区。通过旧城区改造，建设石化新城中心商务区。建设生态旅游区，环绕大伙房水库，依托山水资源优势，构建生态体系，开发旅游资源，建设千亩河滩地公园，开发萨尔浒风景区、元帅林风景区，建成180平方千米的大伙房水库生态旅游风景区，以展示抚顺的崭新城市形象。

3. 建立适合抚顺形象的浑河文化生态景观带。沿浑河两岸延伸带，依托雷锋精神、民俗文化、工业文明等抚顺特色文化资源，充分利用抚顺生态资源，建设具有文化品位、环境优美的文化旅游休闲景区。完成浑河各支流的整治，强化污染源治理，将浑河建成一条融休闲、环境教育、文化展示，以及容纳城市文化、体育功能为一体的绿色生态廊道，提升抚顺城市形象。

4. 建立适合抚顺形象的南部循环经济产业带。结合城市矿山地质灾害治理与废弃土地的综合利用，沿南环公路和规划建设南环铁路，进行合理规划、统筹安排，建设一系列带状分布、各具特色的产业园区，形成南部循环经济产业带。重点建设塔峪工业产业园区、演武造纸产业园区、胜利开发区页岩油深加工产业园区，形成装备制造，钢铁、油母页岩深加工，石油化工等产业集聚区，奠定南部循环经济产业的发展基础。

5. 建设可以极大提升抚顺形象的东部生态旅游区基础设施服务体系。《辽宁省抚顺大伙房水源保护区国家生态文明先行示范区建设实施方案》编制完成并实施，一级、二级保护区前期工作进展顺利，主要污染源初步得到控制，大伙房水库水质稳定达标。大伙房水源保护区被列为国家江河湖泊生态环境保护试点和国家生态文明建设先行示范区，对提升抚顺形象起到积极的促进作用。

6. 建立适合抚顺形象的中央商务区。充分利用现有资源，采取存量利用、二次改造、土地置换等措施，对新抚商业区的资源和要素进行有效整合、合理布局和优化配置，建设金融、商贸、信息、中介服务、商务办公、酒店、公寓、会展中心、文化娱乐等配套设施，构建便捷的交通、丰富的信息、迅捷的通信、优质的办公设施和良好的运营环境，成为能大大节约企业的管理和交易成本，吸引各金融、商务公司入驻的现代商务活动的功能集聚区。拓展中央商务区空间，增强辐射力和吸引力，通过基础设施的大力度建设，塑造中央商务区崭新的城市形象。

7. 全面提升城市基础设施的管理水平，保持抚顺良好的城市形象。以城市基础设施管理现代化为指向，坚持以人为本、源头治理、权责一致、协调创新的原则，完善城市基础设施管理，构建权责明晰、服务为先、管理优化、执法规范、安全有序的城市基础设施管理体制，让城市基础设施成为人民追求更加美好生活的有力依托。构建大城管格局，积极推进数字化城市基础设施管理系统建设，强化城市基础设施管理绩效考核，理顺城市基础设施管理工作机制。加强城市亮化建设和管理，实现"一街一景、一路一特色、一楼一特点"的目标，实施市容市貌综合整治工程，完成主要街路市容市貌的综合整治，加快生活垃圾收运体系与卫生填埋场的配套建设，全面推进城乡基础设施的管理精细化建设，保持住抚顺的良好城市形象。

三、建立适合抚顺城市形象的城市基础设施服务体系

1. 打造适合抚顺形象的生态型基础设施城市。（1）加大城市环境保护力度。要加快城市燃气、污水处理、排水设施的建设；加快垃圾处理设施建设，逐步提高城市垃圾无害化处理水平；加大浑河综合整治力度。（2）重点抓好城市绿化工程建设，创建国家森林城市。加强对城市生物多样性的保护。以城市绿化、公共绿地，以及城市道路、河道两侧绿化建设为重点，建设点、线、面相结合的城市绿地系统。进一步加大湿地建设和保护力度，建设大伙房国家级湿地公园。积极开展创建国家森林城市工作。不断完善林业生态体系、产业体系和文化体系建设，全面建设现代林业示范市；在城市绿地布局上，加强城市周边地区绿化隔离带的建设，尽快形成完整的城市外围保护绿带，防范和减少风沙的侵袭和危害；加强城市水源地的生态绿地建设和保护，努力增强水源涵养能力，遏制水土流失；加强公园、绿化带等绿地的建设，以及自然风景的保护，确保一定比例的公共绿地和生态用地；绿化建设的植物种植结构，应优先考虑城市绿化建设的生态效益，兼顾景观效益，重点培育种植适宜干旱气候条件的植物品种，大力发展节水型绿化；加强城市景区基础设施建设的维护和保护；大力加强对旧城区的绿化工作，结合旧城区改造，重点对浑河景观带、采沉区、矿区舍场、萨尔浒风景区和城市空地等区域实施绿化工程，改造东林园、高尔山公园、雷锋公园、新屯公园等园区。(3)加快地质灾害治理。全力组织好国家地质灾害综合治理试点市工作,重点实施采沉区搬迁治理、西露天矿滑移区(北帮)搬迁治理、环境治理与生态恢复、灾害影响区基础设施恢复四大治理工程。(4)搞好生态环境整治。以提升城市水体和空气质量为重点,加大环境保护和综合治理力度,实现区域环境的根本改善。进一步推进集中供热,完成小锅炉改造,加大空气污染源治理力度,城市环境空气质量二级标准天数大于 300 天;建设城市污水和雨水分流系统;城市污水处理率达到100%,浑河城市段水体稳定在国家四类标准;实现城市垃圾集中处理。

2. 建立适合抚顺形象的完善道路交通体系。(1)做好城市道路交通总体布局。在城市道路交通方面,加强城市道路、桥梁设施的建设,形成布局合理的路网结构。加快城市交通走廊和交通枢纽建设,引导城市空间结构形态和土地利用的合理发展,促进城市道路交通与土地利用相互协调发展;适度扩大城市道路设施供给,着重调整路网结构,提高次干道和支路网比重,充分发挥城市道路网系统的整体效能;科学配置静态交通设施,重点加快居住地停车设施和工作地停车设施的建设,同时注重公交换乘停车设施建设;大力推进城市交通管理基础设施建设,积极实施交通智能化战略,通过智能化交通管理推进城市交通的可持续发展。此外,还要以构筑适度超前、结构合理、管理顺畅、功能完善的现代交通体系为目标,贯通全地区交通主通道,扩大交通网络覆盖范围和通行能力,提高交通承载能力和应变能力,拉开城市骨架,满足抚顺经济社会发展的需要。(2)建立完善的道路交通体系。一是高速公路建设,实现市到县、县到县间全部通高速公路的目标。二是普通公路建设,形成"一环一网、七横九纵、六站八中心(园区)"和全地区所有乡镇政府所在地进入高速公路一小时交通圈。三是铁路建设,规划建设南环铁路,打通南部产业带与沈阳经济区铁路通道;建设沈吉铁路复线抚顺段,改造矿区电铁,引沈阳地铁至抚顺高湾。四是城市道路建设,重点打通南北通道,形成新的城市快速干道。五是公共交通建设,打造以大公交为主体、出租汽车等其他公共交通方式为补充的现代化城市公共交通体系,进一步推进沈抚公交一体化。完善公交指挥调度系统,提高公交智能化水平,构建快速公交系统。

3. 提高供水能力,加快水污染治理。(1)提高供水能力。城市居民人均日生活用水量达到180升,达到全省平均水平的1.4倍,城市用水普及率达到99%。(2)加快水污染治理。针对浑河水污染的现实,要立足于当地自有水资源条件,加快城市工业供水、污水处理设施建设,保障城市经济发展和居民生活正常的用水需求。加强地下水源地保护工作,并合理调配水资源,实现从大伙房水库直接引水工程,缓解水资源紧缺的矛盾,保障城市供水安全。

4. 加快发展城市燃气和城市供热，优化能源结构，节能减排，提高居民居住生活质量。（1）优化能源结构。加快对现有公共建筑和居民住宅门窗、墙体的节能改造，以及采暖系统技术改造，提高建筑保温隔热性能和采暖热能利用效率，降低建筑能耗；提高城市燃气管道供气普及率，建成与天然气兼容的液化气石油管网工程及配套设施，特别要积极开发利用风能、太阳能、地热等新能源的供热采暖系统和生活用能设施，扩大清洁能源和可再生能源利用比例，优化能源消费结构；加大集中供热、连片并网改造推进力度，建立有效的能源监测、预警和应急机制，为科学地评估能源形势提供保障。（2）改变燃气结构。引进天然气，逐步替代现有煤层气，完成燃气结构升级。（3）提高集中供热能力。搞好热源建设，实施供热管网改造。

5. 提高城市供电能力。抚顺地区电网供电可靠率达到99％，综合电压质量合格率达到98％。

6. 完善邮电通信互联网设施，提高信息传播能力。进一步提高抚顺邮政物流、固移电话、互联网、广播电视等信息基础设施建设的现代化水平，实现城乡的全覆盖，推动抚顺信息产业实现现代化。

第十六章 抚顺城乡基础设施
建设的前景展望

提要：城乡基础设施服务体系建立可以为抚顺的新型城镇化建设和产业发展提供强有力的支撑。本章从宏观角度对城乡基础设施未来发展面临的机遇和挑战等问题进行了分析，提出了城乡基础设施未来发展的战略，并对城乡基础设施未来发展前景进行了展望。着重对抚顺城乡基础设施建设的现状和问题进行了分析，探讨了抚顺城乡基础设施的规划布局问题，并对抚顺城乡基础设施未来发展前景进行了展望。

城乡基础设施是城镇物质文明和精神文明的最重要的物质基础，是保证城乡生活持续改善的支撑体系，是促进国民经济进一步发展和社会效益不断提高的必备条件，是城乡经济发展的重要推动力，是形成城市竞争力的重要组成部分。城乡基础设施是城市生存与发展所必须具备的工程性基础设施和社会性基础设施的总称，是城市中为顺利进行各种经济活动和其他社会活动而建设的各类设施的总称。它对生产单位尤为重要，是其达到经济效益、环境效益和社会效益的必要条件之一。工程性基础设施一般指能源系统、给排水系统、交通系统、通信系统、环境系统等工程设施。社会性基础设施则指行政管理、文化教育、医疗卫生、商业服务、金融保险、社会福利等设施。我国一般讲城乡基础设施多指工程性基础设施，本文涉及的基础设施也是工程性基础设施。基础设施是城市赖以生存和发展的重要基础条件，是城市发展不可缺少的一个组成部分。随着抚顺城镇化建设的不断发展，城镇化各项功能的不断演变和不断强化，以及城市居民对生活质量和环境质量要求的不断提高，作为城镇社会经济活动的重要载体的基础设施建设越来越受到重视。因此，加快城乡基础设施建设速度、提升城乡基础设施管理水平，提升城乡基础设施建设和管理水平对增强城市竞争力越来越重要。分析城镇基础设施发展未来面临的机遇和挑战，提出未来的发展战略，并充分挖掘发展的潜力，对促进抚顺全面发展，规划未来发展前景具有重要的现实和长远意义。

第一节　城乡基础设施未来发展面临的机遇和挑战

城乡基础设施，包括城市供水、城市燃气、公共交通等城乡公用事业设施；包括城市道路、城市排水、城市污水处理、城市防洪、城市照明等市政工程设施；包括城市市容、城市公共场所保洁、城市生活垃圾的清运和处理、城市园林绿化等环保设施；包括通信、互联网、广播电视等在内及其对各类基础设施进行信息化装备的信息基础设施。这些基础设施的建设和管理，在城乡建设与发展中具有重要的地位和作用。其不仅是城乡人民赖以生存生活和经济发展的重要基础，而且也是保证城乡经济社会可持续发展的重要支柱，更是形成城市强大竞争力的基石。

一、城乡基础设施未来发展面临的机遇

1. 城市综合实力的增强和技术的进步，为基础设施建设改造奠定了坚实的物质技术基础。雄厚的综合经济实力为城乡基础设施的建设改造奠定了坚实的物质基础，而国家"城镇化"发展战略，则为城乡基础设施建设的快速发展带来前所未有的发展机遇。同时，科技的进步和技术的创新，特别是信息技术的突飞猛进发展，为实现高标准和现代化的基础设施建设改造创造了良机，并奠定了技术基础。

随着科技进步和技术创新体系的建立，加大产业结构调整和技术改造力度，限制或淘汰落后的工艺设备，积极采用新技术、新工艺，提高产品科技含量和附加值，降低产品的能耗、物耗和水耗，推行清洁生产、节能节水新技术，推动基础设施建设改造的发展和高新技术在基础设施建设中的应用，将会有效地促进城乡基础设施建设改造，将会有助于管理政策、标准与国际接轨，进而提高城乡基础设施管理和维护的水平。绿色 GDP 核算制度的试行，有助于处理好经济发展与资源、环境承载力的关系，将会给城乡基础设施建设工作带来极好的发展机遇。

2. 多元化的投融资机制为城乡基础设施未来发展提供了保证。政府要充分利用财政的杠杆效应，引导社会资金和国外资金的投入，提高城乡基础设施建设投资在促进城市经济的贡献率。此外，还需要进一步拓展融资渠道，加大外资引进力度，建立城乡基础设施建设改造的投资基金和创业基金，形成多渠道、多层次、多元化的投融资体制机制。

3. 经济的快速发展带动城乡基础设施需求快速增长。城市交通流量、用

电量、用水量、燃气量、园林环保需求量、邮政业务量、固定移动电话用户数量、互联网需求量、多媒体用户数、有线电视用户数等需求连年增加，表明城乡基础设施需求水平正在不断提高，这为城乡基础设施的进一步发展和完善提供了重大机遇。

4. 城乡信息基础设施面临的未来历史发展机遇。近年来，城乡信息基础设施能极快速提升，普遍接入能力显著加强；功能服务设施不断发展，服务能力有效提升；信息通信业务不断丰富，普及水平和应用程度进一步提高；深入推进集约化建设和管理水平的进一步提高。伴随城市化进程加快，城市发展正向信息化城市阶段迈进，物联网、云计算等新一代信息技术成功应用，催生了智能交通、智能电网等一系列城乡基础设施走向现代化，提高了城市管理效率，提升了服务质量。城乡基础设施管理与信息化的融合，正逐步由外界推动向内生需求转变。信息化发展动力强劲，深入推动网格化管理和城乡公共服务均等化，是未来形成城乡经济社会发展一体化新格局的必然选择。

二、城乡基础设施未来面临的问题和挑战

由于持续的经济高增长及与之相伴的不断加快的城市化进程，不断增长的人口，消耗的较大规模资源开发和能源，城乡基础设施建设还远远适应不了城市快速扩张的需要。因此，如何协调经济发展、城市建设、生态环境、人口增长之间的关系，确保城乡基础设施建设适应城市化发展的需要，则是城乡基础设施未来发展面临的重大挑战。

1. 总量不足和承载能力有限，是城乡基础设施建设改造的重大挑战。基础设施是城市承载功能最主要的体现，对城市发展具有重要的基础性、支撑性、引领性作用。从投资比重看，一般来说，多数基础设施投资总量不到GDP 的 2％。而据世界银行建议，发展中国家城市基础设施建设适应经济和社会发展的投资比重应占 GDP 的 5％以上。从全国来看，由于城乡基础设施投资总量不足，多数城市只能把财政安排的资金以及部分外商投资，优先用于生产和生活急需的城市基础设施建设上。只有部分经济较发达城市已开始把重点转到了城市污水、园林绿化和环境综合整治建设上来。现有城市供水和城市燃气的普及率相对较好；而城市道路、城市公共交通，以及事关城市公共环境质量的设施，比如城市污水处理、垃圾处理、园林绿化等设施的总量却明确不足。

2. 城乡基础设施建设缺乏远景规划，基础设施配套跟不上，规划体系不完善。(1) 基础设施的规划和建设因缺乏前瞻性、系统性、综合性，基础设施的网络功能发挥不出来。总体规划与专项规划、专项规划与专项规划之间缺乏统一协调，会造成相互脱节。规划工作程序不规范，没有按照发展定位提前做好相关规划，多为建设项目确定后再启动规划，这些问题也制约了工程建设速度。（2）城乡基础设施建设规划风格和路网结构规划不完善。道路设计标准不够。市区干线道路由于设计负载偏低，致使道路的使用年限缩短，维护管理成本增加，出现路面下沉、龟裂等严重现象。（3）地下管网规划不周全，存在重复建设现象。经常出现今天填埋，明天又"开膛破肚"的怪圈；居民小区道路狭窄，标准低，通信、有线电视、用电线路等纵横交错，排水管网不足，污水横流，居住环境恶劣。

3. 城乡基础设施建设投资不平衡和旧城区改造任务繁重。（1）基础设施建设投资不平衡制约了城市的整体发展。基础设施建设的一个显著问题就是城区和郊区的基础设施建设不平衡，新城华贵靓丽，旧城破旧不堪。郊区的基础设施建设欠账较多，城市化水平不高，步伐偏慢，城区面貌、市政环境与城市中心区的差距悬殊。造成此种现象的原因就是对基础设施建设投入呈现区域性的不平衡状况。基础设施建设不平衡导致区域间经济社会发展水平各异，最终又限制了城市整体的发展。（2）城乡基础设施建设资金不足。用于基础设施建设的资金来源有限，社会资金投入基础设施建设较少，市场化的筹融资渠道单一，导致城乡基础设施建设进展缓慢。（3）旧城区改造任务繁重。按照新标准、新要求改造旧城区的基础设施，也是基础设施发展完善的一个重大挑战。

4. 绿色基础设施建设内在动力不足。绿色基础设施是个全新理念，其衡量检验的标准或指标还不够细化完善。节能减排的创新之举应给予怎样的鼓励，尚缺乏行之有效的激励机制和奖励性的政策来引导扶持。低碳技术，大多是高新技术，价格昂贵、工序复杂，也导致实施成本提高。在实施推广过程中，有关企业将承担较大的资金和技术风险，而大多数企业不愿冒这个险。因此，在短期内推行还面临很大困难。

5. 城乡信息基础设施未来发展面临的挑战。（1）面临城乡基础设施通过信息化进行一体化管理的挑战。随着城市管理与信息化融合度越来越高，要求其以业务为主导进行整合、重组、重塑，从系统、技术、制度等角度的整合难度巨大。（2）面临提升信息基础设施的服务能力和完善信息基础设施体系的挑战。信息基础设施水平在支撑市民信息服务需求上还有很大差距，三网融合的阻碍，对信息基础设施未来发展形成挑战。（3）面临提高信息基础设施的安全保障能力和建设全覆盖的信息安全保障体系的挑战。随着信息基础设施的不断建立和完善，安全风险越来越大，信息安全保障已成为保障基础设施安全运行的重要方面。（4）观念的更新、体制机制的调整，是信息基础设施建设面临的重要挑战。信息基础设施建设初期需要大量的政府投资，这将给政府财政带来一定压力，对创新建设、运营模式并保持城市的可持续发展提出更高要求。

　　6. 城乡基础设施管理不到位和效率低下。（1）重量的扩张，轻质的提高。由于城乡基础设施建设的长期滞后，工作的重点仍处在数量上适应发展需求上，设施的服务质量不高，影响城市功能的发挥。（2）道路、排水设施管理力度不够。乱占、乱破、乱接现象严重，道路被破后修复质量不高，形成了长期隐患。（3）车辆停靠无序。随着各类车辆逐年增多，车辆停靠的问题日益突显，妨碍了交通。（4）基础设施建设效率低下。存在资源浪费、破坏严重、重复建设、项目建设周期过长、部分项目功能缺失、安全问题、环境危机、隐性效率低下、基础设施构建不合理等问题。

　　7. 城乡基础设施维护滞后。基础设施的使用维护与建设相比，在资金和管理方面偏弱。基础设施"重建设，轻养护"的现象比较普遍。基础设施不仅建设需要足够的资金投入，这些设施建成后的正常运转和维护也需要很大的资金投入来保证。

第二节　城乡基础设施的未来发展战略

　　根据国家城镇化发展战略，未来一段时期城乡基础设施建设将是向现代化城市发展的重要时期。这就需要政府通过对城乡基础设施状况的调查，正确认识现状，找出存在的问题，并根据未来经济社会的发展预测，分析经济、社会和基础设施的关系，合理预测未来基础设施变化的趋势，确定基础设施建设未来发展战略，有针对性地提出具体的建设。这就需要政府改造措施和对策，以达到完善基础设施环境状况，保障并促进经济社会和城镇化的可持续协调发展。

一、城乡基础设施未来发展的指导思想、原则和总体目标

　　1. 城乡基础设施未来发展的指导思想。根据城乡总体规划，按照人文城市、科技城市、绿色城市、信息城市的发展战略，以及建设特色城市的要求，以提高城市综合承载能力为目标，以加强能源、交通、水利、信息等基础设施建设，保障资源能源供应，缓解城市交通拥堵，提升城市环境品质，确保城市运行安全为重点，统筹规划建设城市供水水源、给水、污水和垃圾处理等基础设施，以城区、产业集聚区为重点地区，形成配套完善、运转高效的城乡基础设施保障体系，重视城市防灾减灾工作，加强重点防灾设施和灾害监测预警系统的建设，建立健全包括消防、人防、防洪和防震等在内的城乡综合防灾体系，有效改善生产、生活条件，积极稳妥推进新型城镇化，提升城镇发展质量

和水平。到 2020 年，我市基本建成系统完善、安全高效、城乡一体、区域统筹的现代化城乡基础设施保障体系，促进城乡经济社会可持续协调快速发展。

2. 城乡基础设施未来发展的基本原则。（1）整体效益最优和可持续发展原则。从遵循城乡总体规划的基本原则和规定出发，注重技术上的可行性和社会、经济、环境效益的统一，从整体上研究人口发展规模、用地布局、道路交通网络与市政设施的配套问题，尽可能使几方面相结合，达到整体最优。（2）统筹区域资源共享的原则。市政基础设施在服务本区域的同时，要考虑与周边区域的资源共享问题，从而保证和促使城乡基础设施发展规划形成一个有机整体。（3）统筹建设与管理的可操作性原则。城乡基础设施建设与改造规划的编制，既要着力解决总量不足问题，又要注重便利化、智能化、人性化需求，应用新技术新理念，合理规划、超前考虑、精细设计、优质建设，充分体现实施的可能性、可行性和操作性，提高基础设施运行效率和管理水平。（4）统筹需求与时序，适度超前发展的原则。城市的可持续发展依赖于具有前瞻性的基础设施建设。因此，统筹地区开发与基础设施承载能力，按照适度优先原则，既要考虑城乡发展对基础设施的服务需求，又要充分考虑资金的保障能力，合理安排建设时序，把握发展节奏。（5）统筹地上与地下的原则。既要加快完善城市道路、交通枢纽、供排水场站等地面基础设施体系，又要推动地下轨道交通、地下隧道建设，加快管网消隐改造，推进架空线入地，完善地上地下接驳系统，充分利用地下空间资源构建立体化的基础设施体系。（6）统筹投资与融资的原则。既要加大政府投资力度，稳定基础设施投入机制，又要发挥政府投资的引导放大作用，创新融资模式，吸引社会资本。

3. 城乡基础设施未来发展的总体目标。根据未来经济社会发展需要，确定未来城市基础设施发展目标，要努力构建具有适度超前规划设计、超前供应能力、超前技术水平的现代化基础设施体系，使城乡展现出现代化、园林式、人居便利化的新面貌。具体要求：（1）城市自来水普及率达到 99%。（2）城市污水回用率达到 70%～80%。（3）建立健全公共交通道路和运输体系。（4）构建绿色环保的生态环境体系。（5）建设高标准的城市雨污水收集、排放、处理系统。（6）电网结构更加完善，加强与周边地区的电网联系，提高电网受电、供电能力，以及供电的安全性、可靠性。（7）中心城区居民燃气气化率达到 98%。以天然气作为城市燃气主导气源，以煤制气和液化石油气为辅助气源。（8）中心城区集中供热率达到 90%，改善城市供热结构，提高能源利用效率，改善大气环境质量。（9）遵循减量化、资源化、无害化原则，进行生活垃圾分类收集、无害化综合处理，统一规划生活垃圾处理设施。

二、城乡基础设施未来发展的具体目标

按照突出重点、优化结构、提升质量、适度超前的原则，高起点、高标准地谋划一批事关经济社会发展全局的交通、能源、水利和信息化等重大基础设施项目，逐步建成功能完备、供给充足、保障有力、支撑力强的现代城乡基础设施体系。其基础设施未来发展的具体目标如下。

1. 水源与给排水系统。（1）水源。对地表水、地下水，实行统一开发、统一管理、合理调度、综合利用。（2）给水。本着集约化发展的原则，对小规模、分散式供水格局进行整合，逐步形成区域性的集中供水，实行给水系统的互联互通，统一调度。（3）污水。按照"雨污分流，分区排放"的原则，建立雨污分流的排水体系，根据河流分布、地形地势特点，划分为多个污水处理系统。工业废水内部治理应与城市污水集中处理相结合，加大污水资源化力度，鼓励工业、市政和居民，清洁冲刷、绿化浇灌使用回用污水等。（4）雨水。根据城市河流的分布、地形地势特点，本着就近排放的原则布置雨水系统，同时结合道路建设建立健全雨水管网。

2. 能源系统。进一步加强能源基础设施建设，建成充足、安全可靠、经济、优化的现代化能源供应保障系统。（1）电力。保障电力供应，并结合城市集中供热和垃圾无害化处理积极建设新电力供应源。（2）燃气。建立以清洁安全的天然气为主，液化石油气为辅的燃气供应系统，逐渐覆盖城乡。（3）供热。大力发展集中供热，建立以热电厂和区域锅炉房为主的集中供热系统。

3. 通信互联网系统。（1）邮政物流。以加快邮件传递速度为主线，提高邮政运输能力、内部处理能力和计算机应用能力，增强全网综合通信能力。（2）电信。推进网络的光纤化、数字化、宽带化、智能化和综合化，建成具有通信能力强、业务类别多、运行高效、安全可靠、质量优良的现代化电信网，为信息化全面快速的发展提供有力支持。以SDH技术为基础，继续优化完善传输网，提高传输容量，增强网络的安全性和稳定性。（3）广播电视互联网。实现网络的全面覆盖，有线电视网建成满足电视、语音、数据等多媒体业务的宽带化、网络化、数字化、智能化的综合信息网，达到电信运营级的网络标准。全面改造升级的广电网，建成以传输广播电视节目为主的宽带双向交互式网络，逐步实现全数字化信息传输和交换。

4. 环卫与防灾系统。（1）环境卫生。本着减量化、无害化、资源化的原则，对城市生活垃圾进行全过程管理和源头控制。建立资源回收系统，推行垃圾分类收集、分类运输和分类处理，采用以材料回收、焚烧发电和卫生填埋相结合的方式，提高垃圾无害化处理水平。（2）综合防灾。贯彻预防为主，按照

防、抗、救相结合的基本方针，建成现代化、多功能、快速反应的城市综合防灾、抗灾体系。

三、城乡基础设施未来发展的重点

1. 构建现代综合交通运输体系。以提高运输保障能力为核心，加快铁路、公路、港口、机场、城市轨道交通等基础设施建设，构建综合运输通道，强化综合交通枢纽功能，完善大宗货物运输系统，提升智能管理水平，构筑便捷、安全、高效的现代综合交通运输体系。

2. 优化能源结构。稳步推进核电、风电、光伏发电等新能源项目建设，发展智能电网，努力构建安全、稳定、经济、清洁的可再生能源等现代能源体系。

3. 加强水利基础设施建设。按照全面规划、统筹兼顾、标本兼治、综合治理的方针，坚持兴利与除害、开发与保护、整体与局部、近期与长远并重的原则，以供水、防洪和水生态安全为重点，加强防洪减灾体系建设，进一步优化配置和合理开发水资源，提高水资源和水环境承载能力。

4. 加强城乡信息基础设施建设。加速推广和应用信息技术，加快信息化与城镇化的深度融合，建设以宽带网络、三网融合、信息网络安全等城乡信息基础设施建设，为全面提升基础设施的信息化水平提供有力保障。

5. 加强资源节约。进一步树立绿色、低碳发展理念，以节能减排为重点，健全激励和约束机制，加快构建资源节约、环境友好的生产方式和消费模式，增强可持续发展能力。坚持资源开发、节约并重、节约优先的原则，大力推进节能、节水、节地、节材，努力构建资源节约型社会。（1）节约能源。大力推进重点领域节能降耗，强化节能目标责任考核；推广先进适用节能技术，组织实施节能重大示范项目。（2）节约用水。强化全社会节水意识，提高水资源综合利用效率；发展节水型工业，降低高耗水行业比重，减少结构性耗水，鼓励有条件的企业建立中水回用系统；加快发展节水农业，实施一批节水推广项目。

6. 加大环境保护力度。严格执行总量控制、排污许可证、环境影响评价、重大环境事件和污染事故责任追究等制度，强化污染源头治理和全过程控制。实施工业污染全防全控，从重点行业总量削减向全面减排转变。加强空气监测，以巩固二氧化硫和颗粒物污染控制为基础，开展氮氧化物等多种污染物的综合控制。重点推进管网建设、污泥治理和再生水利用。加强固体废弃物污染控制，提高综合处置和应急处置能力。统筹建设一批污水、垃圾集中处理设施，重点解决饮用水不安全，土壤污染等突出环境问题。

四、实现城乡基础设施发展战略的保障措施

1. 应用高新技术，保障城乡基础设施建设的现代化。（1）应用高新技术。提高基础设施科技含量，增强设施功能，降低建设成本，促进自主创新，带动高新技术产业发展，实现基础设施和高新技术产业相互促进。（2）鼓励高新技术应用。完善鼓励高新技术应用的政策、体制、机制，积极推广新材料、新技术、新工艺在基础设施领域的应用，在政府投资领域优先采用；完善和调整技术标准、规范和规程，破除技术壁垒，为应用自主创新技术创造环境。（3）促进高新产业发展。利用基础设施投资规模大、产业链长、见效快的特点，加快推进具有自主知识产权的新技术产业化、市场化，带动产业升级，提升高新技术企业核心竞争力，拓展提升地区竞争能力，促进经济增长方式转变。

2. 通过实施重大项目，为城乡基础设施总体发展奠定坚实基础。（1）坚持重大项目带动机制。重大项目关系全局和长远发展，是规划目标的重要支撑。我市要以枢纽型、功能性、网络化重大基础设施建设项目为重点，集中力量，加快建设，分解落实年度计划任务，保障规划顺利实施。按照集中力量办大事，分阶段解决重大问题的原则，围绕城市功能提升、资源能源保障、环境品质提高等重点任务，实施一批重大项目，加快解决交通拥堵、水资源短缺问题，改善能源结构，保障城市生命线运行安全。（2）建立项目循环储备机制。根据规划任务建立重大项目储备库，实现储备一批、论证一批、建设一批的良性循环机制，提前谋划、提前启动项目前期工作，落实重大项目建设条件。（3）规范重大项目审批程序。按照"加快、简化、下放、取消、协调"要求，优化项目审批程序，分类明确和设立项目审批前置条件，提高审批效率。按照以规划定项目的原则，先论证立项，再开展前期，减少重复工作，提高项目前期工作效率。

3. 保障城乡基础设施建设资金供应和融资渠道畅通。未来一段时期，城乡基础设施的建设投资将会大幅增长。因此，就要建立保障城乡基础设施建设的有效资金供应和融资渠道的畅通。（1）按照"政府主导、社会参与、市场运作"的方针，建立多元化多渠道投资保障体系，保障资金供给能力。（2）加大政府投资力度。根据城乡发展实际，精心安排基础设施投资，充分发挥财政资金在保障和改善民生，促进社会事业发展等方面的引导作用。建立财政用于基础设施投入的正常增长机制，完善地方政府的配套重大项目资金机制，发挥政府投资的主导作用。（3）发挥融资平台作用。保证基础设施融资平台的资本金投入，完善还本付息机制，积极采用政府购买服务等方式增强基础设施的企业融资能力，保障建设资金需求。（4）积极创新融资模式。明确政府与投资者之

间的风险分担、风险补偿机制，营造公平竞争环境。积极采用多种融资模式，探索融资租赁、保险债权方式，吸引社会资本进入。基础设施建设资金融资渠道有以下六个方面：一是对使用者付费的服务可以采取梯度式加价的收费方式，减少使用者付低费，提高使用者付高费，以减轻贫困人群的负担。二是允许发行城市建设债券，以缓解地方融资平台的筹资压力，对中小城市可以发行"中小城市集合市政债"。三是通过公共部门与私人部门建立伙伴关系，以提供公共服务。通过采购形式与中标单位签订特许合同方式，由中标单位负责筹资、建设、经营。政府通过给予私人部门长期的特许经营权和收益权，加快基础设施建设和有效运营。四是强化项目融资。即以项目公司的现金流量和收益作为还款来源，以项目的资产或权益作抵质押，而取得的一种无追索权或有限追索权的贷款方式。五是稳妥推出资产证券化。资产证券化特别适用于解决有稳定现金流的基础设施建设的扩大融资问题。六是加快税收体制改革。尽快开征房产税和环境税，并以此为基础健全城市税收体系，解决城市建设资金过度依赖"土地财政"的问题。

第三节　城乡基础设施未来发展的前景展望

面对中国未来巨大的城市化发展前景，城乡基础设施前瞻性的理念、规划设想和发展趋势展望具有非常重要的战略意义。目前，国家城镇化发展战略，推动城市扩张呈燎原之势，郊区化趋势迫在眉睫，城市可持续发展需要理念性、战略性、趋势性的思想理论指导。中国城镇化速度正以惊人的速度发展，在未来十多年的时间内，城市化水平将达到 $60\%\sim80\%$ 的水平。因此，城乡基础设施建设的未来发展方向和趋势，应定位在"规划、信息、绿色和管理"上。它跳出以往只谈支持"人与物"顺利通往的道路、公园、下水道等硬件设施建设的局限，把支持城市顺利活动的能源、资源、信息设施等进行有效利用，以便有效地通过互联网和通信等非物质的信息基础设施来支撑整个基础设施的运行和管理。

一、城乡基础设施建设的未来发展理念

树立高标准的现代化城乡基础设施规划和建设理念。城市规划是政府引导基础设施发展的重要规制手段，在城市化加速、经济转型、"城市病"突出的情况下，树立高标准的现代化基础设施规划和建设理念尤其重要。因此，我市必须综合考虑城乡基础设施系统结构中的各种因素，根据不同发展阶段提出相

应的规划战略理念，以规划减少和医治"城市病"，实现城乡经济社会的可持续发展。因此，应树立以下理念。

1. 树立标本兼治的理念。即妥善处理近期与远期、需要与可能、局部与整体关系的科学目标规划。既要解决眼前问题，更要考虑长远发展，努力向"预防为主"的新型发展模式转变。在城乡基础设施的结构、数量形态，已经延伸成为城市发展的功能结构、空间布局和自我调节的导向性因素，许多困扰城市发展的问题最终都要靠改善基础设施的功能和作用才能从根本解决的情况下，我市就必须全局性考虑，前瞻性规划，分期实施，努力做到偿还旧账，不欠新账。

2. 树立低碳生态的理念。城乡基础设施的规划和建设，要坚持环境保护与经济发展同步，使城市发展和资源、环境容量相适应地进行规划。要利用开发新区的后发优势，建立和实现低碳发展的政策框架，集成应用低碳技术，建设低碳生态的社区、商业区和产业园区等，为建设低碳城市探索新的发展模式。在规划上，更是应该突出绿色和谐理念，形成绿色交通、绿色能源、绿色工程、绿色建筑和绿色办公等特色，树立城乡基础设施建设的低碳生态理念。

3. 树立整体效应的理念。即以经济效益、社会效益、环境效益高度统一为要求，抓住城乡基础设施布局和结构这一关键进行规划。城乡基础设施的发展目标及空间要更加远大，城市布局、结构及发展定位也需调整，并把城乡基础设施尤其是交通设施作为实现整体效应和区域联动发展的重要支撑。

4. 树立可持续发展的理念。即以满足城乡可持续发展的需要为出发点进行基础设施的规划建设。关注引领未来的问题，选择具有战略及长远意义的重点地区作为一段时期的发展重心，以促进城市结构调整、整体功能提升和实现可持续发展。

二、低碳、高效、环保和节能的未来发展方向

低碳、高效、环保和节能，是城乡基础设施建设的未来发展方向。建设高水准的基础设施枢纽型、功能性、网络化的城乡基础设施服务体系，是现代化城市的必备条件。然而在低碳生态已成为城市发展趋势的今天，绿色基础设施建设也就成为不容忽视的追求，它是实现可持续资源管理的途径，其低碳、高效、环保和节能已是新一代城乡基础设施建设的发展方向。

1. 利用绿色能源。大规模应用太阳能光伏发电技术，建立光伏建筑一体化并网发电系统，使城市成为太阳能集中应用的区域；积极应用被称为"21世纪绿色光源"的半导体照明技术；广泛采用太阳能、江水源、地源热泵等控温降温技术；垃圾输送技术；雨水回收循环再利用技术等，有效提高能源利用

效率，减少废气废物排放。

2. 发展绿色交通。采用以轨交和公交为主的多样化复合型的综合交通运输系统，方便换乘、降低交通能耗和减少污染。建立并采用圈层式集疏战略，以城区为中心，依次划分管控、缓冲和引导等不同区域，有效引导和集疏客流。在城区及周边，使用包括燃料电池、纯电动和混合动力汽车在内的新能源汽车提供交通服务，并实现城区公共交通零废气排放。

3. 打造绿色环境。在城市垃圾处理问题上，可配备先进的生活垃圾气力输送系统，并分设数十个垃圾气力输送投放口，通过环保型抽风机制造的气流和地下真空管道网络，将各投放口的垃圾输送至收集站，实施气、固分离，再经压缩、过滤、净化、除臭等处理后送出城区至垃圾处理厂。这种高效、卫生、密封、便捷的自动化垃圾收运方式，避免垃圾车在街中穿行，减少交通压力，非常适于人口稠密、交通繁忙的大型及特大型城市，是代表未来发展的追求方向。

4. 形成地下节约高效的集中管网。城区内尽量减少地下管沟，用一条或几条"共同管沟"，将原本均为单独埋设的水、电、气、信息线缆等各类市政地下管线集中放置，以解决城市地下管线管理的老大难问题。

三、城乡信息基础设施建设是未来发展的方向

城乡信息基础设施建设是使城乡综合服务成本降低、效率提高的有效途径和未来发展方向。对城乡基础设施应进行改造、建设和管理，信息科技进步在供给能力上要突出"巩固基本供给能力、增强应急供给能力"的原则，在基础设施的保障服务上要转变运营方式，使其更加便民利民，服务社会。

1. 建立城乡能源利用信息系统。城乡能源利用及管理系统，是通过回收、输送、控制污水处理水的热量，清扫道路和大楼的废热等来利用能源的能源利用系统，它可以把新一代能源和地铁废热、大楼废热等城市型未利用能源进行联网控制，测试能源供应的方位，提高新一代能源的利用效率，使能源得到高端利用。

2. 建立现代化的信息通信系统。利用城市下水道管理用的光纤网，通过与政府部门、中小学校等公共机构的连接，以利用城市信息网的系统。快速反应的防灾减灾系统，特别是支援街区防灾的安全街区系统，它是建立在电力、上水、煤气等生活设施被切断，而新的设施和系统尚未恢复前，可以供电、供水、供热等分散独立型供应系统，以支援受难者维持生活和发生灾害时的应急系统。

3. 无线城市是未来信息基础设施建设的发展方向。4G、TD、光通等不同

形式的创新技术，正在改变着整个市政基础设施的发展格局。信息化的基础设施将会渗透到城乡基础设施的各个领域。而无线城市之信息基础设施建设就是最具需求前景的领域，它是一个位于通信应用和城市发展之间、技术成熟和创新变革之间，并对基础设施最具现代化意义的领域。也就是说，"无线城市"这一未来通信行业的基础设施建设项目具有广阔的市场发展前景。因此，建立在无线基础上的城市应用，就成为通信行业通向未来的必由之路。

四、建立健全城乡基础设施的现代化评价指标体系

现代化指标体系是评价和推动未来城乡基础设施建设上档次的重要标准和推动力。城乡基础设施体系是一个复杂巨型系统，其中涉及社会、经济、技术、工程等多方面的因素，它的现代化程度是由许多指标共同决定的。因此，指标选取时要体现现代化新的内涵特征，符合动态性和前瞻性的要求，要具有鲜明的科学性和全局性，指标要具备可操作性和创新性等原则。同时，还要建立城乡基础设施指标体系框架，并通过这些基础设施的现代化指标体系来评价未来城乡基础设施发展水平，以便有效地推动城乡基础设施建设向着更加合理有效的方向发展，并上档次、上水平。具体对城乡基础设施可大致划分为：道路交通、公共交通、轨道交通、市政设施、信息设施、城市环境、能耗结构七个指标系统。

1. 道路交通指标体系：建成区城市道路长度、建成区城市道路面积、道路面积率、道路网密度、人均道路面积、机动车拥有量、道路车密度、市区机动车停车泊位、千人拥有机动车辆等。

2. 公共交通指标体系：出租车总量、千人拥有公交车辆、千人拥有出租车辆、运营公共车辆、公共交通线路、公共交通出行比例等。

3. 轨道交通指标体系：轨道交通线长度、轨道交通年客运量、轨道交通占公共交通量比例等。

4. 市政设施指标体系：污水处理率、人均日生活用水量、邮件收寄总量、网络购物投寄量、人均交换函件、百人拥有电话数、人均年用电量、人均年生活用电量、全年用电量、设计暴雨重现期标准、城市天然气消耗量等。

5. 信息设施指标体系：电话主线普及率、移动电话普及率、有线电视普及率、计算机普及率等。

6. 城市环境指标体系：城市绿地率、公园数、公园面积、人均城市绿地面积、人均公共绿地面积、绿化覆盖率、历史保护建筑、城市垃圾无害化处理率、城区大气 SO_2 年日平均浓度、大气总悬浮微粒年日平均浓度等。

7. 能耗结构指标体系：电力占能耗总量比例、油料占能耗总量比例、燃

气占能耗总量比例、煤占能耗总量比例、能源利用率等。

第四节　抚顺城乡基础设施未来发展的前景展望

　　抚顺处于快速城市化发展阶段，但城乡基础设施总体水平仍然比较低，城乡基础设施供给明显不足，从而制约了人民生活水平的提高和城乡经济的持续稳定发展。城乡基础设施相对滞后始终是抚顺可持续发展所面临的紧迫问题。抚顺已做出了城乡基础设施建设的规划布局，在此基础上还要对更长远的未来发展前景进行一下展望，以便开拓思路，推动抚顺城乡基础设施建设的未来长远发展。

一、抚顺城乡基础设施建设的现状和存在的问题

　　城乡基础设施的建设和发展，在城镇化建设中具有重要的地位和作用。其不仅是市民生活的重要载体，也是保证城乡经济可持续发展的重要支柱，更是形成城市强大竞争力的基石。近年来，抚顺市委、市政府高度重视抚顺城乡基础设施建设，不断深化城乡基础设施制度改革，进一步加大城乡基础设施的资金投入，使抚顺城乡基础设施建设有了长足的进步，城镇承载能力显著增强，人民生活质量有了很大提高。

　　1. 抚顺城乡基础设施建设为经济社会发展打下坚实基础。（1）抚顺经济社会综合发展战略基本形成，城乡基础设施建设空间广阔。近年来，抚顺按照"西进、北拓、南治、东优"的区域发展空间布局，提出了以"两城两带一区"为发展重点的城镇化发展战略，形成了"一极五业、多点支撑"的城乡产业发展战略，加快了新城区和产业集聚区建设，城市空间布局不断优化。城镇化建设新格局为抚顺快速发展提供了广阔空间，为城乡基础设施建设提供了用武之地，为抚顺城市转型创造了先决条件。（2）城乡基础设施建设为以"两城两带一区"为发展重点的城镇化发展战略的全面实施提供了强有力支撑：一是沈抚新城基础设施建设加快，《沈抚新城总体规划》获省政府常务会议通过，九项同城化重点工作逐步深化，国家新型工业化产业示范基地和辽宁国家印刷产业基地初具规模，制造业向"智造业"转型进展顺利，丰远·热高乐园被授予国家级文化产业示范基地，智能装备制造业、现代服务业已成为抚顺经济增长重要引擎，有效地推动了沈抚新城基础设施建设的全面展开；二是石化新城基础设施建设取得重大进展，环保设备园区、海新园区、高新区、兰山精细化工园区等基础设施明显改善，化工及精细化工产业基地进驻企业100余家，搭连立

交桥、甲邦大桥、河滩公园等重点基础设施项目陆续完工并投入使用；三是南环产业带基础设施建设稳步推进，起步区基础设施建设基本完成，合成新材料、有机化工、精细化工及橡塑蜡 4 大板块基本形成；四是浑河文化生态景观带基础设施建设进展顺利，人民广场、15 千米滨水公园、月牙岛生态公园等一批地标项目全部完工并投入使用；五是东部生态区基础设施建设取得初步成效，《辽宁省抚顺大伙房水源保护区国家生态文明先行示范区建设实施方案》编制完成并实施，一级、二级保护区前期工作进展顺利，主要污染源初步得到控制，大伙房水库水质稳定达标，大伙房水源保护区被列为国家江河湖泊生态环境保护试点和国家生态文明建设先行示范区。（3）城乡基础设施建设为"一极五业、多点支撑"的城乡产业发展战略的全面实施提供了加快发展的动力。我市提出的"一极五业"是指，以"沈抚新区增长极，以及大生态、大石化、大材料、大能源、大旅游产业"为重要产业发展平台和产业发展重点。"多点支撑"是指，在五大产业发展重点的基础上，利用城乡的资源优势和必然存在的市场空间进行多行业的全面发展。（4）抚顺城乡基础设施建设取得重要成果。近年来，我市相继完成永济路、沿滨路、临江路、新城路等道路建设，人均道路面积增加 2.5 平方米，新建和改造新华桥、永济路立交桥等 19 座，实施"圈抚顺"工程，结束了无动车历史，全市污水处理率达到 73.9%，自来水普及率达到 94.6%，集中供热率达到 85%，燃气普及率达到 97.8%，管道燃气气化率达到 50%，城市绿化覆盖率达到 41.6%，人均公共绿地面积达到 9.9 平方米，生活垃圾无害化处理率达 100%。（5）抚顺城乡生态环境明显改善。蓝天、绿水、青山工程取得新成果，新建改造供热管网 260 千米，拆除燃煤锅炉 476 台，购置 852 台清洁能源和新能源公交车辆并投入运行，淘汰各种车辆 41291 台，依法关闭或搬迁在水源保护区的 15 家企业，城市空气质量由 2010 年的全省第十三位上升到现在的第七位，宜居乡村建设走在全省前列，大伙房水库入库源头水质均达到了国家一类水质标准，累计完成植树造林 79.45 万亩，圆满完成"国家级森林城市"创建工作。

　　2. 抚顺城乡基础设施建设存在的问题。抚顺城乡基础设施建设虽然取得了一定的成绩，但我们应该清醒地看到，抚顺城乡基础设施建设仍然存在总量不足、管理规划不到位、城建资金投入不平衡等很多问题。（1）城乡基础设施总量不足，承载能力有限，制约抚顺城市转型和经济发展。从近年来抚顺市投资比重看，城乡基础设施投资总量不到 GDP 的 2%。而据世界银行建议，发展中国家城乡基础设施建设适应经济和社会发展的投资比重应占 GDP 的 5% 以上。由于城乡基础设施投资总量不足，抚顺只能把财政安排的资金和部分外商投资，优先用于生产和生活急需的城乡基础设施建设上。现有城市供水和城市燃气的普及率相对较好；而城乡道路、城乡公共交通，以及事关城乡公共环境质量的设施，比如城乡污水处理、垃圾处理、园林绿化等设施的总量却明确不足。（2）基础设施配套跟不上，规划体系不完善。城乡基础设施建设规划风格和路网结构规划不完善，道路设计标准不够。市区干线道路由于设计负载偏低，致使道路的使用年限缩短，维护管理成本增加，出现路面下沉、龟裂等严重现象。地下管网规划不周全，存在重复建设现象。一些居民小区道路狭窄，标准低，通信、有线电视、用电线路等纵横交错，排水管网不足，污水横流，居住环境恶劣。（3）城乡基础设施建设投资不平衡和旧城区改造任务繁重。抚顺城乡基础设施建设投资不平衡制约了我市的整体发展。抚顺市郊区的基础设施建设欠账较多，城市化水平不高，步伐偏慢，城区面貌、城建环境与城市中心区的差距悬殊。原因就是对城乡基础设施建设投入呈现区域性的不平衡状况。基础设施建设不平衡导致区域间经济社会发展水平各异，最终又限制了城镇化的整体发展。（4）道路管网存在超期服役。抚顺城乡基础设施欠账较多，道路管网超期服役现象较为普遍。公路网总量偏低，城乡公交场站设施落后。虽然近几年加大了对老旧管网、道路桥梁等基础设施改建投资力度，但基本上处于缓解应急的状况，未能从根本上系统性地研究解决这些问题。（5）城乡基础设施维护滞后。基础设施的使用维护与建设相比，在资金和管理方面偏弱。抚顺城乡基础设施"重建设，轻养护"的现象比较常见。不仅城乡基础设施建设需要足够的资金投入，这些设施建成后的正常运转和维护也仍需要很大的资金投入来保证。

二、抚顺城乡基础设施未来发展的环境和条件

未来一段时期是抚顺经济社会加快发展、实现赶超的最佳时期，也是城乡基础设施结构将明显优化、城市建设力度空前、人民生活水平明显提高的时期。

从国内看，"工业化、信息化、城镇化、农业现代化"不断深入融合发展，人均国民收入稳步增加，经济结构转型加快，市场需求潜力巨大，资金供给充裕，社会保障体系逐步健全，社会大局保持稳定。但经济增长的资源环境约束日趋严重，投资和消费关系失衡，收入分配差距较大，科技创新能力不强，产业结构不合理，农业基础仍然薄弱，城乡区域发展不协调，就业总量压力和结构性矛盾并存，社会矛盾明显增多，制约科学发展的体制机制障碍依然较多。这些宏观经济社会发展环境和条件，必然为抚顺城乡基础设施的未来发展既提供了机遇，也带来了挑战。

未来一段时期是抚顺实现资源型城市转型的关键时期，国家正在实施的

"东北地区等老工业基地振兴战略和沈阳经济区被确定为国家新型工业化综合配套改革试验区的发展战略",为抚顺经济社会又好又快发展提供了重要战略机遇。经过抚顺人民的奋力拼搏,全市国民经济与社会发展已经显现良好的发展态势。尽管还存在诸多矛盾和问题,但实现快速发展的基础框架已经建立起来。在发展定位上,经过努力探索,基本方向和总体设想已十分明确;在发展布局上,经过不懈努力,趋于合理的城乡布局和产业布局已初步形成;在发展基础上,经过大力实施重大项目、产业集聚区和产业园区建设,已积聚了巨大的发展后劲;在发展氛围上,经过全面调动,全市广大干部群众发展热情空前高涨,一个人人思发展的良好氛围正在形成。这些都为抚顺城乡基础设施的未来大发展创造了良好的环境和条件。

三、抚顺城乡基础设施建设的规划布局

未来一段时期是抚顺发展转型的关键时期。抚顺将遵循"管建并举、管理为重,民生为本、安全为先"原则,进一步优化完善"枢纽型、功能性、网络化"城乡基础设施服务体系,重点向"两城两带一区"倾斜,重大项目向重点发展区域聚焦。抚顺将建设四通八达的对外交通和快速便捷的城乡综合公共交通体系;加强现代化、大容量、综合性、国际化的通信网络建设;加强城乡防洪建设,保证可靠的水源及能源供应,建设完善发达的水、电、气、暖等生命线工程;实现人工设施自然化,工程施工生态化,能源消费高级化,废物处理无害化,使污染源得到有效治理,环境污染和生态破坏得到基本控制。

1. 推动抚顺城乡基础设施服务体系建设的重点。(1)建立沈抚新城基础设施服务体系,实现抚顺与沈阳的基础设施一体化。努力搞好沈抚基础设施一体化的战略规划,创新基础设施建设的发展路径,通过基础设施的重新组合,达成抚顺与沈阳基础设施建设的一体化。(2)建立石化新城基础设施服务体系。按照国际水准规划建设产业优势突出,生态环境优美,集商住、旅游、休闲、娱乐于一体的,基础设施完备的现代化石化新城。(3)建立浑河文化生态景观带基础设施服务体系。依托浑河建成一条融休闲、环境教育、文化展示,以及容纳城市文化、体育功能为一体的绿色生态廊。(4)依托南部循环经济产业带的建设,完善南部产业带的基础设施服务体系。(5)建立东部生态区基础设施服务体系。(6)通过中央商务区的改造和提升,完善市中心基础设施服务体系。

2. 抚顺城乡基础设施服务体系的规划布局。加快提高城乡交通通达程度,进一步完善城乡基础设施网络,增强能源保障供应能力,提升城乡基础设施和配套服务承载能力。(1)完善便捷高效的道路交通体系。建设辽宁中部环线高速公路抚顺段，启动城市南北绕城快速通道、区域经济连接线公路、大伙房水源保护地公路、新调整国省干线"断头路"和后安镇过境绕城公路等工程建设。加快安城通道、贵城通道、甲邦通道及城东三期市政基础设施建设。推进青年路至洗化东街中部通道、朗平路东延、盘南路西延等公路建设，实施抚顺市客运东站、抚顺市交通综合枢纽站、沈阳经济区客运综合枢纽站等站场建设工程。（2）提升能源保障能力。改造燃气、天然气管网，建设中压燃气专线，推进吸收式热泵机组与首站联合供热等大型热源项目建设，实现抚顺热电、辽宁东方发电等大型热源热力干线相互连通、互为备用，改造 570 千米老旧供热管网。（3）加快完善市政公共设施。实施"城区居民小区照明计划"，为市民出行提供便利。推进地下综合管廊建设和慢行交通系统建设，建设 10 千米地下综合管廊，实施海绵城市建设工程，构建城市绿色廊道，完善城区防护林带体系，建设榆林、城东三期湿地公园，城市建成区绿化覆盖率达到 43.2%，20% 以上面积的城市建成区达到 70% 的降水就地消纳和利用。（4）加强水务设施建设。实施市供水设施"提标升级、扩能改造"一期工程，新建 40 万吨/日净水厂、滴台工业净水厂和加压泵站，改扩建吴家堡水厂。（5）实施防洪减灾工程。完成中小河流治理、中小型病险水库除险加固等工程建设，实施 5 条污水截流干管铺设工程和 5 条污水截流二期工程建设。（6）加快环卫设施建设。建设 200 吨/日的餐厨垃圾处理厂，新建 400 吨/日无害化污泥处理厂，建设 1500 吨/日垃圾焚烧发电厂，新建公厕设施（水厕）50 座。

　　3. 重点基础设施建设项目。（1）道路交通重点项目：一是抚顺市交通综合枢纽站、抚顺市客运东站、沈阳经济区综合客运枢纽站、高湾旅游集聚区综合枢纽站；二是辽宁中部环线高速公路、永陵—清原高速公路；三是公路改善大中修和新建工程；四是中部通道建设、北环大道（国道 202 线北移）工程、抚顺县后安镇过境绕城公路；五是沈吉铁路复线抚顺段配套工程；六是城市道路改造、养护工程；七是城东三期基础设施建设；八是清原县城段 202 县国道南移工程。（2）能源保障重点项目：一是清原抽水蓄能电站；二是抚顺石化储运厂长输管线安全隐患治理工程；三是老旧供热设施改造；四是燃气管网工程；五是辽宁能港机组建设、拆炉并网工程。（3）水务设施重点项目：一是清河、富尔江、太子河等中小河流源头治理、水土保持、河道治理、堤防修复工程；二是农村饮水工程；三是市供水系统提标升级、扩能改造工程；四是新建辽电输水管线；五是室内供水设施改造；六是高新区工业水厂、新宾县自来水公司净水厂；七是清原县城第二水源地。（4）环卫设施重点项目：一是城市排水改造、养护工程；二是新建垃圾中转站；三是建城市厕所 50 座；四是大伙房水源保护区生活垃圾环保转运；五是村、镇生活垃圾综合处理工程。

四、抚顺城乡基础设施未来发展的前景展望

1. 打造未来的生态型城乡基础设施。（1）加大城乡环境保护力度。要加快城市燃气、污水处理、排水设施的建设；加快垃圾处理设施建设，逐步提高城市垃圾无害化处理水平；加大浑河综合整治。（2）重点抓好城市绿化工程建设，创建国家森林城市。进一步加大湿地建设和保护力度，建设大伙房国家级湿地公园。到 2020 年，我市森林覆盖率提高到 75％，林木绿化率提高到80％。加强城市周边地区绿化隔离带的建设，加强城市水源地的生态绿地建设和保护，加强公园、绿化带等绿地的建设，以及自然风景的保护，重点培育种植适宜干旱气候条件的植物品种，加强城市景区基础设施建设的维护和保护，大力加强对旧城区的绿化工作。到 2020 年，人均公共绿地面积达到 20 平方米。（3）加快地质灾害治理。全力组织好国家地质灾害综合治理试点市工作，重点实施采沉区搬迁治理、西露天矿滑移区（北帮）搬迁治理、环境治理与生态恢复、灾害影响区基础设施恢复四大治理工程。到 2020 年，基本解决搬迁安置和补偿问题，打造城市森林和湿地公园。（4）搞好生态环境整治。以提升城市水体和空气质量为重点，进一步推进集中供热，完成小锅炉改造，加大空气污染源治理力度，城市环境空气质量二级标准天数大于 330 天。建设城市污水和雨水分流系统。城市污水处理率达到 100％，浑河城市段水体稳定在国家四类标准，实现城市垃圾集中处理。

2. 建立完善的道路交通体系。以构筑适度超前、结构合理、管理顺畅、功能完善的现代化交通运输体系为目标，贯通全地区公路主通道，扩大公路网络覆盖范围和通过能力，提高农村公路通畅水平，完善主要交通枢纽，初步形成区域现代物流中心，加快发展城市交通，发挥综合交通网络整体功能和效益，提高交通承载能力和应变能力。（1）构筑以高速公路和国省干线为主骨架，以县、乡公路相连接的布局合理、结构优化、等级优良、服务优质的现代化公路交通网络体系。（2）构建以公路为纽带，以市中心、东西部客运站，以及华山、裕民和荣昌物流园区等场站为依托，以维修网点为保障，四通八达、安全高效的道路运输网络体系。（3）打造以绿色低碳新能源大公交为主体，出租汽车、轨道交通等其他公共交通方式为补充的现代化城市公共交通体系，完善公交指挥调度系统，提高公交智能化水平，构建快速公交系统。（4）构建城乡全覆盖的邮政、快递服务网络。积极推动电子商务与快递服务的全融合发展，以市级快递企业为中心，搭建辐射乡村的快递服务网络，大力推动快递下乡进村，实现城乡邮政、快递服务一体化，助推信息流、资金流和物流"三流合一"的现代邮政物流业大发展。到 2020 年，抚顺交通初步形成"一环一网、

七横九纵、六站八中心（园区）"和全地区所有乡镇政府所在地进入高速公路一小时交通圈。其中，"一环"即抚顺外环公路。"一网"，即抚顺旅游名城景观公路网。"七横"，即东西走向路网布局，横贯市区，向清原县、新宾县，以及吉林省辐射的 7 条主要通道，共连接 33 个乡镇，全长 980.7 千米。"九纵"，即连接沈阳经济圈铁岭、抚顺、本溪、丹东等东部城市群，纵贯抚顺市南北的主要通道，连接 26 个乡镇，全长 1121.8 千米。"六站八中心（园区）"，即便于旅客、货物集散和车辆停放中转的二级以上汽车客运站和物流中心（园区），分别为抚顺市长途汽车中心客运站（北站）、清原县客运站、新宾县客运站、新建抚顺市交通综合枢纽站、沈抚综合客运枢纽站和抚顺市客运东站、华山物流园区、裕民物流园区、荣昌物流园区、清原县泓雁物流中心、新建开发区物流园区、新宾县交通物流中心、抚顺市众源仓储基地和抚顺市双旗仓储物流中心。同时，实现国省干线公路绿化率、除雪防滑作业覆盖率、国省干线安保工程实施比例、重点路段监控覆盖率、新材料新工艺新技术新结构使用率 5 个100％的目标，努力打造结构合理、功能完善、四通八达的现代化公路交通体系。

3. 提高供水能力，加快水污染治理。（1）提高供水能力。建成大伙房水库二期输水、关山Ⅱ水库等重点工程，全市新增日供水能力 60 万吨，城市居民人均日生活用水量达到 180 升，达到全省平均水平的 1.4 倍。到 2020 年，全市自来水日供水能力达到 150 万吨。（2）加快水污染治理。针对浑河水污染的实际情况，要立足于当地自有水资源条件，加快城市工业供水、污水处理设施建设。加强城市给排水管网改造；加大先进适用的节水技术、工艺、设备的推广普及力度，提高城市用水效率；以实现污水资源化为方向，加快污水处理和污水回用设施建设步伐；加强地下水源地保护工作，并合理调配水资源，实现从大伙房水库直接引水工程，缓解水资源紧缺的矛盾，保障城市供水安全。

4. 加快发展城市燃气和城市供热，优化能源结构，促进建筑节能，提高居民居住生活质量。（1）优化能源结构。加快对现有公共建筑和居民住宅门窗、墙体的节能改造和采暖系统技术改造，提高建筑保温隔热性能和采暖热能利用效率，降低建筑能耗；提高城市燃气管道供气普及率，建成与天然气兼容的液化气石油管网工程及配套设施，特别要积极开发利用风能、太阳能、地热等利用新能源的供热采暖系统和生活用能设施，扩大清洁能源和可再生能源利用比例，优化能源消费结构；加大集中供热、连片并网改造推进力度；建立有效的能源监测、预警和应急机制，为科学地评估能源形势提供保障。（2）改变燃气结构。引进天然气，逐步替代现有煤层气，完成燃气结构升级。到 2020年，燃气普及率达到 98％。（3）提高集中供热能力。实施供热管网改造，改造供热管网 304 千米。到 2020 年，集中供热率达到 90％，供热普及率达到 98%。

5. 提高城市供电能力。在抚顺北部建设第二座 500 千伏变电站，形成南北 220 千伏双环网结构。建设城网外围（抚顺东部）的 220 千伏双环网结构，增加抚顺东部地区 220 千伏变电所布点，改造运行年限 30 年以上的输电线路和变电设备，强化地区 66 千伏主干网架的建设。到 2020 年，抚顺地区电网供电可靠率达到 99%，综合电压质量合格率达到 98%。

6. 完善城乡信息基础设施的改造和建设，提高城乡基础设施的承载能力和现代化水平。目前，抚顺邮政和电报、固定电话和移动电话、互联网、广播电视等城乡信息基础设施建设已达到一定的现代化水平，未来五年要在此基础上发展并完善现代化的城乡信息基础设施。（1）发展并完善智能交通。利用物联网技术建设一个以全面感知为基础的新型智能交通系统，用以解决城市交通管理问题、缓解车辆拥堵状况。（2）加快发展智能电网。在发电、输电、变电、配电、供电，以及用电和服务等环节，推动先进的传感和测量技术、先进的设备技术、先进的控制方法，以及先进的决策支持系统广泛深入应用，实现电网的可靠、安全经济、高效节能、环境友好和使用安全的目标。（3）建立和完善燃气管网智能运行、维护保养和应急保障统一管理系统。（4）构建"水务一张图"信息化管理应用体系。加强信息化在城市供排水、农村节水灌溉、自备井远传、用水大户水量监控、供用水计划分析与制定等方面的应用，建设覆盖全市大中型水库、内城河湖、重点流域的水务实时监测物联网，建设覆盖水源地、城市自来水厂和取水口、城市河湖、公园绿地、供水管网的地表水、地下水水质动态自动监测网络。（5）建设并完善煤、水、电、气、热能的生产、运输，以及使用的统一监控平台。实现城市基本资源的生产、运输、调配和使用的全流程监控，建立全市生态环境的监测体系。（6）发展并完善数字管网。建立统一数据库，形成一张可见、可查、可控的电子地图，为城市防汛排涝、工程建设、施工管理、突发事件应急救援等工作提供完整准确的信息支撑。（7）发展并完善智能环保。智能环保综合管理平台将作为市政信息基础设施的最顶层平台，实现包括环保资源管理、环保知识普及、环保资源整合、环保事项审批等多项综合性业务。

7. 大力推进县镇的城镇化建设，促进基础设施服务向郊县辐射延伸。加强小城镇的吸纳、集聚功能，积极推进农民及产业向小城镇集中，因地制宜，发展各具特色的工贸型、农贸型、工矿型、旅游型小城镇。重点加强清原镇、红透山镇、新宾镇、南杂木镇、永陵镇、石文镇、后安镇等中心镇建设。完成小城镇总体规划修编工作，加快小城镇的基础设施建设。到 2020 年，抚顺的城镇化率达到 80% 以上。

第十七章　抚顺加快城乡信息化建设

提要：信息化建设对产业结构调整和城市综合实力的全面提升发挥重要作用，是城市迈向现代化的新标志。本章在对抚顺信息化建设发展现状，以及所面临的机遇、问题和挑战进行客观分析的基础上，探讨了抚顺信息化建设的基本思路和发展的重点任务，提出了通过城乡信息基础设施建设和信息服务业大发展助推老工业基地转型振兴的对策建议。

城乡信息基础设施建设是覆盖城市现代化建设全局的战略性举措，不仅是城市化产业创新发展的主战场、城市管理创新的新动力，而且也是市民生活品质提升的新手段，是政府服务改善的新途径，更是城市迈向现代化的新标志。抚顺市信息化建设已取得一定成效，信息技术的普及与应用，信息化工作的全面推进，对抚顺产业结构的调整和城市综合实力的全面提升，实现老工业基地的全面振兴发挥了重要作用。

第一节　抚顺城乡信息化建设的现状和机遇

抚顺在信息化建设过程中，认真遵循"满足需求，适度超前；规划先行，集约建设；普遍服务，和谐有序；政府引导，企业主体统筹规划，市场运作"的原则，全面统筹抚顺城乡、区域、行业信息化发展，加强政府引导，鼓励社会力量参与，统一规划、统一标准、分工合作、互补互利，有效地推动了城乡信息基础设施的集约化建设和信息服务业的快速发展，进一步优化和完善了城乡信息基础设施和信息服务业体系，重大信息基础设施建设项目向重点发展区域聚焦，特别是通过把信息化向工业企业、城市交通、水电气暖等生命线工程领域的融合和渗透，使抚顺基本建成了现代化、大容量、综合性的信息通信网络体系，有力地助推了抚顺城市转型的步伐。

一、抚顺城乡信息化建设的现状

随着信息基础设施的逐步完善，抚顺信息化建设全面推进，信息技术得到了广泛应用。信息技术应用领域的不断扩大，对促进政府职能转变，提高生产生活效率和服务水平，丰富人民群众的物质文化生活，提高整个社会的文明程度和城市综合实力，产生了积极影响。特别是在推动抚顺城市转型过程中起到了对各领域向现代化、效率化方向引领的重要作用。

1. 抚顺电子政务有了较大进展，建立并完善了党政机关内外网络平台。（1）启动电子公文内网传输系统，建立了全市统一的党政机关内部办公平台和信息资源目录系统。（2）涌现一批电子政务应用示范单位。（3）在抚顺门户网站上设置《建设项目信息公开和信用信息公开共享专栏》，集中公开工程建设项目信息和信用信息，并实现了与县区、市直有关部门的连接。（4）建立了税费信息资源共享平台，实现了税务、工商、财政和人民银行等部门涉税信息共享。（5）开通政务微博，打造政府与市民沟通与互动新平台。

2. 农业信息化步伐加快，信息技术为农村发展农民致富提供了新的手段。围绕建设社会主义新农村，组织全市农村开展了"百万农民上网"工程，开展了计算机知识培训活动；培养了抚顺县毛公村、新宾县永陵镇、新宾县罗圈村、中药材种植大户等一批运用信息手段致富的典型。同时，抚顺三县全部开通普惠制远程培训平台，在网上传播现代农业技术，开展农民工就业、创业等培训工作；电子商务走进农家，全市名优特农产品通过网上销售，为农副产品走向国内外市场搭建了新的销售平台。

3. 信息技术在城市管理中得到广泛应用，"智慧城市"建设初见成效。（1）抚顺市社保管理在全省率先实现了就业、低保、社会保险三联动网络体系。（2）民政系统城市低保信息网络系统的应用，提高了低保工作规范化和科学化水平。（3）"智慧交通"的实施提高了公交管理水平，对运营车辆实现了实时视频监控，危险货物运输车辆全部实施 GPS 远程监控管理。（4）全市应急救援实现了四台合一，建设了社会治安和城市管理视频监控系统，并延伸到农村。（5）抚顺人才网、自来水门户网和社会福利院网站等网站的开通，方便了市民生活。（6）全市卫生信息平台正式启动，以居民电子健康档案为基础的区域卫生信息管理系统投入运行。（7）供热指挥调度中心借助计算机平台，对全市供热企业数据进行联网，实现对出入水温度、流量和设备运行等实时监测，确保了供热质量和安全。

4. 抚顺市被列入国家"数字城市地理空间框架建设"城市。"数字抚顺"地理信息公共平台被国家测绘地理信息局授予"全国数字城市建设示范市"。

通过测绘、遥感、航拍和人工采集数据等，建立了覆盖全市域、多尺度、多类型、多分辨率的比较完善的基础地理信息数据库，并建立抚顺天地图，即面向社会、服务公众的数字抚顺地理信息公共服务平台。

5. 工业信息化建设推动了企业生产过程信息化、企业管理信息化、产品智能化和产品销售的电商化。随着新一代信息技术迅速发展，我市工业信息化建设也进入了一个新的发展阶段，对推动全市工业经济发展和企业转型升级发挥了重要作用。近年来，我市认真贯彻工信部《信息化和工业化深度融合专项行动计划（2013－2018）》和《中国制造 2025 辽宁行动纲要》，制定了《抚顺市"两化"深度融合方案》和《抚顺市推进智能制造发展行动计划（2016－2018)》。全市 3 家工业企业申报国家"两化"深度融合贯标试点企业，其中抚顺新钢铁有限责任公司、中油抚顺石化公司被工信部授予"两化深度融合"贯标试点企业。辽宁抚顺格瑞自动化设备有限公司、辽宁华丰民用化工发展有限公司被列为辽宁省首批 50 户智能制造及智能服务试点示范企业。目前，全市规模以上工业企业财务、供应、销售等主要环节普遍实现了计算机管理，生产过程中的自动化程度也大幅度提高，产品研发中计算机辅助设计已经得到广泛应用，80％以上的企业采用计算机辅助工艺过程设计等技术，70％以上大中型企业应用了办公自动化、管理信息化系统。辽宁省经济和信息化委员会建立了"辽宁省工业经济运行数据上报系统"，全市有 42 户企业进入填报系统。全市工业信息化建设主要抓生产过程信息化、企业管理信息化、产品智能化和销售的电子商务化。目前，10％规模以上企业积极开展电子商务及电商配套服务，通过建立企业综合信息服务平台和第三方经销平台，开展了销售和采购活动，电子商务交易额预计突破 100 亿元。

6. 抚顺信息产业发展加快，规模达到了历史最高水平。（1）电子制造业平稳发展，继续保持良好的增长态势。目前，抚顺煤研的煤矿安全监测产品、隆基磁电公司的磁分选设备和金昌新材料公司的铜钨触头等产品需求呈增长态势，骨干企业经济实现平稳运行。同时，自主知识产权产品逆势而上，产业化步伐加快。辽宁金昌新材料有限公司生产的铜钨触头产品，技术和质量均处于国内外领先水平，占领 50％以上国内高压开关设备同类配套产品市场，增幅居行业企业之首。欧柏利成套电器制造有限公司生产的电缆桥架产品，继打入北京奥运工程、十二届全运会后，又进军船舶领域，实现了快速发展，目前已经成为企业主导产品。抚运安仪火箭救生装置和高压气瓶水压检测仪已经成为"神舟"系列飞船发射现场安保的必需产品等。（2）软件产业因势而上，为推进信息化建设做出了积极贡献。抚顺市开发的铝电解槽智能模糊控制系统、矿井 GIS 瓦斯报警系统、消防救灾救援现场模拟演练系统、煤矿产量计量系统软件、领导干部廉政档案管理系统、众智 OCR 手写汉字识别系统，以及用于中小学辅助教学的电子信息资源平台系统，被评为全省优秀软件，并先后获得辽宁省软件专项资金的支持，产品在辽宁省内外的推广与应用，进一步提升了抚顺市软件产业的影响力。目前，软件企业的迅速发展，在技术上已经对抚顺市信息化建设提供了强有力的支持与保障。

二、抚顺城乡信息化建设面临的机遇、问题和挑战

20 多年来，中国互联网的发展走过了以计算机为中心、以图形作为主要界面的 PC 时代，走过了以软件为中心的网络时代，走到了以数据为中心的云计算时代，走到了一个以应用为中心、以互联网为基础的物联网时代。以大数据、云计算、物联网等新一代互联网技术，将深刻改变经济发展方式和生产生活方式。近年来，以智能手机、平板电脑等为终端的移动互联网爆发式增长等为显著特点的可穿戴终端设备的崛起，使移动互联网发展深远影响着社会发展形态。中央网信领导小组的成立，意味着网络安全和信息化建设已经上升为国家战略。

1. 抚顺信息化建设面临的发展机遇。伴随城市化进程加快，城市发展正向信息化城市阶段迈进，物联网、云计算等新一代信息技术成功应用，催生了智能交通、智能电网等一系列市政基础设施走向现代化，提高了城市管理效率，提升了服务质量。基础设施管理与信息化的融合，正逐步由外界推动向内生需求转变，信息化发展动力强劲。深入推动网格化管理和城乡公共服务均等化，是未来形成城乡经济社会发展一体化新格局和助推城市转型的必然选择。(1) 国家宏观政策为抚顺城乡信息化建设提供了良好发展机遇。城乡基础设施未来发展面临着需要信息化的新形势和新要求。党中央提出了"工业化、信息化、城镇化、农业现代化"的"四化统一"的发展战略。其中，城镇化与信息化的有机结合就是首先要实现"信息化与城乡基础设施建设"的有效结合，搞好电信网、广播电视网、互联网三网融合等为代表的城乡信息基础设施的建设工程，构建融合、安全的城市信息基础设施，推进物联网研发与应用。这对城乡信息基础设施建设和改造带来了良好的发展机遇。(2) 城镇化发展战略对抚顺信息化建设提出了内在需求。随着城镇化的快速发展，城乡基础设施建设和改造面临许多新挑战，迫切需要新的理念、新的思路和新的技术，城镇化发展对城乡信息基础设施建设提出了新的内在需求。只有深化信息技术在城乡基础设施建设中的应用，充分挖掘、实时整合、有效配置城市的一切有形和无形的基础设施资源，才能实现城市科学协调发展。(3) 信息技术的创新与应用的突破，为抚顺信息化建设提供了有效支撑。随着互联网、物联网、云计算、无线

宽带等新一代信息技术的创新和发展，信息网络向融合方向发展的趋势已成为现实，信息技术向智能化、集成化方面发展，以及与其他产业技术的融合不断加深，特别是与城乡基础设施建设的有效融合，必然会给城市化发展带来新的发展动力，并为城乡基础设施建设和改造，提供各种海量数据进行实时采集、传输、处理、整合和分析，并对提升城乡基础设施的智能化水平提供有效的技术支撑。（4）多元化的投融资机制为抚顺信息化建设提供了根本保证。充分利用政府财政的杠杆效应，引导社会资金和国外资金的投入，提高城乡信息基础设施建设投资在促进城市经济的贡献率。可进一步拓展融资渠道，加大外资引进力度，建立城乡信息基础设施建设改造的投资基金和创业基金，形成多渠道、多层次、多元化的投融资体制机制。特别是可以发挥移动、联通、铁通等电信巨头投资的引领作用。（5）经济的快速发展将带动抚顺城乡信息基础设施和信息服务业需求快速增长。城市交通流量、用电量、用水量、燃气量、园林环保需求量、邮政业务量、固定移动电话用户数量、互联网需求量、多媒体用户数、有线电视用户数等需求连年增加，表明城市信息基础设施需求水平正在不断提高，这为城乡信息基础设施建设和信息服务业的进一步发展和完善提供了重大机遇。

2. 抚顺城乡信息化建设存在的问题。抚顺正处于城市化快速发展阶段，但城乡信息基础设施和信息服务业总体发展水平仍然相对较低，城乡信息基础设施供给仍有不足，信息服务业发展不快，这些都制约了经济的发展和人民生活质量的提高。城乡信息基础设施建设和信息服务业发展相对滞后，是抚顺可持续发展所面临的重要问题。（1）抚顺缺乏市级城乡信息化建设的宏观发展规划。多数信息基础设施建设项目都是由电信巨头引领包办和市场需求相伴而生。抚顺急需制订城乡信息基础设施和信息服务业发展总体规划来统筹指导全市信息化发展。（2）受管理体制和投资体制的制约，部分市直单位和电信企业网络自成体系，网络资源不能共享，造成了网络资源的严重浪费。（3）运用信息技术改造传统产业步伐缓慢，信息化程度偏低。抚顺相当一部分企业对此缺乏足够的认识，还习惯于传统的管理方法，信息化程度低。（4）信息化资金投入不足。在推进信息化上缺乏有效的投融资机制，投融资的思路不宽，抓的力度也不够。同时，企业资金投入也不足，企业在生产过程信息化、管理信息化和产品智能化方面同先进地区还有较大差距。（5）缺乏市级专项资金扶持。由于本级财政没有信息化专项资金，缺乏对信息化项目的牵动与引导作用。（6）信息产业发展速度缓慢。由于缺乏大项目和龙头企业拉动，电子信息制造业和软件服务业规模小，后劲不足。（7）目前，我市还尚未形成异地企业间的协同设计、并行制造、物流配送、网络化仓储等企业平台，制约了企业特别是制造业的发展。

3. 抚顺城乡信息化发展面临的挑战。（1）面临城乡基础设施通过信息化进行一体化管理的挑战。城市管理与信息化融合度越来越高，要求其以业务为主导进行整合、重组、重塑，从系统、技术、制度等角度的整合难度巨大。（2）面临提升城乡信息基础设施的服务能力和完善城乡信息基础设施体系的挑战。城市信息基础设施水平在支撑市民信息服务需求上还有很大差距。（3）面临提高城乡信息基础设施的安全保障能力和建设全覆盖的信息安全保障体系的挑战。城乡信息基础设施的不断建立和完善，安全风险越来越大，信息安全保障已成为保障城乡基础设施安全运行的重要内容。（4）观念的更新、体制机制的调整，是城乡信息基础设施建设和信息服务业发展面临的重要挑战。城乡信息基础设施建设和信息服务业发展初期需要大量的政府投资，这将给政府财政和电信企业带来一定压力，这对创新建设、运营模式并保持城市的可持续发展提出更高要求。

第二节　抚顺城乡信息化建设的基本思路

为了进一步规划好抚顺城乡信息基础设施建设和信息服务业的长远发展，需要明确抚顺市信息基础设施建设和信息服务业发展的指导思想、基本原则、发展格局和总体发展目标。

一、指导思想和基本原则

1. 抚顺信息化建设的指导思想。抚顺信息化建设和管理要认真贯彻党的十八大提出的"坚持走中国特色新型工业化、信息化、城镇化、农业现代化道路，推动信息化和工业化深度融合"战略思想，坚持以科技创新为动力，按照"统一规划、集约建设、资源共享、规范管理"的原则，围绕增强"普遍接入、业务融合、国际通信、功能服务、行业管理"五大能力，顺应网络融合、业务融合、应用融合、行业融合的发展趋势，注重机制、管理、技术、业务创新，以加快提升城乡信息基础设施服务水平和普遍服务能力为主线，加大投入力度，在城乡基础设施建设中优先发展信息基础设施，构建具有国际先进水平的业务和服务体系，提升城市功能，推动城乡信息基础设施布局更趋合理。加快应用信息技术改造传统产业步伐，为产品创新和产业升级提供支持；积极推进智慧抚顺建设，不断提升城市功能和管理水平；以加快城镇化建设为目标，推动农村信息技术的应用与普及，缩小城乡差距；促进国际通信能力进一步提升，设施集约化建设管理能力显著增强，重大活动通信保障安全有序，发挥城镇化发展的基础性支撑作用。支持信息产业发展壮大，拓宽信息服务业领域，为抚顺老工业基地转型和振兴做出贡献。

2. 抚顺信息化建设的基本原则。抚顺推动信息化发展需要遵循以下原则。(1) 满足需求，适度超前原则。充分满足人民群众快速增长的信息通信服务需求，适度超前建设，持续提升城乡信息基础设施能级，技术上实现具备前瞻性、安全可靠和可扩展性，信息化实现全面可持续发展。(2) 规划先行，集约建设原则。充分发挥规划的引导作用，注重规划的衔接和有效实施，持续深入推进城乡信息基础设施共建共享的集约化模式，顺应经济发展理念。(3) 普遍服务，和谐有序原则。注重保障用户自由选择和运营商公平接入的权利，更加关注农村地区、低收入群体、中小企业的需求，努力构建普遍服务的城乡信息基础设施环境，提供老百姓用得上、用得起、用得好的信息通信服务，缩小信息享受鸿沟，促进全社会共享发展成果。(4) 政府引导，企业主体原则。强化政策法规、规范标准建设，完善市场监管，营造公平有序的市场环境。充分发挥市场配置资源的基础性作用，坚持以需求为导向，以企业为主体，推进城乡信息基础设施建设和信息服务业发展。(5) 统筹规划，市场运作原则。全面统筹城乡、区域、行业信息化发展，加强政府引导，鼓励社会力量参与，统一规划、统一标准、分工合作、互补互利，推动城乡信息基础设施的集约化建设。遵循市场经济规律，充分发挥市场作用，面向有效需求，取得较好的经济效益和社会效益。

二、抚顺信息化建设的发展格局

以提升基础网络、综合服务、行业管理和应用普及水平为抓手，全面实施宽带信息基础设施发展战略，基本建成以"宽带、泛在、融合、安全"为标志，以"城乡一体、全面覆盖、百兆到户、无线城市、功能提升、满足应用"为目标的信息基础设施建设，提高通信质量，提升网络带宽、综合服务和宽带上网资费等信息基础设施的总体服务水平。到 2020 年，综合信息基础设施基本普及，信息技术自主创新能力显著增强，信息产业结构全面优化，信息安全保障水平大幅提高，信息基础设施建设和管理的制度环境和政策体系基本完善。

1. 发展和完善城乡信息基础设施的智能化管控。大力改造现有城市基础设施，基于城市空间实体服务平台，建设覆盖全部城区和主要郊区城市部件的感知网络及精细化管理系统；建立城市空间实体可视化管理的协调工作机制，运用流媒体技术，建设城市规划、国土管理、房屋建筑、道路交通、市政管理、园林绿化、公共安全、应急指挥、社会管理等行业的空间实体多维、可视的管理体系，全面提升城市地上、地表、地下空间实体的管理水平，以及共享服务水平；推动建立低碳管控的智能楼宇；建设智能基础设施网络应用监管中心，出台智能基础设施网络监管机制；建设城市基础设施信息服务云，使基础设施网络日趋协同化。

2. 建设高标准城乡信息基础设施。（1）全面推进覆盖城乡的光纤宽带网络建设。新建区域直接部署光纤宽带网络，已建区域加大光纤化改造力度；加强光纤宽带网络的共建共享和有效利用；规划建设达到城区水平的农村信息基础设施，基本实现并普及化光缆入村、网络入户；推动网络资源的智能化调配，提高骨干网互联互通水平；不断扩大互联网国际、国内出入口带宽；加强网络与信息的安全保障。（2）积极推进下一代广播电视网（NGB）建设。以高清交互式数字电视网络为基础，建设下一代广播电视网（NGB）干线传输网络和接入网；加快推进基于高清交互机顶盒的家庭网络的研究、开发、推广与普及。（3）大力推动信息管道的集约建设。鼓励采用多孔化管型、便捷化管材，加速信息管道网架构转型，适应光缆网发展；加快信息管道建设，鼓励管道共享和经济化租用，保障用户接入与架空线入地工程的实施进度。（4）大力推动三网融合。鼓励交互式网络电视（IPTV）、手机电视等核心业务大规模、普及化应用，以及交互数字电视、多媒体终端、智能家电等产品的批量应用；鼓励和支持三网融合相关的产品研发、市场培育和企业发展，推动产业链上下游协调发展。

3. 大规模开展无线城市建设。在第三代移动通信（3G）网络广泛应用的基础上，广泛推广普及应用第四代移动通信（4G）网络。建设充足的无线接入点（AP），实现城市机场、火车站、高端商务区、星级宾馆、学校、交通枢纽等公共区域，以及公交车等公共交通工具上的无线局域网（WLAN）全覆盖；实现无线局域网（WLAN）的统一认证和便捷接入；人流密集的公共区域由政府购买基本服务，为公众提供公益性的无线宽带接入。

4. 建设物联网传输信息基础设施。开展以政务物联数据专网和无线宽带专网为主的物联网传输信息基础设施建设工作。政务物联数据专网作为电子政务网络的有效补充，应统一建设基站，信号覆盖城市地区，力争具备支撑百万级传感器信息汇聚传输的能力，为政务物联网应用提供安全可靠的传感信息无线传输通道；积极支持以企业为主体建设的无线宽带专网，为城市运行管理和公共安全等领域的移动图像传输和移动业务，提供安全可靠、高带宽的服务。

5. 升级改造全覆盖的政务网络。高标准升级改造有线政务专网和800兆无线政务专网，提升政务网络性能；推动政务部门的互联网和移动网络统一接入；整合政务需求，构建布局合理、节能环保的政务数据中心体系，建设形成高效服务公众的集约化的政务数据中心，为政府部门提供集中的主机托管和运维服务；加快政务信息安全及应急处置相关设施的建设部署；推广能源利用率高的信息技术在政务信息基础设施建设过程中的应用；积极建设城市立体的全覆盖的视频监控网络系统，以及高清视频监控网络系统，建设视频监控智能信息处理中心，形成高效的城市视频监控运作体系。

6. 通过信息设施的建设，推动城乡基础设施的行业管理水平进一步提升。规范管理、完善流程，通过城市信息基础设施布局规划与城乡规划体系的有效对接，推进规划的有效实施。完善相关法律法规和工作机制，进一步规范基站等基础设施的布局建设和运营管理。加强信息基础设施运行监管，完善重大项目和活动的信息通信综合保障能力及应急通信保障体系，应对突发事件能力也需进一步增强。

7. 推动邮政、电信和广播电视发展上新台阶。（1）推动邮政升级改造。以加快邮件传递速度为主线，提高邮政运输能力、内部处理能力和计算机应用能力，增强全网综合通信能力。（2）加快电信业适应信息技术的高速发展的要求。推进网络的光纤化、数字化、宽带化、智能化和综合化的建设，建成具有通信能力强、业务类别多、运行高效、安全可靠、质量优良的现代化电信网，为信息化全面快速的发展提供有力支持。以 SDH 技术为基础继续优化完善传输网，提高传输容量、增强网络的安全性和稳定性。（3）推动广播电视高技术的普及和应用。实现网络的全面覆盖，有线电视网要建成满足电视、语音、数据等多媒体业务的宽带化、网络化、数字化、智能化的综合信息网，达到电信运营级的网络标准。全面改造升级广电网，建成以传输广播电视节目为主的宽带双向交互式网络，逐步实现全数字化信息传输和交换。

8. 大力发展高端智能产业。重点从发展智能制造业，加速改造传统产业、积极培育战略性新兴产业、大力发展生产性服务业等方面入手，抓住关键，突出重点，构建抚顺产业发展新格局。重点推动高端智能装备制造业、化工、冶金深加工、农产品深加工、再生资源等产业基地建设。（1）沈抚新城重点发展中高端装备制造业和智能装备（机器人）产业，打造智能装备产业集群，积极推进全市工业向自动化、智能化、精细化方向发展。（2）石化新城重点发展有机化工、合成新材料、精细化工、橡塑蜡深加工四大产业，建成国内一流特色化工园区。（3）望花区建成辐射东北的冶金新材料深加工产业基地，同时加快抚顺市小微企业创业示范园区建设，建设配套营销会展平台、设计研发平台、电子商务平台和仓储物流平台，打造独具特色、配套完善的小微企业孵化和创业发展基地。（4）新抚区以新兴产业集聚区为产业依托，围绕南环产业带建设，在胜利经济开发区北部，规划建设抚顺市再生资源产业园，同时依托煤炭和页岩油深加工，依托油母页岩热电，大力发展老工业基地矿山转型循环经济，加快食品工业园建设，打造优质食品产业生产加工基地。

三、抚顺信息化建设目标

1. 抚顺城乡信息化建设的总体目标。依托城市建设管理的后发优势，以创建智慧城市为重点，不断提升城市功能和品质，提升城市精细化管理水平，积极打造抚顺高端要素集聚平台，加快推进宜商、宜游、宜居、宜业的信息化城乡建设。（1）创建信息化城市。围绕幸福美丽抚顺建设，实施信息化城市建设工程，构建便捷、惠民、优质、高效的信息化城市发展体系。到2020年，初步完成信息化城市建设，基本实现城市资源的优化配置，城乡居民幸福指数普遍提升。（2）构建信息化产业体系。抓住物联网快速发展的机遇，重点培育和提升现代物流、高端商务、现代金融、现代商贸、服务外包、旅游休闲、文化创意等服务业发展，构建高水平、个性化的信息化物流体系。加快应用现代信息技术，改造提升传统农业，逐步实现农产品生产、加工、储藏、运输和市场营销等环节的科学化和智能化。（3）推进信息基础设施建设。加快光纤宽带、移动通信网络建设，推动"提速降费"要求落地生根，普及优化4G移动网络，部署推进5G移动网络。加快下一代广播电视网（NGB）建设，基本实现农村广播电视"户户通"，广播和电视人口综合覆盖率达到99％以上。深化互联网、电信网、广电网"三网"融合，探索物联网、无线宽带网"多网融合"，实现抚顺"多网合一"。（4）提升信息化公共管理功能。充分利用现代信息技术，强化灾难、社会治安、安全生产等重点领域的信息化监控预警防控体系建设，利用地理信息系统、全球定位系统等先进技术，完善无线通信网络、宽带互联网、电子政务专网综合支撑体系，建立新型数字化城市管理信息系统，推进城市管理社会化、精细化、流程化。强化网上行政审批暨电子监察，实施网上电子交易、政府执法、公共服务监管，加快工商、税务、质监等重点信息管理系统的整合。（5）提高信息化民生服务水平。实施抚顺"互联网＋城市服务"工程，借助微信、腾讯新闻客户端民生页卡、手机QQ这腾讯三大"民生服务"平台，建立集交通出行、医疗、教育、社保、户政、出入境、旅游等多项生活服务功能于一体的普惠化公共服务体系。加强社区服务和管理体系建设，发展社区政务、信息化家居系统、信息化楼宇管理、信息化社区服务，实现远程监控、安全管理等功能，使居民生活向智能化发展。（6）推进企业"两化"融合。到2020年，全市"两化"融合区域发展指数达到88以上。规模以上重点企业应用计算机辅助设计（CAD）和计算机辅助工艺计划

（CAPP）达到 90％以上，制造执行系统（MES）、产品全生命周期管理（PLM）和企业资源计划（ERP）普及率达到 70％以上，客户关系管理（CRM）普及率达到 85％以上，信息系统集成达到 40％以上，开展电子商务达到 60％以上。

2. 抚顺信息化建设的近期发展目标。（1）推动企业信息化发展。重点围绕节能减排、安全生产、产品研发设计、生产过程控制、企业管理、市场营销等环节全面推进企业信息化建设。全市规模以上企业应用 3C（计算机辅助设计 CAD，计算机辅助制造 CAM，计算机辅助工序计划 CAPP）达 90％以上，应用过程控制技术达到 80％以上，企业内部实现信息化管理的达到 80％以上，开展电子商务的达到 60％以上，建成中小企业信息化服务平台，进一步完善企业信息化服务体系。（2）促进农业信息化。在全市农村固定电话、移动电话和宽带网络实现村村通（自然村）的基础上，60％的乡镇建成信息网站，积极推进村级和个体特色农副产品经销网站建设。初步建成农村公共信息服务体系。（3）完善电子政务网络系统。拓宽电子政务外网平台应用，推进行政审批系统建设项目、政务信息资源共享建设项目和各类专业系统建设项目，为全面建成电子政务内外网综合服务平台和行政审批与监察系统打下基础。（4）推进社会信息化发展。以推进"智慧抚顺"建设项目为手段，以强化社会管理和服务，便民利民等提高市民幸福指数为目的，推动城市信息化建设工作。（5）促进信息产业加快发展。以推进产业集群为重点，以项目拉动为手段，全面扩大产业规模和提升产业水平。未来几年，我市电子信息制造业收入争取达到 20亿元，增长 12％，软件业收入 3 亿元，增长 20％。

第三节　抚顺城乡信息化建设的任务和重点

抚顺要大力推进"数字抚顺"和"智慧城市"建设，加快信息化进程，促进城乡信息基础设施建设和信息服务业加快发展。目前，抚顺邮政和电报、固定电话和移动电话、互联网、广播电视等城乡信息基础设施建设已达到一定的现代化水平，未来要在此基础上，抚顺要重点改造和建设具有现代化水准的城市信息基础设施，加快发展门类齐全的信息服务业态。

一、抚顺城乡信息化建设的主要任务

1. 超前统筹规划信息基础设施建设。（1）做好"智慧城市"顶层设计。在对全市各相关部门信息化应用需求和数据共享需求充分调研的基础上，委托专业公司制订我市"智慧城市"顶层设计方案。统筹规划我市信息化建设，明

确信息化建设发展方向，解决信息化建设各自为政、混乱无序的现状，确保我市信息化建设健康、可持续发展。（2）加强政府信息化基础设施建设。加快建设政府中心机房和政府涉密机房，以政务外网平台为核心，建设我市政务信息资源交换中心。（3）加快统筹市政服务能力体系建设。深化电子政务建设，完善电子政务三级网络，探索建立内外网交换平台，强化资源整合、信息共享和政务协同，完善信息资源共享平台标准化体系。加快推动开放统一的公共基础数据库建设，提升城市规划、管理、卫生、教育、文化、人口等领域的公共信息服务能力。

2. 加强信息基础设施建设，促进城市功能完善。坚持统筹规划、资源共享、应用主导、面向市场、安全可靠、务求实效的方针，进一步加强和完善信息基础设施建设，充分利用现有网络资源和社会资金，到 2020 年，建成结构合理、安全可靠、面向世界未来的信息网络系统。通过实施"宽带抚顺"战略，以固定电话网和 4G 移动通信网为重点，加快改造和建设步伐，形成与国际接轨的宽带化、综合化、智能化的信息网络，为全市提供高速度、大通道、安全可靠的通信平台，为抚顺老工业基地转型和振兴创造良好软硬条件。

3. 积极开展典型示范推广工作。在石化、煤炭、电力、冶金、有色金属和装备制造等行业培育 10 家"两化"融合重点企业，10 家成长型中小型"两化"融合示范企业，力争行业骨干企业成为国家和省示范，以点带面，总结、推广和宣传示范企业经验和成果，推动企业对标赶超，促进工业领域"两化"融合水平整体提升，提高企业核心竞争力。加快推进区域"两化"深度融合，抓住工信部实施智能制造重大工程的有利时机，结合辽宁省政府提出建设辽宁机器人产业带战略部署和我市打造高端装备制造业发展规划，将沈抚新城机器人和现代印刷产业基地，打造成国家、省智能制造示范区。

4. 加快工业信息化服务平台建设，促进信息资源开发和利用。有效汇聚、利用、融合现有与新增的企业服务资源，并提供智能的信息分析、服务推荐、咨询推送的功能，实现企业服务资源的最大化应用，成为区域内众多企业寻求服务的主要窗口与途径。通过建设工业信息化服务平台，实现信息资源共享，形成政企、企协、企企多方资源的高效协作，构建企业生存发展所需外部环境、内部能力的完整服务链条，最终实现"智慧企业"建设，为企业提供政策咨询、技术创新、人才培训、市场开拓、规范管理、投资融资、信息咨询等方面的服务，全面助推企业高速发展。

5. 推进"两化"深度融合，加快传统产业改造步伐。全力推进装备制造业转型升级。深化信息技术在装备制造业中的应用，推动智能装备产业发展。重点推动以辽宁抚挖重工机械股份有限公司为代表的数字化协同设计，推动产品全生命周期管理等方面的应用，增强企业信息化管控水平，提升产业创新能力。以辽宁格瑞自动化设备有限公司和辽宁天安矿山科技有限公司等为重点，推动自动化生产线、智能设备和工业机器人产业快速发展。以辽宁辽重机械制造有限公司为重点，提升传统工业产品智能化水平。推进辽宁美程在线印刷有限公司数字化和柔性敏捷生产，以及辽宁华丰化工（集团）有限公司的智能化生产线等方面的应用。深入推进抚顺煤矿电机制造有限责任公司等企业财务管理、协同办公、人力资源和管理支持体系信息化建设，为加快建设现代化企业提供支持。

6. 积极推进企业的电子商务应用。加快电子商务驱动的制造业生态变革，引导企业利用互联网，创新电子商务与制造业的集成应用模式，推动基于消费需求的研发、制造和产业组织方式变革。鼓励企业利用电子商务创新营销模式，提高产品销售和售后服务水平，建立开放性采购平台，提高网上集中采购水平，降低产品成本，以及通过综合信息化服务平台，实现产品设计、制造、销售、采购、管理等生产经营各环节的企业间协同，形成网络化企业集群。通过产业联盟等模式，推广互联网在传统加工行业中的应用，推进生产技术改造和自动化信息化升级，以及以供应链、产品全生命周期为主的管理智能化改造，加快电子商务平台推广应用，提升经营管理水平。

7. 发展智能制造装备和产品。围绕机器人及智能装备、石油化工装备、工程机械装备、煤矿安全装备，加快发展智能制造装备和智能产品。机器人及智能装备，重点掌握智能控制、伺服系统、驱动器件等关键共性技术，提升自主创新和集成能力，鼓励填充、码垛等工业机器人，以及防爆、探测等特种机器人研制和产业化，发展特殊产品包装生产线、智能视选设备、增材制造等智能化成套装备。推进辽宁格瑞自动化包装成套装备、辽宁伯纳德清洁喷涂机器人研制等建设项目。石油化工装备重点发展高性能压力容器、石化蒸汽加热炉、加氢设备反应器等系列石油炼化设备，通过模型化设计改善设备结构，提高加工技术，提高可靠性与安全性。重点推进圣莱特石化蒸汽加热炉技术改造、浩新泵业石化工业流程泵改扩建等项目建设。高端工程装备重点发展智能控制技术，实现装备自动化、智能化及数字化。突破大型装载机、高效筑路、养路机械等整机，以及电液换挡变速器、湿式制动驱动桥、液压马达等配套零部件的研发设计。推进辽宁军锋高端民品装备、山推抚起大型工程机械等项目建设。煤矿安全装备重点实施以大功率煤矿电机、矿用安全自救防护装备为龙头的煤矿专用装备基地建设。推进煤研煤矿安全装备制造科研基地和煤矿安全技术国家重点实验室的建立。

8. 推进制造过程智能化升级改造。实施以研发设计、生产设备、工艺流程为主的智能化技术升级改造，鼓励信息技术企业与传统制造企业联合研发产品，加快智能装备在研发设计和生产加工环节广泛应用，提高制造工艺流程智能化水平，引导企业向生产经营智能化、产品研发高端化发展。鼓励装备、冶金新材料、化工新材料传统产业智能化升级，突破核电用钢、高强汽车板等高性能专用特种优质钢材，及特种冶炼技术改造、军品生产能力提升。重点推进抚顺特钢高温合金项目、辽宁电机集团高效节能电机智能制造等建设项目。推进丙烯、碳四、碳五、碳九等原材料精细加工，提升大产能合成橡胶、塑料、石蜡精深加工能力。重点推进齐隆化工碳纤维新材料、同益石化碳四综合利用加工等建设项目。

二、抚顺城乡信息化建设的发展重点

1. 重点完善抚顺信息基础设施服务体系。（1）重点建设以光缆为主体的全市高速信息骨干网，提高城市主干网络的传输能力和交换能力，适应多媒体信息传输和交换的需要。（2）继续建设和完善宽带接入网，逐步扩大光纤和无线接入比例。加快数据库技术、电子订货系统（EOS）、电子数据交换（EDI）、自动分拣系统（ASS）、有效的顾客反应（ECR）等先进物流及信息技术应用推广，建立健全多元化的、多种形式并存的抚顺信息基础设施体系。（3）重点发展软件、信息传输服务，以及云计算、物联网等新兴服务领域，促进信息服务业在其他产业中的广泛应用，并为抚顺市"智能城市"建设提供重要支撑。（4）设立软件开发基金，建立软件工程中心、测试中心和认证中心，鼓励软件企业发展。

2. 重点发展和完善智能交通。利用物联网技术建设一个以全面感知为基础的新型智能交通系统，这是解决城市交通管理、缓解车辆拥堵状况的重要手段。智能交通项目建设的核心内容是采用无线射频（RFID）、高速影像识别处理、GPS 等技术，使高速运行的车辆能够被"感知"，相关数据能够实时采集、整理和分析，有效解决车辆自动识别、动态监测及流量精确预测等难题，逐步实现车辆精准管理、城市路网动态监测、车流统计与分析、各种交通法规税费的动态稽征等功能；在此基础上，通过交通信号控制、智能导航、停车诱导、公交信息服务等一系列交通管理及服务系统，引导交通流合理分布，实现城市交通的动态组织管理，提高交通运行效率，保障城市畅通有序，有效促进城市交通管理水平的提升。

3. 重点发展和完善资源网络智能全感知的城乡信息基础设施。（1）加快发展智能电网。在发电、输电、变电、配电、供电、用电和服务等环节，推动先进的传感与测量技术、先进的设备技术、先进的控制方法，以及先进的决策支持系统广泛深入应用，实现电网的可靠、安全经济、高效节能、环境友好和使用安全的目标。加快以超高压电网为基础和骨干网架的电网建设，促进各级电网协调发展，并在企业和家庭推广安装智能电表。（2）建立和完善燃气管网智能运行、维护保养和应急保障统一管理系统。（3）构建"水务一张图"信息化管理应用体系。加强信息化在城市供排水、农村节水灌溉、自备井远传、用水大户水量监控、供用水计划分析与制定等方面的应用，建设覆盖全市大中型水库、内城河湖、重点流域的水务实时监测物联网，建设覆盖水源地、城市自来水厂和取水口、城市河湖、公园绿地、供水管网的地表水、地下水水质动态自动监测网络，并在社会单位、家庭、农业用水点推广安装智能水表。（4）建设并完善煤、水、电、气、热能的生产、运输和使用的统一监控平台。实现城市基本资源的生产、运输、调配和使用的全流程监控，建立全市生态环境的监测体系。

4. 重点发展和完善数字管网。在详细清查市政管网相关位置、用途、管径等信息基础上，建立统一数据库，形成一张可见、可查、可控的电子地图，为城市防汛排涝、工程建设、施工管理、突发事件应急救援等工作，提供完整、准确的信息支撑。数字管网工程将综合运用软件、系统集成、物联网、电子标签等最新技术，使电子地图不仅反映既有管网数据，同时也能对流量、压力等各种管网运行指标进行实时监控，提高安全隐患防范能力。同时，将数字管网系统"嵌入"完整的城市地理信息系统，在强化地下管线监管同时，逐步把地上的管道线路、管道源头，地面的企业生产设备，管道周边加油站、加气站等危险源，危险品运输车辆运行等详细信息全部纳入实时监控平台，实现地下、地上全部覆盖。

5. 重点发展和完善智能环保。智能环保工程是通过加快信息技术在节能环保、环境监控、市政绿化建设等方面应用，来全面提高环保工作水平的。智能环保体系主要是由智能环保综合管理平台、能耗监测平台、环境智能监控平台、市政绿化智能管理平台，以及各级环保部门已经建设的多个环保信息化系统组成。其中，智能环保综合管理平台将作为城市信息基础设施的最顶层平台，实现包括环保资源管理、环保知识普及、环保资源整合、环保事项审批等多项综合性业务。环境智能监控平台与已建的 GIS 系统联动，实现对区域的空气、水、重点污染源、污染企业等重要环保信息 24 小时自动监测和公布。市政绿化智能管理平台，则对城市范围内的绿化工作进行统一的管理，并与其他的环保系统进行联动，从而实现整个市政绿化的智能性。能耗监测平台，在对环境进行智能化管理的同时，加强对城市范围内能耗的监测。

6. 重点发展现代信息服务业。抚顺要积极发展信息服务业，并以电子商务、信息传输、软件等领域为重点，积极构建全面的信息网络公共服务体系。重点打造亿丰软件信息电商集聚区和现代网商物流集聚区。（1）加强抚顺信息网络服务体系建设。鼓励信息服务业务交叉和服务企业的发展，形成竞争开放的信息服务市场格局。深度开发利用信息资源，不断拓展服务领域，推进信息服务业的产业化、集约化和现代化，建设一批信息服务产业基地与综合信息平台。（2）加强信息技术平台建设，扩大信息技术服务范围。推进电子政务平台建设，构建政府部门合作联网的资源共享系统，推动市、县（区）、乡（镇）各级政府间联合网上办公，建立跨部门网上并联审批作业平台。推动生产性服务信息平台建设，推动企业的宣传展示、客户资源、存货信息、营销渠道、支付手段、售后服务等环节向网络管理化方向发展。推动生产企业产权交易、技术交易、劳务和人才中介、生产资料经纪、货运代理等信息向电子化、信息化方向发展，为企业理顺流通环节、降低交易成本、提高管理水平提供完善服务。推动社区服务活动电子网络平台建设，推动社区就业培训、治安维护、护理信息管理、老年娱乐等社区业务的网络化建设和管理。（3）拓展信息技术服务业门类。加快提升企业应用计算机辅助设计和辅助制造系统，推广企业资源计划等管理信息系统，提高企业的产品设计、制造能力和管理水平。引导发展电子商务，促进企业营销手段的创新和市场开拓。积极推进金融、商贸等领域的电子交易，大力推进教育培训、医疗保健、文化娱乐、社区服务等社会事业信息化步伐。拓展工程咨询、技术咨询、系统集成、计算机软件服务、电子信息交换等网络服务、因特网接入、国际联机检索、商品价格信息等咨询业。开展培训、咨询、方案推介、软硬件选型、项目监理、设备租赁、业务委托、网络安全等各种类型的增值服务。

7.重点发展智能制造产业。围绕增强企业自主创新能力，重点发展智能制造产业。（1）发展智能装备制造业。立足我市装备制造业产业集中度较高的基础优势，以沈抚新城为依托，完善智能装备制造、基础优势装备制造、汽车制造等产业基地建设，加快发展智能制造装备和智能产品。（2）智能制造装备产业。面向智能测控装置、关键基础零部件、智能化高端装备、自动化成套设备等重点环节，主要提升智能控制系统、伺服电机及系统、高精密传动、特种机器人集成、智能生产线集成等关键技术与产品。对相关企业进行招引和培育孵化，以提升本地在智能控制、检验检测等领域的产业实力。（3）传统产业智能应用升级改造。鼓励信息技术企业与传统制造企业联合研发产品，推进智能装备在生产过程中广泛应用，引导企业向生产经营智能化、产品研发高端化发展。通过产业联盟，推广互联网在传统加工行业中的应用。加快电子商务平台推广应用，提升经营管理水平。推动智能制造和信息化领域关键电子产品研制，促进新兴产业与传统产业协同发展。

三、抚顺城乡信息化建设的发展方向

城市信息化建设是使城市综合服务成本降低、效率提高的有效途径和未来发展方向。信息科技进步，对城市信息基础设施进行改造、建设和管理，在供给能力上要突出"巩固基本供给能力、增强应急供给能力"的原则，在城市信息基础设施的保障服务上要转变运营方式，并推动信息服务业加快优化升级步伐，使其更加便民、利民，服务经济社会发展。

1. 重点跟随信息通信网络向宽带、泛在、融合、安全的下一代网络演进的步伐。以 FTTx 光纤接入、LTE、802.11x 等有线、无线宽带接入技术为代表的下一代接入网，将进一步向高速率、泛在化发展；以 IMS 为代表的下一代核心网为业务功能的融合化、智能化提供技术支撑；以 IPv6 为标志的下一代互联网将进一步向可管、可控、可信、可扩的目标网络演进；以射频识别（RFID）、近场通信（NFC）和无线传感器网络（WSN）为代表的短距离无线通信技术，将不断融入信息通信网络，将物联网的发展逐步推向可运营和可管理。

2. 跟随信息通信业务模式将发生巨大变革的步伐，推动抚顺信息服务业快速发展。云计算、物联网、移动互联网等领域的新应用，将推动城市信息基础设施发展方式和服务模式的变革。基于云计算技术，分散的城市信息基础设施资源得以实现规模化、集约化和专业化利用，逐步改变其建设和服务模式。信息采集和智能感知等物联网技术，将推动信息服务广泛应用和深入渗透，实现城市基础设施管理的智能高效运作。移动互联网的应用创新、模式创新，将推动城市信息通信服务方式变革。

3. 积极参与信息通信领域的融合创新，促进信息服务业管理与服务水平的提升。信息技术的进步，加速了与城市基础设施，管理业务的融合和网络融合。集约化建设由管道等无源基础设施，逐步向光纤、基站等有源基础设施扩展，由信息通信行业内部共享，逐步拓展至与其他市政基础设施共享。

4. 随着信息产业技术创新与信息安全的可控，努力适应城乡信息通信网络提出的更高要求。电子信息制造、信息通信网络、软件和信息服务的相互融合、互动发展，云计算、移动互联网等新应用，给城市基础设施的一体化建设和管理带来了新的安全需求，安全保障对信息通信网络提出了更高要求。以信息通信网络为代表的城市信息基础设施成为信息产业技术创新和信息安全可控的基本要素，为新一代信息技术的应用示范和产业发展提供了重要基础。

5. 建立城市能源利用信息系统。城市能源利用及管理系统，它是通过回收、

输送、控制污水处理水的热量，清扫道路和大楼的废热等来利用能源的城市能源利用系统，可以把新一代能源、大楼废热等城市型未利用能源进行联网控制，测试能源供应的方位，提高新一代能源的利用效率，使能源得到高端利用。

6. 建立现代化的信息通信系统。利用城市下水道管理用的光纤网，通过与政府部门、中小学校等公共机构的连接，以利用城市信息网的系统。快速反应的防灾减灾系统，特别是支援街区防灾的安全街区系统。它是建立在电力、上水、煤气等生活设施被切断，而新的设施和系统尚未恢复前，可以供电、供水、供热等分散独立型的，以支援受难者维持生活和发生灾害时的应急供应系统。

7. 建立"无线城市"。3G、4G、TD、光通等不同形式的技术，正在改变着整个市政基础设施的发展格局。即信息化的城乡基础设施将会渗透到城乡基础设施的各个领域。"无线城市"之信息基础设施建设就是最具需求前景的领域，它是一个位于通信应用和城市发展之间、技术成熟和创新变革之间，对城乡基础设施最具现代化意义的领域。也就是说，"无线城市"这一未来通信行业的信息基础设施建设项目具有广阔的市场发展前景。因此，建立在无线基础上的城市应用，就成为通信行业通向未来的必由之路。

第四节　抚顺城乡信息化建设的对策建议

一、推动信息化在抚顺各领域的广泛应用

目前，抚顺邮政和电报、固定电话和移动电话、互联网、广播电视等城乡信息基础设施建设和信息服务业态已达到一定的现代化水平，在此基础上还要进一步强化信息化在其他各领域的应用，完善城乡信息基础设施的改造和建设，提高城乡基础设施的承载能力和现代化水平，打造信息化、生态型的城乡基础设施和工农产业。

1. 进一步完善电子政务网络平台在党政机关和企事业内外的应用。（1）在建立全市统一的党政机关内部办公平台和信息资源目录系统的基础上，进一步完善这一电子政务网络平台的功能和作用，将全市所有应纳入单位全部纳入其中，为建设阳光，透明、廉洁和高效政府提供智能支撑。开通的《抚顺政务公开网》，除涵盖公共企事业办事指南、行政机关执法职责综览等内容外，还要扩大相应的服务职能和业务，实现与县区、市直有关部门和企事业的连接，实现信息共享，更有效地发挥政务指导作用。（2）实现电子政务在政府各部门

的全覆盖，促进政府信息化建设工作，提高办事效率。

2. 进一步加快农业信息化步伐，加大信息技术在农村发展中的应用力度。通过财政补贴和电信让利等惠民政策，进一步在全市农村开展"百万农民上网"工程，以及开展计算机知识培训活动，扩大农村上网普及率，推广有如抚顺县毛公村、新宾永陵镇、新宾罗圈村，中药材种植大户等一批运用信息手段和开办网店致富的典型经验，大幅度提高抚顺农村有如粮食、中草药、香菇、林蛙、马鹿、山野菜、花卉等农副土特产品的网上对外销售率。在全市农民自建 150 余个网站基础上，在近期扩大到 300 个。同时，继续抓好抚顺三县普惠制远程培训平台，把网上传播现代农业技术，开展农民工就业、创业等培训工作做得更好。

3. 建立完善的信息化交通基础设施体系。（1）积极实施交通智能化战略，大力推进智慧交通，提高城市交通信息管理基础设施建设水平，利用物联网技术建设一个以全面感知为基础的新型智能交通系统，用以解决城市交通管理问题，缓解车辆拥堵状况，通过智能化交通管理推进城市交通的可持续发展。（2）建立完善的信息交通基础设施体系，完善铁路和高速公路信息基础设施建设；推动普通公路信息化建设，形成智能化全覆盖和合理调度；加强公共交通信息化建设，完善公交指挥调度系统，提高公交智能化水平，构建快速公交系统，使以大公交为主体，出租汽车等其他公共交通方式为补充的现代化城市公共交通体系形成智能化全覆盖和合理调度运行。

4. 加强信息技术在城市管理中的广泛应用。（1）进一步发挥全市应急救援"四台合一"的功能和作用，完善社会治安和城市管理视频监控系统。（2）发挥抚顺人才网、自来水门户网和社会福利院网站等功能和作用。（3）完善以居民电子健康档案为基础的区域卫生信息管理系统。（4）发挥"数字抚顺地理信息公共服务平台"更大的服务功能和作用。

5. 继续加强信息化与工业化的深度融合，为抚顺传统企业改造升级创造条件。开展成长型中小企业信息化推进工作，培育更多信息化示范样板企业。推动更多工业企业在财务、供应、销售等主要环节上普遍实现计算机管理，大幅提高企业生产过程中的信息自动化程度，并使企业在产品研发中广泛应用计算机辅助设计。继续推进企业应用办公自动化系统、管理信息系统和客户关系管理系统，促进更多企业实现"商品生产过程的信息化、企业管理的信息化和产品生产的智能化"。

6. 推动抚顺信息产业加快发展。（1）推动电子制造业继续平稳发展，使其保持良好的增长态势。保持电子信息产品制造业销售收入同比增长 6% 的速度。（2）加大软件产业发展力度。抚顺软件企业伴随着用信息技术改造传统产业和信息化推进孕育而生。目前，抚顺软件企业迅速发展，在技术上已经对全市信息化建设提供了强有力的支持与保障，并不断扩大占全市服务业的比重。

7. 发展和完善抚顺的数字管网。（1）建立抚顺统一数据库，形成一张可见、可查、可控的电子地图，为城市防汛排涝、工程建设、施工管理、突发事件应急救援等工作提供完整准确的信息支撑。（2）构建抚顺"水务一张图"信息化管理应用体系。加强信息化在城市供排水、农村节水灌溉、自备井远传、用水大户水量监控、供用水计划分析与制订等方面的应用，建设覆盖全市大中型水库、内城河湖、重点流域的水务实时监测物联网，建设覆盖水源地、城市自来水厂和取水口、城市河湖、公园绿地、供水管网的地表水、地下水水质动态自动监测网络。（3）加快发展抚顺智能电网。在发电、输电、变电、配电、供电，以及用电和服务等环节，推动先进的传感和测量技术、先进的设备技术、先进的控制方法，以及先进的决策支持系统广泛深入应用，实现电网的可靠、安全经济、高效节能、环境友好和使用安全的目标。（4）发挥供热指挥调度中心作用，借助计算机平台对全市供热企业数据进行联网，实现对出入水温度、流量和设备运行等实时监测，确保供热质量和安全。（5）建设和完善抚顺能源的生产、运输和使用的统一监控平台。实现城市基本资源的生产、运输、调配和使用的全流程监控。

8. 发展和完善抚顺的智能环保。智能环保综合管理平台将作为市政信息基础设施的最顶层平台，实现包括环保资源管理、环保知识普及、环保资源整合、环保事项审批等多项综合性业务。同时，还要加大信息技术在城市环境保护方面的应用，加快信息技术在污水处理、排水设施、垃圾处理设施上的应用，逐步提高城市垃圾无害化处理水平和效率，提升城市水体和空气质量。

9. 大力推进抚顺农村信息化建设。促进城市信息基础设施和信息服务业向郊县辐射延伸，加强信息化对全市各具特色的工贸型、农贸型、工矿型、旅游型小城镇基础设施的武装。重点对清原镇、红透山镇、新宾镇、南杂木镇、永陵镇、石文镇、后安镇等中心镇，进行制定信息基础设施和信息服务业的发展规划，加快抚顺小城镇市政基础设施与信息基础设施建设同步发展。

二、抚顺城乡信息化建设为经济发展提供支撑的保障措施

政府政策措施的推动，加速推广和应用信息技术，加快信息化与城镇化的深度融合，建设以宽带网络、三网融合、信息网络安全等为代表的城乡信息基础设施，加快信息化与工业化、农业现代化的深度融合，推动信息服务业全面发展，为推动抚顺老工业基地的转型和振兴提供有力保障。

1. 积极应用高新信息技术，保证城乡信息基础设施建设的现代化。（1）

努力提高信息技术的科技含量。通过政策措施努力提高抚顺城乡信息基础设施科技含量,增强设施功能,降低建设成本,促进信息技术的自主创新,带动高新信息技术产业快速发展。(2)鼓励高新信息技术的应用。完善鼓励高新信息技术应用的政策措施,积极推广高新信息技术对传统产业的改造和在市政基础设施领域的应用,并在政府投资领域优先采用。(3)促进高新信息产业发展。加快推进具有自主知识产权的信息技术的应用,带动抚顺传统产业升级,提升信息技术企业的核心竞争力,促进经济增长方式转变。

2. 健全抚顺城乡信息基础设施改造与发展政策的调控决策体系。(1)建立发展城乡信息基础设施的统筹协调工作推进机制。定期召开由政府、移动、联通、铁通等部门,以及重点大企业参加的联席会议,研究解决城乡信息基础设施建设中出现的重大问题,对重点任务及重大项目进行统筹协调。(2)加强各职能部门和电信企业的任务分工与落实。结合规划重点部署任务,研究制订全市现代信息产业和信息服务业发展工作方案,制订详细的年度工作计划与任务分解表,按照职能分工,将各项具体任务落实到各县区、各相关部门和企业,定期对规划目标完成情况、重大项目建设进度、政策实施情况等进行监督检查,确保各项任务有效落实。(3)进一步转变政府职能,提高办事效率,增强对全市信息基础设施建设过程的跟踪、监测和调研,及时协调解决发展过程中出现的难点、热点问题。

3. 规划引导和政策扶持先进信息技术的采用和设施的建设。(1)做好城乡信息基础设施建设的发展总体规划,将其纳入中、长期目标中进行逐年量化,明确每年需要完成的具体目标。(2)加快研究制定抚顺城乡信息基础设施建设的项目发展导向目录,引导资金投向重要领域并设立发展引导资金,重点支持一批信息服务水平较高、管理理念较新、经营规模与业绩在行业中排名前列的信息企业。(3)要统筹规划城乡信息基础设施建设用地。

4. 加快培养和引进现代信息技术紧缺人才。(1)针对现代信息基础设施建设发展的需要,加强与国内外高校合作,重视在职培训培养信息企业的经营管理人才、信息网络技术人才。加大领军人才开发力度,设立专业人才特别贡献奖,给予相应的荣誉称号和奖励,破格申报评定专业技术职称。(2)加快制定信息技术人才引进计划,健全信息技术专业人才引进与激励机制。鼓励企业积极引进信息技术的核心人才、项目和团队。(3)完善信息技术人才激励、竞争、保障机制,为信息技术持续发展提供人才支持。(4)构建多元化信息技术人才培养培训体系,培养适应现代信息技术快速发展的各类专业人才。

5. 保障城乡信息基础设施建设资金供应和融资渠道畅通。未来十年,抚顺城乡信息基础设施的建设投资将会大幅增长。因此,我市要建立保障城乡信息基础设施建设的有效资金供应，以及保证融资渠道的畅通。（1）按照"政府主导、社会参与、市场运作"的方针，建立多元化多渠道投资保障体系，保障资金供给能力。（2）加大政府投资力度，根据城市发展实际，精心安排信息基础设施投资，充分发挥财政资金在保障和改善民生，促进社会事业发展等方面的引导作用。以企业投入为主导，建立财政用于信息基础设施投入的正常增长机制，发挥政府投资的引导作用。（3）发挥融资平台作用，积极采用政府购买服务等方式增强城乡信息基础设施的企业融资能力，保障建设资金需求。（4）积极创新投融资模式，吸引社会资本进入。

6. 建立城乡信息基础设施建设发展的协调机制。（1）注重城乡信息基础设施规划与其他各类规划之间的协调与衔接，推动信息化对工业、农业和城镇化等各领域的融合发展。建立规划协调机制，妥善解决好城乡信息基础设施规划实施过程中与其他各类规划相冲突的难点问题，做到规划之间相互协调、促进和融合，并适时根据条件和形势的变化做好规划的动态调节。（2）不断细化城乡信息基础设施发展规划。进一步完善由总体规划、专项规划、信息技术企业制订的规划等共同组成的全市城乡信息基础设施发展规划体系，把总体规划在特定区域和专项上予以细化和落实。（3）用具体项目来促进信息基础设施建设规划的落实。新建、改建、扩建信息技术项目，都必须以城市信息基础设施规划为依据，统筹为全市信息基础设施谋划一个科学合理的空间布局，使规划的落实体现到具体项目上来。

7. 通过实施信息基础设施大项目，为城乡信息基础设施总体发展奠定坚实基础。（1）坚持信息基础设施大项目带动机制。重大信息基础设施建设项目关系全局和长远发展，是规划目标的重要支撑。要以枢纽型、功能性、网络化重大信息基础设施建设项目为重点，集中力量，加快建设，分解落实年度计划任务，保障规划顺利实施。按照集中力量办大事，分阶段解决重大问题的原则，围绕城市信息化功能提升、资源能源保障、环境品质提高等重点任务，实施一批重大信息基础设施建设项目，通过发挥信息技术的调度作用缓解交通拥堵等问题，保障城市运行安全。（2）规范信息技术应用项目审批程序。优化项目审批程序，分类明确和设立项目审批前置条件，提高审批效率。按照以规划定项目的原则，先论证立项，再开展前期，减少重复工作，提高信息技术应用项目前期工作效率。

8. 强化城乡信息基础设施的区域合作与互联互通。加强与周边其他省市、地区，在信息技术人才交流、信息技术共享、信息产品开发和信息基础设施等多方面的对接合作与互联互通，建立健全跨区域合作新机制，优化整合区域信息技术和信息基础设施优势资源，为加快区域经济发展注入新动力。

后　　记

抚顺老工业基地转型振兴是抚顺人民的一项艰巨而光荣的任务。抚顺通过培育诸多新经济增长点，以及推动已有经济增长点持续发展的方式，必将为抚顺的转型振兴带来新的突破。

《抚顺经济发展探索》一书，作为抚顺市社会科学院的重点课题，给了笔者系统总结多年来对抚顺地方经济研究成果的机会。本书是一部偏重于研究报告集性质的著作，从如何推动抚顺三次产业，三次产业的各行业、各业态的经济增长点加快发展，以及带动抚顺老工业基地转型振兴的角度，进行了体系化的整体框架设计，并有所侧重地对一些重点行业或业态领域如何加快发展进行了专题研究探索。全书分"抚顺经济发展概述、巩固已有经济增长点、培育新经济增长点、城乡基础设施建设"四部分，共17章。希望这本应用对策性的研究探索著作，能给冀望推动抚顺经济加快发展的人们以启发和参考。

本书中，王晓丽、孙涧桥、刘静宜分别撰写了第十二章的第一、四节，第二节和第三节。

抚顺市社会科学院李栋院长对本书的撰写和出版予以高度关注，审阅了书稿并给予了大力支持。本书的出版同时也得到了院内关晶、杨威和有关部门的大力支持和帮助。在本书的撰写过程中，本人参阅了大量国内外相关研究成果。此外，本书的撰写特别参阅了抚顺同仁的相关研究成果，也得到了抚顺市有关部门的鼎力支持和帮助，本人在此一并表示诚挚的谢意。

本人在学校和工作后的继续教育过程中，经过了严格的理工科和文科多个专业学科的系统思维方式训练，并积累了大量知识，对社会科学的各学科领域也有广泛的涉猎，特别是在抚顺市社会科学院经济研究所从事专业经济研究30多年，对宏中观经济理论和问题有了独到见解，这些都为本书的撰写奠定了深厚的基础。《抚顺经济发展探索》一书，就是本人对多年从事的中观地方经济研究成果的一次集中总结和汇报。由于时间仓促，书中对一些经济问题的研究探索难免有不透彻和不准确的地方，敬请广大读者见谅。

2016年4月